万卷方法®

量化研究与统计分析

SPSS与R
数据分析范例解析

邱皓政 著

LIANGHUA YANJIU YU
TONGJI FENXI
SPSS YU R SHUJU FENXI
FANLI JIEXI

重庆大学出版社

量化研究与统计分析：SPSS与R数据分析范例解析。原书由台湾五南图书出版股份有限公司出版。原书版权属台湾五南图书出版股份有限公司。

本书简体中文版专有出版权由台湾五南图书出版股份有限公司授予重庆大学出版社，未经出版者书面许可，不得以任何形式复制。

版贸核渝字（2022）第 096 号

图书在版编目（CIP）数据

量化研究与统计分析：SPSS与R数据分析范例解析／
邱皓政著 . -- 重庆：重庆大学出版社，2024.1
（万卷方法）
ISBN 978-7-5689-4246-1

Ⅰ.①量… Ⅱ.①邱… Ⅲ.①统计分析－软件包②程
序语言－程序设计 Ⅳ.① C819 ② TP312

中国国家版本馆 CIP 数据核字（2023）第 243530 号

量化研究与统计分析：SPSS 与 R 数据分析范例解析
LIANGHUA YANJIU YU TONGJI FENXI：SPSS YU R SHUJU FENXI FANLI JIEXI
邱皓政 著

责任编辑：石 可 版式设计：林佳木
责任校对：刘志刚 责任印制：张 策
*
重庆大学出版社出版发行
出版人：陈晓阳
社址：重庆市沙坪坝区大学城西路 21 号
邮编：401331
电话：（023）88617190 88617185（中小学）
传真：（023）88617186 88617166
网址：http://www.cqup.com.cn
邮箱：fxk@cqup.com.cn（营销中心）
全国新华书店经销
重庆华林天美印务有限公司印刷
*
开本：787mm×1092mm 1/16 印张：29.25 字数：698 千
2024 年 1 月第 1 版 2024 年 1 月第 1 次印刷
印数：1—4000
ISBN 978-7-5689-4246-1 定价：99.00 元

六版序

记得有一回听一位老师演讲，问台下听众样本多大才算大？我回答 1068，因为电视新闻总说抽样误差要小于正负三个百分点，那么样本至少要有 1068，那位老师笑笑说，其实 30 就够了，因为中心极限定理这么说。我哑然失笑，没有辩驳，因为我这本书里就是这么写的，一时间，我只当我俩的对话是暖场的幽默。到了今天，我突然觉得，20 对我来说就够大了。

为什么是 20？……这本书是我学术生涯的第一本著作，我一向十分重视它。着手写这篇序时，我特别把计算机打开来，想要看看这本书的第一个文档是什么时候建立的。结果我找到了一个简报文档，内容是关于这本书的内容规划，文档日期是 2000 年 2 月中旬。我才惊觉，这本书已经要从第 19 年迈向第 20 年。心里突然一阵恍惚，许多过往记忆的影像片段从我眼前不断闪过，还好这不是临终前的"人生走马灯"，而是一种因时光流逝而掀起的记忆海浪。心想，一本书要流通 20 年，其实不容易，自己在学术圈子里行走这 20 多年，也真的很多起伏。20 年对一本书来说，够长了，20 年对于学术生涯来说，也算是一个足够大的数据了，所以 20 就够大了。

翻阅一页页简报内容，除了重新温习 20 年前的心情，也发现了其他几个有趣的数据，例如，当年的 SPSS 是从第 6 版迈向第 8 版，刚刚从 PC/DOS 版转换成 Windows 视窗版，而今天，我为本书第 6 版写作是依照最新的 SPSS 第 25 版而改写，换言之，这些年间 SPSS 也是要从第 19 次迈向第 20 次更迭，坊间能够改版这么多次的软件并不多，SPSS 真的很好用，又是一个足够大的 20。

今天下午，我负责主持进修学院研究方法专题课程的结业典礼，致辞时，我向学员们提到我正在对这本书进行改版，最大的改变是纳入 R 来与 SPSS 搭配，因为 R 可以弥补诸多 SPSS 的不足，如果他们想学 R，可以参考这一版。更重要的原因是，R 已经发展得十分成熟，我在本书的附录中写道，R 于 1992 年由两位姓名开头为 R 的新西兰学者所开发（所以叫 R），到了 2000 年发行 beta 版而趋于稳定，至今也要迈向第 20 年，也是一个足够大的 20。

虽然，20 年对一本书、一个软件或一段人生，都是大样本、大数据，但是对于统计的学理知识而言，却无从撼动它的基础。这本书不是高阶统计学专用书，而是规规矩矩地介绍基础统计与数据分析方法，因此内容没有什么太多需要精进之处，与 20 年前没有什么不同，但是要一张图一张图地替换 SPSS 的范例图表，改为最新版本，还是花掉了大半年的时间，尤其是消耗了林碧芳教授的大量心力与眼力，在此要特别诚挚感谢她的付出，把她列为这本书的第二作者实不为过，更何况论及使用这本书的经验、诠释教导书中素材的功力与能耐，她远胜于我，更接地气。

20 年来，我因为写书而累积许许多多的读者，有些甚至于晋升为粉丝，收集我的每一本著作，就像今天结业典礼，好几位学员完成了最后一门"结构方程模型"，他们参与了每一堂我所开授的专题课程，后面没有了，他们很焦虑，因为他们不仅看惯了文字多、公式少的我的写作方式，也听惯了白话多、文言文少的我的讲课风格，我笑笑说"新书新课就交给你们吧"，学术界没有多少个 20 年，我的人生也难有第二个 20 年，如果经验无法传承，知识无法创新，那将是教育的悲哀，希望以后是我听他们说、看他们写，那么我们的子孙就有另一个 20 年的知识飨宴了，所以我邀他们继续参加未来举办的研讨活动，也承诺新书出版了跟他们说。

因为是结业典礼，因为是最后一门课，笑闹中带有一点离愁，我刻意多给他们一些期许与勉励。他们多半是研究生或年轻教授，是未来的希望，很高兴他们喜欢我的作品、我的课程。我喜欢教学，我热爱写作，我眷恋校园，但我更希望传承，所以只要还有能力，我将会继续改版，努力新作，持续让读者有最新的学问素材，也请读者持续指教。

在这本书的附录"R 的小世界"的最后一段话，我说到，在学问的世界里，学习永远不嫌多，透过这扇窗，我们可以看到更多的风景，也看到更多的希望。这扇窗，不仅是因为我们认识了 R，我们熟习了 SPSS，而是我们开启了我们的智慧，开放了我们的心灵，创造了永续的生命，这就是教育的最高境界，让我们继续一起前行，在不同的角落，创造许许多多的人生大数据。

邱皓政

谨志于台师大管理学院

2019 月 3 月

提醒：

学习和练习本书内容时，可以使用作者的数据和资料。

扫描此二维码下载获取。

相关的文件按章分类，但软件需读者自行安装。

目　录

第四篇　量化研究的基本概念 …………………………………… 347

第一篇　量化研究的基本概念

作为社会与行为科学研究的主流方法，量化研究在学术与应用领域占有相当重要的位置。本篇的内容在于介绍量化研究的基本学理与重要概念，希望读者在进入实务操作之前，能够建立一套量化研究的基本架构，以协助发展适切的研究系统，顺利衔接后续的数据处理与分析。

社会与行为科学的量化研究是实征科学典范的产物，依循科学研究的概念与逻辑，主要的研究方法包括调查法、相关法与实验法。近年来在计算机科技的发展下，量化研究得到快速的发展。

变量反映变异，数据来自测量。测量理论是量化研究的核心知识，可以提供量化研究数据获取与处理的技术与知识，并据以发展研究所需的测量工具。

第一章　科学研究与量化方法

　　科学（science）是什么？学术研究（academic research）又是什么？若从哈佛大学教授托马斯·库恩（Thomas Kuhn）的观点来看，科学就是"解谜的活动"（Kuhn，1970），因为人类世界充满许多有待解决的谜题，经由训练有素的研究人员、学者专家所从事的研究，一个一个谜题逐渐解开，知识得以累积与扩展，让我们逐渐挣脱了懵懂、无知、迷信及神秘的牢笼，创造了人类今日的文明。

　　科学不同于猜谜、算命或经验知识，并非因为解谜活动绝大多数都在大学或研究机构进行，而是因为它采用了一套学术界普遍接受的研究方法与程序，因此被称为学术研究。从科学发展史中可以看到，人类追求知识的活动，在19世纪末之后进入以量化实证为主流的科学典范。启蒙运动之后，一套以数学为基础的符号逻辑思考体系，取代了亚里士多德以来的形式逻辑概念，发展出量化研究（quantitative research）为主轴的科学研究典范，学术圈当中的学者专家，共同建构了一套区分科学与非科学的科学程序与验证标准，而这套逻辑决定了20世纪以来科学的发展。

　　这本书的主要目的在于介绍量化研究方法的原理程序与分析方法，并搭配统计软件（SPSS与R）来进行示范解说，让读者除了拥有从事量化研究方法的基本概念之外，更能具备一定的操作实践能力。

　　基本上，对于科学活动的探讨，可以分为方法论（methodology）与研究方法（research method）两个层次。科学研究的方法论，涉及科学活动的基本假设、逻辑及原则，目的在于探讨科学研究活动的基本特征。其内容多属基本概念，牵涉各门科学在方法上共同具有的特征。相对于方法论具有浓厚的知识论的色彩，研究方法则是指从事研究工作实际采用的程序或步骤。由于不同的学科所关心的问题不同，研究方法自有差异，本书作为量化研究的入门工具书，所讨论的议题属于研究方法的层次，内容为社会与行为科学研究领域进行研究所实际运用的程序。一旦熟习本书的内容与技术，不仅能具备基础量化研究的实践能力，也等于是拿到往更高层次的分析与哲学层次迈进的门票，可以说是踏入学术领域非常重要的一本入门教材。

第一节　科学研究的概念与方法

　　一项研究要符合科学的原则，必须具备科学的精神，并使用学术领域认可的程序与方法。美国心理学会（APA，1952）将科学的最低要求定义为具备理解、执行、应用研究发现的能力。同时更重要的是，学术研究者必须将科学的精神融入生活态度与工作程序当中。基于这一概念，我们可以将科学定义成一种态度（attitude）与方法（method），以进行系统的观察与控制、精确地定义测量与分析，以及完成研究发现的可重复检验。科学研究就是采取"系统性实证方法"所进行的研究。

对于科学家而言，他们所研究的现象往往不能够被亲身经历，因此科学活动所采取的过程与标准，是决定一个"真相"是否存在的重要依据。一般而言，科学的知识，必须得到逻辑（logical）与实证（empirical）的支持，以使其不但能够合理地解释各种现象，也符合经验世界的观察。这两个重要的科学判断标准的实践，使得知识的发生具有自我修正（self-correcting）的功能，也就是能够从旧的发现到新的发现当中，找到更具有解释力的结果。或是从客观数据里不同的线索与事实的辩证中，得到最符合真实的结果。

基本上，学术领域所涉及的知识范畴与专业领域相当广泛，要在一本专书当中穷尽所有领域的研究方法议题非常困难，需要有所取舍才能务实而聚焦。本书所提及的量化研究与统计分析的概念，主要是以社会与行为科学为范畴，涉及的学科包括社会学、心理学、经济学，以及教育、管理、传播等相关应用领域。这些学科的共同性，是对于人类社会的现象、活动与行为特质的好奇心。过去，这些学科被统称为社会科学（social science），其后，因为科学心理学在美国高度发展，一群美国学者倡议在社会科学之外，另行发展行为科学（behavioral science）的概念，因此逐渐分离出所谓社会与行为科学两个科学领域（Miller, 1955）。事实上，两个学科出自同源，皆以"人"与"社会"作为研究焦点，研究方法与策略亦相通，本书将不对社会或行为科学做特别区分与介绍。

一、科学的目的与功能

科学活动是一套以系统化的实证方法获得有组织的知识的过程与活动。科学的知识可以用于对于现象的描述、解释、预测与控制，最终改善人类的生活质量。

从学术研究者的立场出发，研究工作的主要目的在于进行社会现象与行为特性的描述（description）与解释（explanation）。对于某一特定的社会现象或行为模式，研究者首先必须要清楚而完整地加以描述，使得研究者自身或他人能够完整而明确地理解该议题的内涵与属性，进一步通过实际的研究，发现事情的成因与关系，提出合理解释。

描述与解释可以说是科学的基本目的，科学活动所产生的结果与发现，不但可以让我们对于所研究的主体有一个清楚的了解，同时这个了解还可以扩展到相类似的情境当中。然而，在类化的过程中，往往会遇到一些歧异的状态，需要进一步地探索与再解释，或是通过单一的研究，为所观察的现象或现象间的关系提出充分的描述与解释，因此，这个描述与解释的过程是动态并持续进行的，经由科学发现的累积，最终可以形成一个完整的描述与解释系统，也就是提出理论。通过理论，我们可以对身处的世界提出完整有效的解释与说明。

除了能够描述与解释之外，科学活动还能达成预测（prediction）与控制（control）等功能。相对于描述与解释的被动性，预测与控制则包含预知性与介入主动性。其中，预测是基于先前研究的发现所发展的概念架构，或是运用知识或律则网络（nomological network）的推导，对于尚未发生的事项所做的推估。预测的功能除了具有实用的价值，可用作实际行动的依据，也有研究的价值，引导研究假设的发展。而控制作为科学的最后一个目的，在于其具有超越预测的功能，可经由研究者或实务工作者操纵某一现象的决定因素或条件，产生预期的改变。

一套发展成熟的科学知识，不但能够描述、解释与预测人类行为与社会现象，最重要的是具有实务运用的价值，可以用于改善人类的生活质量，为人类社会的发展贡献力量。

二、科学研究的特性

人类使用科学方法来追求知识或解决问题是近几世纪的事。在此以前，人类往往采用一些非科学的方法来追求知识或解决问题。例如，我们基于过去的经验、惯例、传统及先入为主的印象观念甚至直觉来理解我们的世界，对于过去总是如此或天经地义的事情，即认为是真实的或可信的。或者我们听从一些权威的个人、团体或典籍，全盘接受来自权威的想法与观念。有反思与逻辑能力的人可能会去详加思考事物发生的原则与道理，进行一些推理或逻辑判断，但结果未必是正确有效的。

学术工作者在追求知识或解决问题时，在开始或是过程当中虽有可能运用上述传统的策略，但是研究的完成必须依循系统化的实证步骤。例如，杜威（Dewey，1910）认为研究者在面对问题时，解决的程序会经历五个阶段：（1）遭遇问题与困难；（2）确定和界定问题与困难；（3）提出问题的解决方法与假设；（4）推演假设的结果；（5）检验假设。这五个步骤也可被视为科学方法的基本步骤。与此同时，研究者也需要运用归纳（induction）与演绎（deduction）的原则与方法，来整合知识并扩大其范畴。其中归纳法是通过观察、访谈等各种方法，针对具有同一特质或现象的不同案例，探求其共同特征或关系，进而寻求一个具有解释力的普遍性结论。演绎法则是始于一项通则性的陈述，根据逻辑推论的法则，获得对于现象的个殊性陈述。

更具体来说，一项符合科学精神的研究，应具有系统性、客观性和实证性三个特征。研究活动以一个清楚明确的问题为起点，以获得显著结果的结论为终点。虽然并不是每个问题的研究都有特定、相同的系统步骤，但是任何科学研究的本质都具有相当的系统性，学者称之为规范探究（disciplined inquiry）（Cronbach & Suppes，1969；Wiles，1972）。一般而言，科学研究的呈现，无不详细交代研究样本选取的过程、变量的选定与界定、实验的操作与控制、测量工具的发展过程与特性、数据收集、研究发现与限制因素等，使他人能够理解，甚至复制研究，这些学术工作者所普遍接受的程序，反映了科学研究系统性的特性。

其次，客观性（objectivity）是科学研究的另一个重要特征。所谓客观性，是指研究者所使用的一切方法和程序，均不受个人主观判断或无关因素的影响。一项不具客观性的研究无法进行比较，失去应用的价值。要具备客观性，研究者必须使用或设计有效的测量工具（包括测验、量表和各种仪器），在一定的程序下进行观察、测量和记录。同时，所进行的数据分析与解释，必须尽可能不涉入个人的成见或情感色彩。控制实验情境时，研究者应排除无关的干扰因素，确立研究程序的标准流程与步骤，使不同研究者可以重复进行研究。

实征性（empirical character）是指科学研究的内容必须基于实际观察或数据收集，从中获取明确的经验性证据来支持或否定研究者所提出的假设。一个没有实际数据证据的概念或想法，仅是一种臆测或个人的推想，无法作为科学的证据被接受。通过集体的努力，学术工作者得以建构出整合性的知识，推导出理论的发展。研究的成果，除了必须能够通过其他研究者重新验证的检验之外，还要启发新的观念与想法，扩展科学活动的意义，并延伸其影响的层面。因此，科学活动具有集群性与合作性的特质。

最后，科学活动除了具有上述的特性，同时也是一个连续、循环发展的过程，其成果的发展具有累积性。当科学家发现了某一个问题，从一个混沌未知的谜团，逐步厘清其脉络，建立一套解释性的知识架构，到最后能够提出一套为人们所运用的实用知识，展现科学活动的严谨与丰富内涵，为人类生活带来源源不断的发展动力。一个社会拥有完整成熟的学术体系，也正代表该社会持续发展的可能性。

三、科学研究的内容

（一）变量与操作性定义

回顾科学发展史，以数学为基础的符号逻辑贯穿了 20 世纪以来科学活动的核心内容。科学研究所处理的内容，主要是实征性的概念或变量。实征研究常与量化研究画上等号，统计学成为许多不同学科的共同必修课程。

在量化研究的架构下，科学探究的基本元素是由数字构成的变量（variable），对于变量与变量之间的关系的描述则被称为假设（hypothesis）。所谓变量，是在表现被研究对象的某一属性因时、地、人不同，而在质（quality）或量（quantity）上的变化。单一的变量可对某单一现象与特征进行描述，通过变量之间关系的描述与检验，我们才能了解现实世界的种种情况，发展具有意义的知识与概念。因此，大部分科学研究的目的都在于探讨多个变量间的关系。

一般学术领域对于研究议题内涵与现象所进行的描述，多采用文义性定义（literary definition）来进行。但在量化研究中，变量的内涵与数据的获得方式由操作性定义（operational definition）决定，亦即基于研究上的需要，为满足研究目的或操作上的可行性，所做的关于某个概念的操作性特征的说明，如"智力"被界定为"人类在进行认知思考活动时的优劣表现"，或更具体地被定义成"韦氏智力测验各分量表的得分""用 100 乘以心理年龄与生理年龄的比值"。这种定义方式未必能够充分辩证"智力"的真实内容，但是却可以提供特定研究程序的具体说明，他人可以依据相同程序得到相同结果，因此又称约定性定义（stipulated definition）。相对之下，文义性定义则是关于某个议题或概念的真实意义的描述与厘清，因此需要大量的文字来论述，也涉及理论与概念的讨论，因此 Mandler 与 Kessen（1959）称之为真实性定义（real definition）。在本书当中，对于变量的定义，主要是从操作性定义的角度来处理。

（二）假设、假说与定律

所谓假设（hypothesis），简单来说，是研究者对于一个有待解决的问题所提出的暂时性或尝试性答案。其形成的过程可能来自研究者的猜想与推论、过去研究的引导与暗示，或从理论推导而来，以作为研究设计的依据。若以量化研究的术语来说，假设是指变量间的可能关系或对于变量关系的陈述，且其内容必须是具体且可以被客观程序所验证的。在形式上可以以条件式陈述、差异式陈述、函数式陈述等不同方式来呈现。条件式陈述型的假设是以"若 A 则 B"的形式加以表达，其中 A、B 分别代表两个不同的条件，A 代表先决条件（antecedent condition），B 代表后果条件（consequence condition）。例如，A 是指"父母使用民主的教养方式"，B 则可能是"子女的学习行为倾向于主动积极"，以若 A 则 B 的形式表示则为"如果父母使用民主的教养方式，子女的学习行为则倾向于主动积极"。

差异式陈述是表现不同个体或事物之间是否存在差异的假设形式，内容多牵涉分类。在某个分类架构下，研究的对象被区分为不同的组别，假设的内容在于说明各组别在其他变量上的可能差异。例如，不同性别的学生对于婚前性行为接受度不同。而函数式假设多是以数学方程式的形式表现变量之间的特定关系，其基本形式是"y 是 x 的函数"，其中 x 为自变量，y 为因变量。与条件式与差异式假设相比，函数式假设更能表现假设所涉及的变量关系，一般多个连续变量之间关系的检验，多以函数式的假设来表示。例如，"年龄越大，对信息科技的接受度越低""学习动机越强，学习成果越佳"。

在一项量化研究当中，假设的功能有下列几项。第一，研究假设可引导研究的方向与内容，扩大研究的范畴。研究假设的拟定，除了具体指出研究所欲探讨的变量内容与关系，还具有演绎推论的功能，研究者可从特定的假设中，延伸出更特殊的现象或关系，扩大研究的范围。第二，假设有增进知识的功能。因为假设通常自某一个理论演绎推论而得，支持或推翻假设，皆有助于科学知识的进步。如果某一个假设获得证实，此时便成为被实征数据证实的一套命题假说（assertion），也就是说，假说是具有实征证据支持的假设。

如果一个假说的真实性经过了反复证实，最终获得相关研究者的一致认可与接受，便可被视为法则或定律（law）。在自然科学中，法则与定律的数目甚多，但在社会及行为科学中，法则与定律的数目很少。假说与法则，并不代表真理，而假说与法则的身份亦可能被推翻，如果假说与法则无法解释某一个新的现象，或曾经解释的现象经再次验证不再受到支持，或有新的证据显示假说与法则的缺陷，此一假说与法则即可能会失去地位，再度成为假设层次的概念。

四、理论及其功能

科学的目的在于对自然或人文现象进行描述、解释、预测及控制。因此，科学知识不能以记录零星事实与孤立的科学发现为终点，而应以发展一组有组织、架构与逻辑关系的知识系统为目标，也就是发展理论（theory）。

　　基本上，理论是科学领域对于特定现象所提出的一套解释系统。这套解释系统可能是以科学研究所证实的普遍法则所构成的理论，或是通过某些中间机制所形成的概念与解释系统（Anderson，1971），此一中间机制牵涉到其他的相关概念或理论观点，间接协助了科学家去理解未知的现象。理论的建立可以说是科学的主要价值所在，因为理论能够统合现有的知识、解释已有的现象、预测未来的现象，并进而指导研究的方向。由于理论能够统合现有的知识，使不同研究者的研究发现系统化、结构化，可据以用来解释各种现象，进而达成科学的共识。

　　进一步地，理论能够根据由实证数据整合分析得到的假说与命题，推论、推导出尚未发生的现象。正如理论是解释的主要工具，理论也是预测的主要依据，通过理论的陈述与推导，研究者可以获得更多可待研究的假设，扩展研究的空间，进而影响现实生活空间的运作。

　　一个优秀的科学理论，必须能够清楚、正确地说明变量间的关系与现象的特征，因此好的理论应具备可验证性（testability）、简约性（simplicity）、效力（power）与丰富性（fertility）几个基本特质（Arnoult，1976）。尤其是可验证性的存在，使得理论能够在有凭有据的基础上，对于现象进行合理的说明，因此可验证性多被列为首要的条件。

　　对量化研究而言，理论的可验证性也正是量化研究最能够有所发挥的优势。通过假设的检验，研究者得以建立法则、定律或假说，进而形成理论。然而，正如假说与定律的特性，理论应被视为暂时性知识，而非绝对的真理，理论、假说或定律应持续被直接或间接地检验，如有疑义应进行修改，以使其更为精确。此种实事求是、精益求精的精神，也是科学研究的重要价值之一。

第二节　主要的量化研究设计

　　几乎所有的研究方法都会涉及数字的使用，不同的研究方法因为数据获得的方式与来源的差异，对于数字处理的需求也就不同，因而必须选用适切的统计技术来进行不同程度的分析与应用。有些研究方法对于研究过程所产生的数字仅做最简单的计数（counting）处理，甚至将数字数据作为文本（text）数据来运用，这类研究多着重于现象的探讨，以质性研究的逻辑进行概念与意义的分析，对于量化数据分析的需求也就相对较低，在本书不予介绍。而在各种量化研究方法当中，与数据分析最为密切的研究取向为调查法、相关法与实验法。下文将一一介绍。

一、调查法

　　社会科学研究者经常向一群受访者发放问卷（questionnaire），或是进行面对面、电话访谈（interview），作为收集经验数据的重要途径，这被称为调查研究（survey research）。调查法的原理是通过一套标准刺激（如问卷），根据一群具代表性的受访者所得到的反应（或答案），以推估总体对于某特定问题的态度或行为反应。调查研究在民意调查、消费者意见收集、营销调查等各种应用领域被大量使用，题目通常十分简单，因此能够在短时间内收集到大量样本数据去推知总体的状况。相对之下，学术领域的调查内容则会趋于复杂，处理数据的时间也会更长。

调查研究最重要的工作在于通过样本去推论总体的特性，因此，样本代表性是研究质量的重要关键。例如，要想了解女性消费者对于不同品牌洗发水的喜好程度，必须挑选一群足以反映女性消费族群的女性样本并对其进行调查，才能有效地推论全体女性消费者对于各品牌洗发水的态度。换句话说，调查研究的样本应能完全反映总体的各种特性（如人口学特性），所收集得到的统计数据才能据以推估至总体，除了以随机抽样（random sampling）的方法来避免系统化的偏差，样本的代表性必须通过严谨的抽样设计与确实的执行来确保。此外，根据抽样的统计原理，样本人数越多，抽样误差越小，因此调查研究的样本多为超过千人的大样本设计，此时在 95% 的置信水平下，抽样误差会低于 ±3%。

调查法所问的问题通常是行为频率（如有没有购买某种产品）、事实状态（如属于哪一个政党）与态度看法（如对于某政策的支持度）。通过调查问卷所收集到的数据，研究者多以描述统计的频数分布与百分比来呈现受访者的反应，同时多半会取用一些人口学变量（如性别、居住地）或背景变量（如教育水平、社会经济地位、职业类别），以卡方检验来进一步分析受访者的反应倾向，即俗称的交叉分析。

根据测量的观点，调查法的主要问题在于受访者回答问题的真实性。除了迎合一般社会所期待答案的社会赞许性（social desirability），受访者还会回避敏感与禁忌的话题，或是夸大某些个人的感受与负面的意见（John & Robin，1994）。因此，调查研究者必须详细评估所使用的工具与问题，从数据分析的观点来看，研究工具设计不当与执行过程的缺失无法通过统计的程序来予以补救，事前严谨的研究准备是调查研究成败的关键。

二、相关法

除了利用调查法的代表性样本去推估总体的特性，社会科学与行为科学研究者经常遇到的另一类研究问题，是关于两个或多个变量之间关联性的讨论。探讨多个变量之间关联性问题的研究，被称为相关研究（correlational research）。此方法通常涉及测验或量表对于某一现象精密的测量，测定两个或两个以上的变量之间的关联情形。所谓精密的测量，主要是以连续性的分数，对不同受试者在某一概念反应的程度进行评定与测量，如以 10 个题目来测量学生的自尊，受试者以 1（非常不符合）至 5（非常符合）的五点量表来评定每一个题目，而自尊的高低以 10 个题目的总分来代表，可能的分数范围为 10 至 50 分。两个以上的连续性变量，其间的关系强度可以借由相关系数（correlation coefficient）来表示，正相关代表两个变量具有相同的变动方向，负相关则代表两个变量数值的变动方向相反。

相关研究所测量的变量，多为无法直接观察的抽象概念或心理属性，研究的成败取决于抽象变量的定义与有效的测量，因此又称测验研究法。此类研究的限制只能说明变量之间的相关，但不能推断因果关系与影响的方向。例如，相关分析指出学生的焦虑感与学业成绩两个变量具有明显的负相关关系，此时，我们可以明了这两个变量的相互关系，但我们并没有充分的证据可以证明是焦虑感决定学业表现或是学业表现造成了焦虑。虽然统计学者发展了许多分析技术，使得相关性数据可以进行预测或因果性的分析（如回归分析、路径分析等），但是这些研究数据距离真实的因果关系尚有一段距离。

三、实验法

实验法（experimental method）需要在严谨且精密控制的情形下来进行研究工作，也因此是唯一被社会科学领域认为可以用来检验因果关系（causal relationship）的量化研究方法。实验法虽然也在探讨多个变量之间的关系，但实验法的变量可以明确地区分因（自变量）与果（因变量）。通过严谨的实验操作与受试者随机分派程序，研究者得以将一群实验受试者随机分派到实验因素（自变量）不同的实验处理中，并控制其他条件以使每一位受试者在实验处理以外的状况都保持一致，然后对于某一特定的行为或态度加以测量。

实验研究多在实验室中进行，又称实验室实验法。其基本要件是将受试者"随机分派"到不同的实验处理中，然后"操作自变量、观察因变量、控制干扰变量"。如果在现实生活中的开放场域进行实验研究，则为场地实验研究，此种方法通常无法做到完全的随机分派受试者与严谨的环境操控，因此又被称为准实验法（quasi-experimental method）（Cook & Campbell，1979）。

实验研究的主要目的在于探讨因变量的改变来自何处。当其他可能影响自变量与因变量关系的第三变量被合理控制的情况下，因变量的改变可以被归因于随机波动与自变量因素两种影响来源，当统计分析指出自变量的影响大于随机波动，因变量分数的变动即可被视为来自自变量的影响，从而获得因果关系的结论。

实验法的成败取决于自变量是否是引起因变量改变的唯一原因，因此干扰的排除或环境的控制成为重要的工作。一般在实验过程中，受试者可以被分为有自变量效果的"实验组"与无自变量效果的"控制组"。实验组的受试者可能分别接受不同的实验处理，而控制组受试者则完全没有受到自变量的影响或实验处理，然后比较各实验组与控制组在因变量得分上的差异。

根据数据分析的观点，统计分析的作用在于检验因变量分数的变动是否受到自变量的影响。而自变量多是类别变量，因此多涉及平均数差异检验（如方差分析）。但是，由于不同的实验设计在自变量的设计与安排上有许多差异（如使用重复测量设计、协方差的处理等），因此不同的方差分析技术得以被发展出来解决不同的实验设计问题。

四、量化方法的比较

（一）就研究目的来比较

相关法与实验法的目的在于找寻特定变量之间的关系，相关法的优点是可以在研究中同时探讨多个研究变量间的关系，进而在统计技术的协助下，进行变量间交互关系的探讨，相对地，实验法虽不善于同时处理多个变量间的共变关系，但是通过严谨的控制程序，实验法得以确立特定变量间的因果关系，两种研究方法各有所长，终极目的均在于建立一套社会与行为科学的通则，探究各种现象之间的关系。

调查法、相关法及实验法最大的不同，在于调查法的主要目的是就样本的统计量去推估总体的特性，而非建立一套行为通则。如果所选择的随机样本具有相当的代表性，调查所得的数据即可用以估计总体的特性。自样本推估总体过程的成败，取决于抽样过程的严谨与否，高阶统计分析所发挥的作用相对较小。

（二）就样本特性来比较

为了有效降低抽样误差、提高推估总体的正确性，调查法所需要的样本数量通常不会少于 1000 人。目前，许多民意调查机构多以容许 ±3% 的误差范围来进行调查，其样本数即需大于 1068 人。

实验法与相关法的样本需求与统计分析方法的数学原理（如一型与二型错误、统计检验力）有关，当实验的组数越多，需要的样本越多。若以统计的正态性为基础，每一组需至少有 30 个受试者才能维系抽样分布的正态性，当有 k 组时，样本数则为 30 的 k 倍之多。

相关法的样本需求与研究所使用的测验与量表长度有关，量表越长，样本需求越高。此外，当统计分析较为繁复时，样本也需较大，样本的大小必须能够提供一个变量足够的统计变异量，同时能够维持正态分布的假设不被违反。Ghiselli、Campbell 与 Zedeck（1981）建议，当牵涉到量表的使用时，样本人数不宜少于 300。以因子分析（factor analysis）为例，样本数约为题数的 10 倍，一个 50 题的量表，即需 500 人样本，如此才能获致较为稳定的统计分析数据。

整体而言，三种研究方法中，调查法所需要的样本规模最大，而实验法所需的样本最少，相关法居中。由于调查法的样本量需求大，为考虑问卷发放与数据处理的便利性，调查研究所使用的工具受到相当的限制（如题目较少）。实验法的重点在于样本是否被随机分配到不同的组别，大样本虽然可以提高统计检验力，然而实验效果是否显著，并非主要取决于统计的程序，而是控制的严谨程度与实验的效果。相关研究的重点在于测验的信效度，因此样本的大小与研究设计及信效度的提升有关（Cohen，1988）。

（三）就研究工具特性来比较

调查研究为了在短时间内收集大样本的数据，在问卷上多力求精简易懂，以便于调查人员实施，问卷要避免过度冗长与艰涩的问题，内容多为具体、客观的问题（如人口学数据、个人生活状态、行为频率等），或是一些与态度及意见有关的问题，使问卷回收后得以在最快的时间内完成输入与分析。一些民意调查机构甚至使用计算机软件将调查过程与数据库相连接，使得调查数据得以在第一时间获得系统化的处理。

相关法所收集的数据较调查研究更为多元复杂，除了人口学数据或事实性数据之外，相关研究通常需要收集抽象的特质，此时必须运用经过信效度检验的测验或量表，测量工具的长度较长，问卷的实施需由受过训练的人员在标准的情境与程序下进行，测量分数的运用与解释多需经过专家以特定的方式来处理。通常相关研究者为了发展一套测验量表，要花费相当的时间额外进行另一项研究，或者是取用其他研究者发展完成的测验或量表，以缩短研究的时程。至于实验法，如果需要测量受试者的心理状态，也必须使用测验量表，但为了探讨因果关系，实验研究所使用的变量通常最少，同时在测量过程上力求客观、单纯、明确，甚至会借助实验仪器的精密测量。

（四）就统计分析需求来比较

每一个研究，由于研究假设的差异、测量的变量形式不同，所适用的统计方法亦有所不同。因此无法明确地指出调查法、相关法以及实验法在统计方法的需求上有何确切的差异。但是，一般而言，调查法所牵涉的统计问题较为单纯，多为与类别、名义变量有关的描述统计或区间估计；在数据分析实务上，频数分布、列联表或统计图形即可对调查的数据进行清楚的说明；在推论统计上，则多使用无总体分析（如卡方检验）。相较之下，相关法与实验法在统计分析的运用上显得多变与繁复，同时二者必须建立在特定的统计假定之上。

拜计算机科技发展迅速所赐，许多繁杂的统计运算过程均可运用计算机来进行运算，更进一步刺激了高阶统计技术的发展。实验法的统计技术多涉及方差分析，配合各种实验设计，ANOVA 已成为许多研究学府高阶统计与实验设计的基本内容。在统计技术与分析工具的高度发展下，学生学习的内容与难度也就相对增加。调查法、相关法及实验法三种方法的比较见表 1-1。

表 1-1 三种主要的量化研究设计的比较

	调查法	相关法	实验法
主要目的	由样本推论总体 对总体进行描述与解释	探讨变量间关系 建立通则与系统知识	探讨因果关系 建立通则与系统知识
样本特性	大样本 具总体代表性	中型样本 立意或配额抽样	小样本 随机样本、随机分派
研究工具	结构化问卷	测验或量表	实验设备、测验量表
测量题项研究	事实性问题、态度性问题、行为频率	态度性问题、心理属性的测量、多重来源的评量	反应时间、行为频率、心理属性的测量
程序 （学理基础	抽样与调查 （抽样理论）	测验编制与实施 （测验理论与技术）	实验操作 （实验设计）
测量尺度	以类别变量为主	以连续变量为主	类别自变量、连续因变量
统计分析常用统计技术	描述统计、频数分布、卡方检验、非参数统计	线性关系分析、相关、回归、路径分析	平均数差异检验、t检验方差分析、协方差分析

第三节　量化研究的结构与内容

一、学术论文的类型

学术上所谓的正式论文，大体可分为学位论文与期刊论文两类。学位论文是指学术机构培养研究学者所要求的正式研究论文，在英文中，学位论文有 thesis 与 dissertation 之分，前者多指硕士学位论文，后者则为博士学位论文。在世界各国，政府或学术机构对于学位论文的格式均有明文规定特定格式，同时赋予其一定的法律地位，但由于篇幅较长，并具有学位授予的功能，一般并未广为出版与流通。

另一类正式论文被称为期刊论文（journal article），不但数量庞大、流通性高，同时也具有实质影响力。根据《APA 格式》（American Psychological Association，APA，2010）的内容，期刊论文有五种主要形式：实证性研究（empirical study）、文献综述性论文（review article）、理论性论文（theoretical article）、方法论论文（methodological article）与案例研究（case study）。

实证性研究为研究者原创性的研究报告，多半包括实际的数据与分析；文献综述论文是将过去有关文献加以整理、归纳或批判的论文或研究，包括元分析（meta-analysis），所使用的素材多为二手数据；理论性论文则是研究者根据既有文献数据对提出新观点或理论架构的论文，重点在于理论性的阐述，而非举证。

2010 年出版的第六版《APA 格式》新增了方法论论文，鼓励研究者提出新的方法论取向、对于现存研究方法的修正，以及量化与数据分析技术的讨论。方法论论文强调对方法论议题与数据分析技术的探讨，仅将实证数据的分析作为示范。目的是带领读者了解量化数据的分析原理与操作程序，详细了解技术发展的历史与内涵，并能厘清各种技术的优劣异同与使用时机，避免讹误与滥用。

二、论文的结构与内容

本书所讨论的焦点在于量化研究的原理与分析技术，因此，本书的使用者最可能完成的研究或论文体裁与性质，应最接近实证性论文。一份实证性论文，大体而言应包括四个主要的部分，即绪论、方法、结果与讨论。

（一）绪论（introduction）

绪论的主要目的与功能在于与读者进行初步的沟通，因此必须详尽地介绍研究的背景、问题与目的，同时，为了强化研究者本身的立论，研究者必须提出相关的文献与理论背景作为研究的基础。应包含下列具体事项：第一，研究问题的介绍与说明，包括研究的焦点、研究的假设、研究设计的概念、本研究理论性的意涵、与该领域其他研究的关系，以及研究可能产出的结果与理论命题；第二，研究背景的整理与说明，对于研究所涉及的相关学理与研究文献，应做摘要性的整理，提及他人研究之时，应针对他人研究的主要议题、使用的方法与重要结论进行简要的介绍，而非过度详细的报告；第三，研究目的与实务的陈述，在绪论的最末，研究者应具体说明研究的目的与探讨的假设为何，明确交代研究者所操作、测量或观察的变量及其定义，以及研究者所期待的结果与理由。

杰出的论文绪论并不在于文章的长短或理论的重要性，而在于缜密严谨的立论阐述与清楚明确的演绎推理，以及引用适切、相关的理论文献，并撰文说明引用理论文献与研究者所进行的研究的逻辑关联（logical continuity）。初学者最大的弱点与迷思在于过度冗长的背景说明与理论介绍，易使读者失去阅读的兴趣，或是迷失于庞杂的文献数据中。因此，强化理论的思考训练，多方吸收各领域的经典知识与理论主张，对于撰写一个好的绪论有着重要的意义。

（二）方法（method）

方法的部分会详细记载研究者执行该研究的相关内容。其功能是使读者能够理解研究如何开展与进行，并根据流程来进行个人的评估，甚至于进行研究的再复制。基于不同的研究题材与执行过程，方法的介绍并不一定有着固定的格式，但是下列三个部分是不可或缺的。

第一，参与者（participant）或样本（sample）：对于社会与行为科学研究，谁是受试者、参与者、被观察者、被访问者，是重要的信息。根据样本特性与样本结构的说明，读者可以掌握研究的运作与可能发生的现象，并判断其是否存在偏误或缺失。

第二，研究工具与器材（apparatus）：实证性研究的进行，多半使用特定的测量工具以收集数据，在实验研究中，更可能涉及实验仪器设备的使用。一个追求客观、精确的测量，必须能够具有一定的标准化程序，此时，标准化的工具与设备操作，便成为关键因素。

第三，研究程序（procedure）：科学的研究强调标准化与客观化的操作过程。因此，一个研究的执行过程应详细交代说明，包括研究实际执行之前的准备工作、受试者的挑选与安置、工具发展与准备的过程、人员训练与器材准备的状况等，凡是对研究的结果可能存在影响的每一个步骤，皆应在此段中说明。

最后，研究者通常会将数据分析的方法与策略放置在第四个段落，以交代研究数据如何被整理、组织与分析，包括所使用的分析技术、统计软件、数据转换的方法与目的等内容。在科技发达的今天，研究者的企图心随着科技的进步而增强，数据的规模、处理的难度、统计分析的不透明度皆与日俱增，数据分析的重要性也随之提高。

（三）结果（result）

研究的第三部分是研究结果与发现，主要内容与数据分析有着密切的关系。在量化研究中，结果分析与统计的应用有着密不可分的关联。研究者如何通过适切的统计方法与分析程序来验证其假设，提出具体且量化的论证，可以说是一个研究成败的关键，也是研究者最重要的任务。

结果部分的内容，除了文字性的介绍，最重要的是图表及统计术语的使用。经过数百年的发展，数学与统计学已趋成熟，几乎所有可能面临的数据分析问题在统计技术上都有解决之道，研究者除了选用最佳的分析方法之外，还需经过正确的程序，以广为接受的正确方法来呈现结果。在撰写论文时，必须正确且充分地提供所有重要的数据，如自由度、样本量、显著水平、效果量（《APA 格式》的第五、六版尤为强调）、误差与置信区间等数据以供阅读、比对和查考，并将重要的参考数据（例如，变量定义、算法与公式、各种重要数据）附于文末。如果文中受限于篇幅而不敷列举时，则可指明获得数据的方式（例如，提供网页链接与联络方式）。

（四）讨论（discussion）

当研究者完成分析工作之后，即可进行研究结果的整理，得出结论。本节的内容主要在于摘述研究设计与发现、诠释主要的发现与澄清立场、评论研究价值与意义、进行量化数据意义的讨论（如效果量大小、测量数据的稳定性等），以及指出不足与发展方向等内容。

值得一提的是，在结果部分，研究者的文字与说明有其标准化、共识性的做法，即纯粹的格式化、数学化与统计化，但是在讨论一节，研究者可以用自己的语言，提出自己的论证，甚至采取立场性的主张，与他人或其他的理论进行对话。科学的价值，在最富有创造力、批判性与启蒙性的结果讨论中，得以发挥无遗。

除了前述主要内容之外，在准备论文手稿时，研究者必须就文章的标题（title）、作者与机构信息（含注释）、摘要（abstract）、参考文献（references）、注释（footnotes）、附录与补充数据（appendices and supplemental matrials）依规范呈现。近年来由于统计技术的发展迅速，量化数据与分析结果的呈现有大幅扩充与变革，这些关于统计结果的陈述、图表的标示与应用，可参考《APA 格式》当中的详尽说明。

第四节　量化研究的程序

简单来说，一个典型的科学研究包括理论基础、数据收集与数据分析三个部分，它也可以被视为量化研究的三个阶段：第一是理论文献引导阶段，通过文献的整理与理论的引导清楚地勾勒出一个研究的问题内涵与进行方向，并作为整个研究进行的逻辑基础与理论内涵；第二个阶段是数据收集，由一连串实际的研究活动所构成，目的在于获取真实世界的观察数据；第三个阶段是数据分析，针对实证观察所得到的数据进行分析，提供具体的比较与检验的证据，用以回答研究者所提出的命题是否成立，从而得出最后的结论，三个阶段的内容与操作流程描述如图 1-1 所示。

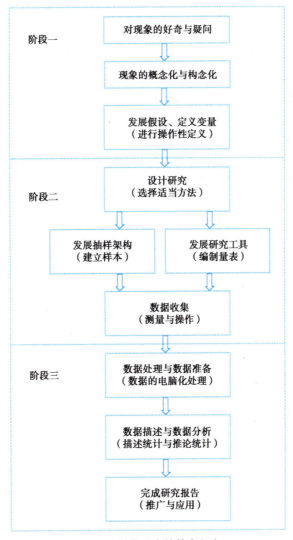

图 1-1 量化研究的基本程序

一、理论引导阶段

研究者对于现象的好奇与疑问，可以说是一个研究的起点。研究者的好奇与疑问可能来自自己亲身的经验、自己的观察所得，或是先前的研究者所留下来的疑问。例如，报纸大幅报道网吧在城镇地区快速兴起，研究者可能会问，年轻人为什么那么喜欢去网吧？乡村地区的年轻人是不是也是如此？网吧可以满足年轻人的何种需求？或是研究者对于前人的研究有所质疑，提出不同的假设观点，有待进一步检验。

一旦研究者的脑海里对于他所关心的问题有了一个大略的图像之后，下一个重要的工作是把这个图像转换成完整而有意义的概念，也就是概念化或构念化的过程。此时，他可能要把研究问题（上网吧的原因）与年轻人的发展历程与需求特质进行连接，那么他就要去阅读与发展心理学或人格心理学有关的书籍，协助他形成与研究主题有关的重要概念。如果他想要比较城乡地区的差别，那么他可能要去相关单位调阅网吧数量的工商数据，形成网吧设立的城乡差异的具体概念。在这个阶段中，研究者除了进行文献探讨的工作之外，如果他先前已经具备充分的理论或背景知识，问题概念化将会更有效率地进行。

经过了概念化过程，一个研究所要处理的问题应该已经十分明确，例如，研究者认为上网吧的行为可能与同辈的互动有关，是一种人际的需求，此外，城乡地区年轻人上网吧的行为差异，可能与他们生活周围信息设备的可提供性有关。因此，他具体提出下面几个假设：

假设一：城乡地区的年轻人的信息设备的可提供性不同。
假设二：人际需求越强的人，上网吧的动机越强、频率也越高。
假设三：城乡地区信息设备的可提供性不同，造成上网吧的行为差异。
假设四：信息设备的提供性、人际需求的强度，影响上网吧的频率。

第一个假设是以差异式陈述来表现的假设，重点在比较差异；第二个假设则是一个函数式陈述的假设，主要在探讨变量间关系；第三个假设则是条件式假设，涉及因果关系的检验；第四个假设则综合了函数式陈述与条件式陈述两种假设，涉及的变量较多，需以结构模型来处理。

在形成假设的同时，研究者必须将假设当中的变量进行明确的描述与界定。例如，研究者所谓的"信息设备可的提供性"与"人际需求"到底为何？除了用文字来描述之外，他必须清楚地描述测量这些概念的具体方法，才能在研究当中去进行数据收集，也就是说，他必须对于这些概念进行操作性定义，指出将概念转变成可以具体测量的变量的方法。例如，信息设备的可提供性可能被界定为一个人每周接触到计算机的时长，或是距离一个人最近的计算机的空间距离。通过这个操作化的过程，研究者就可以开始具体执行他的研究。

二、数据收集阶段

经过了第一个阶段的概念澄清与变量定义的过程，研究者就必须提出一套研究执行计划，来检验他所提出的假设的正确性。

（一）进行研究设计

选择一个正确的研究方法，决定了研究问题是否能够获得解答。一旦选择了某一种方法，研究者就必须遵循该种方法的要求来进行整个研究。

以网吧的研究为例，研究者的问题是：年轻人为什么喜欢上网吧？他提出了几个有关的概念，并提出了四组假设，显而易见，他的目的并不在为上网吧的行为找到一个特定的原因，而是整理诸变量之间的关联，因此应采用非实验研究设计来进行他的研究。

（二）选定抽样架构

研究方法的选择，直接影响数据搜集的方式与过程。首先，在样本的建立上，研究者必须考量研究的总体是谁？所谓的青少年的范围为何？是指哪一特定区域的年轻人？年龄层从几岁到几岁？研究总体的指定，决定了抽样的范围，也决定了未来研究结果类化的范围。而在抽样方法上，研究者有多种选择，其中随机抽样最能够建立一个具有代表性的样本，有关抽样方法的讨论，读者可以自行参阅其他研究方法的书籍。

（三）发展研究工具

除了决定研究的对象是谁之外，研究者同时要准备研究所需的工具，以便样本选取之后，可以利用这些工具取得所需的数据。通常一个大型的调查研究，抽样范围广泛、样本数庞大，因此研究工具以精简为宜，例如编制一个简单的问卷去询问年轻人上网吧的频率、他们身边最近的一台计算机在哪里等。

如果研究者关心的层面是复杂变量关系的讨论，那么他所使用的工具就要能够涵盖这些变量的测量。例如，采用标准化的测验来测量人际需求强度。一个用来测量心理特质的心理测验或量表，其编制必须遵循一定的发展历程，并能够确立测量的信度与效度，因此，如果研究者无法找到一些现存、适用的测验或量表，那么他可能要花费许多额外的时间来自行编制量表。有关量表的编制步骤与技术，我们将在第四篇中进行详细的讨论。

（四）数据收集

一旦样本确定，研究工具也准备妥当之后，便可以进入阶段二的最后一项工作：数据搜集。如果是实验研究，此时便涉及样本的分派与实验的操作，借以获得因变量的观测数据。如果是非实验设计，就可能涉及抽样的实施、问卷的发放与回收等作业。这一个过程可以说是研究实际执行的主要阶段。从实际样本的获得到数据搜集完成，往往需动员相当的人力与物力，耗费相当时日。

三、数据分析阶段

第三个阶段是数据的整理与分析，包括数据的准备、分析与报告撰写三个部分。

（一）数据准备

经过实际执行之后，研究所获得的原始数据，就好比刚从市场买来的材料，要送给大厨烹调之前，先要进行必要的处理，才能让大厨的手艺有所发挥。例如，问卷回收之后，要先行过滤无效问卷，进行废卷处理，如有必要，还必须回到前一个步骤，继续收集数据，补足充分的样本，直到满足研究所需为止。

拜科技发展所赐，计算机化的研究数据处理与分析模式，已完全取代人工作业。因此，原始数据收集完成后，接下来的工作可以由计算机来代劳。计算机化的处理必须依赖严谨的编码、输入、检查的程序，才可能降低错误的发生率，此外，经过初步整理的计算机化数据还需经过适当的转换，才能作为统计分析的数据，这一过程被称为数据准备。

目前广泛使用于社会科学研究的统计软件有 SAS 与 SPSS，其中 SPSS 的应用较为简便。应用 SPSS 之后，数据分析作业得以更快捷、便利与精确地进行，但是事前仍有赖于一套缜密的编码、前置内容输入，以及研究者细心的侦错与检查，使得各种问题得以在第一时间获得处理。本书将详细介绍 SPSS 应用于数据准备的程序，另外也将介绍免费软件 R 的分析功能。读者除了熟悉 SPSS 与 R 软件之外，也应该学习其他文字处理工具（如 Excel），再搭配统计软件的使用，这些是能让分析工作顺利进展的重要因素。有关 R 的简介与功能介绍请参见本书附录。

（二）数据分析

计算机化的数据准备一旦准备完成，研究者就可以利用适当的统计方法，来分析研究的数据。首先，针对研究所收集的各个变量，研究者可以利用描述统计与统计图表，将计算机化的原始数据进行初步的呈现，了解变量的特性。其次，便是利用各种推论统计技术，来检验研究假设是否成立。

选择正确的统计方法是数据分析能否得以顺利完成的主要因素。从数据分析的立场来看，量化的变量可以分为强调分类的类别变量与强调程度的测量的连续变量两大类，针对不同类型的变量以及变量之间的不同组合，应使用不同的统计分析策略。各种统计分析涉及不同类型变量关系的检测，受到的限制也不同，从卡方、t 检验到回归各种应用技术，研究者需熟悉了解原理与限制，才不至于误用统计工具，误解统计结果。

（三）报告撰写

一旦数据分析完成，整个研究也接近尾声。只要研究报告完成，整个研究工作本身也就大功告成。有趣的是，有许多研究者懂得如何执行统计分析，也能够了解统计报表的意义，但是却不知如何把分析结果写成流畅易懂、符合学术规范（如 APA 格式）的文字报告。尤其是入门的研究者，缺乏撰写研究报告的经验，使得辛苦获得的研究成果无法有效地呈现在众人面前，殊为可惜。

相对地，一些资深的、熟习统计术语的研究人员，不仅可以洞悉统计报表背后的玄机，并且能够巧妙地运用文字的力量，有效地整理研究发现并加以诠释。因此，在大学研究所的训练课程当中，独立研究的训练是很重要的一环，许多系所规定学生必须在学术会议或学术期刊发表一定数目的论文才能获得学位，目的就在于磨练学生在研究执行与研究报告方面的整合能力。

第五节　结语

科学研究是研究者对问题进行深入观察与创意思辨、寻找能反映现象差异的变量、拟定变量间的假设关系，并利用适切的方法对其加以检验的一连串的整体过程。随着信息科技的发展与统计方法的进步，过去因为数据分析技术的限制而不能探讨的问题，现在已能轻易解决。计算繁复的统计公式，在计算机软件的协助下，也变得轻而易举。本书的主要特色之一，即是利用相当受到社会科学界欢迎的 SPSS（第 23 或 25 版）与 R

来示范各种量化数据处理与统计分析的操作，并以相当篇幅来说明结果报表的分析与解释，目的就是希望读者能够善用计算机软件来协助从事量化研究，快速有效地解决学术或实务上的问题。

软件包的发展固然为研究者提供了便利，但是高科技并不代表精确与正确，同时许多研究者及学生也产生了对软件包的依赖性，造成了负面的影响。例如，Pedhazur 与 Schmelkin（1991）将计算机科技与软件包比喻为一个黑箱（black box），意味着在技术的背后潜藏着一些未知的危机。同时，当人们依赖高科技设备来进行统计运算时，对于整体概念的统整与操作技术的培养就受到了负面的影响。

由于依赖程序包，许多学生忽略甚或逃避各种统计程序理论基础与计算方法的理解，因此无法正确判断统计方法的使用时机，计算机报表的判读亦可能存在偏差与误用。因此，教师在教授相关科目时，宜以基础概念的建立为主，计算与演练为辅。在初学阶段，避免过度使用软件包，而能确实理解稳固的分析知识与统计原理，软件的应用练习配合独立研究或实践最为适宜。尤其在研究生阶段，计算机运作能力不仅可以协助研究者进行高阶统计与大量数据处理，更能培养数据处理的实证研究能力。

值得注意的是，应用计算机进行数据分析与统计检验，虽能大量地节省运算的时间，减少计算的错误，但是却新增加了一些传统方法不致发生的问题。如文档与系统的破坏造成数据的丧失，或是当多个计算机数据库合并时，忽略了不同数据库对于数据处理的程度与方式不同，造成合并后的混乱。甚至于由于程序包的方便性，有些研究者往往反其道而行之，先做大量的统计分析，再在分析结果中去找可以解释的结果。如此不但违反了学术伦理，还扼杀了科学求知求是的精神。

总之，前述这些因为科技发展所带来的问题不一而足，但却无法抹杀其所带来的效益与便利。因此除了在得失之间力求平衡之外，研究者本身的自我期许与学术伦理的要求，才是根本的解决良方。至于在方法原理与分析技术方面的精进，则有赖于研究者不断地学习与练习，累积数据处理分析的经验，如此才能将科技的助益有效地发挥，这也是本书撰述出版的目的初衷与期许。

第二章　变量与测量

第一节　前言

　　量化研究的基本单位是变量，而变量来自测量（measurement）。测量是运用一套符号系统去描述某个被观察对象的某个属性（attribute）的过程（Nunnallly & Bernstein，1994）。此符号系统有两种表现形式：第一，以数字的形式去呈现某个属性的数量（quantity），第二，以分类的模式，去界定被观察对象的某个属性或特质属于何种类型。前者是一个度量化（scaling）的过程，后者则是一种分类（classification）的工作。在多数情况下，人们进行测量工作主要是在进行精密的度量，亦即采用前者的界定，于是测量便与工具（量尺）的选用与统计分析的应用产生密切的关系，这便是很多人常把测量与统计画上等号的原因。

　　从统计分析的观点来看，测量是一个将某个研究者所关心的现象予以"变量化"的具体步骤，也就是把某一个属性的内容以变量的形式来呈现。此时，被观察对象可能是个别的人、一群人的集合或各种实体对象。科学化的测量，除必须符合标准化（standardization）的原则，也需要注意客观性（objectivity）。一个有意义的测量应不会因测量者的主观因素而影响其结果，同时其过程应有具体的步骤与操作方法，以供他人检验。值得注意的是，在社会与行为科学的研究当中，许多抽象特质不易掌握其操作性定义，因此测量的客观性遭到相当的质疑，许多统计方法因而被发明出来，以克服心理特质测量的难题。

　　在社会与行为科学领域，为了探讨人的心理状态与社会当中的复杂关系，测量工作通常会涉及抽象的心理构念（construct），而构念的定义牵涉不同的理论，测量的实施从而更具难度，使得测量问题在社会科学领域自成一门学问。同时又因领域的不同与研究课题的差异，测量的内涵与分析的焦点有所不同，如经济领域的经济计量学多偏重预测模型的建立、时间序列数据的分析，而心理领域的心理计量学（psychometrics）必须面对抽象心理特质的测量问题。

第二节　变量的类型与尺度

一、变量的性质与类型

　　简单来说，变异（variety）是统计的根本，而测量与统计是一门研究变异的科学。

人类社会充满着变化与差异，因此科学领域充满许多值得探讨的变量。变量（variable）表示某一属性因时、地、人而不同的内容，如智商是一个变量，每个人的智力水平都不一样。相对他，如果某一个属性或现象不因时、地、人而有所不同，则称为常数（constant），如同一个系所的学生必修课学分数都相同，人的手指头数目大多都是十个。

从定义来看，变量表示某一属性因时、地、人而不同的内容。一个变量包括两个重要的概念，第一是其所指涉的属性（attribute）为何，此一属性即是研究所关心的现象或特殊层面，具体来说，就是变量的名称。例如，"智商"指涉的属性是智力水准的高低，第二是变量包含不同的数值（value or quantity），也就是变量的存在形式，在量化研究中，变量均以数字的形式存在，如智商是一个变量，其存在形式是100、120、125等分数，代表个体在"智商"此一属性的水平。这些数值是通过测量过程以特定的量尺去测得的。

在科学研究中，变量有多种不同的分类方式。从因果关系的角度来区分，变量可以分为自变量（independent variable，IV）和因变量（dependent variable，DV）。自变量即原因变量，因变量为结果变量。在自变量与因变量的对偶配对关系中，自变量是不受任何因素影响的前置变量，而因变量的变化主要归因于自变量的变动。

从被测量的对象的性质来看，变量可分为离散变量（discrete variable）和连续变量（continuous variable）。前者是指被测量的对象，在变量的数值变化上是有限的，数值与数值之间无法找到更小单位的数值，如家庭子女数、性别、国籍等。连续变量则指被测量的对象，其特征可用变量中无限精密的数值来反映。如果技术上允许，数值可以无限切割，如以米尺测量身高，测量刻度可以无限精密。

在数据分析实务上，连续变量是指利用等距或比率尺度等特定单位所测量得到的变量，变量中的每一个数值皆代表强度上的意义，又称量化变量（quantitative variable），相对地，以名义尺度所测量得到的数据，数值所代表的意义为质性的概念，也就是一种质性变量（qualitative variable），或称类别变量（categorical variable）。这几种变量的分类如表 2-1 所示。

若从测量的量尺来区分，变量可以分为名义变量、顺序变量、等距变量和比率变量。这四种变量分别由四种对应的量尺所测得（表 2-2），详述如下一节所示。

表 2-1 变量的不同类型整理表

分类形式	意义与特性	范例
依研究设计区分	反映因果关系	
自变量（IV）independent variable	反映前因，通常发生时间在前。又称独变量、操作变量、受试者变量、预测变量、解释变量、外生变量。	实验组别、资金投入多寡、学生努力程度。
因变量（DV）dependent variable	反映后果，通常发生时间在后。又称效标变量、结果变量、被预测变量、被解释变量、内生变量。	反应时间(秒)、企业获利能力、学生学业表现。

续表

分类形式	意义与特性	范例
依测量对象性质区分	反映测量内容特性	
质性变量 * qualitative variable	反映性质，为分门别类的结果，数值没有单位与强度意义，又称类别变量。	名义尺度下的性别、种族、宗教信仰、产业、政党、品牌等；顺序尺度下的教育程度、社会经济地位等。
量化变量 quantitative variable	反映程度，为强度测量的结果，数值具有特定单位与强弱意义，又称连续变量。	等距尺度下的温度、分数、智商、心理变量等；比率尺度下的度量衡变量、时间、金额、经济指数等。
依测量数值特性区分	反映量化数据的单位特性	
离散尺度 discrete scale	尺度具有最小单位(通常为整数)，测量结果被称为间断数值变量。变量数值有限。适用间断概率分布原理。	员工人数(人)、家户数(户)、家庭子女数(人)、学校数(校)、班级数(班)。
连续尺度 continuous scale	尺度没有最小单位，测量结果被称为连续数值变量。变量数值连续。适用连续概率密度分布原理。	度量衡变量、金额、时间、分数等(可求无限小数位数)。

注：标示 * 表示变量的数值没有测量单位或数值强度意义。

表 2-2　不同测量尺度的整理表

分类形式	意义与特性	范例
依测量尺度特性区分	反映测量精细程度	
名义尺度 * nominal scale	又称名目尺度，测量结果被称为名义变量。数值反映不同性质，没有强弱、大小数值关系，可进行"≠"或"="的比较。	性别、学号、种族背景、宗教信仰、产业类型、政党属性、品牌名称等。
顺序尺度 * ordinal scale	又称次序尺度，测量结果被称为顺序变量。数值具有特定的大小顺序关系，得依序排列，可进行"<"或">"的比较。	名次、学测级分、出生顺序、教育程度(研究生以上、大学、中学、小学及以下)、社会经济地位(高、中、低)等。
等距尺度 interval scale	又称间距尺度，测量结果被称为等距变量。数值具有特定单位但无绝对零点，0 无实质意义，有可能为负值，可进行"+"或"-"的运算。	温度(华氏度或摄氏度)、考试成绩(分)、智力(IQ)、忧郁分数等，多为人为创造的变量。
比率尺度 ratio scale	又称比例尺度，测量结果被称为比率变量。数值具有特定单位且有绝对零点，0 有实质意义，无负值，可进行"×"或"÷"的运算。	度量衡变量、年龄、时间等，多为自然界的固有变量，或是财务、金融与经济指数。

注：标示 * 表示变量的数值没有测量单位或数值强度意义。

二、变量的测量尺度

测量是进行数据分析之前的主要工作，数据的性质取决于测量所使用的尺度（scale）或层次（level），因此测量尺度的判断与选用，可以说是决定量化研究品质的先行因素。统计学者 Stevens（1951）依不同测量方法的数学特性，将测量尺度分成四种类型：名义、顺序、等距和比率。下文将一一介绍。

（一）名义尺度

名义尺度（nominal scale）的测量，是针对被观察者的某一现象或特质，评估所属类型种类，并赋予一个特定的数值。由名义尺度所测量得到的变量，称为名义变量，如性别（男、女）、籍贯（台北市、新竹市等）、居住地（本省、外省、原住民）、婚姻状态（未婚、已婚、离婚、丧偶等）、就读学校等。

以名义尺度测量得到的名义变量中，每一种类别以一个数字来代表，变量的数值仅代表不同的类别，而没有任何强度、顺序、大小等数学上的意义。名义尺度必须符合两个原则，第一是互斥（mutually exclusive），不同类别之间必须完全互斥，没有交集或重叠；第二是完备（collectively exhaustive），测量尺度的分类必须包括所有的可能性。这两个原则若有违反，将造成数据调查者或填答者的困扰。因此在进行测量工作之前，建立一套适当的分类架构（classification scheme）是使测量工作顺利进行的重要工作。如宗教信仰的测量，社会中宗教形态呈多样化，从特定的宗教类型如佛教、道教，到比较模糊的民间信仰，即使是宗教学者可能都有不同的界定，因而如何清楚明确地区分不同的宗教类型，减低类别的模糊性，使填答者能够清楚地选择一个正确的反应，成为一项重要的挑战。

（二）顺序尺度

顺序尺度（ordinal scale）的测量，指对被观察者的某一现象的测量内容，除了具有分类意义外，各名义类别间存在特定的大小顺序关系。以顺序尺度测量得到的变量被称为顺序变量，如大学教授层级（教授、副教授、助理教授、讲师）、教育程度（研究生以上、大学、高中、初中、小学及以下）、社会经济地位（高、中、低）等，皆属以顺序尺度所测得的顺序变量。

在顺序尺度的测量过程当中，每一种类别以一个数字来代表，这些数值不仅代表不同的类别，且需反映不同类别的前后顺序关系。名义尺度在指定类别的数值时，可以依研究者的需要任意指定，但是顺序尺度的数值分布则需考虑顺序关系，研究者仅可选择升幂或降幂来排列不同的顺序类别，不能任意指定数值给尺度中的不同类别。顺序尺度所测得的数值虽具有顺序的意义，但是由于没有特定的单位，除了大小顺序之外，数值并无数学逻辑运算的功能与意义。以顺序尺度来进行测量，互斥与完备两原则仍需遵循，否则仍将造成数据调查者或填答者的困扰。值得注意的是，由于顺序变量与名义变量所处理的数据以分立的类别为主，在统计分析过程中，两者均不具备特定单位，而需以类别变量的方式来处理，适用的统计分析有列联表分析等。

（三）等距尺度

等距尺度（或称间距尺度）（interval scale）的测量，是针对被观察者的某一现象或特质，依某特定的单位测定程度上的特性。等距尺度测量得到的数值，除了具有分类、顺序意义外，数值大小反映了两个被观察者的差距或相对距离。以等距尺度测量得到的变量，称为等距变量，其数值兼具分类、次序和差距的意义，如以温度计量出的"温度"、以考试决定的"学业成绩"、以智力测验测得的"智商"等。等距尺度是一种具有标准化单位的测量工具，因为具备了标准化的单位，才能确定不同的测量值的差距（相差多少个单位）。

等距尺度的一个重要特性，是其单位只有相对的零点，而无绝对的零点。相对零点的使用使得数值与数值的比值仅具有数学的意义，而缺乏实征的意义，研究者应避免直接取用两个等距变量的数值相乘除比较。绝对零点是指未具备任何所测变量的属性，绝对零点的0即表"空""无"。等距尺度所使用的单位，多为人为决定，基于测量方便性，而使用相对的零点，当测量值为0时，并无一个绝对的意义，但这并非指不具有任何所测变量的属性，如气温为0时，并非无温度，而是指就该测量工具而言，得到0个单位的意思，它仍具有所测变量的某种属性，某科考试0分，并非指学生在该科能力上毫无能力，而是指得到0个单位的分数。

（四）比率尺度

当一个测量尺度使用了某个标准化的单位，同时又具有一个绝对零点，则被称为比率尺度（ratio scale）。比率层次的测量，可以说是具有真正零点的等距尺度。如身高（公分）、体重（公斤）、工作收入（元）、年龄（岁）、住院日数、受教育年数等变量，都是以比率尺度来测量得到的比率变量。在社会科学研究中，许多变量与特定的人口特征或社会现实有关，测量尺度不但具有单位，单位的使用还有公认标准与意涵，无关乎主观判断，无需以人为方式调整改变，有一定的绝对零点，因此比率变量在社会科学研究被广泛使用。

比率尺度因为具有绝对零点的标准化单位，数值与数值之间除了用距离以反映相对位置，数值与数值之间的比率也具有特定的意义。如年龄变量，80 岁比 40 岁老了一倍，即如同 40 岁比 20 岁老了一倍，这几个年龄数值都是从一个有绝对意义的 0 开始算（80 = 80–0，40 = 40–0，20 = 20–0），因此所计算得到的倍率"2"，具有可比较性：

$$\frac{80}{40} = \frac{40}{20} = 2$$

但是等距尺度由于没有绝对零点，数值与数值之间的比值没有特定的意义。以华式温度为例，132 度与 66 度的比值与 66 度与 33 度的比值虽均为 2，但是由于华式温度计的起始值并非为 0，比率"2"仅为一个数学符号，此比值不能解释为两者的温度比为 2。

$$\frac{132\ ^{\circ}\mathrm{F}}{66\ ^{\circ}\mathrm{F}} \neq \frac{66\ ^{\circ}\mathrm{F}}{33\ ^{\circ}\mathrm{F}} = 2$$

如果以冰点为起始点（华氏温度计的起始点为 32 ℉），上述两组温度的比值的实际意义为 2.94 与 34，即以冰点为准，132 度是 66 度的 2.94 倍高，但是 66 度是 33 度的 34 倍高。前面所计算的 2 仅是数字上的 2 倍（或是以 0 ℉为零点所获得的比值），但以

32 ℉零点来计算的比值又似乎令人无法理解其意义。这也就说明了，缺乏绝对零点的比值，其实际的意义无法以数学的比率来表示。

$$\frac{132\ ℉-32\ ℉}{66\ ℉-32\ ℉}=2.94$$

$$\frac{66\ ℉-32\ ℉}{33\ ℉-32\ ℉}=34$$

（五）测量尺度的比较

如前所述，名义尺度只能将被观察的现象或特质加以分类，故名义变量的数值仅具相等（＝）或不等（≠）的数学特性。至于顺序尺度，由于能将现象或特质排列顺序或比较大小，故顺序变量的数值，除具有相等（＝）或不等（≠）的特性之外，还有大于（＞）与小于（＜）的关系。等距尺度所测量得到的等距变量，其数值反映被观察现象或特质的程度大小，因此其数学特性在名义与顺序之外，尚能进行加（＋）减（－），反映相对位置的距离关系。而比率尺度，因有绝对的零点，除了能求出相对差距外，还可估计出相差倍数，故还有乘（×）与除（÷）的特性。各种测量尺度的比较如表2-3所示。

表 2-3　四种测量尺度的数学关系比较

测量层次	数学关系			
	＝或≠	＞或＜	＋或－	×或÷
名义测量	√			
顺序测量	√	√		
等距测量	√	√	√	
比率测量	√	√	√	√

基本上，不同层次的测量有其相对应的分析与处理方法，因此取用测量的层次的决定对于研究的进行是相当重要的决策过程。特定的测量尺度，产生特定的变量类型，亦有特定的统计分析方法。依表2-3的数学特性可知，测量尺度具有层次性，社会与行为科学的研究者，除了因为数据的类型无法自由决定，如性别、出生地等人口学变量，多数研究者均寻求高层次的测量尺度来进行测量工作。

高层次的测量尺度的优点除了精密度较高之外，也具有良好的计量转换能力。高阶测量尺度可以转换成低阶测量变量，但是低阶测量尺度无法提升为高层次的数据。适用于低层次的数据（如名义变量）的统计方法也适用于较高层次的数据（如等距与比率变量），因为较高层次的数据均具有较低层次数据的数学特性，但是高层次的数据若以较低层次的统计方法来分析，数据并未被充分运用，将造成测量精密性的损失与资源的浪费。

值得一提的是，等距与比率尺度的差异在于零点的特性，但在研究过程当中，研究者重视的是如何将变量数值以特定的公式进一步转换成各种统计量进行描述或推论，零点的意义并非统计分法与数据处理所关心的问题，因此一般研究者并不会特别去区分等距与比率尺度，而将两者一视同仁，以相同的数据分析与统计方法来处理。

第三节　测量的格式

前面所谈的是测量的数据形式，在问卷编制的过程当中，数据通过不同形式的题型来获得，不同的研究问题也有其适用的测量题型与格式（format），以下我们将逐一介绍各种不同的测量格式。

一、测量格式的基本特性

（一）结构与非结构化测量

测量的结构化与非结构化反映了测量过程的标准化程度。一般而言，研究者在进行调查或行为测量之前，会预先拟定一套问题，编制成一套测量工具（问卷），所有的施测者或访问员必须完全依照测量工具所提供的标准刺激去收集受访者的答案或由受测者自陈报告（self-reported）。此种具有一定格式与作答内容的测量问卷被称为结构化问卷（structured questionnaire），适用于大样本研究。

相对地，有些研究或调查，研究者并未预设特定的问题内容与方向，而以受访者本身的态度与意愿为基础，测量过程当中，不同的受测者可能有不同的情况，访问者可以适时介入测量过程，主导问题的方向。此种测量方法，标准化程度低，但是数据收集的丰富性高，被称为非结构化问卷（unstructured questionnaire），多使用于质性研究与访谈研究，且样本规模不宜过大，以免造成分析上的困扰。有时访问者会预先拟定一个问题纲要，在一定的范围内，采非结构化、非标准化的测量，这被称为半结构化问卷（semi-structured questionnaire）。

在数据分析的策略上，结构化测量由于具有标准化的题目与作答方式，因此可以被非常轻易地转换成量化数据，并进一步地使用各种统计技术加以分析。而非结构化或半结构测量则偏重质性的分析方法，多以概念性分析与意义的建构为主，即使产生了一些数字，这些数字仅以最基本的描述统计进行描述即可，量化数据的功能主要在于佐证文本性的讨论。

（二）封闭式测量与开放性测量

结构化的测量工具，不论是心理测验、量表或自编问卷，皆由研究者在数据收集之前，针对研究的目的与问题预先准备，除了拟具题目之外，研究者多会预设受测者回答的内容或范围，设定题目的选项，此种有特定选项的问卷，被称为封闭式问卷（close-ended questionnaire），受测者完全依据研究者所提供的选项来作答，没有任何其他可能的答案。相对地，有些题目的答案分布于一定的范围内，无法指定选项，即使强制指定选项，也可能造成题目过度冗长，因此采用开放式的作答方式，如家中人口数、居住县市等，此类问卷被称为开放式问卷（open-ended questionnaire）。开放式问卷可以再细分为数字型问题以及非数字型问题，前者多属顺序或等距量尺，由受测者直接填入数字，后者则类似于问答题，如文字型问题，由受测者填入可能的文字，或是一些绘图反应等。

值得注意的是，数据型的开放式问题与封闭式问题皆直接以数字的形式对题目内容加以度量，有些题目可以被设计成开放型或封闭型问题，视研究者的需求而定。例如，月收入的测量可以为下列二者：

A：你的月收入：□三万以下□三万至四万九□五万至九万九□十万以上
B：你的月收入约　　　　万　　　　千

问法 A 属于封闭型数字问题，问法 B 为开放型数字问题。从数据分析的观点来看，数字型的开放式问题由受测者自行填写答案，而不受限于研究者所限定的格式，可以提高变量的变异量与测量的精密度。在进行分析时，不仅可以计算出平均数、标准差等统计量数，也可以适用于较多的统计分析技术，有统计检验的优势。相对地，封闭式的问题则仅能提供一定数目的选项，如将月收入切割为五个等级，在测量上，有损失测量的精密度、减少测量变量的变异量等缺点，但是具有易于处理、简单易懂的优点，统计处理上多以类别变量处理，可以搭配条形图、饼图等统计图表来呈现数据，在民意调查、消费研究中颇受重视。

二、量化研究的测量格式

（一）类别性测量

在问卷调查当中，最简单且经常被使用的测量格式是类别性测量（categorical measurement），如性别、宗教信仰、通勤方式等。类别性题目多应用于人口变量或事实性问题的测量，通常一份问卷都有基本数据栏，记录受测者的基本数据，包括性别、教育背景、居住地区等，或是具体地要求受测者就自己的状况加以报告的事实或行为频率，如一周使用计算机网络的频率。因为其主要功能是作为基本数据，这些变量的测量多以封闭性问题来询问，以简化变量的内容。

类别性测量的基本要件有二，第一是题目的选项必须完全互斥，第二是能够包括所有可能的选择，以避免受测者填答上的困难。有些题目研究者无法完全将选项设计进试题，因此在最后增加"其他"一项，此举虽然使填答者得以将选项之外的答案填在问卷上，但是受测者所填注的"其他"数据往往无法与其他选项的数据一并处理，可能使得该受测者的问卷沦为废卷，因此除非不得已，一般问卷设计均不鼓励使用"其他"项来作为选项。

在选项的选择模式上，类别性测量有多种不同的使用方式，如多选题，每一个题目容许多个答案，或是排序题，要求受测者将选项加以排序。从数据分析的角度来看，传统的单一选择题最容易处理，也就是将该题作为一个类别变量来处理。对于多选题与排序题，由于一个题目内有不同的答案组合，因此同一个题目必须被切割成多个类别变量或顺序变量来进行输入或编码（coding），在处理上相对复杂。

（二）连续性测量

连续性测量的任务在于测量某些概念或现象的强度大小。在行为科学研究中一些抽象特质的测量，如智商、焦虑感等，必须依赖精密的尺度来进行程度上的测量，因此测量学者发展出不同测量格式，研究者可依不同的需求来设计适合的工具。

1. Likert-type 量表

Likert-type（李克特式）量表是广泛应用于社会与行为科学研究的一种测量格式，适用于态度测量或意见的评估。典型的 Likert-type 量表由一组测量某一相同特质或现象的题目所组成，每一个题目均有相同的重要性。每一个单一的题目包含了一个陈述句与一套量尺。量尺由一组连续数字所组成，每一个数字代表一定的程度，用以反映受测者对于该陈述句同意、赞成或不同意、反对的程度。如一个传统的 Likert-type 五点量表，数值为 1（非常不同意）、2（不同意）、3（中性意见）、4（同意）、5（非常同意），分数越高，代表同意程度越高。受测者依据个人的意见或实际感受来作答，每一题的分数加总后得到该量表的总分，代表该特质的强度。范例如表 2-4 所示。

表 2-4　Likert-type 量表范例

	非常不同意	不同意	中性意见	同意	非常同意
1. 我的工作允许我自己去决定工作的进度时间表。	1	2	3	4	5
2. 我的工作让我能做许多自己的决定。	1	2	3	4	5
3. 我的工作让我自己决定要运用什么方法来完成。	1	2	3	4	5
4. 我的工作允许我自己去决定做事的先后顺序。	1	2	3	4	5

Likert-type 量表分数的计算与运用有一个基本的假设，即数字与数字之间的距离是相等的，在此一假设成立的前提下，不同的题目才可以加总得到一个量表的总分，因此 Likert-type 量尺是一种总加评定量表（summated rating scale），量表总分由个别题目加总所得。

为使受测者的感受强度能够被适当地反映在 Likert-type 量尺的不同选项并符合等距尺度特定单位的要求，每一个选项的文字说明应使用渐进增强的词汇，并能反映出相等间距的强度差异。过多的选项并无助于受测者进行个人意见的表达，过少的选项则会损失变异量与精密度，因此除非有特殊的考量，一般研究者多选用四、五、六点的 Likert-type 量尺。当采用奇数格式时，如五点或七点量尺，中间值多为中立或模糊意见。采用偶数格式的时机，多为研究者希望受测者有具体的意见倾向，避免回答中间倾向的意见，而能获得非常赞成、赞成与非常不赞成、不赞成两类明确的意见。

根据数据分析的观点，Likert-type 量尺是对于特定概念或现象测量的良好工具，主要拥有 Likert-type 量尺编制过程简易、计分过程简单以及题目可扩充等优点。在统计分析上，以 Likert-type 量尺所计算出的分数是一种连续分数，具有丰富的变异量，可得以进行线性分析或平均数差异检验。但是，由于 Likert-type 量尺建立在量尺的等距性以及题目的同质性两项假设上，Likert-type 量尺必须先行经过信度的检验，以确认量表的稳定性与内部一致性。

2. Thurstone 量表

Thurstone 量表也是由一组测量某相同特质的题目所组成，但是每一个题目具有不同的强度，受测者勾选某一个题目时，即可获得一个强度分数，当一组题目被评估完毕后，被勾选为同意的题目的强度分数的平均数，即为该量表的分数。

Thurstone 量表的编制过程较为繁复，首先，编制者先将编写完成的一套题目（约数十题）交给一群相关的实务人员，请这些评估者（judge）依其个人喜好或实务上的重要性，将题目归类，如将最不重要或最轻微的标为 1，最重要的归为 11，依序用 1 至 11 的不同数字代表不同的重要性，6 代表中立的态度。评分完成之后，每一题可以计算出一个四分差，称为 Q 分数（Q-score），每一个题目的 Q 分数如果越大，代表大家的评分越分散，重要性越模糊，但是如果大家一致认为某个题目很重要或很不重要，该题目的 Q 分数即会较小，变异情形较小，模糊性低。研究者即依模糊性的高低选出十至二十题最一致（不模糊）的题目，并使其平均数能涵盖不同强度，组成一套 Thurstone 量表，此时这十几题不但内容上具有特定的重要性、模糊性低，且每一个题目都有一定的重要性权重（即重要性平均数）。

Thurstone 量表完成后，由受测者逐题依"同意"或"不同意"作答，回答同意的题目计分为 1，并乘以该题重要性的权重得到各题分数，再以各题分数的加总平均代表该量表的得分，如表 2-5 所示。

表 2-5　Thurstone 量表范例

分数	评定		题目
10.2	□同意	□不同意	1. 小孩不打不成器。
9.1	□同意	□不同意	2. 打小孩是免不了的, 只是不要当着他人的面打就是了。
6.2	□同意	□不同意	3. 教养小孩应该恩威并施。
4.8	□同意	□不同意	4. 即使小孩犯了大错, 应考虑讲理, 再考虑轻微的体罚。
1.5	□同意	□不同意	5. 打小孩不但不会有帮助, 还会有反效果。

此种方法的优点是受测者不用针对一些模糊的强度，如"非常"或"有些"来进行判断，也可避免所导致的量尺是否等距的争议，同时每一题又有一定的重要性，施测后所得到的总分能够反映题目的重要性，在测量上较 Likert 尺度更符合等距尺度的精神，以此法编制量表又被称为等距量表法（equal-appearing interval method），所获得的分数最符合等距尺度的要件，进行相关的统计分析时风险最小。但是 Thurstone 量表编制的过程相对烦琐复杂，评分者选择具有代表性与客观性的问题，耗费时间与经济成本，因而甚少被使用。

3. Guttman 量表

以 Guttman 格式所编制的 Guttman 量表，与 Thurstone 量表类似，由一组具有不同程度的题目所组成。受测者对于某特定事件有一定的看法，且题目程度由浅至深排列，因此这位受测者在一定的难度以下的题目均应回答同意，但是超过一定的题目难度即应回答不同意，同意与不同意的转折点即反映了受测者的真实态度强度或行为强度，此时受测者回答几个同意，即代表分数几分，因此 Guttman 量表又称累积量表（cumulative scale），如表 2-6 所示。

表 2-6　Guttman 量尺范例

评定	题目	
□同意	□不同意	1. 你抽烟吗？
□同意	□不同意	2. 你每天是否抽烟多于 10 支？
□同意	□不同意	3. 你每天是否抽烟超过一包？
□同意	□不同意	4. 你是否每刻不能离开烟？

Guttman 量表与 Thurstone 量表类似，必须进行一定的前置工作，以确定量表的题目能够反映被测量的特质的内涵与结构，Guttman 量表中，难度较高的题目被受测者勾选为同意时，其他所有较低难度的题目应该全部被评为同意，如果有任何一个例外，代表该题的难度评估有误。因此 Guttman 量表事前需针对每一题的难度进行确认。

Guttman 量表与 Thurstone 量表的差异在于计分的方法，Guttman 以转折点所累积的题数为分数，但是 Thurstone 量表以各题目的重要性分数来计分，相较之下，Guttman 量表的编制与使用较 Thurstone 量表更简易。但是在分数的精确性上，则以 Thurstone 量表较佳。此外，对于具体行为的测量（如抽烟的行为），Guttman 量表是较佳的选择，但是对于抽象性高的特质的评估（如体罚态度），每一个题目的难度难以保持一致，则以 Thurstone 量表较佳。

4. 语意差别量表

语意差别量表（semantic differential scale）是由 Osgood 和 Tannenbaum 所发展的态度测量技术（Osgood & Tannenbaum，1955），针对某一个评定的对象，要求受测者根据一组极端对立的配对形容词进行评定，如表 2-7 所示。

表 2-7　语意差别法量表范例

	评定对象：大学教授					
	非常如此 −2	有点如此 −1	中性 0	有点如此 1	非常如此 2	
热情的						冷酷的
忙碌的						悠闲的
吹毛求疵的						大而化之的
易于相处的						难以相处的

在评定的尺度上，语意差别法与 Likert-type 量尺的原理类似，分数越高代表受测者

在该题意见强度越高，而 Likert-type 是以完整的陈述句来说明测量的内容，语意差别法则以双极形容词（bipolar adjective scale）来表示。语意差别法在题目分数的计算上，除了个别使用每一个形容词配对来进行平均数的计算，还可将形容词加总获得总分来运用，也是一种总加量表。值得注意的是，并非每一对形容词都适合加总，因此研究者应妥善设计形容词的选用，以便进行总和计算。或是利用因子分析法，将概念相似的形容词配对予以加总，得到因子分数再进行应用（Osgood，Suci，& Tannenbaum，1957）。

语意差别法的主要目的在于区辨两个极端的概念，对于两极化形容词的评分，除了使用类似于 Likert 量表的尺度之外，另一种替代的方法是使用一段开放的数线，让受测者自由指出其意见倾向，再以点所处的位置来代表受测者的强度，这被称为视觉类比测量（visual analog measure），如表 2-8 所示。

表 2-8　视觉类比测量范例

评定对象：大学教授		
热情的	_____	冷酷的

此法的优点为以开放的线段代替特定的数字，可以去除特定数值的定锚效果（anchor effect），测量精密度较高，同时在进行重测时，记忆效果较小，适用于实验研究中的前后测评量。但是在处理上耗时耗力，应用情形较不普遍（Mayer，1978）。

5. 强迫选择量表

强迫选择量表（forced-choice scale）是利用两个立场相反的描述句，其中一句代表正面的立场，另一句代表反面的立场，要求受测者自两者中挑选出较接近自己想法的题目，然后将正面的题项勾选题数加总得到该量表的总分。

表 2-9　强迫选择量表范例

1.	□甲：我喜欢狂热的、随心所欲的聚会。
	□乙：我比较喜欢可以好好聊天、安安静静的聚会。
2.	□甲：有很多电影，我喜欢一看再看。
	□乙：我不能忍受看过的电影还要一看再看。
3.	□甲：我常常希望自己能成为一位登山者。
	□乙：我不能理解为什么有人会冒险去登山。

强迫选择量表主要在改善 Likert-type 量尺对于两极端强度测量敏感度不足的问题，当受测者在两个立场相左的陈述句做二选一的选择时，需明确地指出个人的立场，而不会有中立模糊的分数。此外，强迫选择问题能够回避一些反应心向的问题，减少受试者以特定答题趋势去回答问题（如中立取向、一致偏高分作答）。

强迫选择量表的缺点之一是量表的长度较传统 Likert-type 量尺多出一倍，增加编题者的工作量。强迫选择问卷的数学原理也是以总加量表法来进行量表分数的使用。一般研究者会通过改善 Likert-type 量表的信度与项目代表性来取代强迫选择题目的编制。但是强迫选择量表在市场调查与民意测验中用以了解受测者的立场时，有强迫表态的优点。

6. 形容词检核表

检核表（checklist）可以说是一种简化的 Likert-type 量尺的测量格式，针对某一个测量的对象或特质，研究者列出一组关键的形容词，并要求受测者针对各形容词的重要性，以二点尺度或多点尺度来进行评估。

受测者针对一组形容词进行评定之后，利用因子分析技术来进行分类或以特定方式重新分组，以总加量表的方式来计算分数。在某些人格量表中，测验编制者基于特定的理论或实证的研究数据，列出与某一心理特质有关的重要形容词，组成一套形容词检核量表，施于受测者，加总得到的分数即代表该心理特质的强度。

表 2-10　形容词检核表范例

问题：创意的广告人特质？对于一个具有创意的广告工作者,你认为下列人格特质是否重要?		
1. 热情的	□否	□是
2. 理性的	□否	□是
3. 外向的	□否	□是
4. 有耐心的	□否	□是

三、测量格式的比较

上述各种不同的测量格式各有不同的功能与适用时机，使用者应审慎考虑个人的需求与研究目的，并依问卷编制的原则进行研究工具的准备。从量化研究的立场来看，不同的量表格式则有不同的应用价值，因此使用的统计分析亦有所不同。测量格式的比较如表 2-11 所示。

以编制的难度而言，最繁复的格式为 Thurstone 与 Guttman 量尺，耗费的成本最高、时间最长，但是编制完成后，其等距性的测量能提供最强韧的统计分析基础，适用于推论统计等检测。对于研究者而言，虽然有一定成本，但是可以减少测量误差，提升检验的正确性，在管理领域，这些精密的量表有助于工作绩效与工作行为的评量，因此应用空间较大。其次是 Likert-type 量尺，虽然编制难度不如 Thurstone 与 Guttman 量尺，但是 Likert-type 量尺多半会提供信效度数据，使得量表的编制也需要经由具专门训练背景的人员来进行。

编制难度高的测量格式，相对地在统计与量化的应用上，具有较高的应用价值。结构化问卷中，以封闭性的问题在量化研究中的应用性最为理想。不论是总加量表、累积量表或等距量表，皆能提供精密的量化数据，若能结合计算机应用软件，量化数据可以快速转换成不同的形式，在研究营销调查等各领域，提供决策与诊断的依据。值得注意的是，开放型问题中的数字型问题，不仅在编制难度上低，同时在数据分析上的应用价值也很高，值得采用。

上述提及的各种测量格式多在处理连续性的数据，但是绝大多数的研究与调查均有收集背景数据加以分析运用的需求，在量化研究中，类别性的封闭性测量有其不可或缺的重要性，这类测量格式多用于收集事实性的数据，因此没有所谓精密度的问题，但是，如果封闭性的类别测量（如分类化的月收入调查、分类化的年龄变量）可以转换成开放式数字型测量格式（如开放式地询问月收入或实际年龄），则可以获得高精密性的计量数据，有利于数据分析的操作。

表 2-11　各种测量格式比较

测量格式类型	编制难度	应用价值	量化精密度	分数的运用	测量尺度
非结构式问题	低	低	低	需经转换	—
结构化开放式问题					
1. 数字型开放问题	低	高	高	连续分数	顺序、等距或比率量尺
2. 文字型开放问题	低	低	低	需经转换	—
结构化封闭式问题					
1. 类别性测量	低	高	—	个别题目（类别次数）	名义或顺序量尺
2. 连续性测量					
（1）Likert-type 量表	中	高	高	总加法（连续分数）	等距量尺
（2）Thurstone 量表	高	高	高	等距法（连续分数）	比率量尺
（3）Guttman 量表	高	高	高	累积法（连续分数）	比率量尺
（4）语意差别量表	中	高	高	总加法（连续分数）	等距量尺
（5）强迫选择量表	中	高	高	总加法（连续分数）	等距量尺
（6）形容词检核技术	低	高	高	总加法（连续分数）等距量尺	

第四节　反应心向

一、反应心向的界定

受测者在作答过程中，常发生一种被称为反应心向或作答定式（response set）的特殊作答现象，足以影响数据的正确应用，在测量领域很早便受到研究者的注意（见 Block，1965）。从定义上来说，受试者在填答问卷时，无论测验的内容和情况如何，受试者们具有一种比较固定的作答倾向，这被称为反应心向（Wiggins，1973），例如，受试者倾向于回答特殊的答案为离异反应（deviation）（Berg，1967），或是倾向于回答同意（yeasayer）或不同意（naysayer）的答案，这被称为顺从心向或唯唯诺诺（acquiescence）（Lentz，1938）。在态度测量中，顺从心向是一个颇为普遍的测量误差（Ray，1983）。其他如受测者有习惯性遗漏填答，也可以归之于反应心向，为一种作答粗心（careless responding）（Dillehay & Jernigan，1970）或题项缺失（omitting item）（Cronbach，1946）。

反应心向的发生，有时是有意识的，有时是无意识的。如果填答者想讨好主试者，或欲通过好的分数以建立他人对自己的良好印象，则为伪善（faking good）反应心向。相反地，如果填答者想借由测验分数造成负面印象，或欲博取他人的注意、同情或帮助，或想表达不满、报复心态等，则为伪恶（faking bad）。在组织诊断或人力资源的研究中，因涉及人员升迁与绩效评估等因素，常常可以看到此种反应倾向。其他的反应心向还包括中立倾向（mediocre），受试者以不置可否或平均值、中间值的答案来描述自己的状态；或批判、攻击倾向（criticalness or aggression），指受试者的答案均具有批判性或攻击性。

反应心向在非意识的情况下发生，最常见的即是社会赞许性或社会偏爱（social desirability）反应心向，也就是指受试倾向于以社会大众所欢迎的语句或选项来描述自己的状态，避免使用社会不赞同、具负面评价的填答方式。社会赞许性不同于有意识的欺瞒或伪善伪恶，是一种无法自主控制的自动化行为，一般受试者都可能不自觉地采用大众喜爱或社会认可的答案来作答（Edwards，1957）。社会赞许性的另一种可能由自我防卫心理所造成，如问及较为敏感的隐私问题或社会禁忌的题项，或由"家丑不可外扬"的传统观念的影响所造成。在 20 世纪 30 年代，社会赞许效果受到相当的重视，Meehl 与 Hathaway（1946）整理出八种专门用以测量自陈量表中有关社会赞许性测量的工具。

二、反应心向的处理

反应心向对于测量分数的正确使用有着相当严重的影响。早期多出现系统性偏误（systematic bias）（Berg，1967），但是部分学者主张特定的反应倾向也可以被视为一种人格特质，这被称为反应风格（response style）。前者是将反应心向检测出来后，以误差变异来处理，后者则将反应心向视为一种可以加以测量的人格属性（Jackson & Messick，1958，1962；Wiggins，1962）。但是，一个基本的共识是这些基于反应心向对测验分数造成的影响必须被辨识、测量，且进一步地与真分数分离，使得测验分数得以不受反应心向的干扰。

（一）废卷处理法

当研究者回收问卷，进行初步的检视时，通常可以通过受试者填写答案的趋势来判定是否存在特殊的反应风格，如极端反应（extremity），即受试者倾向选择较极端的答案来描述自己，如在五点评定量表中倾向选 1 或 5，或明显回答正向答案或高分，研究者可以将该份答卷作为废卷处理，不列入数据档案中。

以废卷处理存在下列问题：第一，废卷处理的标准不易制订，多依循研究者的主观判断，缺乏一致性的原则或标准，因此学者建议以特定指标作为废卷依据，如利用检验量表测量社会赞许性程度，当分数超过某一标准时，即作为废卷处理；第二，以废卷处理时，该受访者的数据被完全排除，不但造成样本的减少，也可能形成系统性的数据遗失，造成另一种形式的测量偏误；第三，反应心向的效果无法被估计并据以进行进一步的统计控制，形成研究上的限制。

（二）事前估计法

在反应心向的研究中，社会赞许性受到了最多的注意，研究结果也最为丰富。为了避免社会赞许性或其他反应心向的影响，测验试题编制之初，即应避免编写易造成困扰的题目，并进行必要的检测。例如，将测验题目交由其他评审人员，对于题目受欢迎程度依九点量表来打分，求取各评审人员的平均数，得到该题的社会赞许值（Edwards，1953），该数值可以在进行研究结果分析时作为控制变量。高登人格测验（Gordon personal inventory）即应用此一原理编制而成。另一个方法是利用因子分析技术来抽取与社会赞许性有关的因子。通过因子分析，研究者得以将一组题目简化成数个具有内部一致性的因子。如果一组题目中某些题目具有高度的社会赞许性，可能共同出现于同一个因子内，研究者即可考虑将该因子的题目删除，去除社会赞许性的影响。

（三）事后估计法

一般研究者均主张，反应心向必须被测量与估计，以便进行必要的统计处理。一种较为简单的方式是将反应心向的得分作为一个特定的控制变量或抑制变量（suppressor），并纳入回归方程式，利用协方差分析或回归原理进行统计控制。使得其他的预测变量得以在排除反应心向的状况下进行估计。

事后估计法的使用必须先进行量表检验。例如，Edwards（1957）取用明尼苏达多向人格测验（MMPI）最可能造成社会赞许性的 39 个题目，编成社会赞许量表（social desirability scale），用以测量受试者的社会赞许性程度。其他的量表还有马康二氏社会赞许量表（Marlowe-Crowne Social Desirability Scale；Crowne & Marlowe，1960）、CPI好印象量表（Good Impression Scale；Gough，1952）、适用于儿童的儿童社会赞许量表（Children's Social Desirability Scale；Crandall，Crandall，& Katkovsky，1965）等。

虽然回归技术可以轻易处理控制问题，但是仍存在一些问题。第一是反应心向不易测量，目前除了社会赞许性已有专门的量表之外（如 Edwards，1953），其他的反应心向如唯唯诺诺等，其效果不易测得。第二是回归分析的结果的预测力偏低，导致对于测验分数的控制效果不大（Dicken，1963）。

（四）使用其他测验形式

为避免反应心向的问题，彻底解决之道是选用较为不受影响的测验题型。例如，采用非文字测验，如投射测验、绘图测验、语句完成测验、自由反应问卷等，避免使用自陈式量表。其次，减少量尺的选项，如将七点量表改为三点量表或两点量表，减少反应心向的偏离情形，但是相对将减少测量的总变异量，降低了测量的精密度。再次，采用强迫选择问卷，要求受测者从两个对立的描述句中选择一个最接近受试者想法的答案等。一些研究者甚至提出受测代理人（proxy subject）技术，以间接的方式进行测量，也就是通过与受测者熟悉亲密的亲人、朋友、师长来进行数据的收集，以减少反应心向。Sudman 与 Bradburn（1974）的研究指出，此一技术对于较为外显、可公开测量的内容效果较佳，对于性格、价值理念等抽象特质的测量则效果欠佳，使得此法的应用价值受到争议（Kane & Lawler，1978；McCare，1982）。

　　另一种常见用来侦测作答者作答特殊性的方法是在问卷当中设置反向题。如果填答者恶意作答或不愿意作答，有可能是没有察觉到题目的问题可能是相反方向的问法，导致出现两个矛盾的答案。以下列两个自尊量表题目为例：

　　1. 大体来说，我对我自己十分满意。
　　2. 有时我会觉得自己一无是处。

　　很明显，第二个题目是反向计分题。题目的选项的分数高低，恰与其他题目相反。若以 1（非常不符合）、2（有点不符合）、3（有点符合）、4（非常符合）四点量表来测量强度，分数越高则表示越有正向的自尊，反向题的强度恰好与其他试题相反，如果作答者胡乱作答，不看清这几题的方向问法不同，可能就会作出与正向题相冲突的回答。如果反向题的作答异常，则可以作为废卷处理的依据。值得注意的是，如果是一个正常的受测者，需使用反向编码的方式，将所有的反向题进行反向计分后，才能继续运用于分析当中。

　　上述的处理模式，或多或少可以降低反应心向的影响，但研究者必须考虑适用的时机，选择最适合研究设计与目的的策略。但是反应心向的问题反映出测量过程存在系统性偏误的潜在威胁，尤其是当研究者选用自陈式量表进行测量时，就非常容易出现产生于工具本身的偏误，这被称为方法效应（method effect），也就是因为特定工具的使用而产生的不必要的系统变异或系统误差的影响（Bagozzi，1993；Marsh，1989；Marsh & Hocevar，1988）。

　　事实上，反应心向可以被视为一种受试者与工具之间产生交互作用（subject-tool interaction）的误差效果，也就是说，测量工具本身或受试者因素并不是造成反应心向的主要因素，反应心向在于两个交互影响的效果，因此，反应心向的应对应从多方面角度以及通过程序控制来进行，在工具方面应避免使用易引发反应心向的试题，进行事前的评估，在施测的过程中，使用适当的指导语，以匿名方式作答，使用去除填答者的疑虑与压力的压力减低技术（demand reduction technique；Paulhus，1982）。而在数据整理过程中，进行目视筛检与统计的控制，多管齐下以维护测量的质量，方能收到实效。

第二篇　数据处理与数据查核

　　量化研究所产生的原始数据，就好比刚从市场买来的材料，要送给大厨烹调之前，先要进行必要的处理，才能让大厨的手艺有所发挥。原始数据经过整理、编码、输入、适当的转换之后，还需进行统计假设的检验，才能作为统计分析的数据，此一过程除了概念性的介绍，更有赖于实际的操作与演练，才能圆满达成任务。

　　计算机化的作业模式现已完全取代人工作业。借由 SPSS 或 R 程序，数据分析作业得以快捷与精确进行，但是仍有赖于一套缜密的编码、输入等前期作业，以及研究者细心的侦错与检查，使得各种问题得以在第一时间获得处理。

　　熟悉统计软件是使工作顺利进展的重要课题，适当的数据转换、描述统计与图表的运用，可以将计算机化的原始数据进行初步的呈现，是进入正式分析之前最佳的热身。

第三章　数据编码与数据库建立

当研究者完成一个研究的设计与规划之后，即进入研究执行阶段，开始进行数据收集工作。在此一阶段，研究者必须通过有计划的工作流程系统地进行数据处理的工作，以确保研究数据的质量，并提供下一阶段进行数据分析的良好条件。这些包括数据收集的标准化、编码系统的建立、数据的编码与输入、数据检验与数据转换等。处理步骤的严谨程度是决定数据分析成败的关键因素。

尤其到了科技发达的今天，许多研究数据的处理皆可由研究者在个人计算机上完成，甚至于数据直接从网上获得，或经由网络问卷收集，因此研究数据的数字化即成为每一个研究人员需直接或间接面对的工作，也影响了研究工作的进展。

拜商业软件快速发展所赐，市面上有多种方便使用的数据处理与统计分析软件可供研究者选用。因而量化数据的计算机化在技术层次已经不构成问题，研究者所需具备的是正确的研究方法知识，以及严谨的工作态度与实事求是的精神，如此一来，量化研究的进行将可在科技设备的支持下正确有效地完成。

第一节　编码系统的建立与应用

客观、标准、系统化的数据收集过程是数据处理的首要工作。由于研究工具决定了数据的形式与内容，负责统计分析的研究人员通常在工具发展的阶段就参与决策，以便提供数据处理与统计分析的相关意见，避免不恰当的数据格式与处理流程，造成日后分析师的困扰与资源的浪费。

一、编码系统的概念

具体而言，数据处理人员的第一个具体任务是建立编码系统（coding system），并确保研究工具与编码系统适配。基本上，编码系统是一套数据处理的模式，包含数据的架构（framework）与处理流程（procedure）。数据的架构包括数据的格式、符号表示、内容广度与缺失处理；编码系统的处理流程则指分析人员在处理数据过程当中对于数据的分类、转换、合并、删除与保留的过程。

不论是数据的架构或流程，编码系统的发展依数据最初收集的方式，其处理方式有所不同。例如，文字性与量化性数据的差异，以及开放式数据与封闭性数据的差异，皆有不同的处理方式。量化性数据是数据在获取过程当中即以数字方式存在，如家中人口数、薪资、年龄、年资、工作满意度等，数字本身带有量尺的特性或研究者赋予的特定意义。

文字性数据是指数据的原始形态是文字，如学校名称、宗教信仰、工作内容等，数据处理时必须转换成数字形态才有利于统计分析。此时分类与转换的有效性与标准化决定了后续数据分析的成败，如果分类缺乏一致标准，将难以获得共识而被质疑。

一般而言，研究方法的训练重视工具的发展，而把数据分析作为后续处理步骤来看待，呈现工具引导编码（tooling leads coding）的现象。大多数的研究方法教材均花费相当篇幅讨论良好的研究工具的要件，而缺乏对于数据处理与数据准备的说明。但是，如果从数据分析的角度来看，编码的概念必须先于或至少平行于工具的发展，才能使数据分析在最佳的情况下进行，也就是说应是编码引导工具（coding leads tooling）。主要的考量是"预防"的观点，借由编码系统的引导，避免不适切数据的发生。

量化研究的重点在于利用符号或数学模式来进行数据处理与统计分析，一旦数据回收，数据内容已成既存事实，对于有问题的数据，仅能进行补救或以统计方法进行控制，而无法在第一时间来进行预防。因此，从分析者的观点来看，建立编码系统来引导工具的发展是最佳的状况。

二、编码表

编码系统的具体工作是建立编码表（codebook）。编码表主要是记载数据量化的所有格式与内容，并配合计算机处理的需求，详述数据处理的步骤，其最重要的功能是提供标准化的作业流程。通常一个研究的数据处理由多人共同完成，这些人员可能包括助理、工读生等素质不一的成员，因此编码表可以规范每一位工作者的作业模式与流程，避免错误的发生。另外，如果是通过网络问卷或网络平台进行数据收集，更需要编码表来协助研究者设定数据的栏位特性与数据定义的工作。

其次，编码表具有沟通的功能，借由编码表，不仅是研究者，其他研究参与人员也得以理解数据的内容与格式，避免数据的误解与误用。在数据处理实务上，编码表同时也扮演了工作程序登载与工作记忆留存的角色。因为在数据处理过程当中，往往会有突发的状况发生，此时数据处理人员得将处理策略记载在编码表，在其他人员了解之后，纳入编码系统的规定，除了提供修正扩充的平台之外，编码表还可将处理流程与决策结果翔实记载，成为数据处理的记忆。

表 3-1 是一份网络行为调查问卷的简单范例，问卷包括三个部分：基本数据（包括背景数据）、网络使用习惯、网络态度。其中网络态度共有 10 题，其量尺为 Likert-type 六点量尺。相对应于这份问卷的编码表如表 3-2 所示。

编码表的内容通常包括四个部分：变量名称与标签、变量数值与标签、缺失值处理、分析处理记录。首先，第一个部分是配合研究工具的内容与题号顺序，记录变量的命名与内容的说明，如在问卷上的原始题号。在多数情况下，每一个题目应有一个相对应的题号与变量名称，但是某些题目在原始问卷上仅有一题，而在实际进行数据分析时需处理成多个变量，产生一（题）对多（变量）的特殊状况。例如，问卷上出现出生年月日的题目，在原始问卷上属于一个题目，但是编码表上出现出生年、出生月、出生日三个变量。

表 3-1　网络行为调查问卷范例

亲爱的同学，您好：

　　我们目前正在进行一项关于大学生使用网络的研究，您的配合对于本研究的进行将会提供相当大的帮助。本研究采用无记名方式进行，请您诚实作答，问卷内容仅用于学术研究，个人数据将不会被对外公开。谢谢您的作答！

○○大学心理学系四年级学生敬上

第一部分：基本数据

1. 性　别　□1. 男　　　□2. 女　　　2. 出生年月：_____年_____月
3. 学　院　□1. 文艺学院　□2. 法商管理学院　□3. 理工学院　□4. 农医学院　□5. 其他___
4. 年　级　□1. 一　　　□2. 二　　　□3. 三　　　□4. 四　　　□5. 四以上
5. 居住地　□1. 家　　　□2. 学校宿舍　□3. 租屋　　□4. 亲友家　　□5. 其他___
6. 有无男／女朋友　□1. 有　　　□2. 无

第二部分：网络使用习惯

1. 最常上网的地点　□1. 家　　□2. 学校　　□3. 宿舍　　□4. 网吧　　□5. 其他____
2. 通常上网的方式　□1. 拨号　　□2. 宽带　　□3. 局域网　□4. 其他_____
3. 每周上网大约_____次，平均每次上网_____小时
4. 最可能检查 E-mail 的时段（请排序）□1. 上午□2. 下午□3. 晚上□4. 十一点后的深夜
5. 最常进行的网络活动类型（可复选）
□1.BBS　　　□2. 聊天室　　□3. 收发 E-mail　□4. 网络通信　□5. 传送文件档案
□6. 阅读电子报　□7. 网络游戏　□8. 网络购物　　□9. 数据搜寻　□其他_____

第三部分：请您就认同程度与自身感受，在 1 到 6 中圈选出一个适当的数字，数字越大表示同意程度越高。

	非常不同意	不同意	不太同意	有点同意	同意	非常同意
1. 上网是一个良好的休闲活动	1	2	3	4	5	6
2. 不上网就落伍了	1	2	3	4	5	6
3. 上网是用来打发时间的	1	2	3	4	5	6
4. 网络交友不是一种安全可靠的交友方式	1	2	3	4	5	6
5. 网络提供一个发泄情绪的管道	1	2	3	4	5	6
6. 网络的神秘感与匿名性非常吸引我	1	2	3	4	5	6
7. 不上网会让我感到浑身不舒服	1	2	3	4	5	6
8. 在网络上我可以讲平常不敢讲的话	1	2	3	4	5	6
9. 我在网络世界中比现实生活中更有自信	1	2	3	4	5	6
10. 网络上的朋友比现实生活中的朋友更了解我	1	2	3	4	5	6

表 3-2 网络行为调查问卷编码表范例

原始题号	变量（Variable）		数值（Value）		缺失值	SPSS栏位
	变量名称	变量标注	数值	数值标注		
	ID	受试者编号	0—999			1
一1	gender	性别	1	男	9	2
			2	女		
一2	YOB	出生年次	0—999	—	999	3
	MOB	出生月份	1—12	—	99	4
一3	College	学院	1	文艺学院	9	5
			2	法商管理学院		
			3	理工学院		
			4	农医学院		
			5	其他		
一4	GRADE	年级	1—4	—	9	6
一5	living	居住地点	1	家	9	7
			2	学校宿舍		
			3	租屋		
			4	亲友家		
			5	其他		
一6	friend	异性朋友	1	有	9	8
			2	无		
二1	place	上网地点	1	家	9	9
			2	学校		
			3	宿舍		
			4	网吧		
			5	其他		
二2	method	上网方式	1	拨号	9	10
			2	宽带		
			3	局域网		
			4	其他		
二3	Freq1	每周上网次数	0—98	—	99	11
	Freq2	每次上网时数	0—24	—	99	12

续表

原始题号	变量（Variable）		数值（Value）		缺失值	SPSS栏位
	变量名称	变量标注	数值	数值标注		
二 4 （排序题）	TIME	检查 E-MAIL 时段	0	未选	9	13—16
	Time1	上午	1	第一顺位	（全未选）	
	Time2	下午	2	第二顺位		
	Time3	晚上	3	第三顺位		
	Time4	十一点后的深夜	4	第四顺位		
二 5 （多选题）	ACTIVITY	网络活动类型	0	未选	9	17—26
	ACT1	BBS				
	ACT2	聊天室				
	ACT3	收发 E-MAIL				
	ACT4	网络通信				
	ACT5	传送文件档案	1	有选	（全未选）	
	ACT6	阅读电子报				
	ACT7	网络游戏				
	ACT8	网络购物				
	ACT9	数据搜寻				
	ACT10	其他				
三 1—10 （量表）	ITEM1	1. 上网是一个良好的休闲活动				
	ITEM2	2. 不上网就落伍了				
	ITEM3	3. 上网是用来打发时间				
	ITEM4	4. 网络交友不是一种安全可靠的交友方式（反向）				
	ITEM5	5. 网络提供一个发泄情绪的管道	1	非常不同意		
	ITEM6	6. 网络的神秘感与匿名性非常吸引我	2	不同意		
	ITEM7	7. 不上网会让我感到浑身不舒服	3 4	有点不同意 有点同意	9	27—36
	ITEM8	8. 在网络上我可以讲平常不敢讲的话	5	同意		
	ITEM9	9. 我在网络世界中比现实生活中更有自信	6	非常同意		
	ITEM10	10. 网络上的朋友比现实生活中的朋友更了解我				

此外，虽然问卷中没有 ID 这个变量，但是在数据处理过程中，每一份问卷的编号都是重要的管理数据，因此在进行数据处理时，每一份问卷若非事前已经编定好一个编号，通常都会额外在问卷上编上流水号以资识别。

第二个部分包括变量的数值内容与标签，是一份编码表当中最重要的部分。一般而言，变量名称以不超过 8 个字符的英文词来表示，如性别以 gender 命名。每一个英文名称之后，紧接着是该英文名称的标签，该标签将被输入数据库以作为该英文变量名称的标签。

另外，数值的标签对于类别变量是非常重要的注释，但是对于连续变量的数值不需特别予以注释，如上网次数与时数这个问题，数值本身就反映了次数与时间，此时不必进行数值标注。但对于性别变量，则必须对数值意义加以标注。有的研究者习惯将男性标定为 1，女性标定为 2，但是也有人将男性标定为 1，女性标定为 0，此时若非参照编码表的记录，外人实难得知变量数值的意义。

一般若使用心理测验或量表，通常会以特殊量尺来反映强度，如 Likert-type 量尺，此时，数值具有特定的强度，强度的意义必须加以注释。例如，1 至 5 的五点量表，可能分数越高代表强度越强，为正向题，但有时分数越高代表强度越弱，为反向题，在数据库建立时，需进行特别处理。例如，问卷当中的第三部分的第 4 题（网络交友不是一种安全可靠的交友方式）就是一个反向题，应在编码表中加以注释。

第三个部分是有关缺失值处理的方式。在量化研究的数据处理上，缺失值的处理扮演着一个重要的角色，主要是因为数据缺失是一个相当普遍的现象，不但会造成样本的损失、资源的浪费，也会造成数据处理的不便，并导致统计分析的偏误。一般习惯上，缺失值以变量的最后一个数值来表示，个位数的变量，缺失值设为 9，十位数的变量，缺失值设为 99，当研究者有需要时，可以自行定义不同的缺失值。

编码表的第四部分通常是关于软件处理方式的说明。由表 3-2 的编码表可知，整份问卷输入 SPSS 数据库后，共占 36 栏数据。值得注意的是，问卷包含多选题（10 个选项）与排序题（4 个排序选项），这两种题型虽然在问卷上是一题，但是在数据库中，排序题与多选题的每一个选项就应占有一栏数据，因此两个题目各占了 10 与 4 个栏位，在 SPSS 数据库中的变量数目各为 10 与 4 个。

三、废卷处理

在进行研究数据的计算机化之前，还有一项重要的工作，即进行废卷处理。经由研究问卷的逐份检视，研究者可以及时地发现疏漏数据，并进行补救工作，如果无法及时补漏，研究者必须淘汰不良的研究数据，保持研究数据的"纯净"。如果发生问题的问卷过多或过度集中于某一类的研究对象时，研究者必须进一步探讨研究执行过程是否存有瑕疵与疏忽，重新检视有关问卷或研究数据，以避免系统性偏误。

废卷发生的情况与原因非常多，最直接的判断方法是检视缺失答案的状况。一份问卷如果长度过长、存在排版瑕疵或双面印刷的问题，填答者可能会忽略部分试题，造成填答缺失的现象，必须以无效问卷来处理。此外，有些填答者会习惯性跳答，或是过度谨慎，也将造成缺失过多的现象。

恶意作答、说谎与欺瞒也使得问卷必须被淘汰，例如，填答者全部勾选同一个答案，或是草率地胡乱勾选，明显地抗拒作答，即使回答全部的问题，这些数据也不堪使用。其他废卷情形不一而足，从非目标样本的排除（如年龄过轻或过长）、单选题以多选题作答、作答者能力不足以回答问卷等。此外，明显的反应心向，如过度极端、社会赞许反应明显的回答，有时也应以废卷处理。

废卷处理并无特定的标准或程序，也不限定只能在分析之前进行，研究者在分析过程当中的任何阶段，皆可以适时排除或调整数据。在严谨程度上，过度严格的废卷处理不一定能够提高研究的质量，反而可能因为系统化删除特定个案而造成偏误，但是粗糙的废卷处理更可能造成研究数据的偏误失真，带来研究的灾难。在宽紧之间，多依赖研究者累积的经验，或基于研究者的需求来进行判断。同时也需借助统计分析的技术，善用各种指标，来管控研究分析的进行。

一般而言，在学术报告中，必须清楚地指明废卷处理的方式，提出修正的结果与淘汰比例的信息，以便审查人员或读者判断。如果废卷淘汰过多，研究者可能需要另行增补样本，以符合研究者预期的样本规模。废卷处理看似简单，但却深深影响研究质量与研究结果，实在不能轻忽。

第二节　SPSS 基本操作

一、SPSS 的简介

SPSS 是 Statistical Package for the Social Science 的简称，SPSS 软件由 SPSS 公司于 1965 年开发，50 余年来，SPSS 软件为因应不同工作系统而发展出多种版本。2009 年 7 月底，IBM 以 12 亿美元购并 SPSS，软件改称 PASW Statistics（Predictive Analytics Soft Ware，PASW；随后又改称为 IBM® SPSS® Statistics）。到了 2017 年的第 25 版，受到云端科技与数据科学快速发展的影响，出现了租借版 SPSS Statistics Subscription，销售与服务模式逐渐改变，分析功能也持续扩充。

相较于其他统计软件，SPSS 最大的优点是容易使用，也与其他软件的兼容性高。视窗化的 SPSS 图表制作更加简单、精美，同时又能衔接其他文字处理软件，如微软的

Word、Excel 等软件，在学习与运用上更加简易，使得 SPSS 大为流行，逐渐成为学院课程的标准配备。

虽然 SPSS 有多种不同的版本，操作方法也不尽相同，但是在处理量化的数据上，均有着类似的程序与原则，包括数据定义、数据转换与数据分析三个主要的部分。下文将一一介绍。

（一）数据定义（data definition）

数据定义的目的在于使计算机能够正确辨认量化的数据，并赋予数据正确的意义。主要的工作包含变量名称的指定（变量标签），变量数值标签、变量的格式类型、缺失值的设定。在视窗版 SPSS 中，数据的定义是以视窗对话框的方式来界定数据，使用者也可利用语法文件来撰写数据定义语法，在一个文件中便可以界定所有的变量。

SPSS 数据视窗中，数据定义的部分以单独的工作表的形式呈现，性质与 Excel 数据库管理系统相似，将变量的各种属性的设定与修改以类似"储存格"的方式来处理，增加了许多弹性与软件间的可兼容性。另一个优点是 SPSS 的数据定义与其他常用软件包的兼容性大幅增加，如 Excel 工作表与 Word 文档中的文字，可以直接复制、粘贴 SPSS 数据视窗当中变量的标签与数值标签，操作上更加简便。

（二）数据转换（data transformation）

数据的格式与内容界定完成之后，这些数据虽然已经可以被计算机所辨识，但是尚未达到可以使用的状态，在进入数据的分析工作之前，仍有一些校正与转换的工作必须完成，如反向题的反向计分、出生年月变量转变成年龄的新变量、总分的加总等，都是第二阶段必须完成的工作。此外，废卷处理、数据准备、缺失值的补漏检查等工作，也是在此一阶段进行。

SPSS 提供了相当便利的数据转换功能，可以非常容易地选取、过滤或删除特定的数据；数据重新编码、四则运算的功能也十分完整，有多种处理的方式可供选择，绝大多数数据转换都可以利用视窗来下达指令，而不用人工进行，相当省时、省力，建议读者熟加运用。

（三）数据分析（data analysis）

SPSS 数据处理的最后阶段是依操作者的指令，进行各种的统计分析或统计图表的制作。此时操作者必须具备良好的统计基本知识，熟知研究的目的与研究数据的内容，才能在数十种统计指令当中选择适合的统计方法来分析数据。其次，操作者也必须能够阅读分析之后的报表数据，从不同的指数与指标当中，寻求关键且正确的数据来作为研究报告撰写的根据。

数据分析完成后，将输出报表进行编辑、打印，进行结果报告的撰写，数据分析工作才算顺利完成。SPSS 附带文本编辑器，专门用来编修统计图表，可在数据分析完成后，实时进行图表的编修。

二、SPSS 的系统设定

就像其他的微软操作软件一样，SPSS 也具有基本的系统设定功能，可以让使用者来调整 SPSS 运作方式。使用者仅需点选 编辑 * 当中的 选项（options），就可以借由一般 、检视器 等不同的设定对话框来调整 SPSS 系统设定（图 3-1）。

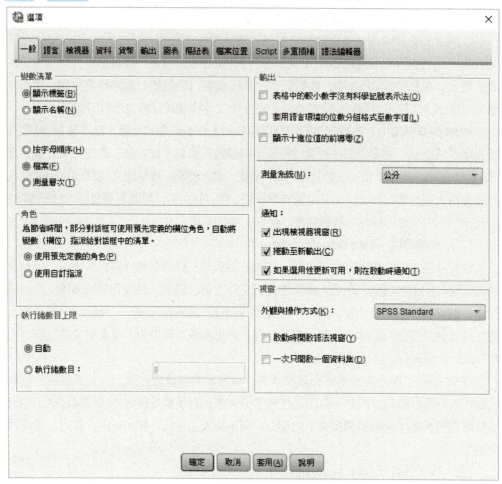

图 3-1　SPSS 的一般设定的对话框画面

一般（General）对话框提供了 SPSS 软件最基本的系统环境设定。包括视窗的外观、SPSS 界面所使用的语言、变量清单所显示的是变量名称还是标签，以及软件所使用的编辑单位是"点数""英寸"或是"公分"等。新版的 SPSS 可以选择 10 种语言的输出方式，中文使用者可以选择简体中文或繁体中文。

比较值得一提的是输出（Output labels），可以控制报表内容如何显示变量和数值的信息，包括 概要注解（outline labeling）与 枢轴表注解（pivot table labeling）的变量名称与注释（标签）、变量数值与数值注释（数值标签）的呈现方式（图 3-2）。

---

* 底纹文字皆为软件选项，出于可读性需求进行了繁转简处理，可能会出现无法与正文或软件截图一一对应的情况，还请读者注意。——编者注

图 3-2 输出注释设定的对话框画面

三、SPSS 的各种视窗

（一）数据编辑视窗

数据编辑视窗是一种类似于电子表格（如 Excel 软件）的数据处理与编辑系统，功能是储存研究数据与变量数据。启动 SPSS 软件之后，使用者首先进入的便是数据编辑视窗，有两个工作表：变量视图 与 数据视图 。变量视图 工作表显示各变量的特性，也就是进行输入数据之前所必须进行的数据定义部分。数据视图 工作表则是存放数据内容的地方，也可在此进行数据管理的工作，如图 3-3 所示。

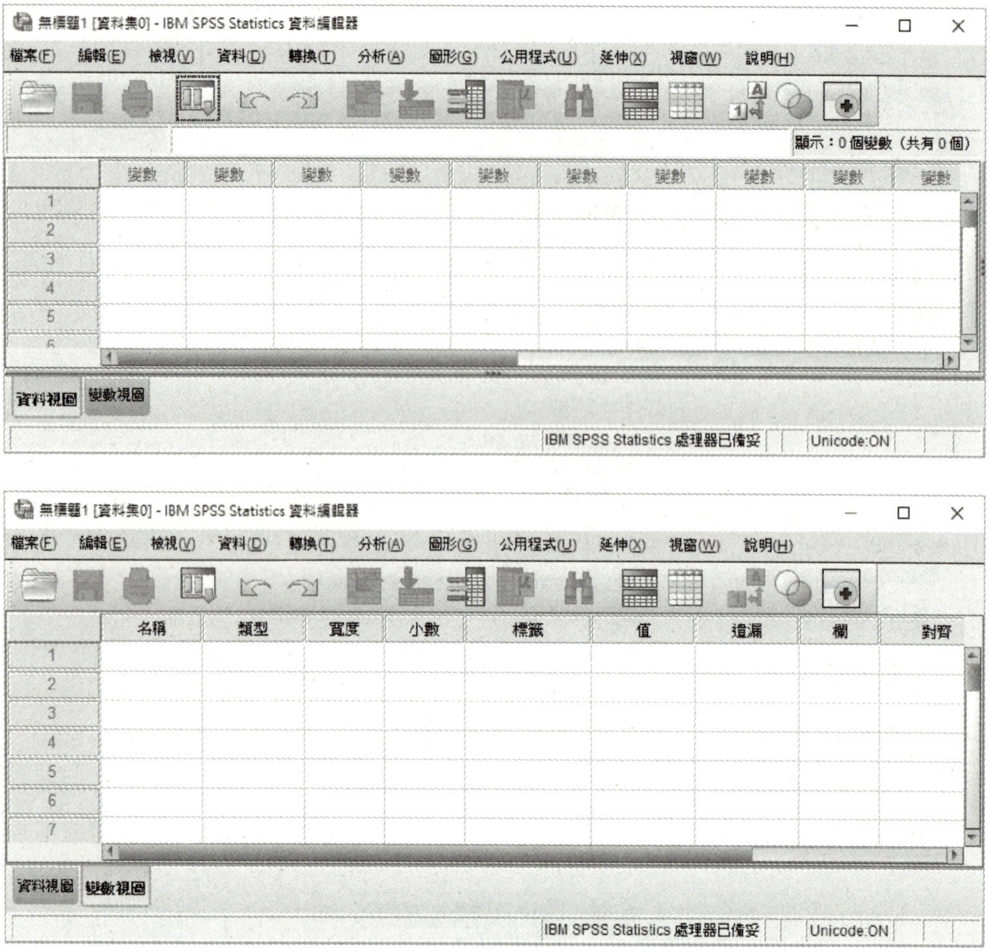

图 3-3　SPSS 数据编辑视窗的 变量视图 与 数据视图 工作表图解

　　利用 数据视图 工作表，使用者可以逐笔输入原始数据，建立自己的数据文件，或是将其他类型的数据文件读入 SPSS 当中。数据视窗的两个工作表，可以由视窗下方水平轴上的 变量视图 与 数据视图 两个按钮来选取、转换。SPSS 视窗版软件与其他微软视窗软件一样，附有相当容易操作的功能表列与工具列来进行各种文件管理与数据管理的工作。

　　点选功能表列当中的各个选项，使用者可以得到 SPSS 软件所提供的所有的操作功能，而工具列则是列出常用的一些功能选项，如 开启档案 、 储存档案 、 打印 等等，以提高操作的便利性。其中如显示标签，就是一个非常好用的功能，使得使用者可以直接在数据视图工作表中看到每一个数值背后的意义，如图 3-4 所示。

　　不论是 变量视图 或是 数据视图 工作表，皆可以直接使用键盘上的按键或鼠标来进行基本的编辑工作，如按键盘的 Del 键可以删除数据或变量，按鼠标的右键可利用快捷键功能（如复制 / 粘贴）。

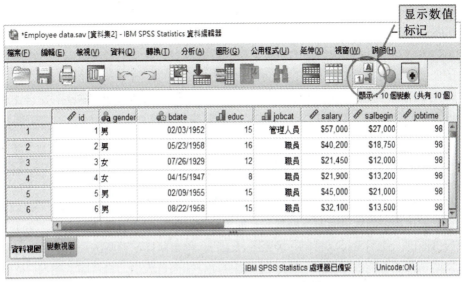

图 3-4 显示变量值标注的数据视图视窗画面

(二) 输出视窗

1. 输出视窗的基本特性

输出视窗 (output viewer) 是存放 SPSS 执行后的结果、图表、各种警告与错误信息的地方，如图 3-5 所示。储存结果 SPSS 会自动给予该结果文件 .spo (新版为 .spv) 的扩展名作为识别。

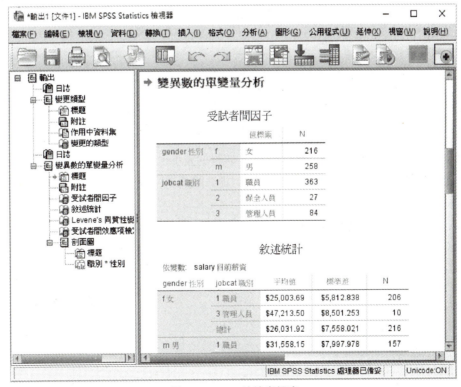

图 3-5 SPSS 的输出视窗

输出视窗分成左右两区，左侧是目录，也就是结果输出的结构图，依序显示使用者要求 SPSS 所进行的各项工作程序的结果，并依照层次排列。输出视窗的右侧显示的是输出的内容，存放 SPSS 执行后的所有记录与数据报表。当使用者用鼠标点选左侧目录当中的任何一个项目，右侧的内容便会自动抵达相对应的输出内容。

如果输出的内容过多或过于庞杂，使用者可以依循一般微软视窗软件的文字处理方式，选取特定的区域，利用功能表当中的 编辑 来进行删减。如果输出的结果要转贴至其他文字处理器（如 Word），使用者只需将鼠标移至所需复制的表格，点击左键一次（即选定表格），再点选功能表中 编辑 中的复制，再开启 Word，按 粘贴 或在 选择性粘贴 中选用适当的粘贴格式贴上即可。

2. 输出编辑器的运用

结果输出视窗内附带有文字编辑器。如果输出结果与报表的内容、表格、字体等需要进行修改时，使用者可以将鼠标移至图表上方，单击鼠标左键两次开启编辑器进行编辑。此时视窗的功能表与工具列将产生一些变动，如果是表格，将新增了插入、枢轴分析、格式等，以便编辑。如果是图形，则会增加图库、图表、数列、格式等不同的功能选项，以及非常便捷的工具列。

编辑器当中，格式 选项的内容可以让使用者调整选择的图表的性质、形状、打印形式，或是储存文件的字体、大小等。尤其是在 SPSS 报表中，有些太小的小数点尾数会以科学符号的方式表现，如果要改以实际数值呈现，则必须点选储存文件性质的选项，挑选数值的第一个选择 # . #，而非 # . # E- #。例如，–9.592E–02 经过调整后所出现的实际数值是 –0.096。如果是图，SPSS 编辑器提供了多种不同的调整与修饰功能，如数据的附注方式、色彩改变等。读者可以自行尝试各种调整。

3. 枢轴表分析

枢轴表（pivoting tray）是输出视窗编辑器中非常方便的一个编辑程序。可以用来改变表格的数据呈现格式（纵轴、横轴与图层元素的改变）。使用者只要点击所要编辑的表格，打开编辑器，然后点选 枢轴分析 ，勾选 正在枢轴分析 ，就可以得到枢轴分析工作图，就可以开始调动表内数据的安排方式。至于表格内的文字、数字数据，可以直接利用鼠标点选储存格式，直接进行修改，表格的大小也可以直接在表格内拉移框线调整。值得注意的是，如果表格的栏宽不足，那么数值或文字将无法显示，而会以 ****标示。

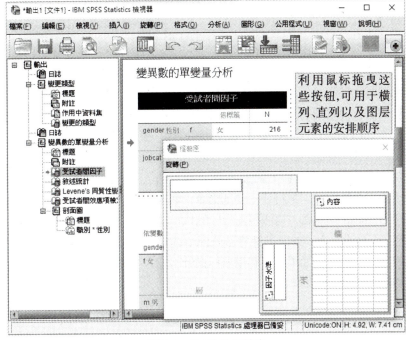

图 3-6 SPSS 的枢轴表

（三）语法视窗

语法（syntax）视窗是 SPSS 利用程序语言来执行指令的视窗。传统的 SPSS/PC 软件是利用使用者预先写好的 SPSS 程序指令来执行命令。然而，随着微软视窗工作系统的推出，SPSS 也全面改用视窗工作系统来运作。SPSS 视窗版中保留了语法功能，另外可提供使用者一种操作 SPSS 的选择，但是最重要的目的是使得 SPSS 可以通过指令运作的模式，来完成视窗功能所不能涵盖的其他统计分析与数据处理功能。

语法视窗的开启非常简单，只要到 档案 中开启新的语法，就会得到一个新的语法视窗。如果是一个已经存有语法指令的语法文件（*.sps），则可使用开启旧档的功能，去将某一个以 .sps 为扩展名的语法文件调出，如图 3-7 所示。

图 3-7 SPSS 的语法视窗

就像其他的程序语言一样，SPSS 的语法指令有其特殊的格式与撰写方法。SPSS 的指令语法以一个独立的指令组为基本运作单位，一个独立的指令组由一个主指令带领，跟随着一个或多个可以自由搭配选用的次指令（subcommand），最后由一个句点"."表示该独立指令组的终点。大多数的副指令是以"/"作为区隔，但是紧接着主指令的第一副指令通常可以省略。

语法视窗的优点是可将 SPSS 操作过程储存成语法文件，留下工作记录，让使用者可以查阅操作的历史，并且在必要时可以重新执行。在视窗版 SPSS 中，绝大部分的操作动作均可利用 复制粘贴功能 将操作指令贴到语法视窗中。

即使使用者没有来得及操作 贴上之后 动作以贴上语法，也可以在执行完毕某一个动作后，到输出视窗中找到执行该动作的指令，然后加以储存。使用者在整个执行完毕 SPSS，离开了 SPSS 软件后，语法视窗当中的执行功能可以从工具列的 执行 中，选择 全部 来运行所有的指令，或以指针将部分指令选定，利用工具列 执行 中的 ▶ 选择 来执行选取部分的指令，如果已经利用鼠标指针将部分所欲执行的指令选定，也可以直接点选工作列中的 ▶ 键执行。

第三节　数据库的建立

本节皆在说明如何利用软件来建立数据库，一旦数据库建立完成，使用者就可以充分利用计算机的功能来进行各式各样的检验与分析。

进行数据数字化时需注意几点：

第一，数据输入以编码系统为依托。如前所述，编码表为数据处理提供了一套客观、标准化的流程。然而，一份完善的编码表建立之后，如果使用者不依其要领与步骤来执行，不但无助于数据处理品质的提升，反而会造成数据处理的困扰。

第二，拟定数据库建立计划，提供良好的工作环境与流程安排。由于数据输入的工作可能旷日持久，长期工作不但造成人员的压力，并且会影响计算机与周边设备的稳定性。定期维护数据库、进行文件备份、维持良好的文件管理系统、有条理地处理与储存实体问卷、人员与设备适当进行休息，都是提升数据处理品质的有效策略。否则当机频发、数据遗失、人为错误不断、计算机文件混乱等困扰将接踵而来。

第三，事前充分的训练。多人同时工作可以有效提升工作效率，但是也会增加错误发生的概率，因此通过事前的训练，协调研究成员的工作模式与分工原则，以期满足研究者的需求与后续统计分析需要的目标。

第四，数据保密工作的落实。虽然多数研究数据不涉及重大机密，但是基于研究伦理的考量，研究人员有责任确保研究数据的学术使用，以避免不必要的困扰。

一、SPSS 数据视窗的开启

要建立一个 SPSS 的数据文件，首先需进入一个空白的数据编辑视窗，使用者可以在启动 SPSS 后立即进入空白的数据编辑视窗，或是利用 档案 → 开新档案 → 数据 ，开启新的数据编辑视窗。

　　SPSS 的数据编辑视窗分成变量视图与数据视图两个工作表，依照正常程序开启数据视窗时，应会先进入编辑视窗的 变量视图 工作表，以方便使用者先定义各个变量的基本性质，输入所欲输入数据的变量名称、类型、注释、缺失值、格式等各种信息。然后才是利用数据视图工作表，在相对应的变量之下输入每一条数据，最后储存所有的内容，建立一个扩展名为 .sav 的 SPSS 数据文件。

二、SPSS 数据库的建立

　　现在假设要输入每一个受测者的身份编号与性别数据，也就是要输入两个变量的数据，第一个变量为身份编号，变量名称为 ID，每一个受测者的编号为四位数（0001—9999），第二个变量为性别，变量名称为 GENDER，每一个受测者在这个变量的数据为个位数（0：女；1：男），变量的定义与数据的输入如下列各步骤所示。

（一）输入变量名称

　　欲输入变量名称，可以在 变量视图 工作表中的 名称 下输入变量名称。第一横列输入第一个变量的数据定义，第二横列输入第二个变量的数据定义，以此类推。变量的命名应与编码表上的记录维持一致，以免造成混淆。变量应以英文命名。但有些英文被 SPSS 软件保留为特殊用途，不得作为变量名称，包括 ALL、AND、BY、EQ、GE、GT、LE、LT、NOT、OR、WITH 等。

（二）选择适当变量类型

　　变量名称输入完成后，即可进行变量类型的设定，此时应将鼠标移至 类型 ，点击鼠标左键一次，即出现选择画面，进入变量类型对话框，选取适合的变量类型。受测者的编号属于一般数值，因此点击第一个选项，变量宽度只有四位数，因此填入宽度为 4；因为不要小数点，因此在小数位数当中填入 0。在对话框当中还有其他选项，如科学符号、货币等，较常用的是字符串数据以及日期。

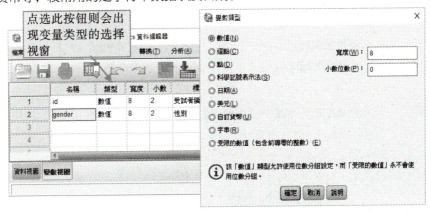

图 3-8　SPSS 的变量类型

（三）输入注释（标记）

要输入变量的注释时，使用者可以直接在 标记 下输入适当的变量标签。ID 表示受测者编号，然后输入注释，或是将其他文档中已经建好的数据进行复制粘贴。

对于变量的数值，则是利用 数值 来进行注释。如果是类别变量（如性别），需要输入数值标记。使用者只要将鼠标移至 数值 ，点击左键，即出现对话框按钮，依序输入代表的数值与数值标注，点一下 新增 ，再按 确定 即可。

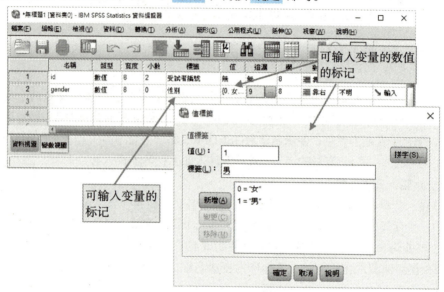

图 3-9　SPSS 的变量标记

（四）设定缺失值

欲设定变量的缺失值，可以点击 遗漏 ，进入缺失值设定对话框。SPSS 视窗版的缺失数值可以是三个独立的缺失值、以一个区间内的数值为缺失值、以在一定范围内的数值及特定数值为缺失值等。因为 ID 是研究者按照问卷顺序编制的，因此此变量并无缺失值的问题。

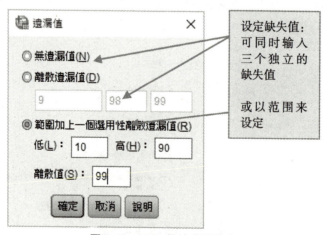

图 3-10　SPSS 的缺失值设定

（五）选定格式

为了设定数据视窗中数据视图工作表呈现的画面，可以利用 栏 与 对齐 两个选项来设定数据格式。范例中 ID 变量的宽度为 4，此时应点选 栏，调整数值为 4，宽度不宜小于第二步骤所设定的变量栏数，否则在编辑视窗中将无法看到数据内容。利用 对齐 栏可以调整数据出现在数据编辑视窗时的格式，如居中、靠左或靠右等。

（六）设定测量尺度

最后一个选项是定义变量测量尺度。从对话框中可以看到三种尺度：量尺（interval scale）、顺序尺度（ordinal scale）与名义尺度（nominal scale）。使用者可以针对变量的测量尺度，点选正确的选项。如果在此没有设定正确的类型，可能会影响后续的统计分析。

上述六个步骤完成后，数据编辑视窗将于变量名称栏显现所设定完成的变量名称 ID，此时使用者即可以开始输入数据，或继续进行其他变量的设定，再统一进行数据输入的工作。输入完毕后，将文件另存为以 sav 为扩展名的形式（*.sav），即成为一个 SPSS 视窗版的数据文件，如图 3-11 所示。文件名储存完毕后，会在左上角出现文件名（不含扩展名）。

此时，若要查阅所输入的格式是否正确，可以点选 档案 → 显示数据档信息 → 工作档，从结果输出视窗中可以得到所有变量的设定状况，如图 3-12 所示。为节省篇幅，图 3-12 仅列出两个变量的变量标签、数值标签、栏位、长度、缺失值等信息。此表应与编码表完全一致，若有差异，必须进行检讨。

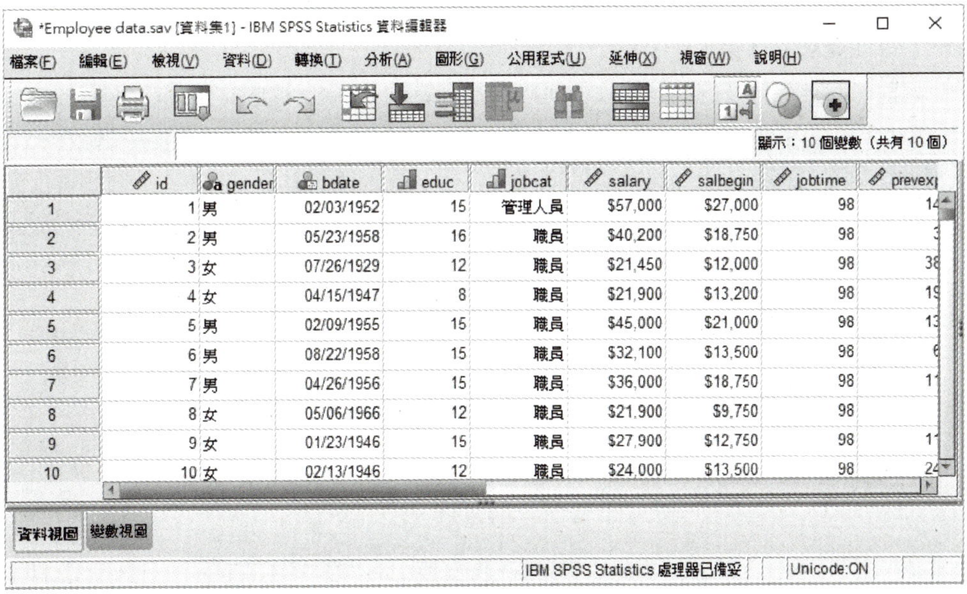

图 3-11　建档完成的数据编辑视窗画面

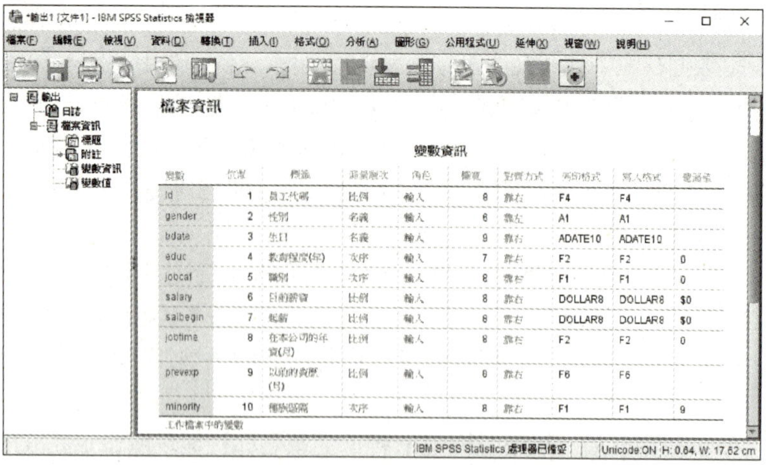

图 3-12　工作文件中各变量与数值信息的部分结果

三、其他文件的转入

前面两种输入模式直接由数据编辑视窗输入，再加以存档即可，属于直接输入法。许多研究者并非使用 SPSS 软件所附属的编辑器来输入数据，如 Excel。如果是兼容的文件，SPSS 可以直接读入，如果是文字文件，则必须利用 SPSS 软件的文件转换功能来将数据转入 SPSS 处理器中，可称间接输入法或文件转换法，说明如下。

（一）Excel 文件读入

目前市面上最普及的数据库软件可以说是微软的 Excel，这些文件都可以被 SPSS 读取。Excel 文件内的数据与 SPSS 读入后的画面如图 3-13 所示。Excel 表格中的数据，若以 编辑 中的 复制 功能选定一定区域之后，可以直接 粘贴 至 SPSS 的数据编辑视窗，同样，SPSS 所输入的报表、图形，也可以利用 复制 → 粘贴 的功能，转贴到 Word、Excel、与 PowerPoint 系统中。

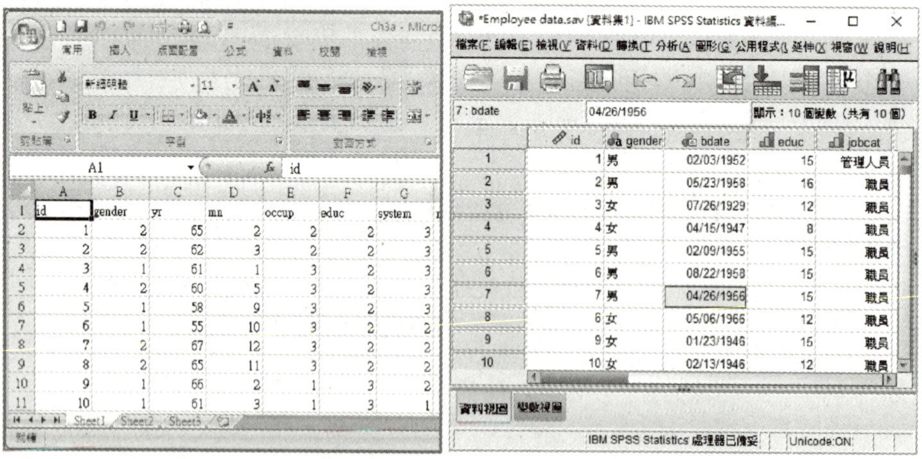

图 3-13　Excel 的数据（左）与读入 SPSS 后（右）的画面

在 SPSS 通过 `档案` 中的 `开启` 选择 Excel 文件类型以读取数据，在数据来源对话框中点选 `确定` ，即可顺利将 Excel 的数据转至 SPSS 数据视窗中。

（二）由文字文件（ASCII 文件）读入

间接输入法中，最常见的状况是将简单文字文件（即标准 ASCII 格式）转入 SPSS 软件。早期 DOS 系统下的文字处理系统所处理的数据多属于 ASCII 格式数据，可以读入视窗来加以处理。

ASCII 文件的转换，首先需进入 SPSS 的数据编辑视窗，选取 `档案` 中的 `读取文字数据` 的选项，将选单移至该选项后，即会进入"文字精灵"。进入文字精灵之后，共要进行六个步骤，每一个步骤的进行，数据文件都会显示在预览视窗（图 3-15）。依照对话框的指示，使用者很快即可以将 ASCII 文件中的数据转入 SPSS 中，在定义栏位的同时，若参考编码表，便可提高效率，减少错误。

图 3-14　开启选单中 Excel 的文件类型

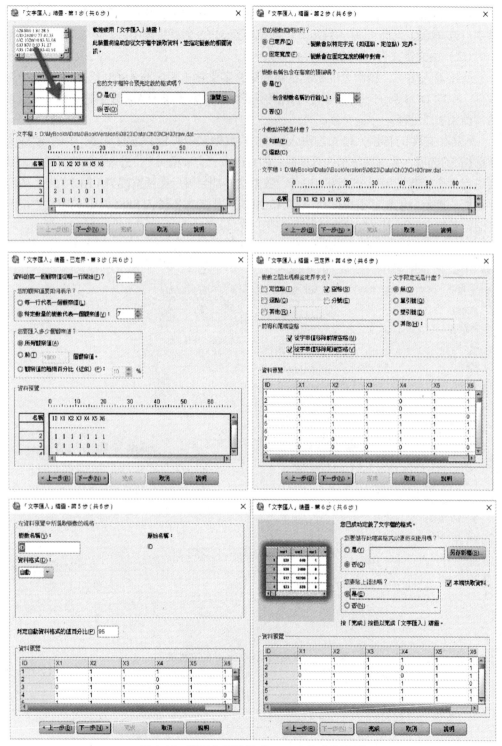

图 3-15　读取文字数据或 ASCII 格式的界面

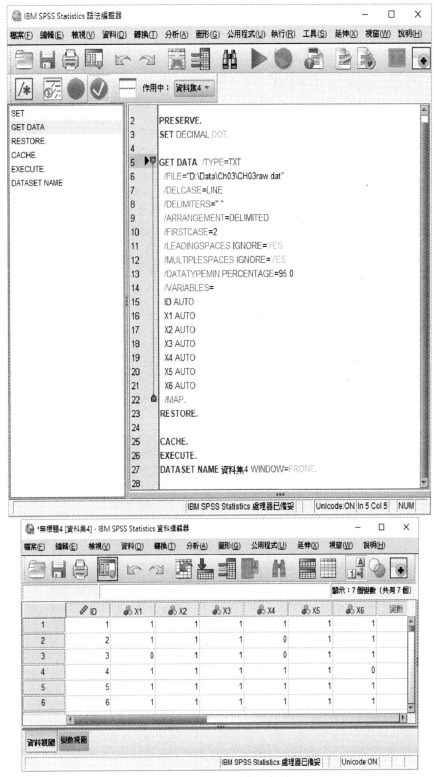

图 3-16　读取过程的语法与结果

第四节　多选题处理与分析

一、多选题的基本格式

在调查研究中，研究者往往需要受访者在一系列的选项中进行多选，如表 3-1 当中的第 5 题：

5. 最常进行的网络活动类型（可多选）

□ BBS	□ 聊天室	□ 收发 E-mail	□ 网络通信
□ 传送文件档案	□ 阅读电子报	□ 网络游戏	□ 网络购物
□ 数据搜寻	□ 其他_____		

与单选形式作答的问卷题目相比，多选题（multiple response item）最大的不同，是每一"题"有多个选项，而每一个选项都可能有作答反应，因此该"题"的答案不止一个。一个多选"题"如果有 K 个选项，应视为 K 小题的"题组"。以范例题为例，题目中带有 9 个选项。填答者作答时，必须就这 9 个选项进行判断，每个选项可以看作是一个二分变量，若有勾选编码为 1，未选则编码为 0，各子题命名为 Web1 至 Web9。假设有 100 位大学生完成作答，原始数据如图 3-17 所示，各子题的描述统计量如表 3-3 所示。

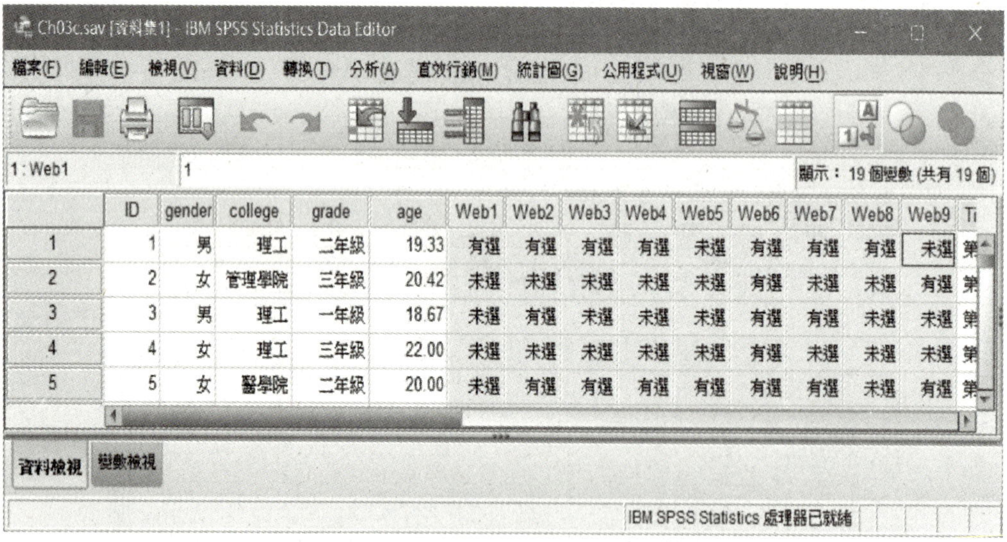

图 3-17　网络活动偏好的多选题范例数据

当多选变量输入完成之后，使用者可以先利用一般的描述统计进行初步的数据整理，了解数据的状况。由表 3-3 可知，Web1 至 Web9 的最小值为 0，最大值为 1，亦即各子题均为二分变量。平均数介于 0.13 至 0.70 之间，对于 {0，1} 的二分变量而言，平均数代表选 1 的百分比。亦即有 70% 的大学生上网阅读电子报（Web6），但仅有

13% 的大学生上网是在传送文件（Web5）。高于 50% 的还有搜寻信息（0.69）、聊天室（0.60）、收发 E-mail（0.54），表示这几个子题均被超过一半的大学生勾选。

表 3-3 网络活动偏好调查的描述统计数据

	个数	最小值	最大值	平均数	标准差
Web1 BBS	100	0	1	0.16	0.368
Web2 聊天室	100	0	1	0.60	0.492
Web3 收发 E-mail	100	0	1	0.54	0.501
Web4 网络通信	100	0	1	0.44	0.499
Web5 传送文件档案	100	0	1	0.13	0.338
Web6 阅读电子报	100	0	1	0.70	0.461
Web7 网络游戏	100	0	1	0.25	0.435
Web8 网络购物	100	0	1	0.19	0.394
Web9 数据搜寻	100	0	1	0.69	0.465
有效的 N（完全排除）	100				

二、多选题分析（multiple response analysis）

SPSS 提供了 多选题分析 ，可将多个选项分开输入的多选题还原成原始多选形态的变量，操作如图 3-18 所示。其主要的操作程序是进行变量集（variable set）的定义，借以还原多选题组。

以 Web 题组为例，9 个子题可以定义出一个变量集 $Web，定义完毕之后，即可进行频数分布表与交叉表分析。在定义变量集之前，该两项分析选项无法发挥作用（呈灰色），必须等待至少一个变量集定义完成后，才可以进行分析。

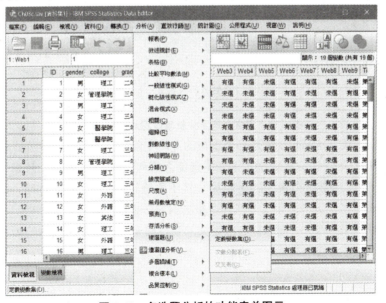

图 3-18 多选题分析的功能表单图示

　　步骤一：选择集内的变量，即将同一个多选题组之下的各子题移至清单中，如本范例的 Web1 至 Web9。步骤二：设定变量集内编码，即指定各子题当中被视为有意义答案的数值（二分法）或数值范围（种类）。本范例的 Web1 至 Web9 皆以 1 为有意义的作答。步骤三：变量集命名与标签。对将子题集合起来的变量集加以命名并赋予标签。本范例的 Web1 至 Web9 集合成 "Web"，标签标注为 "网络活动多选题"。最后，将定义好的变量集新增至右侧的多选题分析集选单中，将出现一个以 $ 为首的新变量集名称。本范例以 Web1 至 Web9 定义得到 $Web，如图 3-19 所示。

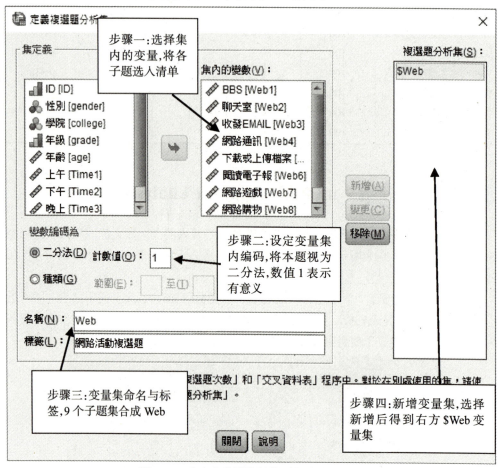

图 3-19　定义多选题分析集设定对话框图示

　　值得注意的是，$Web 变量是一个虚拟的工作变量，仅可进行特定分析而不会显示在数据视窗内。如果研究者要确定该变量集是否顺利完成，可以回到 分析 → 多选题 之下，即可看到 频数分布表 或 交叉表 已经不再是灰色而可以进入使用，进入之后即可看到 $Web 变量。另一个定义多选题变量集的方法是在 表格 → 多选题分析集 下进行相同的操作（图 3-20），但以此方法定义的变量集无法进行多选题后的频数分布与交叉表分析。

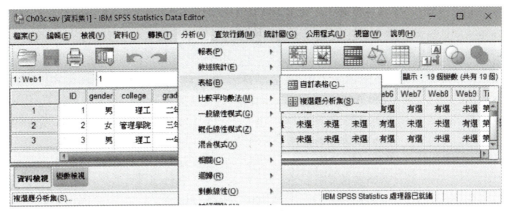

图 3-20　表格当中的多选题分析集图示

三、多选题的频数分布与交叉分析

多选题分析下的 频数分布表 功能，类似于一般的频数分布功能，所不同的是，在多选题分析之下的频数分布表，是以变量集为整体，来制作频数分布表。操作程序仅需直接开启 分析 → 多选题 → 频数分布表 ，然后将多选题分析集当中的变量集 $Web 移至右侧的表格内即可，设定对话框如图 3-21 所示。

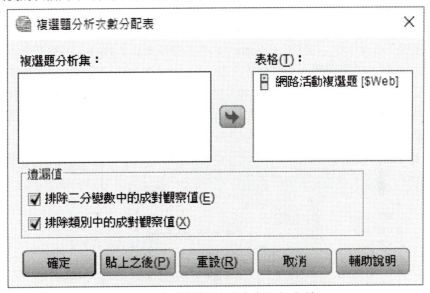

图 3-21　多选题的频数分布表设定对话框

由表 3-4 的结果可知，全部 100 位受访者共产生 370 次反应，分布在 9 个子选项中，各子题的反应个数除以观察值（100 人），即得到观察值百分比，此两列数值即等于表 3-4 的个别子题的频数分布。以阅读电子报（Web6）为例，其反应次数占观察值的 70/100 = 70%，亦即在 100 个人当中，有 70% 的人会阅读电子报。

表 3-4　多选题变量集的频数分布表

$Web 频数

		反应值		观察值百分比
		个数	百分比	
$Web	Web1 BBS	16	4.3%	16.0%
网络活	Web2 聊天室	60	16.2%	60.0%
动多选	Web3 收发 E-mail	54	14.6%	54.0%
题 [a]	Web4 网络通信	44	11.9%	44.0%
	Web5 传送文件	13	3.5%	13.0%
	Web6 阅读电子报	70	18.9%	70.0%
	Web7 网络游戏	25	6 8%	25.0%
	Web8 网络购物	19	5.1%	19.0%
	Web9 数据搜寻	69	18.6%	69.0%
总数		370	100.0%	370.0%

注：a. 二分法群组表列于值 1。

表 3-4 当中的反应值百分比则是指各子题的反应个数占全体反应频数的比例，以阅读电子报（Web6）为例，其反应频数占总反应次数的 70/370 = 18.9%，亦即在 370 次网络活动反应总量中，阅读电子报这项活动占 18.9%。

多选题当中的 交叉表 可以进行列联表分析，即进行多选题变量集与其他类别变量的双维频数分布表分析，如性别（gender）与多选题变量集（$Web）的交叉表分析。执行方式是 分析 → 多选题 → 交叉表 ，即可分别将多选题变量集与性别变量移至列与栏中，至于性别则必须定义数值范围 {0, 1}，如图 3-22 所示。由于交叉表的单元格百分比有两种计算方式：（a）以观察值为基础；（b）以反应频数为基础，因此研究者必须设定计算方式。结果分别列于表 3-5a 与表 3-5b。

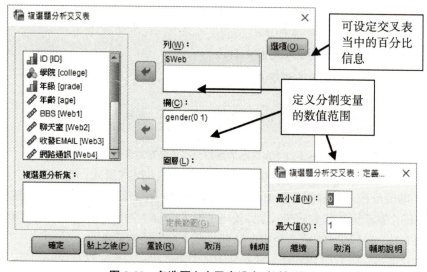

图 3-22　多选题之交叉表设定对话框图示

若以观察值（样本数）为基础来计算百分比（表 3-5a），在全部 100 位受访者（男女各为 46 与 54 人）中，选择阅读电子报（Web6）者（70 人）最多，其中男女人数相近（34：36）、比例相当（48.6%：51.4%）。女性占比较高的活动为网络购物（Web8），女性占 63.2%（12 人），男性仅占 26.8%（9 人）。此外，在传送文件选项也有女多于男的趋势（61.5%：38.5%）。显示女性倾向于在网络上购物与传送文件数据等，男性则是倾向于玩网络游戏。

若以反应频数为基础来计算百分比（表 3-5b）。全体受访者总计产生 370 次的总反应次数中，男生有 188 次反应（51%），女生有 182 次反应（49%），两者相当。反应最多的分别是阅读电子报（Web6）（18.9%）、数据搜寻（Web9）（18.6%）、聊天室（Web2）（16.2%）、收发 E-mail（Web3）（14.6%）。

由前述分析可以发现，将各子题整合成多选题变量集，可以看到全部子题的整体趋势，并可与其他变量进行交叉分析，相较于单以各子题无法看到整体趋势，这是其优越之处。但需要提醒的是，对于百分比的解释，必须考虑是何种基础，否则将会得出错误的结论。

表 3-5　多选题的交叉表分析结果

（a）以观察值为基础计算百分比

$Web* gender 交叉表列

| | | gender 性别 | | | | | | | | 总数 | |
| | | 0 女 | | | | 1 男 | | | | | |
		个数	$Web 中的 %	gender 中的 %	总数的 %	个数	$Web 中的 %	gender 中的 %	总数的 %	个数	总数的 %
$Web 网络活动多选题[a]	Web1 BBS	7	43.8%	15.2%	7%	9	56.2%	16.7%	9%	16	16%
	Web2 聊天室	26	43.3%	56.5%	26%	34	56.7%	63.0%	34%	60	60%
	Web3 收发 E-mail	27	50.0%	58.7%	27%	27	50.0%	50.0%	27%	54	54%
	Web4 网络通信	23	52.3%	50.0%	23%	21	47.7%	38.9%	21%	44	44%
	Web5 传送文件	8	61.5%	17.4%	8%	5	38.5%	9.3%	5%	13	13%
	Web6 阅读电子报	34	48.6%	73.9%	34%	36	51.4%	66.7%	36%	70	70%
	Web7 网络游戏	5	20.0%	10.9%	5%	20	80.0%	37.0%	20%	25	25%
	Web8 网络购物	12	63.2%	26.1%	12%	7	36.8%	13.0%	7%	19	19%
	Web9 数据搜寻	40	58.0%	87.0%	40%	29	42.0%	53.7%	29%	69	69%
总数		46			46%	54			54%	100	100%

注：百分比及总数是根据应答者而来的。

a. 二分法群组表列于值 1。

（b）以反应频数为基础计算百分比

$Web* gender 交叉表列 [a]

		gender 性别								总数	
		0 女				1 男					
		个数	$Web 中的 %	gender 中的 %	总数的 %	个数	$Web 中的 %	gender 中的 %	总数的 %	个数	总数的 %
$Web 网络活动多选题[b]	Web1 BBS	7	43.8%	3.8%	1.9%	9	56.2%	4.8%	2.4%	16	4.3%
	Web2 聊天室	26	43.3%	14.3%	7.0%	34	56.7%	18.1%	9.2%	60	16.2%
	Web3 收发 E-mail	27	50.0%	14.8%	7.3%	27	50.0%	14.4%	7.3%	54	14.6%
	Web4 网络通信	23	52.3%	12.6%	6.2%	21	47.7%	11.2%	5.7%	44	11.9%
	Web5 传送文件	8	61.5%	4.4%	2.2%	5	38.5%	2.7%	1.4%	13	3.5%
	Web6 阅读电子报	34	48.6%	18.7%	9.2%	36	51.4%	19.1%	9.7%	70	18.9%
	Web7 网络游戏	5	20.0%	2.7%	1.4%	20	80.0%	10.6%	5.4%	25	6.8%
	Web8 网络购物	12	63.2%	6.6%	3.2%	7	36.8%	3.7%	1.9%	19	5.1%
	Web9 数据搜寻	40	58.0%	22.0%	11%	29	42.0%	15.4%	7.8%	69	18.6%
总数		182			49%	188			51%	370	100%

注：百分比及总数是根据反应值而来的。

　a. 没有足够（小于 2）的多重反应群组可进行分析。百分比是根据反应而来的，但没有执行配对。

　b. 二分法群组表列于值 1。

第五节　排序题处理与分析

一、排序题的基本格式

除了多选题之外，另一种常用的特殊题型为排序题（rank response），例如，在市场调查研究当中，调查者经常要求消费者自一系列的品牌中指出最偏好的几种品牌并排列，必须以排序题来处理。以下题为例：

Com：请在下列各种网络工具选项中，指出三种您最常使用来和朋友沟通的工具，并依程度在□中标出 1、2、3 的次序（1 为最常使用者）

　□ QQ　　　　□ ICQ　　　　□ Line　　　　□ Skype
　□ WeChat　　□ E-mail　　　□ FB　　　　　□ Twitter

本题当中，由于 8 个选项中被挑出的答案不止一个，所以具有多选题的特性，同时又要求受测者排出顺序，因此每一个被选出的选项的答案形式可能有 1、2、3 的多种可能。由于选项有 8 个，受测者要进行"8 次"判断才能够完成本题，因此本题应以 8 个子题来处理。在编码表上，应将本题编写成 8 个不同的变量。

8 个变量的变量标签是每一个选项的内容。例如，第一个变量可以编为 Com1，标签为"QQ"；第二个变量可以编为 Com2，标签为"ICQ"，以此类推，直到 8 个变量都编定完成。数值的标签则有 0、1、2、3 四种可能，0 代表该选项没有被受测者选取，1、2、3 分别代表被受测者指为第一顺位、第二顺位与第三顺位。

事实上，排序题与多选题最大的不同即是在变量的数值上，在不用排序的多选题中，每一个选项只有被选择或不被选择两种可能，被选择时编定为 1，没有被选择时编定为 0，因此是一个二分变量。但是如果要求排序，每一个选项被选择的状况就不止一种，而形成顺序变量。在本范例中，每一个选项是一个 1 至 3 的顺序变量，未被选择时应编定为 0。当研究者收集问卷后，可得到表 3-6 形式的数据。

表 3-6 中有五条数据，即有五位受测者的数据，每一位受测者都指出了三个最常用的网络工具，第一位受测者指出 Line 是最常使用的工具，因为受测者在第 Com3 题上回答 1，次常用的是 WeChat（第 Com5 题回答 2），第三顺位的是 FB（第 Com7 题回答 3），其他各选项记为 0。第二位受测者也是指出 Line 最常用，Com3 又是 1。

表 3-6　网络工具偏好调查的部分数据

ID	Gender	Com1 QQ	Com2 ICQ	Com3 Line	Com4 Skype	Com5 Wechat	Com6 E-mail	Com7 FB	Com8 Twitter
1	0	0	0	1	0	2	0	3	0
2	0	0	0	1	0	2	0	3	0
3	1	0	0	2	0	0	3	1	0
4	0	0	0	2	0	1	3	0	0
5	1	0	0	3	0	0	1	2	0

二、排序题变量集定义

排序题的分析类似于多选题分析。操作的程序类似前面所示范的多选题分析，即点选 分析 → 多选题 → 定义变量集 ，进入 定义多选题分析集 对话框。与多选题不同的是，排序题的每一个选项（子题）的答案不是 0 与 1 两种可能，以本题为例，有 1（第一顺位）、2（第二顺位）、3（第三顺位）、0（未选择）四种可能情形，为了区分这三个被选择的状况，我们必须分别针对三个顺位的答案，定义三个多选题集，也就是进行三次多选题集的定义程序，如图 3-23 所示。

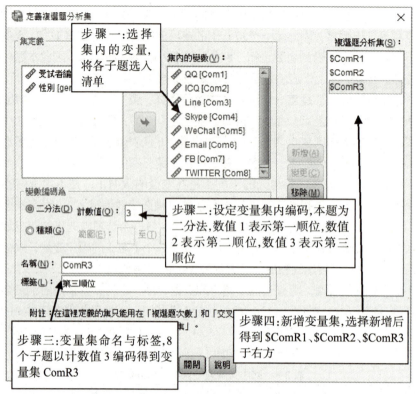

图 3-23 排序题以多选题功能进行设定的对话框图示

第一顺位变量集（$ComR1$）：Com1 到 Com8 若为第一顺位，以 1 为对应作答。

第二顺位变量集（$ComR2$）：Com1 到 Com8 若为第二顺位，以 2 为对应作答。

第三顺位变量集（$ComR3$）：Com1 到 Com8 若为第三顺位，以 3 为对应作答。

三、排序题的频数分布与交叉分析

利用多选题分析中的 频数分布表 ，可以将三个排序题的多选题集内容列出，也就是说，将每一个顺位当中 8 个变量的频数以表格的方式列出来，如图 3-24 所示，执行后可获得三个顺位的频数分布表的结果。

本范例有 60 位受访者，他们使用网络工具来进行沟通联系的首选（第一顺位）是 FB（Com7），60 人当中有 26 人把 FB 视为第一顺位，占 43.3%；其次是 Line（Com3），计有 22 人，占 36.7%；有 5 个人的第一顺位是 Skype，另有 5 个人则是选 WeChat。

在第一顺位中，ICQ（Com2）没有获得任何受访者的青睐，因此频数分布当中少了 Com2：ICQ 这个选项（表 3-7）。FB 是最受欢迎的网络沟通工具无误，选 FB 作为第一顺位者有 26 人（43.3%）。

排序题与多选题一样，可以利用 交叉表 功能来进行交叉分析。亦即在讨论顺位的频数的同时，将另一个类别变量的分布情形一并考虑进来，呈现出双维的频数分布数据，如不同的性别在各顺位变量集的反应频数。以下我们就以性别为例进行示范。

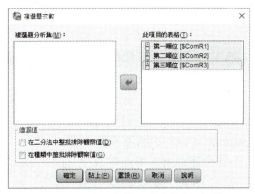

图 3-24　排序题频数分布表执行对话框

表 3-7　排序题第一顺位的频数分布表执行结果

$ComR1 次数

		反应值		观察值百分比
		个数	百分比	
$ComR1 第一顺位 [a]	Com1 QQ	1	1.7%	1.7%
	Com3 Line	22	36.7%	36.7%
	Com4 Skype	5	8.3%	8.3%
	Com5 WeChat	5	8.3%	8.3%
	Com6 Email	1	1.7%	1.7%
	Com7 FB	26	43.3%	43.3%
总数		60	100.0%	100.0%

注:a. 二分法群组表列于值 1。

　　执行方式与多选题分析相同，亦即点选 分析 → 多选题 → 交叉表 ，依指示输入行变量（性别变量）与列变量（三个排序的顺位虚拟变量），将三个变量集与性别变量进行 交叉表 分析。对于性别变量，必须输入定义范围：0（女性）、1（男性），如图 3-25 所示。

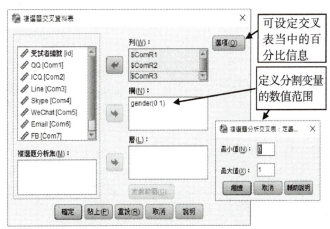

图 3-25　排序题三个变量集的交叉表设定对话框图示

值得注意的是，虽然 选项 内的设定也有以观察值或以反应频数为基础两种形式，但是由于每一个作答者对于每一个选项的作答仅能有一个 1、一个 2、一个 3，除非有人选了两次或以上的 1、2 或 3，否则以反应频数或以观察值为基础所计算的百分比都相同，因此，对于排序题的交叉分析，无需分两种基础来讨论。

由于三个顺位有三个变量集：第一顺位变量集（$ComR1）、第二顺位变量集（$ComR2）、第三顺位变量集（$ComR3），这三者分别与性别进行交叉表分析，以下仅针对第一顺位变量集（$ComR1）来讨论结果（表 3-8）。

由表 3-8 可知，全部 60 位受访者（男女各 16 人与 44 人）当中，网络工具使用排序第一的最多的是 FB，共有 26 人，女生 17 人、男生 9 人，虽然男生选 FB 为第一顺位的人数较少，但男生样本少，这 9 个人就占了 56.2%，相对之下，女生样本多，这 17人才占 38.6%。

表 3-8　第一顺位变量集（$ComR1）交叉分析结果

$ComR1 * gender 交叉表列

			个数	$ComR1 中的 %	gender 中的 %	总数的 %
$ComR1 第一顺位 [a]	Com1 QQ	gender 性别　0 女	0	0.0%	0.0%	0.0%
		1 男	1	100.0%	6.2%	1.7%
		总数	1			1.7%
	Com3 Line	gender 性别　0 女	18	81.8%	40.9%	30.0%
		1 男	4	18.2%	25.0%	6.7%
		总数	22			36.7%
	Com4 Skype	gender 性别　0 女	5	100.0%	11.4%	8.3%
		1 男	0	0.0%	0.0%	0.0%
		总数	5			8.3%
	Com5 weChat	gender 性别　0 女	4	80.0%	9.1%	6.7%
		1 男	1	20.0%	6.2%	1.7%
		总数	5			8.3%
	Com6 Email	gender 性别　0 女	0	0.0%	0.0%	0.0%
		1 男	1	100.0%	6.2%	1.7%
		总数	1			1.7%
	Com7 FB	gender 性别　0 女	17	65.4%	38.6%	28.3%
		1 男	9	34.6%	56.2%	15.0%
		总数	26			43.3%
总数		gender 性别　0 女	44			73.3%
		1 男	16			26.7%
		总数	60			100.0%

注：百分比及总数是根据应答者而来的。

a. 二分法群组表列于值 1。

　　另外，把 Line 排第一的也有 22 人，女生也有 18 人（与选择 FB 的人数 17 人相近），但男生只有 4 人，比选 FB 为第一顺位的 9 人足足少了一半有余，仅占全体男生样本的 25%，相对之下，女生样本选择 Line 的比例仍达 40.9%。对女生而言，选择 FB 与 Line 为第一顺位的人数已经达到 35 人，占全部女生（44 人）的 79.5%。显然女生使用网络工具的最高顺位大幅集中于 FB 与 Line 两者。相对之下，男性则特别偏好 FB。

第四章　数据检核与整备

数据准备是研究者进行统计分析之前的一个重要步骤。主要的目的在于确认研究数据的正确性，确保研究数据的完整与可用性。数据准备可以分成数据查核与清理，以及数据整备两个阶段。

进一步，为进行数据检查与管理，SPSS软件提供了非常便捷的数据与文件管理的功能，使得数据处理人员可以进行数据管理与处理。例如，变量的新增、查询、排序、转置、选择、过滤、加权，以及文件的合并、分割、整合等功能，使得数据处理更为方便，也有多项数据转换功能选项。本章将逐一介绍重要的数据库管理指令。如果使用者熟悉这些功能指令，将可大幅度地提升其数据运用的能力。

第一节　数据检核

为确保数据输入的正确性，研究人员必须适时进行数据检核的工作。如果数据数量不多，数据的检查可以在数据完成输入之后进行，称终点检核。但是如果数据数量庞大，数据检核的工作必须在数据输入过程中进行，研究者可以借由数据查核点（check point）的设置，及时发现数据输入的错误，以免造成时间与人力的浪费。此种在数据处理过程当中就进行的数据查核工作，称过程检核。

一个规划良好的研究方案应兼采过程检核与终点检核程序，同时加强人员训练，使数据的讹误降至最低。事实上，一个训练有素的研究人员，即使没有一套检核程序，在数据处理的过程当中，凭借其经验与注意力，也能在早期侦测错误，避免遗漏的发生。

一、过程检核

过程检核的目的在于通过查核点适当与适时的查核，维持数据输入过程的正确性。查核点的设置可采取定点查核、定时查核或专人查核的方式进行。首先，定点查核根据数据输入工作的流程，在适当的段落进行数据检查，如每输入一个班级的数据即进行一次数据检查，确认数字数据与文本数据相符。此外，当数据经过不同处理人员之时，即要求进行查核，以减少数据转手之间的错误，确认责任的归属。定点查核的优点是实时性，在数据处理的过程当中，即可立即发现问题，可以说是一种在线查核。

定时查核则是以时间为单位，在特定的时段进行数据检查，如在每日工作结束前，或每间隔一定时间后进行。定时查核虽可能造成数据输入的中断，但是配合小型会议的沟通与讨论，可以将不同处理人员的问题集中处理，扩大错误预防的效力范围。此外，定时的查核可以让数据处理人员获得适当的休息，避免过度疲劳。

专人查核则是指派专人负责数据查核，由资深或具有经验的研究人员进行定点或定时查核。专人查核可以避免多人查核权责不一的缺点，集中数据检查的责任，并突破查核时间与空间限制，增加弹性。

二、终点查核

　　一般而言，数据建档是分批、分人进行，不同来源的数据必须经过合并才能加以运用。因而数据输入过程即使进行了严密的过程查核，一旦合并之后仍需进行终点查核，将全体数据进行全面的检查，方能确保数据的正确性。

　　最严谨的终点查核是逐条进行检查，但是如果数据规模庞大，逐条查核旷日持久，研究者可以采用小样本查核法，挑选一小部分的数据来加以检查。但是随着科技的发展，计算机软硬件的功能提升，计算机取代人工进行逐条检查解决了上述的困扰，并能提高正确性。

　　以计算机来查核数据有可能性检查（wild code checking）与逻辑性查核（logical or consistency checking）两种主要模式（Neuman，1991），前者主要目的在于进行数据格式的确认，针对每一个题目、每一个变量，检查数据是否有超过范围数值（out-of-range value）（如在 1 表男性 0 表女性的性别变量中出现了一个 11），或是数据的数量是否符合样本数。最常使用的检测方法是利用描述统计中的频数分布表，列出所有变量的所有可能数值，查看是否有超过合理范围的数值。

　　逻辑性查核则涉及数据结构的检查，通常牵涉到多个变量的检验，由研究者设定检查的条件，进行较高阶的检验。例如，查看一个变量的频数分布应呈正态分布，或是否具有特殊的离群值，比如当大多数学生的零用钱为 1000~2000，高达万元的数值就是一个可疑的数值。此外，研究者可以运用交叉表（cross-table）将数据切割成不同的类别来进行细部的检查，如不同教育程度的样本，其年龄的最小值应有合理的数值。另一种检验数据的逻辑性的方法是运用图表，如以散点图来列出变量的分布。

　　数据查核的目的在于确保数据输入过程正确无误，可以说是侦错的过程，经由此一程序所建立的数据被称为计算机化的原始数据（computerized raw data），其数据的格式、内容与排列方式等，均与文本数据完全一致，并符合编码系统的编码原则。

第二节　缺失值处理

　　缺失值（missing data）或不完全数据（incomplete data）可以说是量化研究当中最容易出现且必定干扰结果分析的一个问题。缺失值发生的原因有很多，除了作答过程当中的疏忽、因题意不明漏答、拒绝作答等因素之外，数据输入所造成的失误亦可能被迫转换成缺失值来处理。缺失状况最大的影响是造成样本的流失，因此如何在对分析结果影响最小的情况下予以补救，成为数据分析最棘手的问题之一。

　　在计算机化的原始数据中，研究者多以变量中最后一个数值充当缺失值，个位数的变量以 9 来代表，十位数的变量则以 99 来代表，以此类推。例如，性别漏填者以 9 来代替，如有其他的缺失状况，则往前一位来代表，例如，年级可能数值为 1 至 4，漏填者为 9，若有一位受测者为延毕学生（大五），可以以 8 来代替，一旦决定以 8 来代表特定缺失时，研究者需在编码表上加以注记。

一、缺失的形态

缺失值处理的一个基本原则是缺失发生的形态，也就是说，缺失组型（pattern）比缺失的量（amount）来得更重要。缺失形态可分为有规则或次序的系统性缺失（systematic missingness），或毫无规则与逻辑可循的非系统性或随机性缺失（missingness at random）。非系统性或随机性的缺失被称为可忽略缺失（ignorable missingness），此时，缺失所造成的影响纯粹只是样本数的多寡问题，缺失的影响可以忽略，研究者可直接加以删除，或利用估计方法来补救，此时即使所填补的数字与受访者真实状况有所差距，对于统计分析的影响也可以被视为随机变异来源，影响不大。相对之下，系统性缺失是填答者一致性的漏填或拒填，或受到其他因素影响所造成，是一种不可忽略的缺失（non-ignorable missingness），对于研究结果与分析过程影响较大，如果任意填补或估计，易造成一致性的高估或低估，甚至于缺失本身可以作为研究的解释变量，称为信息性缺失（informative missingness）。因此学者多主张先对缺失的类型加以分析，了解缺失的可能机制与影响，再决定是否采取严谨的估计程序，以对症下药来处理缺失问题。

二、缺失值的处理

一个研究的缺失数据，虽然在事前准备工作上有所防范，或是研究人员在研究现场能及时发现与处置，但其或多或少还是会发生。以下将介绍各种处理方法。

（一）事前预防法

由于缺失状况相当普遍，有些缺失更可能要事先预测或防范。因此，一般研究者在发展工具之初，即可针对可能出现的缺失加以考量。例如，在题目选项的安排中，增加"其他"选项，以开放式的方式容许填答者在无法作答的情况下，填入可能的答案，研究者事后再依状况将填答者所填写的数据进行处理，增加样本的可使用性。此外，有时研究者预期将有多种不同的例外答案，直接将可能的例外答案以特定数值来代替，如 1 至 4 点量表中，5 代表"无法作答"，6 代表"尚未决定"，目的也是在区分可能的缺失，在事后谋求补救之道。

除了测量工具的准备，缺失值的处理与抽样方法有密切的关系，当研究的样本以随机抽样方式取得时，即使数据中存在缺失值，缺失的组型也多呈随机式缺失，但是如果抽样过程无法做到完全随机，那么缺失的现象即可能与某些系统原因发生关联，成为较棘手的系统性缺失。

值得注意的是，即使事前防范全面、抽样程序严谨，依然可能因为数据处理人员的疏忽而发生疏漏，如研究人员错植数据，或忘了输入数值等各种状况。这些状况可以立即对照研究数据来加以修正，但是更重要的是要加强人员的训练，强化其数据处理的实务能力。

（二）删除法

当发现有缺失数据时，最简单的处理方法是将该条数据删除，保留完整的数据作为分析之用。在处理时，如果任何一个变量出现缺失，将与该受测者有关的数据整条删除，则被称为完全删除法或全列删除法（listwise deletion method），经过此一程序所保留的数据没有任何缺失值，为完整的数据库，因此又称完全数据分析（complete-case analysis）。例如，有 100 位受测者，有 50 位受测者在不同的题目都有至少一题缺失，另外 50 位则为完全作答，此时全列删除法将会把具有缺失值的 50 笔数据完全删除，只保留完整作答的数据。

如果数据的删除是在所牵涉的变量具有缺失值时才加以排除，则称配对删除法（pairwise deletion method），此一程序通常不会在分析之前进行任何删除动作，直到分析的指令下达之后，针对统计分析所牵涉的变量，挑选具有完整数据的样本来进行分析，因此又称有效样本分析（available-case analysis）。例如，有 100 位受测者，有 50 位受测者具有缺失值，但是他们缺失的题目都是第一题，因此，凡是与第一题有关的分析，只有 50 条数据供分析，但是与第一题无关的分析则会有 100 条数据供分析。

很明显，采取全列删除法会删除较多的数据，但是却能够保留最完整的数据，使各种分析都有相同的样本数，整个研究的检验力保持固定；相对地，采取配对删除法时，样本数虽会大于全列删除法，但是每一次分析所涉及的样本数都可能不同，整个研究的检验力也就产生变动。但是无论哪一种删除法，都将造成统计检验力的降低。

（三）取代法

缺失数据的补漏方法有很多种。最简单的一种方法是相关测量或题目类比的逻辑推理法，将缺失值以最有可能出现的答案来填补之。通常一份测验中，相似的题目会出现多次，因此数据处理人员可以依据其他的答案，判断缺失的数值。此外，有些漏填的答案可以通过其他的线索来判断，如性别的缺失可以从受测者所属的班级、填答的反映情形、字迹等线索来判断。

研究者从研究的数据当中寻找与需要补漏的该条数据具有相同特征的其他人的数据来进行缺失值插补的方法，被称为热层插补法（hot deck）。有时，研究者可以采用先前研究的数据，或利用先备的知识（prior knowledge）来取代缺失值，是为冷层插补法（cold deck），此种方法最大的不同是采取研究以外的信息来进行判断，是一种外在产生程序。热层插补法则是从研究的样本身上来取得缺失值的估计值，也就是内部产生程序，是一般较为通用的方法。其他常用的内在产生程序估计法还包括以下几种。

第一，中间数取代法。当无法判断答案时，填补数值最简单的方法是采用量尺中最为中性的数值，如 4 点量尺便补入中间数值 2.5，5 点量尺便补入中间值 3（没有意见）。

第二，平均数取代法。以缺失发生的该变量的平均值来充作该名受测者的答案，称为直接平均数取代法，此一方法运用了全体样本的所有数值来进行估计，可以反映该题特殊的集中情形，较中间值估计法更精确。另一种更为精确的方法，是按受试者所属的类别，取该类别的平均数来作为估计值，如此不仅反映该题的集中情形，更能反映该名受试者所属的族群特性，估计可能答案，称为分层平均数取代法。例如，男性受测者缺失，则取全体样本中男性样本在该题的平均数来作为该成员该题的答案。

第三，回归估计法。此法运用统计回归预测的原理，以其他变量为预测变量，缺失变量为被预测变量，进行回归分析，建立一套预测方程式，然后代入该名受测者的预测变量数值，求出缺失变量的数值，显而易见，此法以回归方程式来估计，将平均数估计法对于单一变量集中情形的反映扩大到其他变量的共变关系的考量，其估计的基础更为丰富，精确度得以提高。但是，回归分析的过程较为繁复，不同的变量出现缺失值，即需进行一次回归分析，并且需代入其他变量的数值以求出估计值，过程烦琐耗时，同时，当预测变量与因变量无关联时并不适用。在样本相当大且缺失值不多时适用此法。

第四，最大期望法（expectation maximization method，EM）。对于随机性缺失的估计，利用最大似然法（maximum likelihood method）来进行估计是目前越来越受到重视的策略。EM 程序是由迭代程序所完成，每一次迭代分成两个步骤，步骤一为 E 步骤，目的在于找出缺失数据的条件化期望值，也就是利用完整数据来建立对于缺失数据相关参数的估计值，这个参数可能是变量间的相关系数或其他参数。步骤二为 M 步骤，目的在于代入期望值，使利用先前 E 步骤所建立的缺失数据期望值取代缺失数据，再估计理想值，一旦最大似然估计的迭代程序达成收敛，所得到的最后数据即为缺失值可以取代的数据。

（四）虚拟变量法

针对系统性缺失，研究者可以进行缺失分析来探讨其发生机制。通常是运用一个虚拟变量将发生缺失的样本归为一类，与其他非缺失的样本进行对比，如果一些重要的统计量具有显著的差异，研究者应试图修正研究工具，重新进行施测，或是在研究结论中忠实地交代此一系统性缺失的原因与可能的影响。例如，在民意调查当中，某些党派或政治属性的填答者倾向于拒绝填答问卷，这些样本集中性高，若是刻意忽略这些样本的答案，在估计上可能造成严重的偏离。

另一种策略是对没有缺失的完整数据，重新再做一次相同的研究，比较两者之间是否有所差异，如果没有差异，表示造成缺失的现象并不会干扰研究的其他部分，但是如果研究数据具有明显差异，则表示缺失的产生有其特殊的系统化背景因素，此时研究者应详细检讨两次研究的差异原因。

另一种较新的估计程序与虚拟变量的处理有关，称为多重插补（multiple imputation）。此策略与 EM 估计程序相仿，所不同的是，多重插补不止进行一次插补，而是进行多次插补（如 5 次），然后将每一次插补所得到的完整数据进行多次分析，进而加以综合得到最后的结果。

三、SPSS 的缺失值处理功能

（一）缺失值删除法

在 SPSS 当中，如果一个数据库当中具有缺失数据时，最简单的处理方法是利用各种分析功能当中的缺失值处理选项来去除具有缺失的数据。例如，在相关分析、t 检验、ANOVA 与卡方分析当中，SPSS 提供了全列删除（整批排除）或配对删除（逐步分析排除）的选项，基本上，默认项是配对删除法（图 4-1）。

（a）t 检验   （b）相关分析   （c）卡方检验

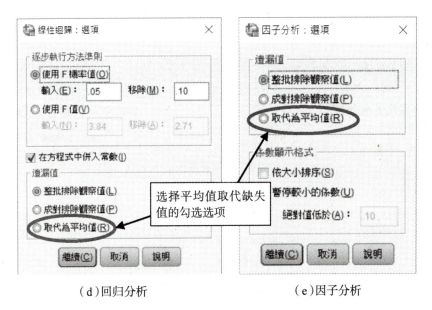

（d）回归分析   （e）因子分析

图 4-1 不同统计方法中的缺失处理

在回归分析与因子分析中，缺失值的处理还增加了一项以平均值置换 [如图 4-1（d）与（e）所示] 的选项，也就是遇有缺失值时，以该变量的平均值来取代。此种做法可以在不变动数据的情况下，在每次执行统计分析时排除或取代缺失值。

（二）置换缺失值功能

SPSS 提供了另一种便捷的缺失值处理技术，即利用 转换 当中的 取代缺失值 功能（图 4-2），在进行分析之前进行缺失数据处理。与前面方式不同的地方，是以此种方式来处理时，数据库中出现缺失的观察数据将被改以其他方式置换，经过执行后，数据库的状态已经改变。

图 4-2 包含 10 个家庭的人口数与每月开销数据，第 8 个家庭数据不慎遗失，仅剩 9 条完整数据。此时使用 转换 → 取代缺失值 功能，可以开启图 4-3 的对话框，选取 expen 变量，以 数列平均值 置换［图 4-3（a）］，新变量命名为 expen_1，执行后 expen_1 的第 8 条数据被 9 个家庭的每月开销平均值 29700 置换了（图 4-4）。

除了以 数列平均值 来置换，SPSS 也允许使用其他的方式来置换缺失值，包括邻近点平均数、邻近点中位数、线性插补、点上的线性趋势等。其中 附近点平均数 为前后各取一个数值的平均数，或两个以上的多个邻近点的数值的平均数，此时 SPSS 将会按照指令，取前后的 N 个数值的平均值来置换该缺失值，附近点中位数 的做法与前面类似，唯一不同的是用邻近 N 个数值的中位数来置换。

在图 4-3（b）中，我们利用 expen_2 来示范 N=2 的邻近平均数取代方法，置换数值为 36000（图 4-4）。值得注意的是，如果取前后一个观察值的平均值，但前后没有 N 条数据时，该缺失值置换会失效。图 4-3（c）是以 线性内插 原理进行置换，原理与附近点平均数置换法类似，会以缺失值出现之前与之后的一个有效值进行内插（求平均）来取代之，插补结果如图 4-4 所示，其中的 expen_3 变量，插补值 =（3000+45000）/ 2 = 37500。

图 4-2　取代缺失值的操作视窗

最后，图 4-3（d）以 点上的线性趋势 进行置换，其原理是回归估计法，在完整
数据中，以数据顺序为自变量（第一条到最后一条的数列），以待增补的变量为因变量，
计算线性方程式后预测该缺失值的数值。范例数据以 ID 数列为自变量，每月开销为因
变量，以 9 条数据计算出回归方程式，代入 ID = 8，得到每月开销预测值为 36439，亦
即图 4-4 当中的 expen_4 所增补的数值。

（a）数列平均值　　　　　　　　　（b）附近点平均数

（c）线性内插　　　　　　　　　（d）点上的线性趋势

图 4-3　以不同置换选项取代缺失值的对话框

图 4-4　经缺失值置换后的数据库内容

第三节　离群值的侦测与处置

离群值（outlier）指变量偏离正态、不寻常的数值，也就是与多数受测者的反映数值极端不同的状况。更严重的偏离情形，则称为极端值（extreme）。例如，某一个样本的年龄集中于 20 岁，标准差 5 岁，而某一位受测者的年龄为 35 岁，居好几个标准差之外，属于离群值，如果来了一位七旬老翁，其年龄则可被视为极端值。

基本上，离群值会出现于连续变量而非类别变量。因为"离"代表距离，只有当变量带有度量单位时（连续变量），才可能计算距离。相比之下，如果变量不带有单位，仅能做分类之用，则无法计算距离。

在统计分析中，离群值会严重影响各种统计量的计算，如平均数、标准差，甚至于影响后续的统计分析，必须小心处理。离群值的检验除了以图表法列出频数分布表之外，在相当程度上还依赖统计软件的应用。例如，SPSS 软件的预检数据功能可以用来检验离群值，同时可显现该数值输入时的编号，有助于研究者进行修正。

单变量偏离检验

（一）频数分布与直方图的使用

使用 SPSS 视窗版来检验离群值，可使用 分析 → 描述统计 → 频数分布表 ，以及 摘要 → 预检数据 来进行。

以目前薪资为例，频数分布表提供直方图或条形图以供检视离群值，使用者点选所需的变量 salary，打开 图表 清单，挑选所需的图表，按 确定 后即可获得频数分布表与图示，目前薪资变量的直方图如图 4-5 所示。图 4-5 显示，高薪部分具有一个极端的离群值（135000），所有的 474 位受试者的目前薪资分布呈现正偏态。

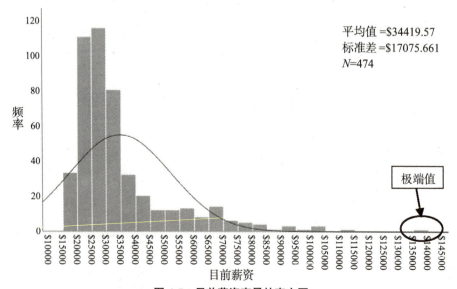

图 4-5　目前薪资变量的直方图

(二) 箱形图的使用

为了了解数据分布的特性，可以使用箱形图来表现频数的极端情形。关于箱形图的使用，使用者需点选 分析 → 描述统计 → 预检数据 进入对话框。取 图形 中的 箱形图 ，或以 统计图 → 历史对话记录 → 箱形图 来进行，按 确定 即可执行。目前薪资的箱形图如图 4-6 所示。

箱形图的构成主要是四分位数。长方盒所在位置的上缘与下缘分别为目前薪资变量的第三与第一四分位数。中央的水平线为中位数所在位置，亦即长方盒内的人数占 50%。上下方延长的垂直线代表另外 50% 分数分布的情形。如果某一分数离开方盒上（下）缘达长方盒长度的 3 倍以上，则以极端值处理，以 ＊ 表示。如果某一分数距离为 1.5 倍盒长，则以离群值处理，以 ○ 表示。图中长方盒的长度越长，以及外延的垂直线越长，代表数据越分散，当极端值与离群值的数量越多，代表偏离情形越严重。中位数上下两侧的延伸线越不相等，表示偏态越明显。本范例中，目前薪资变量明显呈现正偏态，且高薪者的极端值与离群值较多，低薪部分则无任何离群值。

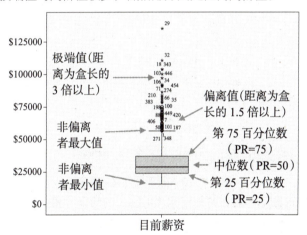

图 4-6　目前薪资变量的箱形图

二、多变量偏离检验

(一) 连续变量偏离检验

关于多变量离群值的确认，首先必须选取一个连续变量作为离群值检验的目标变量，然后选取分类变量进行分割画面处理。如图 4-7 所示：

图 4-7　箱形图定义对话框

以性别与目前薪资两个变量的偏离检验为例，不同性别的受试者，目前薪资的分布与偏离情形可能不同，此时，使用 统计图 → 历史对话记录 中的 箱形图 的 简单 选项。如果要增加另一个分类变量职业，则可利用 箱形图 的 集群 选项进行三变量箱形图分析，选取所需检验的变量，连续变量放入 变量 ，类别变量放入 类别轴 ，如图 4-8 所示。

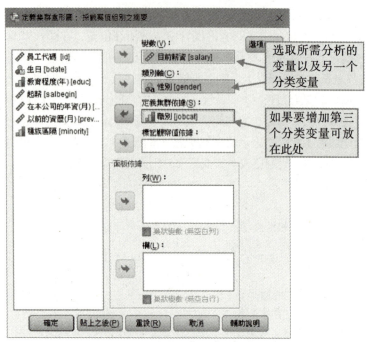

图 4-8 集群箱形图定义对话框

执行双变量箱形图指令后，可得到图 4-9（a）的结果，图中显示男女生的偏离与极端值差不多，且均分布于长方盒的上方，但男生的箱形图比女生的箱形图更为正偏，且男生的中位数比女生的中位数高，显示了不同性别的平均薪资的变化。而由长方盒的长度可以判断出不同性别的薪资分散状况并不太一致，男性工作者薪资变异大于女性。

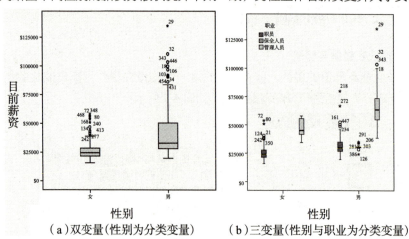

（a）双变量(性别为分类变量)　　　（b）三变量(性别与职业为分类变量)

图 4-9 集群箱形图的多变量偏离检验

图 4-9（b）为目前薪资变量与性别变量的双变量偏离检验，再以第三个变量（职业）作为集群化分类变量，可以更明确地看出目前薪资变量的分布。在执行 预检数据 功能时，若在 统计量 下勾选离群值，如图 4-10 所示，则将出现各组极端的数值及观察值位置。结果如下：

极端值

性别				观察值个数	数值
目前薪资	女	最高	1	371	$58125
			2	348	$56750
			3	468	$55750
			4	240	$54375
			5	72	$54000
		最低	1	378	$15750
			2	338	$15900
			3	411	$16200
			4	224	$16200
			5	90	$16200
	男	最高	1	29	$135000
			2	32	$110625
			3	18	$103750
			4	343	$103500
			5	446	$100000
		最低	1	192	$19 650
			2	372	$21300
			3	258	$21300
			4	22	$21750
			5	65	$21900

图 4-10　预检数据的操作与结果

（二）多连续变量偏离检验

在前面的例子中，一个变量为连续变量，其他变量为分组变量。但如果两个变量皆为连续变量，不宜以箱形图来表现，而宜以散点图来呈现。

使用者点选 统计图 → 历史对话记录 → 散点图点状图 进入对话框，输入两个变量，按确定即可。图 4-11 为起薪与目前薪资的双变量分布图，图中显示低起薪者有部分具有较高的目前薪资，而高起薪者也有少数具有较低的目前薪资。双变量的极端值检验可以同时看出两个变量的偏离情形，所提供的信息更为丰富。

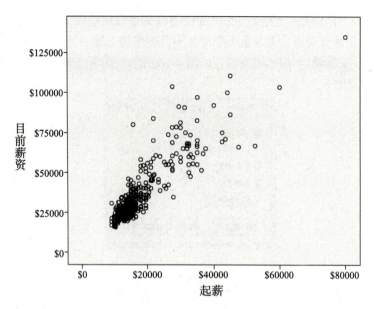

图 4-11 两个连续变量的散点图

三、离群值的处理

当离群值被确定之后，可以设定一个新的虚拟变量，将离群值视为一组，非离群值为一组，进行区别函数分析以确定哪些变量可以区分此二组，这些变量便可能是造成多变量离群值的变量，再以散点图来描绘该数值的位置。

离群值的发生，主要的原因是人为的疏失，可能是研究人员在输入时的误差，输入了错误的数值，经重新调阅文本数据后可以获得解决。此外，偏离也有可能是受试者本身胡乱作答的结果，此时多以去除离群值（转换成缺失值）来处理，然而，如何判定该离群值是胡乱作答或是正确作答，研究者在除去该离群值前需经过判断与确认。

真实存在的离群值的处理，文献上提供了多种选择，如果样本数庞大，除去该离群值不致影响分析，多建议采取去除法来处理，如果想要维持样本数，则可采取合并组的方式，将超过某一数值的极端值合并为一组，以降低极端值的影响，如将标准差超过 3 的数值一律转换成标准分数为 3 的数值。此外，也可采取数学转换，将极端分数以数学公式（如 log）处理，减少极端数值的影响。

第四节 数据转换

数据转换指令的功能在于协助使用者将所建立的数据进行进一步的转换与变化以符合需要。例如，研究者想要计算受测者在某一个 10 题量表的总分，或是修改教育程度变量分类方式，就必须使用数据转换功能。以下，我们将逐一介绍各重要的转换指令。

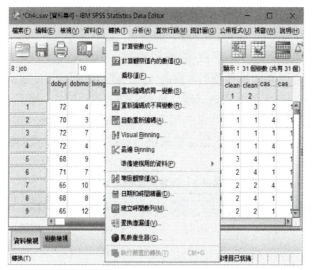

图 4-12　SPSS 的数据转换功能

一、计算变量

计算变量（Compute）选项能帮助使用者对数据进行各种逻辑运算处理，其主要功能在于利用既有变量进行四则运算之后以创造一个新变量，四则运算依一般数学关系式的模式（先乘除后加减）即可，并可配合函数来进行运算。

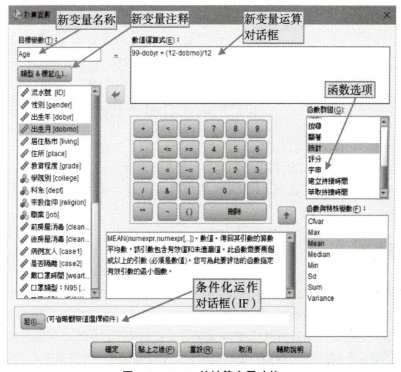

图 4-13　SPSS 的计算变量功能

以新变量 Age 的建立为例，Age 由出生年（dobyr）与出生月（dobmo）所计算得出，首先在 目标变量 当中输入 Age，并打开 类型 & 标记 选单，输入该变量的标签（年龄）作为标注使用。然后在 数值表达式 中输入 Age 的计算条件：99–dobyr+（12–dobmo）/12，按 确定 即可获得新变量 Age，该笔数据存储在数据视窗的最后一栏。

值得注意的是，在用数学表达式建立运算条件的过程当中，使用者可以自行输入旧变量的名称与数学运算符号，也可以利用鼠标来选取旧变量以及小键盘当中的数值与运算键（四则运算符号），或选取函数功能来进行运算。SPSS 的运算图例与功能如表 4-1 所示。

表 4-1　运算的图例与功能

数学运算		逻辑（关系）运算			
图例	功能	图例	功能	图例	功能
+	加	<	小于	~=	不等于
−	减	>	大于	&	与
*	乘	<=	小于等于			或
/	除	>=	大于等于	~	非
**	乘幂	=	等于	（ ）	括号

这些运算的使用有不同的变化与组合，但也有规定做法，读者应多加练习，否则会有错误信息出现。例如，乘幂之后必须跟随一个数值以表示是求取某一变量的几次方，数值为 2 时（**2）表示平方，数值为 0.5 时开根号（**.5），如果漏了数值，就会出现错误信息。

除了使用传统的数学表达式来进行新变量的计算，SPSS 也提供了超过 70 种的内建函数来进行数据的转换。其中包括基本运算函数：算术函数、统计函数、字符串函数、日期与时间函数，以及统计分布的相关函数：累积分布函数、随机变量函数、缺失值函数等。

在进行数值运算时，有时需要限定特定条件来进行新变量的创建，此时，便需搭配条件化逻辑处理指令。在 计算变量 功能中，包含一个 若 选项，点选该选项可进入条件化指令对话框。点选 包含满足条件时的观察值 选项后，即可以对新变量的创建设定限定的条件。

二、重新编码

重新编码（Recode）的功能在于将变量既有的数值进行重新设定。当使用者遇到变量的数值需进行转换、重新编码、合并等情况时，即可使用 重新编码成不同变量 功能，反向题的处理状况即为一例。SPSS 视窗版提供两种模式的重新编码程序：重新编码成不同变量 不改变原有变量值，而将逆转后的新变量以另一个变量名称来储存，重新编码成相同变量 则会将新数值覆盖原有变量名称下的数值。

　　在 SPSS 中，执行方法为选取 转换 → 重新编码成不同变量 ，即可开启重新编码对话框。以教育程度变量的重新编码为例，变量名称为 grade，原来的数值为 1（国中及以下）、2（高中）、3（专科）、4（大学），若要改成 1（高中以下）与 2（专科以上）两类，则可以将旧值 1、2 改为新值 1，旧值 3、4 改为新值 2。

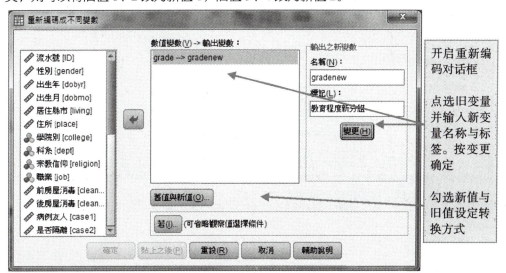

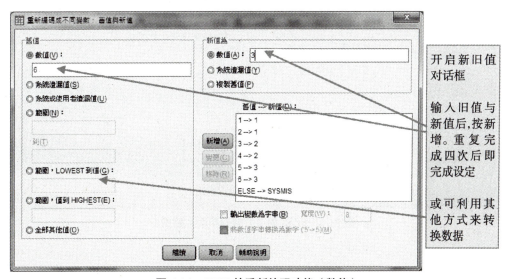

图 4-14　SPSS 的重新编码功能（数值）

　　如果是数值很多的连续变量，其重新编码多以区间的方式来设定。例如，年龄变量，如果要将年龄进行分组，可使用 旧值与新值 当中的 范围 ，逐步设定不同的区间，并给予不同的数值。另一个方法是利用数据可视化分类功能（visual binning），利用带状分割原理来分组，适用于大型数据库，或是当数据的内容不明确时，可以将大批数据一次分割完毕。

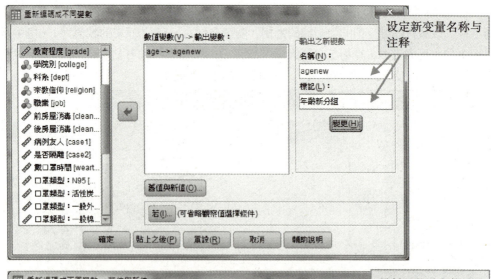

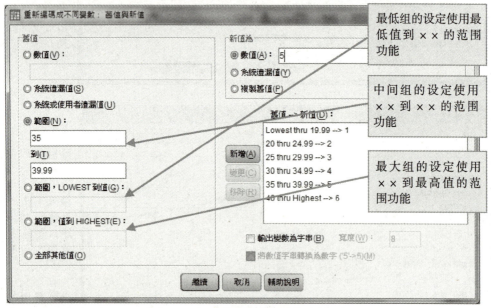

图 4-15 SPSS 的重新编码功能（范围）

三、计数

计数（Count）功能用于计算一组变量当中重复出现某一个数值的次数，并将此一次数指定为一个新变量的数值。例如，随堂考试试题总共有 10 题，每一位学生在每一题可能答对（记为 1），也可能答错（记为 0），每一位学生的得分可以用计数功能来加总。此时点选 转换 → 计算观察值内的数值，便可打开设定对话框，输入新变量的名称与标签，并挑选用来计算新变量内容的数值变量。假设答对题数以 answer 命名，操作步骤如下：

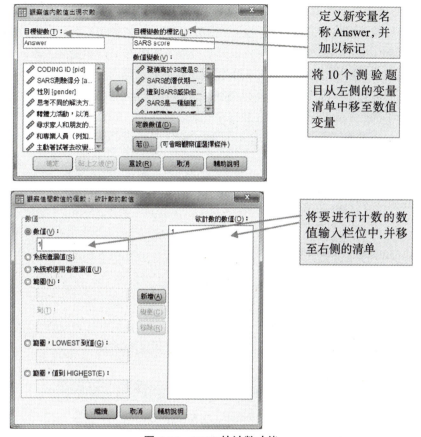

图 4-16　SPSS 的计数功能

四、等级观察值

等级观察值（RANK cases）功能是将变量的数值，转换成等级、百分等级、排序等类型的分数。以心理测验的应用来说，若要将测验的原始分数转换成百分等级常模，就需要使用此功能来完成。此外，学校老师也可以利用此功能，来将学生的考试成绩转换成名次与等第数据。SPSS 的等级观察值功能可以产生下列数据：

- 等级（Rank）：排名（由低至高或由高至低）。
- 指数等级（Savage score）：产生指数等级数据。
- 比率等级（Fractional rank）：产生百分比（百分等级），为 0 至 100 的百分比（带两位小数）或以四位小数表示的由 0 至 1 的百分比。
- 观察值加权数总和（Sum of case weights）：列出参与排列的人数（若选择依据变量，全体样本将依该变量分成几个次群体排序）。
- 自订 N 等级（Ntiles）：允许使用者制订 1 至 99 种不同的等级切割。
- 正态等级（Normal）：可将数据依照百分比密度调整成为正态化的等级数据。

  SPSS 的操作程序很简单，点选 转换 → 等级观察值 ，便可打开设定对话框。然后将所欲排序或等级化的变量选入右侧的 变量 清单中。如果想要就另一个分类变量来进行分组排序（如不同的性别），可将该分组变量（不可为字符串变量）选入 依据 清单中。然后点选 等级类型 ，便可打开类型设定对话框。选取所欲产生的排序或等级化任务。如要制订几个百分比等分，可以在制订 N 等分的输入栏位中输入 1 至 99 的数据。按 确定 即可执行。新变量会出现在数据库的最后方。

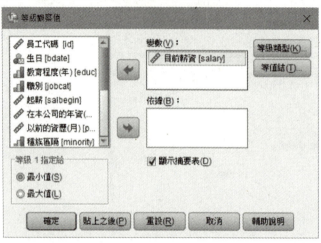

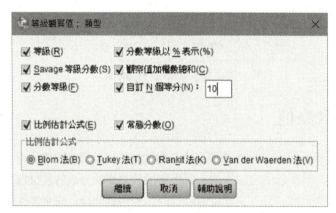

图 4-17　SPSS 的等级观察值功能

值得注意的是，正态化估计可以将原本为非正态的分布（如呈现正偏态的薪水数据）转成正态概率分布。以下图为例，原本数据为正偏态，但是正态化估计后（以BLOM法为例）的概率密度则呈现正态分布。

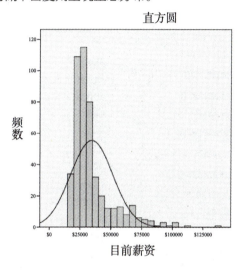

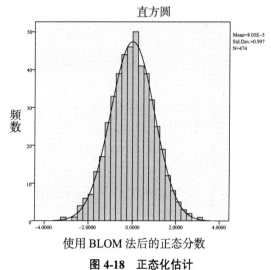

图 4-18 正态化估计

第五节 数据与档案管理

在 SPSS 的 数据 功能表中，有一系列数据与档案管理功能，可以协助研究者管理数据库，现择要说明于后。

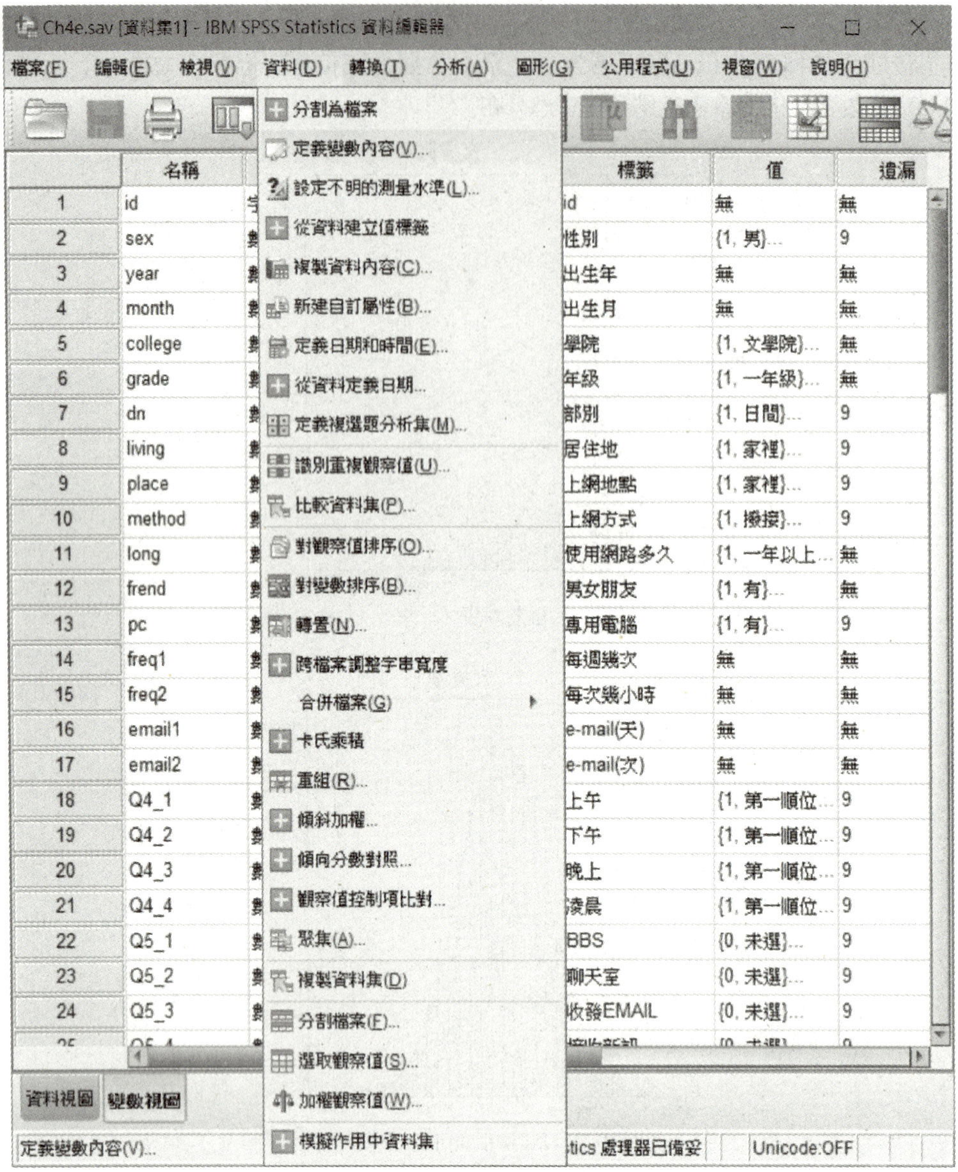

图 4-19　SPSS 的数据功能表

一、定义变量内容

定义变量内容 的功能是利用对话框的方式，以一个结构化的视窗画面来处理变量特性的定义，而不用逐一处理每一个变量，提高了使用者处理变量特性的便利性。使用方法应点选 定义变量内容 ，开启对话框。此时使用者可以选择有哪些变量需要加以检查或调整，将它们选入右侧的要扫描的变量清单中，如图 4-20 所示。

在图 4-19 的对话框中，有两个设定观察值提取条件的选项十分重要。限制扫描的观察数目为 如果被勾选，使用者可以指定数据库中的观察值中有几项要被提取出来检查。限制显示的数值数目为 选项则在指定对于数据库数据的提取，仅限于该变量的前几个数值的数据。

图 4-20　SPSS 的定义变量内容功能

图 4-21 中，我们可以看到 SPSS 总共扫描了 98 条数据，点选的 sex 变量，标签为性别，变量设定状态列于对话框的上半部。下半部则为变量的内容，性别变量共有 2 个数值，1 表示男、2 表示女，第 3 个数值为 9，为缺失值，共有 0 个缺失。

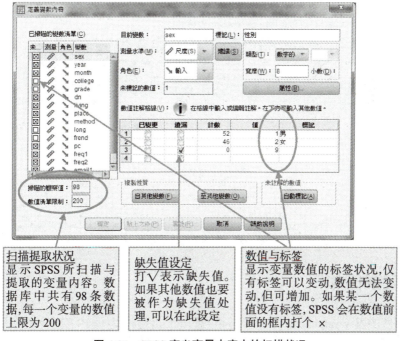

图 4-21　SPSS 定义变量内容中的扫描状况

二、数据转置

在 SPSS 当中，可以利用转置（transpose）功能将原始数据文件中的列与行互换，也就是把各条数据（横列）变成直栏的变量，而直栏的变量转换成一条一条的观察值，并将转置后的数据放置在另一个新的数据文件当中，以免旧有的数据遗失，这增加了数据管理的方便性。

使用者可以利用 转置 将所有的数据进行行与列的互换，此时所有的变量名称会形成一个新的变量（CASE_LBL），并放置于第一栏，用以显示该横列的数据的内容。相对地，各笔数据转成直列后，如果没有指定变量的名称，则会由 SPSS 以内定的 VAR000* 来为每一条数据进行变量命名，并显示新变量名称的清单。

如果使用者想要利用某一个变量的数值（通常为字符串变量）作为变量名称，则需将该项观察值在对话框中指明，SPSS 即以该变量的数据作为变量的名称。值得注意的是，在 转置 过程当中，原本字符串变量的文字数据转成横列的数据时，会由于新变量呈数值变量的形态而成为各变量的系统缺失值。其次，如果使用者没有选择所有的变量进行 转置 ，那么未被选择的变量不会转成横列的观察值数据。

图 4-22　SPSS 的转置功能

三、观察值加权

观察值加权（weight cases）的原理相当简单，就是将某一条（横列）观察值根据某一个变量的数据进行加权（乘以该变量），使得该条数据的数量成为若干倍。此法最常使用的情况是在建立数据文件时，以简要的形式进行大样本的数据输入，又称加权输入法。另外，在进行民调时，为了使分层随机抽样的数据符合总体人口比例，会将所收集到的数据依据总体比例加权，也可以利用此一功能来完成。

以表 4-2 的市场调查为例，研究人员收集了 83 位光顾某个大卖场的顾客的基本数据与付费方式，包括性别（男女）、入场时段（上午、下午、晚间）以及是否使用信用卡。输入数据的方式，首先应确认分类变量的数量与水平数，并赋予变量名称与变量数值。以本范例来看，分类变量有三：（A）性别（男 1、女 2）；（B）入场时段（上午 1、下午 2、晚间 3）；（C）是（1）否（2）使用信用卡，根据这三个分类变量与数值，可以产生 2×3×2 共计 12 种状况，每一种状况都有相对应的频数，使用者仅需将 12 种状况以及相对应的频数输入 SPSS 数据视窗即可。

表 4-2 观察值加权的范例数据

		上午（B1）	下午（B2）	晚间（B3）
男（A1）	刷卡（C1）	10	5	12
	不刷卡（C2）	15	6	6
女（A2）	刷卡（C1）	5	8	12
	不刷卡（C2）	18	18	22

数据库中，12 种状况所相对应的频数（count），就是观察值加权的 频数变量 。数据库建立完成之后如图 4-23 所示。

图 4-23 以表 4-2 为基础建立的数据库

观察值加权的方法是打开 数据 → 观察值加权 ，开启观察值加权对话框，选定 依据……加权观察值 ，将 COUNT 变量移至频数变量中，按 确定 即完成设定，如图 4-24 所示。

图 4-24　SPSS 的观察值加权设定

　　完成加权之后，我们可以利用描述统计功能来检查数据是否完成加权，例如，我们可以利用交叉表来列出性别（A）、时段（B）、付款方式（C）这三个变量加权后的频数列联表，如表 4-3 所示。

表 4-3　A 性别 *B 时段 *C 付款方式交叉表

个数

C 付款方式			B 时段			总和
			1 早上	2 下午	3 晚间	
A 性别	1 男	1 刷卡	10	5	12	27
		2 不刷卡	15	6	6	27
	1 女	1 刷卡	5	8	12	25
		2 不刷卡	18	18	22	58
总和		1 刷卡	15	13	24	52
		2 不刷卡	33	24	28	85

四、分割文件

　　分割文件（Split File）的目的是将整个数据文件依另一个变量将数据库区分成不同的子文档，以便分别进行运用或统计分析。例如，在方差分析（ANOVA）中，执行简单主效应（simple main effect）检验，即可使用此功能将数据分成不同的水平来进行简单主效应检验。

　　分割文件时，使用者需指定依照某一个变量进行切割（如依性别切割成两个子档），点选 数据 → 分割文件 后，观察值便会依分组变量值排序（如果数据文件尚未排序，需选取 依分组变量排序文件 ）。一旦分割完成后，所有的统计分析将依照性别分割成两个部分。

　　利用分割文件功能，研究者可以指定多个切割变量来将整个数据库切割成多个子文档，最多可以指定八个分组变量。值得注意的是，如果使用者不需要分割时，必须将先前的动作还原，亦即勾选 分析所有观察值 ，否则以后的分析一律以区分成多个次文档的形式来运作。

　　完成分割后，SPSS 并不会特别提醒使用者数据已经完成分割，但可以从数据视窗看到变化。由于分割的结果会使得数据重新排序，SPSS 会依照切割变量的顺序，逐一列出各子文档的观察值。

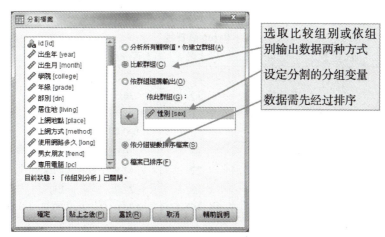

图 4-25 SPSS 的分割文件设定

SPSS 在分割文件时，可以选择两种分割模式，它所影响的是分割之后后续应用上的差别，而不是观察值分割过程有何不同。第一种是 依组别组织输出 ，此一选项将使数据库在分割后，在后续的报表中分别将不同组别的数据的分析结果以不同的表格输出。例如，前面的例子，我们以性别为分组变量切割后，要求列出观察值的居住县市，SPSS 将会把男生与女生的数据分别以两个独立表格列出，如图 4-26 所示。

图 4-26 依组别输出的分割模式

另一种分割模式是 比较组别 ，选择此一选项后，SPSS 会把整个文件依照某一个分组变量的组别，在数据视窗内分成几个子文件。然后如果研究者还要进行进一步的分析，那么输出报表会将不同组别的数据放在同一个表格中，依序列出。例如，我们将数据库依照性别分组后，以频数分布表功能列出样本的居住地，得到结果如下。我们可以发现男生的数据列于表格上方，女生的数据列于数据下方。

表 4-4 比较组别的分割模式
living 居住地

sex 性别			次数	百分比	有效百分比	累积百分比
1 男	有效的	1 家里	22	42.3	42.3	42.3
		2 学校宿舍	19	36.5	36.5	78.8
		3 租屋	11	21.2	21.2	100.0
		总和	52	100.0	100.0	
2 女	有效的	1 家里	14	30.4	30.4	304
		2 学校宿舍	22	47.8	47.8	783
		3 租屋	10	21.7	21.7	100.0
		总和	46	100.0	100.0	

五、选择观察值

SPSS 对于数据的选取提供了多种不同的选择，如可以利用 如果满足设定条件 、观察值的随机样本 或 选定特定范围的数据 等（图 4-27）。使用者仅需开启选择观察值对话框，就可以以不同的选择方式来过滤或筛选观察值。

（一）过滤与删除

当使用 选择观察值 指令时，选择的结果有两种可能，第一是 过滤 ，是将被淘汰的数据暂时"冷冻"，使用者可以在数据编辑视窗中看到受试者的编号被划斜杠（/），即代表被"冷冻"，而且视窗最后会产生一个新的过滤变量（filter_$），保留的记为 1，"冷冻"的记为 0。此时数据并未被从文件中移除，要恢复被"冷冻"数据时（"解冻"），只需勾选 使用全部观察值 即可。第二是 删除 ，表示被排除的数据就被永远从数据文件中移除，无法复原，使用者在勾选此选项时需谨慎为之。

图 4-27 选择观察值的各种选项设定对话框

（二）条件化选择程序

SPSS 在进行观察值选择时，最重要的功能是利用条件化指令（IF）来提出特殊的选择条件，命令 SPSS 选出特定条件的观察值。具体做法是利用 如果满足特定条件 ，搭配 过滤 与 删除 ，来挑选数据，这也就是过去 SPSS/PC 时代的 process if 与 select if 两个重要指令。

使用条件化选择功能时，必须输入特定的选择条件，使用者需利用 若 视窗来设定条件式。例如，如果只需要分析 sex = 1 的观察值，那么在视窗中输入此一条件，即可将其他性别的观察值过滤或删除。

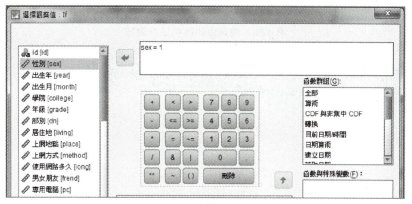

图 4-28　选择观察值

配合 过滤 选项的选择后的结果如下。我们可以看到数据视窗有部分观察值的序号有一个斜杠，代表该笔数据被暂时"冻结"。

图 4-29　SPSS 的过滤后数据

（三）观察值的随机样本

观察值的随机样本 即是抽样（Sample）指令，也就是要求 SPSS 进行随机抽样。使用者只需输入一个小数点分数，即可要求依该比率从数据文件中挑选一定概率的观察值。如输入 0.3，即要求随机选择数据文件中 30% 的观察值数据，其他的 70%，则依过滤或删除方式处理。若要以一定比例来进行随机抽样，使用者只需在恰当的选项中，填入所欲保留的数据数量（如10条），要从前面几个观察中进行随机抽样（如前面50条）。SPSS 即会从 50 条数据中随机抽样出 10 条数据。

图 4-30　观察值的随机抽样设定

值得注意的是，由于 SPSS 采用随机抽样，因此如果重复此一步骤，每次选出的观察值都会有所不同。除了随机抽样，SPSS 也可以要求选择特定范围的数据来进行运用，此时需使用 以时间或观察值范围为准 选项。

第五章　描述统计与图示技术

描述统计（descriptive statistics）是一套用以整理、描述、解释数据的系统方法与统计技术。由于量化研究所收集的数据数量均十分庞大，如何以简单明白的统计量数来描述庞大的数据，并作为实务工作者相互沟通的共同语言，便成为描述统计的主要任务。

描述统计的第一步，也就是要对原始数据进行整理与呈现，最简单且最常用的方法是建立频数分布表（frequency distribution table）。传统上，频数分布表的制作需将原始数据进行初步分类，再加以人工标记方式过录，整理成一个具有类别、频数、累积频数、百分比及累积百分比等信息的频数分布表。在科技发达的今日，频数分布表可以轻易由计算机来制作，研究者只要正确无误地输入原始数据，即可利用统计应用软件或文字处理软件（如 Excel）来制作频数分布表。

由研究样本所计算得出的统计数据被称为统计量数（statistic）。统计量数直接由原始数据计算得出，是作为描述原始数据特性的最佳指标。描述统计中，最重要的统计量数是用以描述测量观察值集中情形的集中量数（measures of central location），也就是为一组数据建立一个能够描述其共同落点的最佳指标；以及用以描述测量观察值分散状况的变异量数（measures of variation），亦即描绘数据分布广度的指标。

进一步地，数据的意义不能只单看数字的绝对意义（数值大小），还必须了解数值的相对意义，甚至于进行变量数据的标准化，才能对于数据进行最正确的解读。本章除了介绍集中与变异量数之外，还将介绍相对量数与标准分数。基本上，标准分数是一套将数字进行转换的数学程序，经过转换后的标准分数具有相对性与可比较性，而若配合正态分布，就能成为一个理想化的概率模型，用以说明在一种常规情况下的统计数据的概率变化规律。在统计学上，这两个概念可以说是衔接描述统计与推论统计的重要桥梁。

最后，研究者必须熟悉利用统计图表来描绘数据，并解读这些计算机化数据的意义与内涵，进一步在推论统计的原理与原则下进行估计或假设检验的工作。

第一节　频数分布表

频数分布表除了用来整理与描绘数据，还可以用来检测与描述数据的集中情形与离散情形、偏态与峰度，或有无极端值的存在。而类别变量（由名义或顺序尺度所测量得到的数据）的数据，由于缺乏计量的单位，同时数值的种类较少，最适合使用频数分布表来呈现变量的内容与分布状况，如表 5-1 所示。相对之下，连续变量的数值有许多种可能，若未事先进行归类，简化数值的种类，频数分布表则可能显得庞大冗长。通常需先计算全距，再根据全距决定组数及组距（interval），确定各组的上下限后，将个别观察值的测量值进行标记工作。

表 5-1　频数分布表范例

		频数	百分比	有效百分比	累积百分比
有效的	1 小学及以下	8	1.5	1.5	1.5
	2 初中	17	3.2	3.3	4.8
	3 高中	83	15.7	15.9	20.7
	4 大专	383	72.4	73.5	94.2
	5 研究所	30	5.7	5.8	100.0
	总和	521	98.5	100.0	
缺失值	9	8	1.5		
总和		529	100.0		

　　值得一提的是茎叶图（stem-and-leaf plot），茎叶图是普林斯顿大学 John Tukey 教授于 1977 年所发展的一种用以描述观察值的简便方法，可以快速地将观察值进行人工标记，并以图表的方式呈现出来，兼具频数分布表与直方图的双重优点。在当时没有计算机协助处理量化数据的年代，茎叶图有其实用的价值，但是 SPSS 软件仍保留了茎叶图，足见其重要性。

　　茎叶图最适合用于两位数数据的呈现，如考试成绩。茎叶图的制作，是将每一个观察值切割成茎与叶两部分，中间以垂直线区隔。茎为观察值中十位数及以上的数字，叶则为个位数的数字（有时叶会取分数的末两位，需要视分数分布的范围而定）。研究者先行将茎的数字由小到大依序填写在垂直线的左侧，如果每个数字只填写一次，代表以 10 为组距，若写两次，则表示以 5 为组距，以此类推。研究人员此时将观察值的个位数（叶）数据由小到大依序填在右侧，形成表格形态。标记完成之后的每一横列的类别，计算其频数，并记录于图的左侧，形成一个频数分布表。现在以 96 条年龄数据为例，做成的茎叶图如图 5-1 所示。

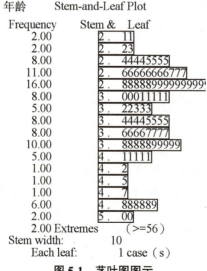

图 5-1　茎叶图图示

上述的茎叶图以 2 为组距,因此茎的部分每一个数字重复五次。由叶的部分可以看出众数落于 28~29 岁组,并有极端值落于高年龄组,显示出正偏态的情形。图中保留了原始数据的内容,同时也呈现出条形图的形式,兼具频数分布表的功能,因此可以看出茎叶图的一个优点是不会流失任何原始数据,对于数据的呈现有其优越性。

第二节　集中量数

集中量数是用以描述一组数据或一个分布集中点的统计量数,也就是一个能够描述数据的共同落点的指标。

一、平均数

平均数(mean,或以 M 表示)是取某一变量的所有数值的总和除以观察值个数所得到的值(公式 5-1),因为是将数据直接以数学算式来计算平均值,又称算术平均数(arithmetic mean),以 $\overline{X}$ 表示。

$$\overline{X} = \frac{\sum X}{N} \tag{5-1}$$

如果今天研究者能够收集总体当中的每一个观察值(总数亦为 N),所计算得出的平均数则被称为总体平均数(population mean),以希腊字母 μ(mu)表示,如公式 5-2 所示。

$$\mu = E(X) = \frac{\sum_{i=1}^{N} X_i}{N} \tag{5-2}$$

另一种平均数的计算是将变量 X 的 N 个数值相乘后,再开 N 次方得到开根值,称几何平均数(geometric mean),以 $\overline{X}_G$ 表示(公式 5-3),多用于比率或速率数据,如百分比、速率、成长率、良率等,由于多与时间变动的比率有关,因此又称动态平均数。

$$\overline{X}_G = \sqrt[N]{\prod_{i=1}^{N} X_i} = \sqrt[N]{X_1 X_2 \cdots X_N} \tag{5-3}$$

二、中位数

中位数(median,或以 Mdn 表示)又称中数,是将某一个变量的数据由大至小或由小至大排列,取位居最中间或能够均匀对分全体观察值的分数,也就是在中位数之上与之下,各有 50% 的观察值。当样本数为奇数时,中位数是第(N+1)/2 个样本的分数;当样本数为偶数时,中位数取第 N/2 与 N/2+1 两个样本分数的平均数。

以 50、55、60、60、60、65、66、70、90 等 9 位学生的统计成绩为例,最中间的学生［（9+1）/2，即第 5 位］的分数为 60 分，中位数为 60。如果增加了 1 位学生，成绩为 95 分，那么 10 位学生的中位数取第五（10/2 = 5）与第六（10/2+1 = 6）两者的平均数（60+65）/2 = 62.5。

中位数的最大用途是反映全体"样本"的中心点，也就是人数中心点；平均数所反映的则是一组分数"数量"的中心点。平均数的计算必须要数据具有相同的单位，但是中位数则无此限制，只要分数可以排序，即可以通过人数的次序找出中位数，因此中位数又称百分等级，为 50 百分位数（P_{50}）或第二四分位数（Q_2; second quartile）。例如，在呈现薪资数据时，平均数易受极端分数的影响而有偏高的趋势，此时以中位数来反映薪资的中间值较能反映薪资的"中间"水平。

三、众数

众数（mode，或以 Mo 表示）是指一组分数中，出现次数最多的一个分数，也就是一组数据中最典型（typical）的数值，或频数分布最高点所对应的分数。众数是各集中量数当中最容易辨认的量数。以 50、55、60、60、60、65、66、70、90 等 9 位学生的统计成绩为例，60 分出现了三次，是出现最多的一个分数，因此众数为 60。

如果一个分布有两个分数具有相同的最高频数，此时即出现了双众数。通常在一个双峰分布（bimodal distribution）中（一个频数分布具有两个高峰），即使两个高峰频数不同，我们仍可以报告两个高峰所对应的分数（众数），以让他人了解双峰分布的两个集中点为何。

四、集中量数的特性与使用时机

上述三个集中量数各有不同的适用时机，对于名义变量，因为没有一定的单位，因此无法计算平均数，也没有大小顺序可言，因此中位数也没有意义，只能使用众数来表示样本集中情形。例如，9 位学生的居住地区为 3、2、1、1、1、1、3、2、2，数值 1 为大台北、2 为基隆宜兰、3 为桃竹苗，由众数 1 可知学生居住地集中于大台北地区。

以顺序量尺测得的数据，虽无固定的单位，但因为具有一定的顺序关系，因此中位数数值具有参考价值，同时众数也可以求得。例如，9 位学生的年级为 3、2、1、1、1、1、3、2、2，中位数为顺序第 5 位的学生的年级数 2，众数则为 1。此时测量者就必须决定以何者来描述这 9 位学生年级的集中情形。

最后，测量尺度为等距尺度以上的变量，因为具有一定的单位，因此三种量数皆可以使用，此时，集中量数可采用较精密的量数（即平均数）。平均数是计算所有样本的分数所得到的数据，有最佳的代表性。但是平均数易受极端值的影响，在偏离值较多、偏态较严重的时候，平均数的使用需经过特别的校正处理，否则建议搭配采用中位数与众数。这三个集中量数的测量特性与优缺点比较见表 5-2。

表 5-2 集中量数的特性与优缺点比较

	众数	中位数	平均数
名义	√		
顺序	√	√	
等距 / 比率	√	√	√
优点	不受偏离值的影响,计算方法简便。	对数值变化不敏感,较不受极端值影响,计算方法较为简便。	测量最为精密,考虑到每一个样本,具有代表性。
缺点	测量过于粗糙,无法反映所有样本的状况	无法反映所有样本的状况。	易受偏离极端值的影响。

一般来说,平均数最容易受到极端值的影响,其次是中位数,最不受影响的是众数,因此,在一个不对称的分布当中,三个集中量数因为受到影响的程度不同,而不会落于同一点;相对地,在一个正态分布当中,三个集中量数则应落于同一点,如图 5-2（c）所示。当一个分布在低分端有极端值时,平均数与中位数会向低分端移动,而且平均数受到的影响较大,三个集中量数形成如图 5-2（a）所示的相对关系;当高分端有极端值时,平均数与中位数会向高分端移动,对平均数影响较大,中位数次之,三个集中量数形成如图 5-2（b）所示的相对关系。利用这三个量数的相对关系,也可以判断一个分布对称或偏态的情形。

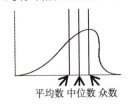 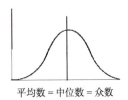

（a）低分有极端值（负偏）　　（b）高分有极端值（正偏）　　（c）没有极端值与偏态

图 5-2　三种集中量数与分布形状的关系

第三节　变异量数

变异量数（或离散量数）是用来描述观察值在某一个变量上的分数分散情形的统计量。在描述统计中,集中量数必须搭配变异量数,才能反映一组数据的分布特征,例如,某学校学生的近视度数多集中在 300~500 度,平均数为 450 度,代表这个学校的学生的近视情形以 450 度为集中点。如果甲乙两校学生平均近视度数均为 450 度,此时集中量数无法说明两校学生的近视特性。如果甲校的标准差为 15 度,乙校标准差为 45 度,即可反映两校学生近视情形的差异特性,此时变异量数补足了集中量数对于数据分布描述的不足之处。

一、全距

全距（range）是一组分数中最大值（$X_{\max}$）与最小值（$X_{\min}$）之差，是一群分数变异情形最粗略的指标。全距容易计算，适用性高，可以应用于名义变量与顺序变量，来求出变量当中类别的多寡。但是它的缺点是不精确也不稳定，无法反映一个分布中每个数值的状态。

$$Range = X_{\max} - X_{\min} \tag{5-4}$$

二、四分差

四分差（semi-interquartile range，QR）的定义是一组数据当中的第三四分位数（区隔高分端的前 25% 的分数，简称 Q_3）与第一四分位数（区隔低分端的后 25% 的分数，简称 Q_1）距离的一半，也就是中间 50% 的样本分数差距的 1/2，如公式 5-5 所示。

$$QR = \frac{Q_3 - Q_1}{2} \tag{5-5}$$

四分差的计算，首先将一群分数依大至小或依小至大排列，以人数 / 个数平均分成四段，每一段各占 25%，位居三个分段点的分数被称为第一四分位数（Q_1）、第二四分位数（Q_2）与第三四分位数（Q_3）。四分差即是取第三四分位数与第一四分位数差的一半。四分差越大，代表分数越分散。

三、以离均差为基础的变异量数

标准差（standard deviation）与方差（variance）是变异量数的一对双胞胎，标准差的平方即为方差，这两个量数都是利用离均差分数（deviation score）作为变异指标的计算基础。

（一）离均差

离均差反映的是一组数据中各分数与平均数的距离，deviation score $= (X - \overline{X})$。离均差是一个非常简单的变异指标，但是在统计上是一个非常重要的概念。当离均差为正值时，表示分数落在平均数的右方；离均差为负值时，表示分数落在平均数的左方。而平均数是每一个分数加总后的平均值，为一组分数的重心位置，因此离均差的正值与负值的总和相等，离均差的和为 0。

由于离均差的和为 0，在使用上无法作为整体数据变异的指标，为解决正负值相抵的问题，可以取离均差的绝对值后相加，除以观察值个数后，所得到的数值被称为平均差（mean deviation），如公式 5-6 所示。

$$MD = \frac{\sum |X_i - \overline{X}|}{N} \tag{5-6}$$

（二）方差与标准差

平均差虽然很容易理解，但是利用取绝对值方式来去除负数的做法在统计上并不常用，对于极端分数的侦测较不敏锐，因此多使用取平方的方式来去除负值，得到离均差平方和（sum of squares，SS）。SS 的概念可以类比为面积的概念，表示分数与平均数变异的面积和，在统计技术中，有许多重要概念都使用面积的概念来处理，因此 SS 可以说是统计学的重要统计量。将 SS 除以人数，得到平均化的离均差平方和，是为方差。

对总体而言，方差以 σ^2 表示（公式 5-7），标准差即是将方差开方，以 σ 表示（公式 5-8）。标准差或方差越大，表示该分布的变异较大。

$$Variance = \sigma^2 = \frac{SS}{N} = \frac{\sum(X_i - \mu)^2}{N} \qquad (5\text{-}7)$$

$$\sigma = \sqrt{\frac{SS}{N}} = \sqrt{\frac{\sum(X_i - \mu)^2}{N}} \qquad (5\text{-}8)$$

相较于平均差，标准差有两个优点：第一，由于标准差源自方差的概念，因此可以与其他以变异面积作为基本原理的统计概念相结合；第二，标准差的计算是取离均差的平方项，对于极端分数的变动敏感度较大。

值得注意的是，若以样本来计算方差或标准差，会出现低估总体方差或标准差的情形，亦即样本方差不是总体方差的无偏估计数（unbiased estimator），为改善样本方差或标准差低估的问题，样本方差需改以无偏估计数的 $\hat{\sigma}^2$ 算式来计算样本的方差，又写作 s^2，标准差则为 s，如公式 5-9 与公式 5-10 所示。

$$s^2 = \hat{\sigma}^2 = \frac{SS}{N-1} = \frac{\sum(X_i - \overline{X})^2}{N-1} \qquad (5\text{-}9)$$

$$s = \hat{\sigma} = \sqrt{\frac{SS}{N-1}} = \sqrt{\frac{\sum(X_i - \overline{X})^2}{N-1}} \qquad (5\text{-}10)$$

由公式 5-9 与公式 5-10 可知，标准差与方差的无偏估计数的主要差别在于分母项为 N–1 而非 N。在统计学的概念中，N–1 为自由度（degree of freedom，df），表示一组分数当中可以自由变动的分数的个数。

四、方差系数

在实务中，标准差是最常用来描述数据离散情形的统计量数，但标准差会因为平均值放大而膨胀，不利于比较。例如，幼儿园儿童平均体重为 15.5，标准差为 2.1 公斤，小学六年级儿童的平均体重为 42.8 公斤，标准差为 5.6 公斤，此时，若要比较两个样本的变异性，直接比较标准差是不恰当的，因为小学生与幼儿园的测量变量变异单位基础不同。

在统计上，可以利用方差系数（coefficient of variation）来去除单位对于变异量数的放大作用，如公式 5-11 所示。如果把 CV 值乘以 100，所得数据反映的是标准差占平均数的比例，为百分比的概念。

$$CV = \frac{s}{\bar{X}} \qquad (5\text{-}11)$$

利用公式 5-11，可以计算出幼儿园学生的 *CV* 值为 0.135（标准差占平均数的 13.5%），小学生的 *CV* 值为 0.131（标准差占平均数的 13.1%），可知两个样本的变异情形相当。

从公式 5-11 来看，*CV* 值是把标准差除以平均数，等于是去除掉测量单位的比值，因此也称相对方差系数（coefficient of relative variability）或相对差。单位大的标准差会因为除以较大的平均数而缩小；相反，单位小的标准差会因为除以较小的平均数而放大，此时所得到的变异量数是一种标准化的相对波动量数，反映的是测量分数相对于平均数的波动情形。相对之下，传统的标准差则是一种绝对波动量数，当变量具有不同的单位或平均数差异很大时，不宜使用来作为变量间变异性的比较。

例如，在描述股票价格的波动情形时，某公司股票一个月均价 1000 元，标准差为 10 元，可说是小幅波动。但对于一个月均价为 10 元的股票，标准差若也为 10 元，可以说是大幅波动了。两家股票标准差同为 10 元，前者 CV = 0.01，后者 CV = 1，其意义相差了 100 倍。

五、变异量数的特性与使用时机

上述几种典型的变异量数，其适用情形与集中量数的适用情形类似，三个变异量数的比较列于表 5-3。值得注意的是，各量数都是数学转换后的量数（measures），因此测量尺度原则上都必须要有可进行数学转换的单位，否则数学四则运算即无意义。类别变量由于没有单位的概念，因此不符合统计量数的基本概念，但在实务上，会有较为通融的做法，如将全距用于名义测量，将四分差用于顺序测量，以作为变异情形的指标。

四种变异量数中，标准差与方差会使用到每一个分数进行四则运算，因此必定要有测量单位才具运算意义，对于变异状况的描绘能够考虑到每一个人的分数，在测量上最为精密，但是也容易受到偏离值的影响，适用于具有一定单位的等距与比率尺度测量。

四分差则与中位数类似，虽然精密度较低，但是在适当排序之后算出的四分差，仍可用来表示变异情形，受到偏离值的影响相对较小，可以应用于顺序尺度。而对于名义尺度的测量结果，严格来说无法用任何的变异统计量来表现分散情形，充其量只能使用全距，来计算最大类与最小类之间的差。

表 5-3　变异量数的特性与优缺点比较

测量层次	全距	四分差	标准差／方差
名义	√		
顺序	√	√	
等距／比率	√	√	√
优点	不受极值外的个别分数影响,计算方法简便,适用于所有的测量尺度。	对极端值较不敏感,但能表现顺序尺度的变异情形。	测量最为精密,考虑到每一个样本,具有代表性。
缺点	测量过于粗糙,无法反映所有样本的状况。	无法反映所有样本的变异状况。	易受偏离与极端值的影响。

第四节　偏态与峰度

除了上述变异量数,描述统计量还可以利用偏态(skewness)与峰度(kurtosis)来描述数据的分布特性。尤其是当研究者关注数据的分布是否为正态时,偏态与峰度是非常重要的指标。

一、偏态

一个变量的数值的分布可能为对称或不对称。描述一个变量的对称性(symmetry)的量数被称为偏态系数,不对称的数据为偏态数据,依其方向可分为负偏(negatively skewed)(或左偏,即左侧具有偏离值)、正偏(positively skewed)(或右偏,即右侧具有偏离值)与对称(symmetrical)三种情形,如图 5-3 的(a)、(b)、(c)所示。某个样本分布往左右偏的强度可用 g_1 系数描述,如公式 5-12 所示。

$$g_1 = \frac{N}{N-2} \times \frac{\sum(X_i - \overline{X})^3}{(N-1)s^3} \qquad (5\text{-}12)$$

与正负偏态有关的一个测量现象是所谓的地板效应与天花板效应。地板效应(floor effect)是指数据多数集中在偏低的一端,但在高分端有极端值,分数不容易突破低分端,但会往高分端延伸,仿佛有一个地板(或真的存在一个低分限制条件)阻挡了数据往低分移动。由于地板阻隔的作用,地板效应常伴随正偏态现象。如薪资数据,一般来说,劳工的最低薪资受到政府的保障,因此多数人的薪资不会低于最低工资,但会集中在比最低工资略高的区间中。

相对地,天花板效应(ceiling effect)则与负偏态有关,是指数据多数集中在偏高的一端,但在低分端则有极端值,分数不容易突破高分端,仿佛有一个天花板(或真的存在一个高分限制条件）阻挡了数据往高分移动。例如，学校老师出了一份简单的试卷，大家都得到 80、90 分，此时就发生了天花板效应，100 分就是高分的阻隔分数，不小心考不好的同学就成为低分的偏离值，形成负偏态现象。

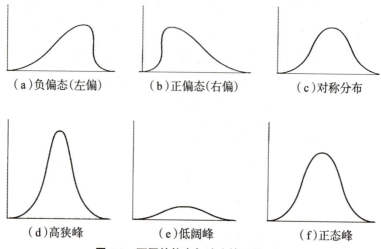

（a）负偏态(左偏)　　　（b）正偏态(右偏)　　　（c）对称分布

（d）高狭峰　　　（e）低阔峰　　　（f）正态峰

图 5-3　不同的偏态与峰度情形的图示

二、峰度

峰度是指一个频数分布集中部分的陡峭程度。当两个分布都是对称的单峰钟型曲线时，并不一定具有一样的平坦或陡峭形态（峰度）。一个对称的钟型分布，变量的数值会集中于众数所在位置，如果集中于众数附近的分数多，分散于两侧的分数少，将形成高狭峰（leptokurtic）的分布；当集中于众数附近的分数较少，两侧分数多，则形成低阔峰（platykurtic）的分布。正态分布的理想峰度称为正态峰（mesokurtic），如图 5-3 的（d）、（e）、（f）所示。某个样本分布的峰度可利用 g_2 系数描述，如公式 5-13 所示。

$$g_2 = \frac{N(N+1)}{(N-2)(N-3)} \times \frac{\sum (X_i - \overline{X})^4}{(N-1)s^4} - 3\frac{(N-1)(N-1)}{(N-2)(N-3)} \qquad (5\text{-}13)$$

三、偏态与峰度的判断

偏态与峰度是否异常，除了以图形目测来判断与利用 g_1 与 g_2 系数来描述之外，也可以通过统计检验的方法来判断。当一个变量的数值分布符合正态分布时，g_1 与 g_2 系数应接近 0。g_1 系数大于 0 时为正偏态（极端分数偏向右侧高分端），g_1 小于 0 时为负偏态（极端分数偏向左侧低分端）；g_2 系数大于 0 时为高陕峰（分数过于集中），小于 0 时为低阔峰（分数过于分散）。当系数值越大，表示偏离正态的情况越明显，各种偏态与峰度的系数特性与判断原则如表 5-4 所示。

表 5-4　偏态与峰度的检验标准

偏态	偏态系数	峰度	峰度系数
正偏态	$g_1>0$	高狭峰	$g_2>0$
负偏态	$g_1<0$	低阔峰	$g_2<0$
对称	$g_1=0$	正态峰	$g_2=0$

对于 g_1 与 g_2 系数的判断，一般而言采取绝对分数判断原则，但是学者对于判断的标准并没有一致的共识。准确的方法是运用显著性检验，以 Z 检验来检验 g_1 与 g_2 系数是否显著不等于 0，如公式 5-14 与公式 5-15 所示。

$$z = \frac{g_1 - 0}{SE_{g_1}} = \frac{g_1}{\sqrt{\dfrac{6}{N}}} \qquad (5\text{-}14)$$

$$z = \frac{g_2 - 0}{SE_{g_2}} = \frac{g_2}{\sqrt{\dfrac{24}{N}}} \qquad (5\text{-}15)$$

公式 5-14 与公式 5-15 的分母项为标准误差，可以从统计软件报表中得到。当 Z 值绝对值大于 1.96 时（α 设定为 0.05），即可推论 g_1 与 g_2 系数显著不等于 0，也就是变量呈现非正态，正态化假设遭到违反。此时，研究者必须详细检查变量数据的分散情形，并进行必要的处置（如排除极端值、改正错误输入的数据或将数据进行转换等）。

值得注意的是，上述 Z 检验的标准误，会随着样本数的增大而缩小，因此，当样本数甚大时，分布的非正态性就很容易被突显出来，当样本数大于 100 时，高狭峰的现象容易被夸大；样本数大于 200 时，低阔峰的现象则被夸大（Waternaux，1976）。此时，与其相信显著性检验，不如直接采用图表判定法，直接对于非正态性进行目测检视，直接找出可能具有非正态问题的原始数据（Tabachnick & Fidell，2007），并进行必要的处理，这似乎来得更为实际。

第五节　相对量数

基本上，描述统计中的集中量数、变异量数、偏态与峰度，都是用来描述观察值在某一个变量上整体的分布情形，并不能提供个别观察值在全体样本中的性质信息。如果我们想了解某一个个别观察值在样本中所处于何种特定位置，必须将它的分数与其他分数进行对照，以计算出观察值在该变量上的团体地位（位置）。此一描述个别观察值在团体中所在相对位置的统计量，被称为相对量数或相对地位量数（measures of relative position）。常用的相对量数包括百分等级与百分位数，标准分数也具有相对概念，因此也可视为一种相对量数。

百分等级（percentile rank）是指观察值在变量上的分数在团体中所在的等级，常以 PR 表示。也就是说，在一百个人中，该分数可以排在第几个等级。例如，PR = 50 代表某一个分数在团体中可以胜过 50% 的人，它的分数也恰好是中位数。

百分位数（percentile point）则以 Pp 表示，是指在样本中位居某一个等级的观察值的分数，也就是说，若想在 100 个人的样本中赢过百分之多少的人，他的分数必须达到多少分。例如，中位数为 60 分时，表示有 50% 的人比 60 分还低，此时我们可以说第 50 百分位数为 60 分，以 $P_{50} = 60$ 表示。如果问一个人要赢过 85% 的人要得几分，就是在问第 85 百分位数为多少，也就是"$P_{85} = ？$"。

在数学原理上，百分等级将原始分数转化为等级（百分比），而百分位数则是由某一等级来推算原始分数，二者可以转换使用。例如，某个人的近视度数是 250 度，在全系 100 个人中只比 14 个人严重，那么他的百分等级就是 PR = 14。相对地，如果某一个人想在系团体中站在 PR = 14 这个位置上，则他的近视度数 P_{14} 必须为 250 度。

当样本数少时，相对量数的计算是一件非常简单的工作，我们仅需将数据依序排列，再算出累积百分比，就可以对应每一分数的百分等级，然后也可以从百分等级推算出各特定百分位数。但是如果样本数甚大时，百分等级的计算就必须以分组数据的方式来整理数据，如果要换算出百分等级，就必须以公式 5-16 来计算。

$$PR = \left[cf_L + \left(\frac{X - X_L}{i} \right) f_x \right] \frac{100}{N} \qquad (5\text{-}16)$$

其中 X 为百分位数，X_L 为百分位数所在组的真实下限，cf_L 是百分位数所在组的前一组累积人数，f_x 是百分位数所在组的人数，i 是组距，N 是总人数。

然而拜计算机所赐，大样本的排序与等级计算在 SPSS 或 Excel 等软件中是非常轻而易举的事，但读者仍应熟悉百分等级与百分位数的概念，才不致误用。

第六节　标准分数

标准分数（standard scores）是利用线性转换的原理，将一组数据转换成不具有实质的单位与集中性的标准化分数。标准分数有不同的类型，然而不同的标准分数，其共通点是利用一个线性方程式 $y = bx + a$ 进行集中点的平移与重新单位化，使得不同量尺与不同变量的测量数据具有相同的单位与相同的集中点，因此得以相互比较。

最常用的一个标准分数为 Z 分数（Z score），在教育与测验领域常用的 T 分数也是标准分数的一种。美国大学入学主要依据的 SAT 考试（Scholastic Assessment Test）也是一种标准分数，公式为 $SAT = 100Z + 500$。在心理测验中，著名的比西测验测得的 IQ 分数为一个平均数为 100，标准差为 16 的标准分数，其算式为 $16Z + 100$；韦氏智力测验的得分则为 $15Z + 100$ 的标准分数。这些数据都是标准分数的应用实例。不论

是 Z 分数、T 分数或 SAT 成绩，都是从原始分数转换得出，因此标准分数也是一种统计量。

一、Z 分数

Z 分数是指原始分数减去其平均数，再除以标准差后所得到的新分数，Z 分数公式如公式 5-17 所示。

$$Z = \frac{X - \overline{X}}{s} \tag{5-17}$$

由公式 5-17 可知，Z 分数是将原始分数减去平均数，求出离均差，再除以标准差，表示该原始分数是落在平均数以上或以下几个标准差的位置上。经过公式的转换，原始分数分布的平均数平移至 0（归零），单位消失（去单位），标准差为 1。任何一组数据经过 Z 公式转换后，均具有平均数为 0，标准差为 1 的特性，因此 Z 分数可以进分布内与跨分布的比较。当 Z 分数小于 0 时，表示该观察值落在平均数以下；当 Z 分数大于 0，表示该观察值落在平均数以上；数值越大，表示距离平均数越远，若观察值恰好等于平均数，则 Z 分数为 0。

值得注意的是，Z 分数仅是将原始分数进行线性转换，并未改变各分数的相对关系与距离，因此 Z 分数转换并不会改变分布的形状。当原始分布为偏态分布时，Z 分数也呈现偏态。当原始分布为高狭分布时，Z 分数也呈现高狭的状态。

二、正态化 Z 分数

标准分数虽然不受分布集中点与离散性的影响，使得不同分布的数据可以相互比较，但是分布的形状并未改变。因此，如果不同分布的形状有所不同，Z 分数之间差距的意义无法确知，此时标准分数只能反映数据相对位置的差异。换言之，Z 分数只能作为顺序变量来比较大小。但是如果不同的分布具有同一种概率模式，那么 Z 分数的比较就可以通过概率的比较，获得更多的信息，用途更广。

如果某一变量的观察值呈现正态分布，经转换后的 Z 分数所形成的分布称标准化正态分布（standard normal distribution），此时，正态分布的变量 X 已经不是原始分数，而是 Z 分数，且 Z 分数呈正态分布，故又称正态化 Z 分布。通过 Z 分数来了解正态分布的概率变化较原始分数更为简便，因为 Z 分数的概念就是距离平均数几个标准差，因此不同的 Z 值，即代表距离平均值多少个标准差，通过概率对照表，可以很快地查出 Z 值与概率间的关系。

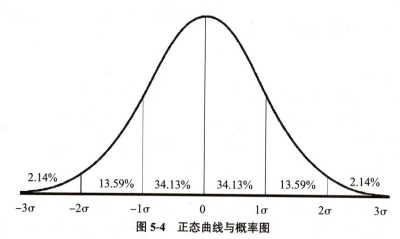

图 5-4　正态曲线与概率图

随着 Z 分数的增减，分布的概率也呈现规律的增减。我们最常听到的说法是在正态分布中，会有 68.26% 的观察值落在 Z 值 ±1（平均数加减一个标准差）的区间内；有 95.44% 的观察值会落在 Z 值 ±2（平均数加减两个标准差）的区间内；有 99.74% 的 Z 分数会落在 Z = ±3 的区间内。

利用标准化 Z 分布的概率表，可以将 Z 分数转换成百分等级，例如，PR = 84 的分数若转换成 Z 分数，则约在 Z 分数为 1 的位置上。此一从 Z 分数转换成 PR 的过程，称之为面积转换（area transformation），是简易查知 PR 值的方法，但前提是数据必须呈正态分布，否则查表出来的 PR 值会有所偏误。

三、T 分数

由于 Z 值多介于 ±3 之间，计算时多半带有一至二位的小数点，加上低于平均数的 Z 分数带有负号，实际使用上较为不便，因此在教育与测验领域中，常将 Z 分数再以线性转换为平均数 50，标准差 10 的 T 分数，即：

$$T = 50 + 10Z \qquad (5\text{-}18)$$

当 Z = ±3 时，T 值分别为 80 与 20，当 Z = ±4 时，T 值为 90 与 10，只有当 Z 值超过 ±5 时，T 值才会大于 100 或小于 0，从正态分布的概率来看，正常情形下，甚少有数据会超过 4 个标准差，因此，T 分数是一个符合人们惯用的 0 到 100 分的百分分数系统的标准分数。

第七节　SPSS 的描述统计操作

范例 5-1　SPSS 的描述统计

■ 频数分布表的制作

使用 SPSS 来编制频数分布表与其他图表，仅需点选 分析 → 叙述统计 → 频数分布表 ，即可开启频数分布表对话框，如下图所示。

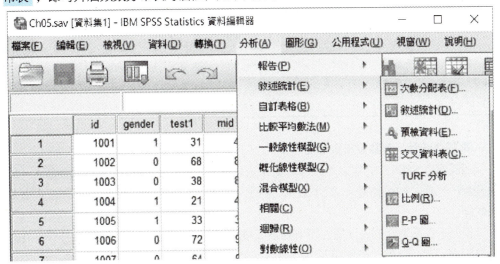

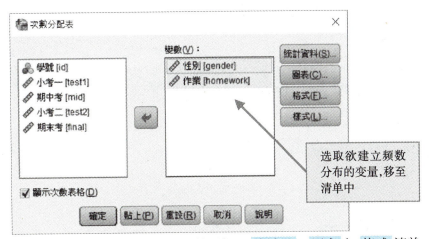

选取欲建立频数分布的变量,移至清单中

打开对话框后，使用者点选所需的变量，并可打开 统计量 、图表 与 格式 清单，挑选所需的统计量与图表类型。有三种常用图形：条形图、圆饼图与直方图。按 确定 后即可获得频数分布表，输出结果如下表所示。

性别

		频数分布表	百分比	有效百分比	累积百分比
有效	女	34	56.7	56.7	56.7
	男	26	43.3	43.3	100.0
	总计	60	100.0	100.0	

作业

		频数分布表	百分比	有效百分比	累积百分比
有效	80	12	20.0	20.3	20.3
	84	10	16.7	16.9	37.3
	86	22	36.7	37.3	74.6
	88	15	25.0	25.4	100.0
	总计	59	98.3	100.0	
缺失	系统	1	1.7		
总计		60	100.0		

■ 描述统计：频数分布表功能

在视窗版 SPSS 中，可以用来计算描述统计量的功能指令很多，如点选 分析 → 叙述统计 → 描述性统计量 ，或是选用 分析 → 报表 → 观察值摘要 获得详细观察值的数据。

根据下图所选择的统计量，可得到各变量的描述统计量数、偏态及其标准误、峰度及其标准误等。此外，还包括四分位数以及使用者自行定义的 PR = 33 与 PR = 67 的百分位数。

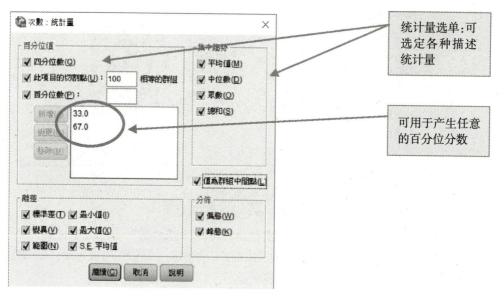

统计量

		性别	小考一	期中考	小考二	作业	期末考
N	有效	60	60	60	55	59	59
	缺失	0	0	0	5	1	1
平均数		.43	53.63	75.77	59.05	84.95	65.22
平均值标准误		.065	2.516	2.690	2.688	.369	1.441
中位数		.43[a]	55.67[a]	85.00[a]	60.00[a]	85.56[a]	66.00[a]
众数		0	60	90	70	86	60
标准差		.500	19.489	20.834	19.935	2.837	11.069
方差		.250	379.829	434.046	397.423	8.049	122.520
偏态		.276	−.265	−1.179	−.253	−.791	−.936
偏态标准误		.309	.309	.309	.322	.311	.311
峰度		−1.991	−.438	.078	−.428	−.643	1.035
峰度标准误		.608	.608	.608	.634	.613	.613
范围		1	79	75	86	8	53
最小值		0	11	22	10	80	30
最大值		1	90	97	96	88	83
总和		26	3218	4546	3248	5012	3848
百分位数	25	.b, c	38.80[c]	67.33[c]	44.50[c]	83.18[c]	60.06[c]
	33	.09	44.90	77.30	51.53	84.31	61.16
	50	.43	55.67	85.00	60.00	85.56	66.00
	67	.77	63.70	89.18	69.89	86.71	71.84
	75	.93	66.80	90.30	72.50	87.22	73.30

a. 从分组数据计算。

b. 第一个区间的下限或最后一个区间的上限未知。未定义部分百分位数。

c. 从分组数据计算百分位数。

■ **描述性统计量功能**

第二种获得描述统计量的方式是使用 分析 → 叙述统计 → 描述性统计量 。其主要功能在于计算各变量描述统计量，同时也可用以产生 Z 分数。接下来，我们将以前述学业成绩的数据库为例，示范描述统计量的执行程序。进入画面如下图所示。

使用者在左侧的变量清单中挑选所欲分析的变量，移至右方清单中后，可点选右下方的 选项 ，即描述统计的清单。其中平均数、标准差、最大值及最小值为默认选项，使用者可以自行加选统计量，并决定描述统计结果呈现时的排列方式。

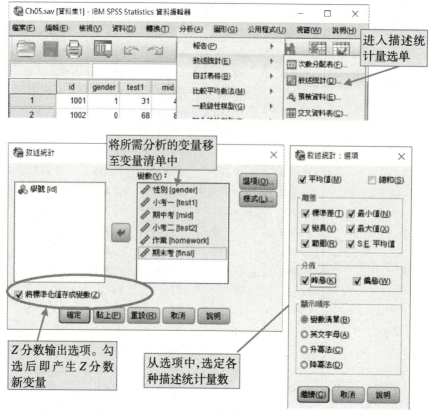

叙述统计

	N	范围	最小值	最大值	平均值		标准差	变异	偏态		峰态	
	统计量	统计量	统计量	统计量	统计量	标准误	统计量	统计量	统计量	标准误	统计量	标准误
性别	60	1	0	1	.43	0.065	.500	.250	.276	.309	−1.99	.608
小考一	60	79	11	90	53.6	2.52	19.49	380	−.265	.309	−.438	.608
期中考	60	75	22	97	75.8	2.69	20.83	434	−1.18	.309	.078	.608
小考二	55	86	10	96	59.1	2.69	19.94	397	−.253	.322	−.428	.634
作业	59	8	80	88	84.9	.369	2.837	8.049	−.791	.311	−.643	.613
期末考	59	53	30	83	65.2	1.44	11.07	123	−.936	.311	1.03	.613
有效的 N（listwise）	55											

■ 相对量数转换

等级观察值 选项的功能在于帮助研究者将观察值转换成等级变量，以得到名次（排序）与百分等级的数据，并将数据自动存入数据库的新变量中（在原变量名称之前加一个英文字母 R 为新变量名称）。等级观察值指令的运用，可由 转换 → 等级观察

值 来执行（请参考第四章的介绍），最后在数据库中得到新变量。值得注意的是，如果进行等级处理时，设定了依据变量（也就是要求就另一个分类变量来分别进行等级处理），所得到的等级数据则就每一条数据所属的组别来进行等级化。

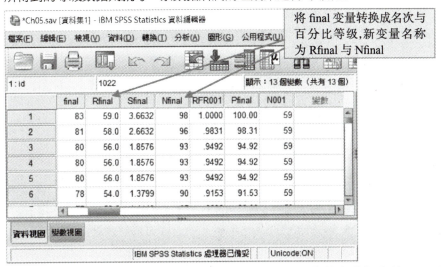

值得注意的是，百分等级的数据除了可以利用等级观察值来获得之外，还可以利用 频数分布表 当中 统计量 的选项来进行 切割观察值（99）计算得到。

■ *Z* 分数转换

Z 分数的转换可以利用描述统计量选项中的清单，要求输出 *Z* 分数，SPSS 执行完毕后，会将该变量数值转换成 *Z* 分数，并给予新变量名称（在原变量名称前加一个英文字母 *Z*），在原来的数据编辑视窗以新变量的形式保存于数据库中。其指令为 分析 → 叙述统计 → 描述性统计量 。

■ *T* 分数转换

T 分数的转换，可以利用 转换 功能中的 计算变量 （Compute），借由 *Z* 分数来进行加工处理。以期末考试数据为例，转换指令与结果如下：

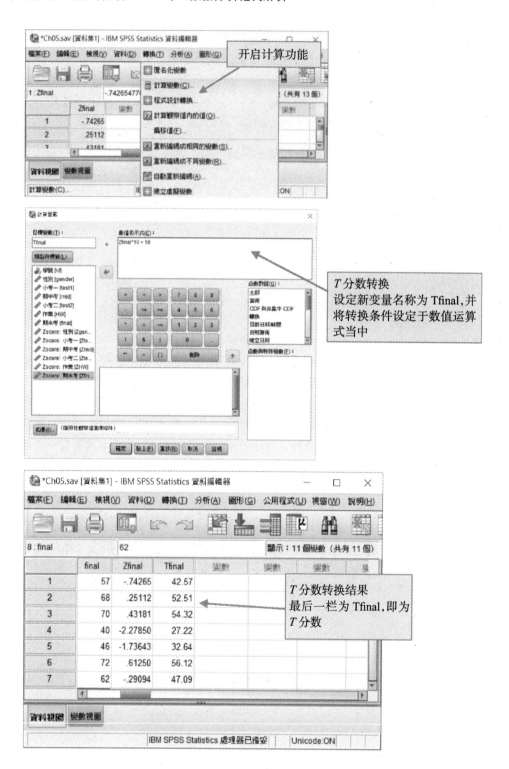

第八节 SPSS 的统计图制作

范例 5-2 统计图表的 SPSS 操作

SPSS 提供了相当多不同的统计图示功能，在功能表中的统计图中，总计有二十余种不同的统计图表。其中单变量的处理相对简单，多数的图示法均可适用。两个及两个以上的变量相互关系的图示，则牵涉两个变量的特性与内容，相对复杂。

■ 茎叶图的制作

SPSS 的茎叶图可使用 分析 → 叙述统计 → 预检数据 ，在因变量清单中放入所需分析的变量名称，打开统计图对话框，勾选茎叶图，按 确定 之后即可获得。如果使用者想将因变量的茎叶图依另一个变量的不同类别来分别绘制，仅需在因子清单中放入分类变量即可。

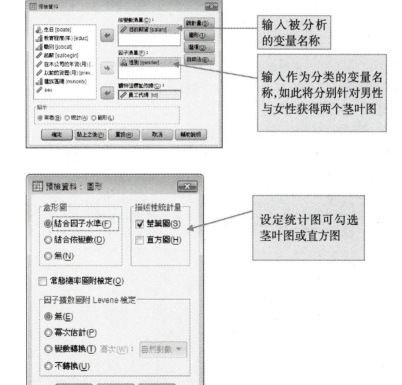

目前薪资 Stem-and-Leaf Plot for
GENDER= 女

```
 Frequency     Stem &  Leaf

     2.00       1 .  55
    16.00       1 .  6666666666777777
    14.00       1 .  88889999999999
    31.00       2 .  0000000000000111111111111111111
    35.00       2 .  22222222222222222222233333333333333
    38.00       2 .  44444444444444444444444444445555555555555
    22.00       2 .  6666666666677777777777
    17.00       2 .  88888899999999999
     7.00       3 .  0001111
     8.00       3 .  22233333
     8.00       3 .  44444555
     5.00       3 .  66777
     2.00       3 .  88
    11.00 Extremes      (>=40800)

 Stem width:       10000
 Each leaf:       1 case (s)
```

极端值大于 40800
者共有 11 位

茎为万位数

■ **条形图的制作**

前面已经说明了单一变量条形图的使用。至于两个变量条形图的制作则可点选 统计图 → 条形图 ，选择图形类型当中的 集群化 ，然后按 定义 ，填入变量名称，选择数据类型后，按 确定 执行即可。

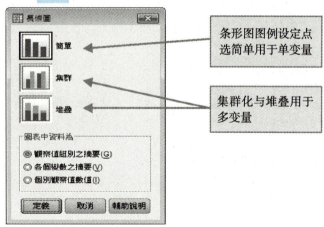

条形图图例设定点
选简单用于单变量

集群化与堆叠用于
多变量

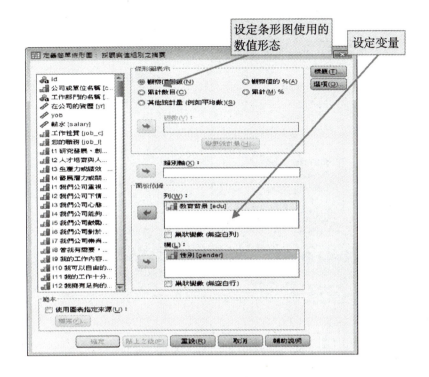

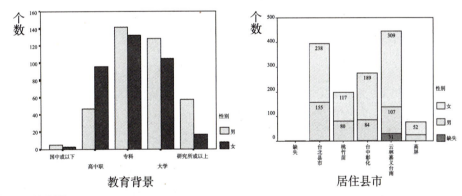

教育背景　　　　　　　　　　　　　　　　　　居住县市

■ **线形图的制作**

　　单变量的线形图可以利用频数分布表当中的图形选项来获得，也可以利用统计图当中的线形图来获得。两个变量线形图的制作（一个类别变量与一个连续变量）的操作流程为点选 统计图 → 线形图 →选择图形类型（复线图），按 定义 后，填入变量名称，按 确定 执行即可。

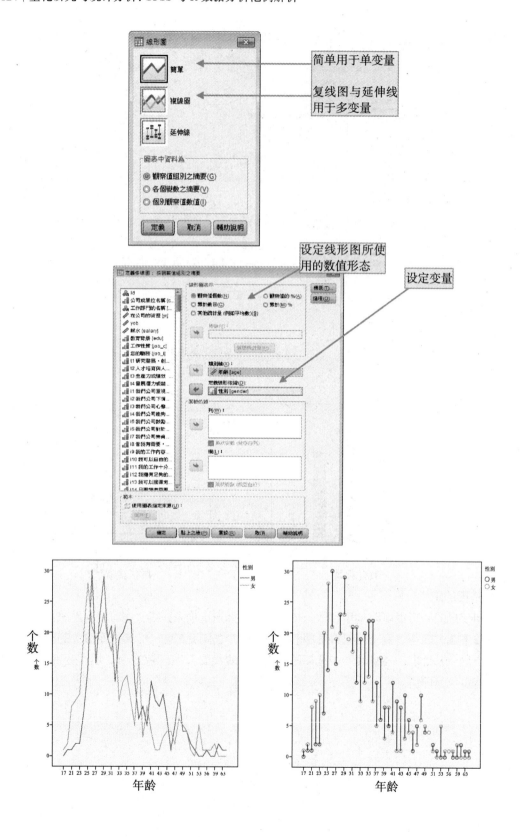

第九节　R 的描述统计与图表运用

范例 5-3　R 的描述统计分析

在 R 软件中，有多种方式可以获得描述统计的信息，如可以直接以函数指令 mean、median、sd、var、max、min 来求得个别描述统计量，更简单的方法则是利用 psych 或 pastecs 包来获得整组的描述统计量数。同样地，统计图表也可以利用 R 的函数，或使用 lattice、aplpack 包来进行直方图、茎叶图的制作，语法与结果如下（关于 R 的简介与功能介绍请参见本书附录）：

R 范例 5

```
> #Chapter 05: Descriptive statistics example
> #install.packages("psych")                  # 安裝套件如果尚未安裝請先執行
> #install.packages("pastecs")                # 安裝套件如果尚未安裝請先執行
> #install.packages("lattice")                # 安裝套件如果尚未安裝請先執行
> #install.packages("aplpack")                # 安裝套件如果尚未安裝請先執行
>
> library(foreign)
> ch05spss<-read.spss("ch05.sav", to.data.frame=TRUE)   # 讀取 SPSS 資料檔
> ch05csv <-read.csv("ch05.csv", header=TRUE)            # 讀取 csv 資料檔
> #Descriptive statistics
> library(psych)
> describe(ch05spss)                          # 列出描述統計資料
```

	vars	n	mean	sd	median	trimmed	mad	min	max	range	skew	kurtosis
id	1	60	1030.50	17.46	1030.5	1030.50	22.24	1001	1060	59	0.00	-1.26
gender*	2	60	1.43	0.50	1.0	1.42	0.00	1	2	1	0.26	-1.96
test1	3	60	53.63	19.49	55.5	54.19	21.50	11	90	79	-0.25	-0.58
mid	4	60	75.77	20.83	85.0	78.67	10.38	22	97	75	-1.12	-0.12
test2	5	55	59.05	19.94	60.0	59.49	22.24	10	96	86	-0.24	-0.59
HW	6	59	84.95	2.84	86.0	85.14	2.97	80	88	8	-0.75	-0.77
final	7	59	65.22	11.07	66.0	66.22	8.90	30	83	53	-0.89	0.72

	se
id	2.25
gender*	0.06
test1	2.52
mid	2.69
test2	2.69
HW	0.37
final	1.44

排除第 2 个变量

```
> library(pastecs)
> round(stat.desc(ch05spss[,-2]),2)           # 列出描述統計資料並取小數 2 位
```

	id	test1	mid	test2	HW	final
nbr.val	60.00	60.00	60.00	55.00	59.00	59.00
nbr.null	0.00	0.00	0.00	0.00	0.00	0.00
nbr.na	0.00	0.00	0.00	5.00	1.00	1.00

```
min            1001.00    11.00    22.00    10.00    80.00    30.00
max            1060.00    90.00    97.00    96.00    88.00    83.00
range            59.00    79.00    75.00    86.00     8.00    53.00
sum           61830.00  3218.00  4546.00  3248.00  5012.00  3848.00
median         1030.50    55.50    85.00    60.00    86.00    66.00
mean           1030.50    53.63    75.77    59.05    84.95    65.22
SE.mean           2.25     2.52     2.69     2.69     0.37     1.44
CI.mean.0.95      4.51     5.03     5.38     5.39     0.74     2.88
var             305.00   379.83   434.05   397.42     8.05   122.52
std.dev          17.46    19.49    20.83    19.94     2.84    11.07
coef.var          0.02     0.36     0.27     0.34     0.03     0.17
```

```
> #Create stem-leaf plot
> stem(ch05csv[,7], scale=2)                                    # 製作莖葉圖

    The decimal point is 1 digit(s) to the right of the |

    3 | 0
    3 |
    4 | 012
    4 | 68
    5 | 3
    5 | 6777
    6 | 0000000112222333
    6 | 556788
    7 | 00011222233344
    7 | 5555778
    8 | 00013
```

选择第 7 个变量制作茎叶图

```
> library(aplpack)
> stem.leaf(ch05spss[,7],2)

 1 | 2: represents 12
  leaf unit: 1
            n: 59
 LO: 30
     4    4* | 012
     6    4. | 68
     7    5* | 3
    11    5. | 6777
    27    6* | 0000000112222333
   (6)    6. | 556788
    26    7* | 00011222233344
    12    7. | 5555778
     5    8* | 00013
 NA's: 1
```

R 范例 5 的图表输出

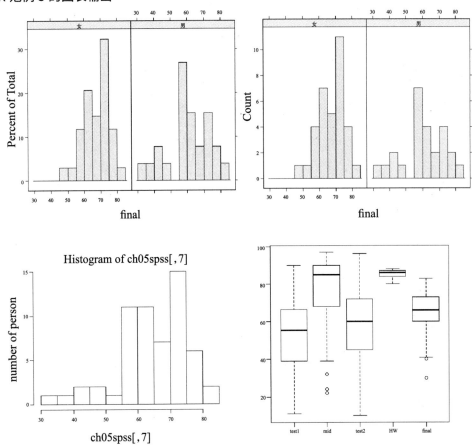

第三篇 统计分析的原理与技术

统计是初学者的梦魇、统计分析师的魔法棒，当研究者辛苦获得量化数据整理完备之后，便需依照数据的形式，选用适当的统计方法来进行分析检验。如果得到有意义的显著结果，表示研究者的心血没有白费，如果结果不如预期，又没有适当的补救措施，也就宣告了白忙一场的噩耗。

选择正确的统计方法是进行数据分析的首要工作，区分类别的变量（类别变量）与强调程度的测量（连续变量），各有不同的统计分析策略，从卡方、t 检验到方差分析，类别变量有较大的发挥空间，尤其是一些背景变量、人口变量的处理多使用平均数差异检验技术，其中又以方差分析家族最为庞大，用途最广。

线性关系的检测是量化研究者的最爱，但是受到很多统计假设的限定，分析技术也日趋复杂，从相关到回归，从调节到中介效应分析，研究者追求变量关系证据的同时，也需熟悉了解分析的原理与限制，才不至于误用统计工具，误解统计结果。

第六章 类别数据的分析：卡方检验

第一节 基本概念

在社会及行为科学中，类别数据可以说是最基本、最普遍的一种数据类型。例如，民众的宗教信仰类型（一般民间信仰、天主教、基督教）等人口学或背景变量的调查数据，社区民众对于设置焚化炉的态度（赞成、反对或没意见）的意见调查结果，乃至于实验研究将受试者分成实验组与对照组，都属于类别数据。

基本上，有许多研究者所关心的课题在测量的过程中就必须以名义尺度或顺序尺度来进行测量，此时数据的形态必然是类别变量。然而，以等距或比率尺度所测量得到的数据（如学业成绩或身高体重等变量），虽然测量时是连续变量的形式，但有时为了简化数据内容，常会进行分组处理，化简为类别变量，如将身高分为高、中、低三组，或将薪水分成不同的水平，此时，研究者所需使用的统计方法也属于类别变量的统计分析。

一、类别数据的呈现

收集类别数据之后，可以频数分布表或列联表（contingency table）的形式来整理、呈现数据的内容。频数分布表能将某一个类别变量依不同的类别（水平），将观察频数在表格中标注出来；列联表则同时将两个类别变量的频数数据同时在一个表格中呈现，两个变量呈交叉状分布，因此又称交叉表，如表 6-1 所示。

表 6-1　两个类别变量的列联表

变　　量		学　历				总　和
		小学／初中	高中／职高	大专	研究所	
性别	男	12	28	40	6	86
	女	16	25	45	4	90
总和		28	53	85	10	176

在列联表中，行（column）以 X 表示，列（row）以 Y 表示，如果 X 有 k 个水平，Y 有 l 个水平，称 $k \times l$ 列联表。一般而言，列联表当中的两个变量并没有特定的因果或影响关系，称对称关系；如果 X 与 Y 为非对称关系，也就是某一个变量为自变量，另一个变量为因变量，通常是将因变量以 Y 变量表示，放在列上。

列联表的两侧（表 6-1 的右侧及下方）被称为边际分布（marginal distribution），反映两个变量的频数分布状况，也就是两个独立的频数分布表。各单元格（cell）反映出两个变量的互动关系，两个类别变量是否具有关联性，最重要的就是检查各单元格当中频数的变化情形。简而言之，频数分布表适用于单一类别变量的描述，而列联表适用于两个或多个类别变量分布情形的描绘。

二、类别数据的检验形式

除了频数分布表及列联表的呈现，类别变量的数据可进一步通过卡方检验来进行显著性检验，针对各单元格的频数分布情形进行检验，由于单元格中的内容是频数，而频数可以转换成百分比，因此又称百分比检验。下文将介绍类别变量的各种基本检验形式。

（一）拟合优度检验

当研究者关心某一个变量是否与某个理论分布或总体分布相符合时，所进行的统计检验被称为拟合优度检验（goodness-of-fit test）。例如，某校学生性别的比例是否为1：1？由于此时检验的内容仅涉及一个变量，拟合优度检验可以说是一种单因子检验（one-way test）。

拟合优度检验的目的在于检测某单一类别变量（X）的实际观察频数分布与某理论频数分布是否相符。若检验统计量未达显著水平，我们称该样本在该变量的分布与该理论总体无异，反之，我们则可说该样本在该变量的测量上与总体不同，或说它是一个特殊的样本。

（二）独立性检验

当研究者想要同时检测两个类别变量（X 与 Y）之间的关系时，如某一群人的学历分布与性别分布的关系，此一统计检验称独立性检验（test of independence），其目的在于检测从样本得到的两个变量的频数分布是否具有特殊关联。如果两个类别变量的频数分布没有特殊交互关系，卡方值不显著，则称两个变量相互独立；相反地，当两个类别变量频数分布具有特殊的相互作用时，卡方值将显著，则可说两个变量并非相互独立，或具有相关性或相互关联。

由于 X、Y 两变量代表两个不同概念，独立性检验必须同时处理双变量的特性，因此除了可称之为双因子检验之外，也可视之为双总体检验，此时双总体指的是两个变量所代表的概念总体，而非人口学上的总体。然而，有时 X、Y 两个变量并非代表两个不同的概念，其中一个变量为研究变量（是否赞成开放赌场），另一个变量为不同总体（不同村里），此时所分析的是不同总体的样本在某一个研究变量的分布的同质或异质性，被称为同质性检验（test for homogeneity）。如果代表不同总体的甲乙两样本在另一个变量上的分布情形没有差异，我们称这两个总体同质，反之，我们则可说这两个总体不同质。

同质性检验可以说是独立性检验的一种变体，主要目的在于检验不同人口总体，在某一个变量上的反应是否具有显著差异，但是本质上仍是一种双总体检验。前述独立性检验应用于同一个总体选取的某一个样本在两个变量之间的关联情形的检验，而同质性检验则是指来自两个总体的甲乙两个不同样本在同一个变量的分布状况的检验。原理与分析方法相同。

（三）多重列联表分析

如果今天同时有三个类别变量，要探讨其间的关联性，就必须采取特殊策略，进行多重列联表分析（multiple contingency table analysis）（见 Bohrnstedt & Knoke，1988）。

多重类别变量的分析，最直观的做法是将其中一个变量作为阶层变量或分割变量，分别在分割变量的每一个水平下，将另两个变量所形成的列联表进行比较（做法类似于第九章的多因子 ANOVA 的简单效应检验）。如果是四个以上的类别变量分析，必须有多个分割变量，由于用列联表分析十分复杂，一般而言应避免同时分析过多变量的关系，或必须改用其他统计方法。

以三因子列联表分析为例，在不同性别（男与女）、是否结婚（未婚与已婚）以及生活满意状态（刺激、规律或无聊）三个变量关系的讨论中，可以将性别视为分割变量，分别进行男性与女性的婚姻状况与生活满意状态的列联表分析，此时，男性样本可以得到一个 2×3 列联表，女性可以得到另一个 2×3 列联表，两个列联表各自可以计算各种关联系数，再加以比较即可。其数学原理与独立性检验相同。

对于分割变量的不同水平所进行的个别列联表分析，如果呈现一致性的结果，如各单元格的百分比分布比例一致，卡方值均不显著，表示分割变量不会与其他两个变量存在交互作用，此时可以将各分割水平下的卡方值相加，降阶为双类别变量的卡方检验。但是如果各分割水平下的列联表检验结果不同，就必须单独就个别水准来解释列联表的内容。

以多重列联表的多次卡方检验来进行多类别变量关系的探讨，主要缺点是缺乏一个客观指标来同时检验变量间的交互关联，为了解决此一问题，可使用 G2 统计法（见 Sokal & Rohlf，1994；林清山，1992）。G2 统计法将多个类别变量所形成的单元格的频数以对数转换的方式求出线性组合方程式，然后得以就方程式当中的各项效应强度进行统计检验。其核心概念是将频数比例进行对数化来进行分析，因此又称为对数线性模式（log-linear modeling），其特点是可以同时处理多个类别变量的关联分析，并以模型的比较来进行竞争比较分析，一般多在多变量统计中介绍（关于类别变量的对数线性模式或潜在变量模型可参考邱皓政 2008 所著的《潜在类别模式》一书）。

第二节　类别变量的统计检验

类别变量的频数（或换算成百分比）分布特征若经过统计运算，可进行卡方检验（χ^2 test）。其原理是取各单元格的频数与期望频数之间的差异（称为残差）进行标准化，再配合卡方分布来进行假设检验。在下面的章节中，将先介绍残差分析，再据以说明卡方检验的原理。

一、期望值与残差

类别变量各单元格的频数可以换算成百分比，来比较各数值分布的差异。然而若以单元格百分比的变化来进行比较，会受到边缘频数不平均的影响，造成判断上的困难。此时可利用期望值的概念，求取各单元格在一般状况下"应该"出现的频数（即期望频数），求取残差来说明各单元格的变化情形，称为残差分析（residual analysis）。

（一）期望值

期望值（expected value）的通俗说法是指一个分布最容易出现的数值，此一数值在连续变量中最可能是平均数，在类别变量中就是当各水平频数相等时，最可能出现的分布状况。因此，在只有一个类别变量的单因子分析中，类别变量的各水平的期望概率一般均设定为相等：若为二分变量则为 $p = q = 0.5$，三个水平以上则为 $1/k$，k 为水平数。但研究者也可以自行指定一个特定比值，视为一个理论总体值，然后拿观察频数比较。在双因子列联表分析中，期望概率为各单元格所对应的边缘概率（P_i 与 P_j）乘积，得到期望概率 $P_i \times P_j$，再乘上 N 就得到期望频数（以 f_e 表示），如公式 6-1 所示，计算方法整理见表 6-2。

$$f_e = \hat{\mu}_{ij} = \frac{n_{i.} \times n_{.j}}{N} = NP_{i.}P_{.j} \qquad (6\text{-}1)$$

表 6-2　2 × 2 双类别变量交叉表的期望值

变量		X		边际频数	边际概率
		水平一	水平二		
Y	水平一	$\hat{\mu}_{11}=NP_1.P_{.1}$	$\hat{\mu}_{12}=NP_2.P_{.1}$	$n_{.1}$	$P_{.1}$
	水平二	$\hat{\mu}_{21}=NP_1.P_{.2}$	$\hat{\mu}_{22}=NP_2.P_{.2}$	$n_{.2}$	$P_{.2}$
边际频数		$n_{1.}$	$n_{2.}$	N	
边际概率		$P_{1.}$	$P_{2.}$		$P_{..}$

（二）残差与标准化残差

期望值反映了特定边缘频数条件下，两个变量无关联时，单元格频数在随机情况下的最可能值，或称为最大似然（maximum likelihood）期望值。各单元格实际观察人数与期望人数的差被称为残差（residual），以 Δ（delta）值表示：$\Delta_{ij} = n_{ij} - \hat{\mu}_{ij}$。残差大小可用来判断各单元格的特殊性：残差越大，各单元格分布越与期望相差越远；相对地，残差越小，表示各单元格分布越接近期望，两变量相应独立无关联。

残差是一个未经过标准化的统计量数，残差大小表示观察值与期望值的差异状况，残差越大，表示单元格频数分布与期望频数越不相似，代表两个变量具有特殊关联。如果将残差加以标准化，将残差除以标准误，将得到标准化残差（standardized residual），以 Δ' 表示，公式如下：

$$\Delta'_{ij} = \frac{n_{ij} - \hat{\mu}_{ij}}{\sqrt{\hat{\mu}_{ij}}} \tag{6-2}$$

标准化残差的性质近似于 Z 分数，在单元格人数达一定规模时，Δ' 分布呈正态分布，可利用 Z 检验的概念来检验标准化残差的统计意义（Haberman，1973）。例如，当 Δ' 的绝对值大于 1.96 时，表示残差落于抽样分布的极端 5% 区域内，当 Δ' 的绝对值大于 2.58 时，表示残差落于抽样分布的极端 1% 区域内。

值得注意的是，在列联表中，各边际频数通常不相等，因此每一个单元格的期望频数不相等，如果四个单元格要一起比较的话，必须将针对四个单元格的期望值差异进行调整，如此才有相同的抽样分布基础，换言之，如果边际频数比例不同，单元格期望值越大，标准误越小，抽样分布的标准误不同，不宜进行单元格间的比较。此时，可将标准化残差以边缘频数进行调整（等同于以期望值来调整），得到调整后标准化残差（adjusted standardized residual），有利于进行单元格间的残差比较。

$$adj\Delta' = \frac{n_{ij} - \hat{\mu}_{ij}}{\sqrt{\hat{\mu}_{ij}(1 - P_{i.})(1 - P_{.j})}} \tag{6-3}$$

二、卡方检验

（一）卡方统计量

如果将标准化残差平方后加总，所得到的统计量服从卡方分布，可以进行卡方检验，这一统计量被称为 Pearson χ^2。公式如下：

$$\chi^2 = \sum\sum \Delta'^2 = \sum\sum \frac{(n_{ij} - \hat{\mu}_{ij})^2}{\hat{\mu}_{ij}} = \sum\sum \frac{(f_0 - f_e)^2}{f_e} \tag{6-4}$$

前式中，f_0 为观察频数，f_e 为期望频数。观察值与期望值的差异越大，χ^2 值越大，表示单元格的频数变化很特别，一旦 χ^2 值大于显著水平的临界值，即拒绝虚无假设，接受两变量具有特殊关系的对立假设。在统计程序上，卡方检验的角色是一种整体检验（overall test），必须在残差分析之前进行，若 χ^2 值具有统计显著性，再以残差分析来检验各单元格的状况。换句话说，残差分析是 χ^2 检验显著后的事后检验程序，以决定各单元格的差异状况，并据以解释变量关联情形。

（二）χ^2 分布

若 X 为一正态化随机变量，$X \sim N(\mu, \sigma^2)$。从这一随机变量中任意抽取一个样本，将 X 值转换成标准分数（Z 分数），再将 Z 分数取平方，此时，Z^2 被定义自由度为 1 的卡方随机变量，以 $\chi^2_{(1)}$ 表示：

$$Z^2 = \left(\frac{X - \mu}{\sigma}\right)^2 = \frac{(X - \mu)^2}{\sigma^2} = \chi^2_{(1)} \tag{6-5}$$

由公式 6-5 可以看出，自由度为 1 的卡方变量是离均差平方除以方差，而且由于卡方变量的分子与分母均由平方数值所组成，因此卡方变量是一个恒为正值的随机变量，

随着观察值 X 分数的变化，卡方变量（Z^2 分数）的出现概率也呈现某种规律的变化。

卡方数值的概率特质在自由度为 1 的卡方变量中最容易理解，因为 $\chi^2_{(1)}$ 直接从 Z 分数转换而来，$\chi^2_{(1)}$ 的分布即为正态 Z 分数的平方的分布：$Z = 0$ 时，卡方为 0，$Z = \pm 1$ 时，卡方为 1，卡方变量介于 0 到 1 的概率，等于 Z 分数介于 ± 1 时的概率（68.26%）。由于 $\chi^2_{(1)}$ 是 Z 分数的平方，因此呈现正偏态分布，而非对称分布。若自由度大于 1，$\chi^2_{(1)}$ 的卡方分布的形状也随之改变。

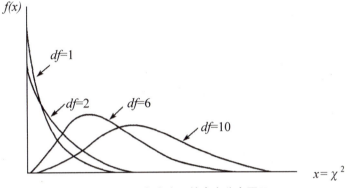

图 6-1　不同自由度下的卡方分布图示

带有 v 个自由度的卡方分布的期望值为 v，方差为 $2v$。不同的 $\chi^2_{(1)}$ 可对应一个概率值。在不同的自由度下，卡方分布的形状有所不同：当自由度小时，$\chi^2_{(1)}$ 分布呈现正偏态不对称分布，当自由度越大，$\chi^2_{(1)}$ 分布逐渐呈正态分布。

三、校正公式

运用卡方检验分析时，有一个特殊的要求，即各单元格的期望频数（或理论频数）不能太小，否则各单元格的标准化残差无法逼近正态分布。一般而言，单元格期望频数小于 5 时即可能造成假设违反问题。通常需有 80% 以上的单元格期望值要大于 5，否则卡方检验的结果偏误会非常明显。

单元格人数过少时，可以使用下列方法处理：第一，单元格合并法。若有一格或数格的期望频数小于 5，在配合研究目的下，可适当调整变量的分类方式，将部分单元格予以合并。例如，在学历类别中，研究所人数过少，可以将研究所与大学合并计算，以提高单元格的期望频数。

第二种方法是增加样本数。如果研究者无法改变变量的分类方式，但可以继续获得有效样本，最佳的方法是直接增加样本量来提高期望频数。如果无法增加样本量，则可以利用去除样本法，将频数偏低又不具有分析与研究价值的该类受试者去除，但研究的结论不应推论到这些被去除的总体。

在 2×2 的列联表的检验中，若单元格的期望频数低于 10 但高于 5，可使用耶茨校正（Yate's correction for continuity）来加以校正。若期望频数低于 5 时，或样本总人数低于 20 时，则应使用费雪精确概率检验（Fisher's exact probability test）。

$$\text{Yate's } \chi^2 = \sum \frac{\left(\left|f_0 - f_e\right| - 0.5\right)^2}{f_e} \qquad (6\text{-}6)$$

第三节　替代性的关联系数

由于卡方值的范围可能从 0 到无限大，单元格人数越多，卡方值越大。除了借由显著性检验来决定卡方值是否显著以外，卡方值本身的大小无法直接进行比较。为改善这一缺点，统计学上以卡方值或误差递减比为基础，发展出一套类似于相关系数形式的关联系数（measures of association），以 0 至 1 或 –1 至 1 的系数来反映两个类别变量之间的关联情形。兹将常用的关联系数介绍如下。

一、Phi（ϕ）系数

ϕ 系数用来反映两个二分类别变量（如类别为男女、是否的类别变量）的 2×2 列联表关联性强度。ϕ 系数定义如公式 6-7 所示，各单元格与边际频数的分布可用表 6-3 表示。

$$\phi = \frac{ad - bc}{\sqrt{(a+b)(c+d)(a+c)(b+d)}} \qquad (6\text{-}7)$$

从公式可知，ϕ 系数是交叉单元格频数乘积的差值，除以边际频数的乘积再开根号。分子反映的单元格间共同变化的趋势，当两个变量关联性越高，ad–bc 的绝对值越大，得到的 ϕ 系数越高。

表 6-3　2×2 交叉表的单元格与边际频数

变　量		X		
		0	**1**	**总　和**
Y	0	a	b	a+b
	1	c	d	c+d
总和		a+c	b+d	a+b+c+d=N

ϕ 系数为正值代表两个二分变量具有相同的变动方向，负值代表两个二分变量具有相反的变动方向。ϕ 系数与卡方值之间具有公式 6-8 的数学关系：

$$\phi^2 = \frac{\chi^2}{N} \quad \text{or} \quad \phi = \pm\sqrt{\frac{\chi^2}{N}} \qquad (6\text{-}8)$$

从上式来看，ϕ 系数系修正了样本数对于卡方值的影响，开根号之后，ϕ 系数即等同于 Pearson's r，数值介于 –1 至 1，数值越接近 1，表示两个变量的关联越强。在应用上，ϕ 可以参照相关系数的概念来解释强度的大小，因此较卡方值更为便利。

二、列联系数与 V 系数

ϕ 系数必须是 2×2 的列联表，这也是其限制。当两个类别变量有任何一个超过两个水平，卡方值可能会大于样本数，造成 ϕ 系数大于 1 的情况，此时若将公式修正如下，即可改善系数大于 1 的问题，而由此公式计算出的系数称为列联系数（coefficient of contingency）。

$$C = \sqrt{\frac{x^2}{x^2 + N}} \qquad (6\text{-}9)$$

以列联系数公式所求出的系数虽然数值不会大于 1，但是亦难接近 1，尤其是当样本数越大，列联系数会越小。可用 Cramer's V 系数（公式 6-10）来修正这一问题，其中 k 为行数或列数中数值较小者。

$$V = \sqrt{\frac{x^2}{N(k-1)}} \qquad (6\text{-}10)$$

三、Lambda（λ）系数

Lambda 系数是由 Goodman 与 Kruskal（1954）所提出的一种以削减误差比来计算两个类别变量关联性的关联系数。所谓削减误差比（proportioned reduction in error，PRE）指以某一个类别变量去预测另一个类别变量时，能够减少的误差所占的比例。PRE 指数介于 0 到 1，PRE 值越大，也就是可削减的误差比例越大，两个变量的关联性越强；反之，当比例越小，两个变量的关联性越低。

PRE 以 E_1 与 E_2 两个统计量来推导。E_1 表示以未知 X 预测 Y 时所产生的误差，E_2 表示以已知 X 预测 Y 时所产生的误差。E_1 所代表的是期望误差（预测不准的单元格期望值），而 E_2 则代表实际测量得到的观察误差（预测不准的单元格频数），两者相减表示以 X 预测 Y 能够减少的误差量，若再除以期望误差，即得到削减误差比，公式如下：

$$PRE = \frac{E_1 - E_2}{E_1} = 1 - \frac{E_2}{E_1} \qquad (6\text{-}11)$$

Lambda 系数的特性是利用类别变量中的众数组（mode）来作为削减误差计算的基准，有两种形式：对称 λ（symmetrical）与非对称 λ_{yx}（asymmetrical）。对称 λ 是指 X 与 Y 两个变量的关系是对等的，无法区别何者为因变量，何者为独立变量。对称性 λ 公式如下：

$$\lambda = 1 - \frac{E_2}{E_1} = 1 - \frac{(N - \sum m_x) + (N - \sum m_y)}{(N - M_x) + (N - M_y)} \qquad (6\text{-}12)$$

其中，M_x 为 X 变量的众数频数，M_y 为 Y 变量的众数频数，m_x 为 X 变量每一个类别之下 Y 变量的众数频数，m_y 为 Y 变量每一个类别之下 X 变量的众数频数。如果是非对称性关系，λ_{yx} 的计算过程如公式 6-13 所示：

$$\lambda_{y.x} = 1 - \frac{E_2}{E_1} = 1 - \frac{N - \sum m_y}{N - M_y} = \frac{\sum m_y - M_y}{N - M_y} \tag{6-13}$$

值得注意的是，Lambda 系数以众数频数为计算基础，为非标准化的系数，其值会随着变量类别数目的变动而改变，当各变量的类别数越多，消减误差比会自然扩增，因此不建议使用者随意改变变量的水平数。此外，当 Lambda 为 0 时，是指以预测变量的众数来预测因变量时，无法消减因变量上的误差，并非代表两个变量没有任何关联，例如，当预测变量在因变量的众数都落在同一个类别时，会计算出 $\lambda_{yx} = 0$ 的情形，但是各单元格间可能存在某种有意义的关联，在使用 Lambda 系数时应特别注意。

四、Gamma 系数

Goodman 和 Kruskalt 提出了一个以 PRE 为基础的 Gamma 系数，是一种适用于顺序变量的对称性关联性系数。Gamma 系数是将依顺序排列的数据进行各单元格的配对比较，如果遇到同样等第的数据则不予计算。非同分数据（untied pairs）可分成两种情况：同序配对（concordant pairs）与异序配对（disconcordant pairs）。同序配对是指两个变量上的等第变动呈现相同方向，以 N_s 表示；异序配对是指某配对观察值在两个变量上的等第变动呈现相反方向，以 N_d 表示。

$$Gamma = 1 - \frac{E_2}{E_1} = 1 - \frac{2N_d}{\dfrac{2(N_s + N_d)(N_s + N_d)}{2(N_s + N_d)}} = \frac{N_s - N_d}{N_s + N_d} \tag{6-14}$$

如果列联表当中的配对观察值是随机配对，那么配对观察值的等第变动将会出现同序与异序配对随机参差出现的状况，此时 Gamma 系数将会接近 0；相对地，如果观察值的配对具有某种联动关系，那么配对观察值的等级变动将会出现同序与异序配对较多的现象，Gamma 不等于 0。当联动关系越强，Gamma 系数会越接近 1 或 -1。当配对分数的等级变动完全是同序配对时，N_d 为 0，Gamma 系数为 1；当配对分数的等级变动完全是异序配对时，N_s 为 0，Gamma 系数为 -1。

由于 Gamma 系数的计算不涉及边际频数的计算，因此又称为免边际（margin-free）系数。当样本数越大（大于 50），Gamma 系数的抽样分布呈现正态化，可以配合统计检验来检验 Gamma 系数的统计意义。在 SPSS 报表中，可以得到 Gamma 系数的统计检验值。

值得注意的是，如果当同分状况比重太高时，Gamma 系数无法反映这些单元格的数据而导致敏感度降低，使 Gamma 系数无法充分反映变量的关系，此时宜采用其他系数，如 Tau-b 系数。

五、Tau 系数

Tau 系数（τ_y）为 Goodman 与 Kruskal 所创的另一种以 PRE 为基础，可用于类别变量关联性的关联系数。其原理与非对称形式 λ_{yx} 类似，是比较行边际比例和列边际比例而进行预测的误差概率，但 Tau 系数的计算考虑了所有的频数，因此敏感度较 Lambda 系数更高，数据一般会较 Lambda 更低，但是较为严谨。一般在学术上分析不对称关系时，若采用 Tau 系数，可以较为翔实反映两个变量的解释关系。

除了前述的关联系数，Kendall 另外提出了 Tau-b 系数（τ_b），适用于顺序变量，也是一种类似于 Gamma 系数的对称性关联系数。Tau-b 系数将独立变量上同分但因变量不同分的顺序配对，以及独立变量上不同分但因变量同分的顺序配对纳入考量（但不处理两者同时同分的配对观察值），使得关联系数的计算更能反映单元格内数据的变化。

τ_b 系数的一个特色是，当列联表呈现正方形时（两个变量的组数或数值数目相等），τ_b 系数的数值会介于二者之间。当数值越接近 0，表示两变量的关联性越低。如果列联表不是呈现正方形时（两个变量的组数或数值数目不相等），宜使用 τ_c 系数。利用这两个系数，可以更精确地反映两个顺序变量的各单元格变动特性，但是强度一般会低于 Gamma 系数。

六、Kappa 系数

Cohen（1960）提出了 Kappa（κ）系数，适用于具有相等顺序数值的两个顺序变量关联性分析，也就是行与列的数值数目相同，交叉表呈现正方形。而 Kappa 系数所反映的是两个顺序变量的等级是否相同，也就是当第一个顺序变量为 1 时，另一个变量的顺序是否也为 1，如果相同等级的情形越多，Kappa 系数越高。因此 Kappa 系数又称同意量数（measures of agreement）。

Kappa 系数的计算原理，是将具有相等类别的两个变量做成列联表后，将对角线的单元格视为正确预测的类别（N_t），其他各单元格则为预测不准的误差类别（N_f）。然后根据 PRE 的概念，计算出 Kappa 系数，以 ∇_k 表示：

$$\nabla_k = \frac{N_t - \dfrac{N_{.x} \times N_{y.}}{N}}{N - \dfrac{N_{.x} \times N_{y.}}{N}} \tag{6-15}$$

公式 6-15 中，$N_{.x} \times N_{y.}$ 为各对角线单元格相对应的边际频数的乘积。由于 Kappa 系数必须在两个顺序变量有相等数值数目的前提下使用，因此当两个顺序变量的数值数目不同时，必须先将两个变量进行组别的调整才能计算 Kappa 系数。

此外，由于 Kappa 系数所反映的是两个顺序变量是否具有一致的等级，也就是等级一致性程度。因此，在心理测验的应用上，Kappa 系数可以用以计算两个评分者对同一个对象是否有一样评定的评分者间信度（inter-rater reliability）。但是值得注意的是，在两个评分者所评定的名次中，不能有并列名次的现象，因为并列名次将造成名次的数目不相等，无法进行 Kappa 系数的计算。

第四节　SPSS 的类别数据分析范例

范例 6-1　拟合优度检验

某教师出了 50 个有 5 个选项的单选题，答案与题数如下所示，请问这位老师是否有特殊的出题偏好，即倾向于在某些选项上分配正确答案？

答案	A	B	C	D	E
题数	12	14	9	5	10

【A. 操作程序】

步骤一：选取 分析 → 无参数检验 → 旧式对话框 → 卡方检验 。
步骤二：选择变量。
步骤三：输入期望值的比值。
步骤四：进入 选项 设定统计量与缺失值。按 确定 执行。

【B. 步骤图示】

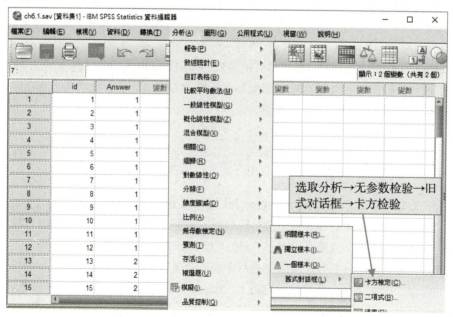

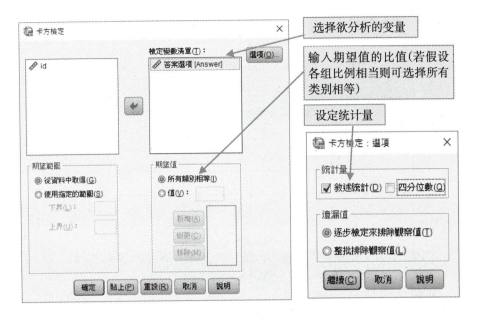

选择欲分析的变量

输入期望值的比值(若假设各组比例相当则可选择所有类别相等)

设定统计量

【C. 结果与解释】

Answer 答案选项

	观察个数	期望个数	残差
1A	12	10.0	2.0
2B	14	10.0	4.0
3C	9	10.0	−1.0
4D	5	10.0	−5.0
5E	10	10.0	.0
总和	50		

期望值设定为每一个水平相等,故皆为 10。残差为($f_i - f_e$)

检验统计量

	Answer 答案选项
卡方	4.600[a]
自由度	4
渐近显著性	.331

卡方分析结果
$x^2 = 4.6$, $df = 4$, $p = 0.331 > 0.05$
由显著水平可知卡方值不显著

　　关于老师出题是否有特殊答案偏好，亦即试题答案 A 至 E 的实际分配频数是否符合 1∶1∶1∶1∶1 的期望分配。由报表可知 $\chi^2 = 4.6$，$df = 4$，$p > 0.05$，亦即该老师出题并无特殊偏好。

范例 6-2   独立性检验

某系大一新生共 100 名，其性别分布与来自城市或乡镇是否有特殊关联？

		城乡别		总 合
		城市学生	乡镇学生	
性别	男	34	21	55
	女	26	19	45
总 合		60	40	100

【A. 操作程序】

步骤一：如果数据是以摘要性表格建档，则需进行观察频数加权。
步骤二：选取 分析 → 叙述统计 → 交叉表 。
步骤三：选择欲分析的变量。
步骤四：进入 统计量 点选卡方统计量与关联分析量数。
步骤五：进入 储存格 设定单元格显示的方式。
步骤六：按 确定 执行。

【B. 步骤图示】

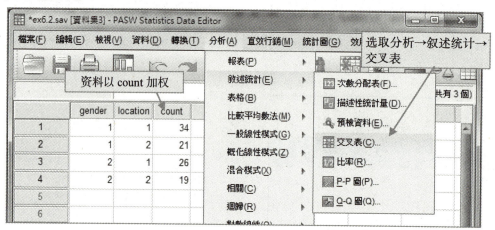

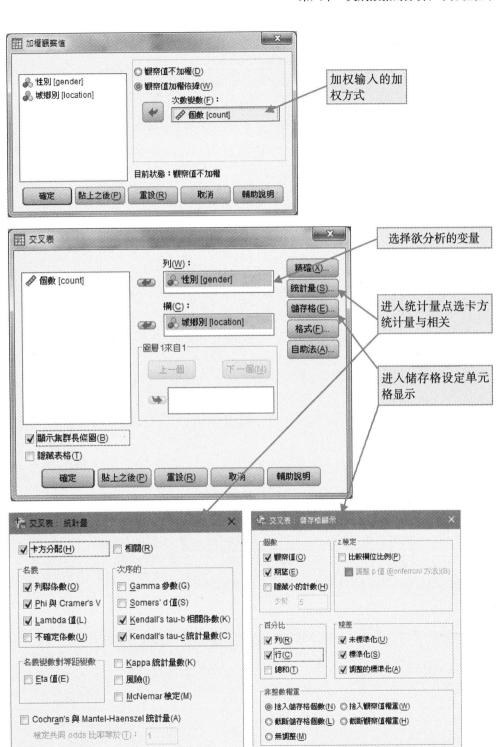

【C. 结果与解释】

gender 性别 * location 城乡别交叉表

			location 城乡别		总和
			1 城市学生	2 乡镇学生	
gender 性别	1 男	个数	34	21	55
		期望个数	33.0	22.0	55.0
		在 gender 性别之内的	61.8%	38.2%	100.0%
		在 location 城乡别之内的	56.7%	52.5%	55.0%
		整体的 %	34.0%	21.0%	55.0%
		残差	1.0	−1.0	
		标准化残差	.2	−2	
		调整后的残差	4	−4	
	2 女	个数	26	19	45
		期望个数	27.0	18.0	45.0
		在 gender 性别之内的	57.8%	42.2%	100.0%
		在 location 城乡别之内的	43.3%	47.5%	45.0%
		整体的 %	26.0%	19.0%	45.0%
		残差	−1.0	1.0	
		标准化残差	−.2	.2	
		调整后的残差	−.4	4	
总和		个数	60	40	100
		期望个数	60.0	40.0	100.0
		在 gender 性别之内的	60.0%	40.0%	100.0%
		在 location 城乡别之内的	100.0%	100.0%	100.0%
		整体的 %	60.0%	40.0%	100.0%

> 原始残差为期望值与观察值的差距

> 标准化残差性质类似 Z 分数，可以计算卡方值。调整后的标准化残差适合单元格间差异情形的比较，当数值绝对值大于 1.96 时，可视为其显著不同于期望值。

卡方检验

	数值	自由度	渐近显著性（双尾）	精确显著性（双尾）	精确显著性（单尾）
Pearson 卡方	.168[a]	1	.682		
连续性校正[b]	.042	1	.837		
概似比	.168	1	.682		
Fisher's 精确检验				.688	.418
线性对线性的关联	.167	1	.683		
有效观察值的个数	100				

> 卡方分析结果 Pearson 卡方未达显著。连续性校正为 Yate 校正值。
>
> 当 2×2 列联表单元格人数均很少时，宜使用费雪精确检验

a. 0 格（0.0%）的预期个数少于 5。最小的预期个数为 18.00。

b. 只能计算 2×2 表格。

方向性量数

			数值	渐近标准误[a]	近似T分配[d]	显著性近似值
以名义量数为主	Lambda 值	对称性量数	.000	.000	b	b
		性别依变量	.000	.000	b	b
		城乡别依变量	.000	.000	b	b
	Goodman 与 Kruskal Tau 测量	性别依变量	.002	.008		b
		城乡别依变量	.002	.008		b
	Somers'd 统计量	对称性量数	.041	.100	.410	.682
以次序量数为主		性别依变量	.042	.102	.410	.682
		城乡别依变量	.040	.099	.410	.682

方向性关联系数可指定某个因变量（城乡）的关联强度，Tau=0.002，p=0.682，没有统计意义

方向性量数

		数值	渐近标准误[a]	近似T分配[d]	显著性近似值
以名义量数为主	Phi 值	.041			.682
	Cramer's V 值	.041			.682
	列联条数	.041			.682
以次序量数为主	Kendall's tau-b 统计量数	.041	.100	.410	.682
	Kendall's tau-c 统计量数	.040	.098	.410	.682
	Gamma 统计量	.084	.204	.410	.682
有效观察值的个数		100			

对称性关联系数本范例为 2×2 列联表，故可采用 Phi 系数来表示两个变量的关联。强度数值为 0.041，p=0.682

未假定虚无假设为真。
使用假定虚无假设为真时的渐近标准误。

　　100 名大一新生的性别与城乡分布关系的分析属于两个变量独立性检验的应用。交叉表的数据显示，男生与女生的人数分布为 55% ∶ 45%，城乡比例则为 60% ∶ 40%。两个变量所构成的列联表以卡方检验分析的结果为 $\chi^2_{(1)}=0.168$，$p>0.05$，未达显著水平，表示两个变量之间相互独立，没有显著的关联。

　　使用关联系数可以将卡方值转换成类似于线性模式的标准化系数指标（介于 0 至 1 的数值），以便说明两者关系。本范例由于两个变量之间呈现对称性关系，因此可以由 Phi 系数反映两个变量的关联强度，Phi = 0.041，$p>0.05$，由于 Phi 系数由卡方值转换而来，其显著性与卡方检验相同，也是不显著。

范例 6-3　多重列联表分析

　　某营销调查公司想了解大学生的手机品牌偏好，随机找了 72 位大学生，调查其性别、家庭社经水平以及最喜欢的手机品牌，以探讨三个变量的关系。

社经地位	低社经地位			高社经地位			总合（性别）
手机品牌	甲	乙	丙	甲	乙	丙	
性别　男	13	2	3	4	12	4	38
女	9	3	7	8	5	6	38
总合（单元格）	22	5	10	12	17	10	
总合（社经地位）	37			39			76
总合（品牌）	34	22	20				

【A. 操作程序】

> 步骤一：如果数据是摘要性数据格式，需先进行加权处理。
> 步骤二：选取 分析 → 叙述统计 → 交叉表 。
> 步骤三：依序选定列变量、行变量，选择欲分析的变量。
> 步骤四：分别以不同变量为分割变量。
> 步骤五：进入 统计量 点选卡方统计量与关联分析量数。
> 步骤六：进入 储存格 设定单元格显示的方式。
> 步骤七：按 确定 执行。

注：列联表仅能处理两个类别变量的关系检验，本范例有三个类别变量，可将其中一个作为分割变量，如性别，分别进行男生与女生的社经地位与手机品牌的 2×3 列联表分析，或以社经地位作为分割变量，分析性别与手机偏好的关系。一般均以人口变量等不易受到其他因素影响的变量为分割变量。

【B. 步骤图示】

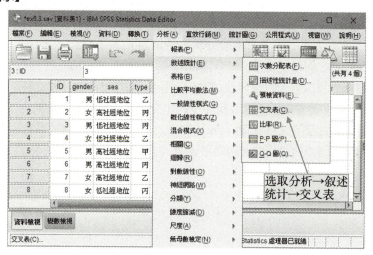

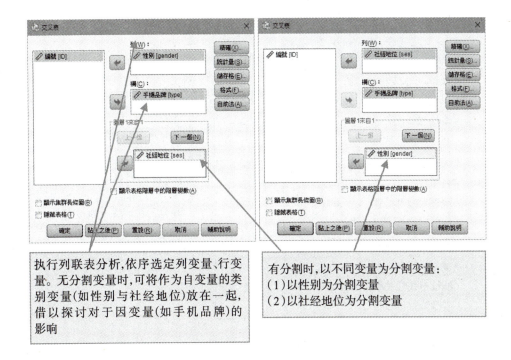

执行列联表分析,依序选定列变量、行变量。无分割变量时,可将作为自变量的类别变量(如性别与社经地位)放在一起,借以探讨对于因变量(如手机品牌)的影响

有分割时,以不同变量为分割变量:
(1)以性别为分割变量
(2)以社经地位为分割变量

【C. 结果与解释】

（1）以性别为分割变量，社经地位与手机品牌的列联表分析

社经地位 * 手机品牌 * 性别交叉列表

			性　别										
			男				女				总　计			
			手机品牌			总计	手机品牌			总计	手机品牌			总计
			甲	乙	丙		甲	乙	丙		甲	乙	丙	
社经地位	低社经地位	计数	13	2	3	18	9	3	7	19	22	5	10	37
		预期计数	8.05	6.63	3.32	18.0	8.50	4.00	6.50	19.0	16.6	10.7	9.74	37.0
		残差	4.95	−4.6	−.32		.50	−1.0	.50		5.45	−5.7	.26	
		标准化残差	1.74	−1.8	−.17		.17	−.50	.20		1.34	−1.7	.08	
		调整后残差	3.23	−3.1	−.26		.33	−.80	.34		2.51	−2.9	.14	
	高社经地位	计数	4	12	4	20	8	5	6	19	12	17	10	39
		预期计数	8.95	7.37	3.68	20.0	8.50	4.00	6.50	19.0	17.4	11.3	10.3	39.0
		残差	−4.9	4.63	.32		−.50	1.00	−.50		−5.4	5.71	−.26	
		标准化残差	−1.7	1.71	.16		−.17	.50	−.20		−1.3	1.70	−.08	
		调整后残差	−3.2	3.12	.26		−.33	.80	−.34		−2.5	2.89	−.14	
总计		计数	17	14	7	38	17	8	13	38	34	22	20	76
		预期计数	17.0	14.0	7.0	38.0	17.0	8.0	13.0	38.0	34.0	22.0	20.0	76.0

卡方检验

性　别		值	df	渐近显著性（两端）
男	Pearson 卡方检验	11.978[b]	2	.003
	概似比	12.980	2	.002
	线性对线性关联	5.063	1	.024
	有效观察值数目	3		
女	Pearson 卡方检验	.636[c]	2	.728
	概似比	.641	2	.726
	线性对线性关联	.000	1	1.000
	有效观察值数目	38		
总计	Pearson 卡方检验	9.441[a]	2	.009
	概似比	9.849	2	.007
	线性对线性关联	2.065	1	.151
	有效观察值数目	76		

> **卡方检验**
> 依分割变量的两个水平，分别进行社经地位 × 手机品牌的卡方检验。男性卡方值 =11.978，$p=0.003$，具统计显著性。女性卡方值 =0.636，$p=0.728$，不具统计显著性。无分割变量时，卡方值 =9.441，$p=0.009$，具统计显著性

a. 0 单元（0.0%）预期计数小于 5。预期的计数下限为 9.74。

b. 2 单元（33.3%）预期计数小于 5。预期的计数下限为 3.32。

c. 2 单元（33.3%）预期计数小于 5。预期的计数下限为 4.00。

有方向性的测量

性　别				值	渐近标准误	大约 T[b]	大约显著性
男	名义变量对名义变量	Lambda	对称	.436	.137	2.942	.003
			社经地位 因变量	.500	.162	2.334	.020
			手机品牌 因变量	.381	.150	2.114	.034
		Goodman 及 Kruskal tau	社经地位 因变量	.315	.141		.003[c]
			手机品牌 因变量	.203	.099		.001[c]
女	名义变量对名义变量	Lambda	对称	.050	.068	.712	.477
			社经地位 因变量	.105	.141	.712	.477
			手机品牌 因变量	.000	.000	.[d]	.[d]
		Goodman 及 Kruskal tau	社经地位 因变量	.017	.041		.734[c]
			手机品牌 因变量	.007	.016		.786[c]
总计	名义变量对名义变量	Lambda	对称	.120	.122	1.471	.141
			社经地位 因变量	.270	.170	1.378	.168
			手机品牌 因变量	.119	.120	.934	.350
		Goodman 及 Kruskal tau	社经地位 因变量	.124	.071		.009[c]
			手机品牌 因变量	.067	.041		.007[c]

a. 未使用虚无假设。

b. 正在使用具有虚无假设的渐近标准误。

c. 基于卡方近似值。

d. 无法计算，因为渐近标准误等于零。

> **非对称性关联系数**
> 以手机品牌为因变量。男性 Tau=0.203（$p=0.001$），女性 Tau=0.007（$p=0.786$）。无分割变量时，Tau=0.067（$p=0.007$），具统计显著性

对称的测量

性 别			值	大约显著性
男	名义变量对名义变量	Phi	.561	.003
		Cramer's V	.561	.003
		列联系数	.490	.003
	有效观察值数目		38	
女	名义变量对名义变量	Phi	.129	.728
		Cramer's V	.129	.728
		列联系数	.128	.728
	有效观察值数目		38	
总和	名义变量对名义变量	Phi	.352	.009
		Cramer's V	.352	.009
		列联系数	.332	.009
	有效观察值数目		76	

> **对称性关联系数**
> 本范例为 2×3 列联表，需采用列联系数。男性数值为 0.49，$p<0.01$，优于女性的 0.128，显示预测力以男性较强
>
> 无分割变量时，列联系数 =0.332（$p=0.009$），具统计显著性

（2）以社经地位为分割变量，性别与手机品牌的列联表分析

卡方检验

社经地位		值	df	渐近显著性（两端）
高社经地位	Pearson 卡方检验	2.502[b]	2	.286
	概似比	2.551	2	.279
	线性对线性关联	2.400	1	.121
	有效观察值数目	37		
低社经地位	Pearson 卡方检验	4.593[c]	2	.101
	概似比	4.706	2	.095
	线性对线性关联	.187	1	.665
	有效观察值数目	38		
总计	Pearson 卡方检验	3.436[a]	2	.179
	概似比	4.485	2	.175
	线性对线性关联	.691	1	.406
	有效观察值数目	76		

> **卡方检验**
> 依分割变量的两个水平，分别进行卡方检验，高低社经地位者卡方检验均未达显著，表示不同 SES 下，性别与品牌偏好无关。
> 无分割变量时，性别×手机品牌的卡方检验，卡方值为 3.436，$p=0.179$，未达 0.5 显著水平

a.0 单元（0.0%）预期计数小于 5。预期的计数下限为 10.00。

b.2 单元（50.0%）预期计数小于 5。预期的计数下限为 2.43。

c.2 单元（16.7%）预期计数小于 5。预期的计数下限为 4.87。

有方向性的测量

社经地位				值	渐近标准误	大约 T[b]	大约显著性
高社经地位	名义变量对名义变量	Lambda	对称	.121	.134	.861	.389
			性别 因变量	.222	.230	.861	.389
			手机品牌 因变量	.000	.000	.[c]	.[c]
		Goodman 及 Kruskal tau	性别 因变量	.068	.081		.296[d]
			手机品牌 因变量	.047	.057		.183[d]
低社经地位	名义变量对名义变量	Lambda	对称	.220	.156	1.281	.198
			性别 因变量	.316	.204	1.307	.191
			手机品牌 因变量	.136	.152	.840	.401
		Goodman 及 Kruskal tau	性别 因变量	.118	.102		.107[d]
			手机品牌 因变量	.068	.059		.007[d]
总计	名义变量对名义变量	Lambda	对称	.075	.053	1.358	.175
			性别 因变量	.158	.108	1.358	.175
			手机品牌 因变量	.000	.000	.[c]	.[c]
		Goodman 及 Kruskal tau	性别 因变量	.045	.047		.183[d]
			手机品牌 因变量	.019	.020		.236[d]

a. 未使用虚无假设。

b. 正在使用具有虚无假设的渐近标准误。

c. 无法计算，因为渐近标准误等于零。

> 非对称性关联系数
> 以手机品牌为因变量，性别 × 手机品牌的 Tau 系数均不显著

对称的测量

社经地位			值	大约显著性
低社经地位	名义变量对名义变量	Phi	.260	.286
		Cramer's V	.260	.286
		列联系数	.252	.286
	有效观察值数目		37	
低社经地位	名义变量对名义变量	Phi	.343	.101
		Cramer's V	.343	.101
		列联系数	.325	.101
	有效观察值数目		39	
总和	名义变量对名义变量	Phi	.213	.179
		Cramer's V	.213	.179
		列联系数	.208	.179
	有效观察值数目		76	

> 对称性关联系数
> 与卡方分析结果一致，高低 SES 的列联表关联系数，以及无分割变量时性别 × 手机品牌的关联系数均不显著

多重列联表分析的目的在于检验超过两个类别变量的关联性。在分割变量不同水平时，另外两个类别变量的关系除了描述各自列联表的内部关联，还可进行水平间的比较。本范例分别以性别与社经地位为分割变量，得到的检验数据整理如表 6-4 所示。

整体而言，性别与品牌偏好无显著关联，$\chi^2_{(2)} = 3.436$，$p = 0.179$，但是社经地位与品牌偏好有显著关联，$\chi^2_{(2)} = 9.441$，$p < 0.01$。由交叉表中的单元格数据可知，低社经地位者偏好甲品牌（$\Delta' = 1.34$，$\mathrm{adj}\Delta' = 2.51$），不偏好乙品牌（$\Delta' = -1.7$，$\mathrm{adjD}\phi = -2.9$）。相对之下，高社经地位者偏好乙品牌（$\Delta' = 1.7$，$\mathrm{adj}\Delta' = 2.89$），不偏好甲品牌（$\Delta' = -1.3$，$\mathrm{adj}\Delta' = -2.5$）。在丙品牌的差异则不明显。

如果以性别为分割变量，分析结果显示，对男性而言，社经地位与品牌偏好有显著关联，$\chi^2_{(2)} = 11.98$，$p < 0.01$。对女性而言，社经地位高低与品牌偏好关系不明显，$\chi^2_{(2)} = 0.636$，$p = 0.728$，亦即女性的品牌选择受到社经地位的影响较小。

当设定社经地位为分割变量时，高低不同水平的受试者，性别与品牌偏好皆无显著不同：低社经地位时，性别与品牌偏好关联情形的检验为 $\chi^2_{(2)} = 2.502$，$p = 0.286$，高社经地位时，性别与品牌偏好关联情形的检验为 $\chi^2_{(2)} = 4.593$，$p = 0.101$，表示性别与品牌偏好无关。

综上所述，本范例结论为社经地位会影响品牌偏好，尤其是男性大学生受到社经地位的影响显著，高社经地位者选用甲品牌，低社经地位者选用乙品牌。女性大学生的社经地位影响并无统计意义。

表 6-4　多重列联表分析的结果摘要

检验内容	控制水平	检验值	df	p
无分割变量				
SES × type				
Pearson χ^2		9.441	2	0.009
Tau		0.067	–	0.007
列联系数		0.332	–	0.009
Gender × Type				
Pearson χ^2		3.436	2	0.179
Tau		0.019	–	0.236
列联系数		0.208	–	0.179
不同性别下：SES × Type				
Pearson χ^2	男	11.978	2	0.003
Tau	男	0.203	–	0.001
列联系数	男	0.490	–	0.003
Pearson χ^2	女	0.636	2	0.728
Tau	女	0.007	–	0.786
列联系数	女	0.128	–	0.728
不同 SES 下：Gender × Type				
Pearson χ^2	低社经	2.502	2	0.286
Tau	低社经	0.047	–	0.183
列联系数	低社经	0.252	–	0.286

续表

检验内容	控制水平	检验值	df	p
Pearson χ^2	高社经	4.593	2	0.101
Tau	高社经	0.068	–	0.077
列联系数	高社经	0.325	–	0.101

第五节　R 的类别数据分析范例

范例 6-4　R 的列联表分析

在 R 当中进行单因子（拟合优度检验）或两个以上类别变量的独立性检验，主要是利用 R 本身的 chisq.test 函数进行。在读取数据时，可直接读取 SPSS 的原始数据文件，再利用 table 函数将原始数据整理成列联表形式，即可进行卡方检验（关于 R 的简介与功能介绍请参见本书附录）。

R 范例 6-1

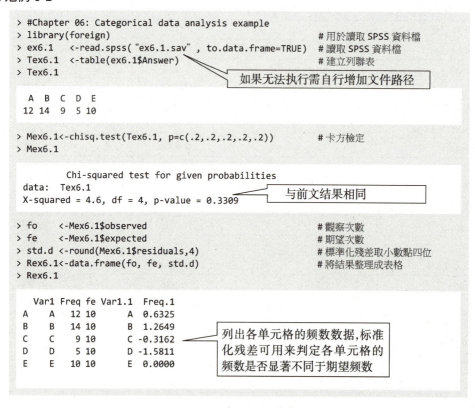

```
> #Chapter 06: Categorical data analysis example
> library(foreign)                                    # 用於讀取 SPSS 資料檔
> ex6.1    <-read.spss("ex6.1.sav", to.data.frame=TRUE)  # 讀取 SPSS 資料檔
> Tex6.1   <-table(ex6.1$Answer)                      # 建立列聯表
> Tex6.1
                                                  如果无法执行需自行增加文件路径

 A  B  C  D  E
12 14  9  5 10


> Mex6.1<-chisq.test(Tex6.1, p=c(.2,.2,.2,.2,.2))     # 卡方檢定
> Mex6.1


        Chi-squared test for given probabilities
 data: Tex6.1                                      与前文结果相同
 X-squared = 4.6, df = 4, p-value = 0.3309


> fo     <-Mex6.1$observed                          # 觀察次數
> fe     <-Mex6.1$expected                          # 期望次數
> std.d  <-round(Mex6.1$residuals,4)                # 標準化殘差取小數點四位
> Rex6.1<-data.frame(fo, fe, std.d)                 # 將結果整理成表格
> Rex6.1


  Var1 Freq fe Var1.1  Freq.1
A   A   12  10    A   0.6325
B   B   14  10    B   1.2649               列出各单元格的频数数据,标准
C   C    9  10    C  -0.3162               化残差可用来判定各单元格的
D   D    5  10    D  -1.5811               频数是否显著不同于期望频数
E   E   10  10    E   0.0000
```

R 范例 6-2

注：在两个类别变量的列联表分析中，为进行 Phi、列联系数、V、Lambda、Tau 系数的
计算，需先行安装 DescTools 包。

```
> #install.packages("DescTools")          #安装套件如果尚未安装請先執行
> #Example ex6.2
> library(foreign)                         如果无法执行需自行增加文件路径
> ex6.2 <-read.spss("ex6.2a.sav", to.data.frame=TRUE)      # 讀取 SPSS 資料檔
> Tex6.2<-table(ex6.2$gender, ex6.2$location)              # 建立列聯表
> Tex6.2

          城市學生  鄉鎮學生
    男        34        21          2×2 的列聯表
    女        26        19

> Mex6.2a<- chisq.test(Tex6.2, correct = TRUE)             #卡方檢定帶 Yates 校正
> Mex6.2b<- chisq.test(Tex6.2, correct = FALSE)    #卡方檢定無 Yates 校正
> Mex6.2a

        Pearson's Chi-squared test with Yates' continuity correction
data:   Tex6.2                             与前文 Yates 校正
X-squared = 0.042088, df = 1, p-value = 0.8375    结果相同

> Mex6.2b

        Pearson's Chi-squared test with Yates' continuity correction
data:   Tex6.2                             与前文 Yates 校正
X-squared = 0.042088, df = 1, p-value = 0.8375    结果相同


> #install.packages("DescTools")
> library(DescTools)                       #用於計算關聯係數
> Phi  <-Phi(Tex6.2, conf.level=0.95)
> C    <-ContCoef(Tex6.2, conf.level=0.95)
> V    <-CramerV(Tex6.2, conf.level=0.95)
> TauB <-KendallTauB(Tex6.2, conf.level=0.95)
> TauA_C<-GoodmanKruskalTau(Tex6.2, direction="column", conf.level=0.95)
> TauA_R<-GoodmanKruskalTau(Tex6.2, direction="row", conf.level=0.95)
> La_S<-Lambda(Tex6.2, direction="symmetric", conf.level=0.95)
> La_R<-Lambda(Tex6.2, direction="row", conf.level=0.95)
> La_C<-Lambda(Tex6.2, direction="column", conf.level=0.95)
>
> #將結果整理成表格並取小數點 3 位
> Rex6.2<-round(data.frame(Phi, C, V, TauB, TauA_C, TauA_R, La_S, La_R, La_C),3)
> Rex6.2

             Phi     C     V   TauB TauA_C TauA_R La_S La_R La_C
Cramer V   0.041 0.041 0.041  0.041  0.002  0.002    0    0    0
lwr.ci     0.041 0.041 0.000 -0.155 -0.014 -0.014    0    0    0    与前文结
upr.ci     0.041 0.041 0.232  0.237  0.018  0.018    0    0    0    果相同

>
```

R 范例 6-3

```
> #install.packages("DescTools")            #安裝套件如果尚未安裝請先執行
> #Example ex6.3
> library(foreign)
> ex6.3   <-read.spss("ex6.3.sav", to.data.frame=TRUE)    #讀取 SPSS 資料檔
> Tex6.3a <-table(ex6.3$gender, ex6.3$type)   #製作列聯表
> Tex6.3a
```

```
        甲 乙 丙
   男性 17 14  7
   女性 17  8 13
```

```
> Tex6.3b <- table(ex6.3$ses, ex6.3$type)          #製作列聯表
> Tex6.3b
```

```
          甲 乙 丙
   低社經 22  5 10
   高社經 12 17 10
```

```
> chisq.test(Tex6.3a)                               #卡方檢定
```

```
        Pearson's Chi-squared test
 data:  Tex6.3a
 X-squared = 3.4364, df = 2, p-value = 0.1794
```

```
> chisq.test(Tex6.3b)                               #卡方檢定
```

```
        Pearson's Chi-squared test
 data:  Tex6.3b
 X-squared = 9.4405, df = 2, p-value = 0.008913
```

```
> #進行檔案分割
> ex6.3b_g  <- split(ex6.3, f=ex6.3$gender)        #以性別分組
> ex6.3a_s  <- split(ex6.3, f=ex6.3$ses)           #以 ses 分組
> #以性別進行分組的卡方檢定
> Tex6.3b_g_m <- table(ex6.3b_g$' 男性 '$ses, ex6.3b_g$' 男性 '$type)
> Tex6.3b_g_f <- table(ex6.3b_g$' 女性 '$ses, ex6.3b_g$' 女性 '$type)
> chisq.test(Tex6.3b_g_m)
```

```
        Pearson's Chi-squared test
 data:  Tex6.3b_g_m
 X-squared = 11.978, df = 2, p-value = 0.002506
```

```
> chisq.test(Tex6.3b_g_f)
```

```
        Pearson's Chi-squared test
 data:  Tex6.3b_g_f
 X-squared = 0.63575, df = 2, p-value = 0.7277
```

```
> #以社經地位進行分組的卡方檢定
> Tex6.3a_s_h <- table(ex6.3a_s$' 高社經 '$gender, ex6.3a_s$' 高社經 '$type)
> Tex6.3a_s_l <- table(ex6.3a_s$' 低社經 '$gender, ex6.3a_s$' 低社經 '$type)
> chisq.test(Tex6.3a_s_h)
```

```
        Pearson's Chi-squared test
 data:  Tex6.3a_s_h
 X-squared = 4.5931, df = 2, p-value = 0.1006
```

```
> chisq.test(Tex6.3a_s_l)

        Pearson's Chi-squared test
 data:  Tex6.3a_s_l
 X-squared = 2.5021, df = 2, p-value = 0.2862

>
```

第七章　平均数检验：t 检验

第一节　基本概念

　　虽然类别数据被大量用于社会与行为科学研究，但是受限于测量性质与数学运算特性，类别变量通常无法利用高阶统计量来进行分析。而且研究者经常必须对于他们所关心的主题，如智力、焦虑感、学业成绩、薪资、离婚率等，进行细致的强度测量，故需采用等距或比率尺度，针对不同的社会现象或行为特质进行程度的测定，此时即可利用连续变量的形式进行测量与检验。

　　连续变量的基本特性是具有特定的测量单位，且变量数值具有"连续性"，如身高的数值范围为 100 ～ 200，数值精确度可以自整数到小数后好几位。这种类型的测量数据，可以各种不同的描述统计量数来描绘观察结果，并且在不同的统计假设下进行关于总体参数的各种检验，因此又称为总体参数检验（parametric test）。本章首先将介绍与平均数有关的检验——t 检验，下一章则介绍平均数的方差分析。

一、Z 检验与 t 检验

　　在社会科学研究中，由于总体多半非常庞大或无法直接测量，因此多以抽样方式选取一定数量的样本来进行测量，再通过推论统计技术来推知总体的状况或判定假设的真伪。由于抽样误差的影响，抽样后的样本数据是否只能反映随机差异或是具有真正的意义，甚至于样本数据是否违反统计基本假定的要求，均需加以判定，此时需通过一套以抽样理论为基础的推论统计程序，来协助我们进行决策。

　　连续变量最主要的统计量是平均数，而抽样理论则告诉我们抽样分布与总体标准差有关，因此根据总体标准差是否已知，对于统计检验有不同的处理模式：当总体标准差已知时，可根据中心极限定理来计算抽样分布的标准误差，并基于正态分布进行 Z 检验。但是当总体标准差未知时，标准误差必须由样本标准差来推估，因此可能因为样本过小而造成偏误，而需使用 t 检验来进行检验。

　　一般而言，一方面，总体标准差较难得知，因此使用 Z 检验的机会并不多。另一方面，由于 t 检验随着自由度的改变而改变，当样本数 n 大于 30 时，t 检验与 Z 检验即十分接近。使用 t 检验其实涵盖了 Z 检验的应用。在统计学上，将 t 检验这类可以视不同分布特性而调整理论分布的检验方式称为稳健统计（robust statistics），表示能够适应不同的问题。因此，除了统计教学过程仍强调 Z 分数的概念与应用之外，在数据分析实务中，多以 t 检验来进行平均数的检验。

二、单总体与多总体检验

除了抽样分布的考量，平均数检验可以依检验所涉及的总体的多寡，区分为单总体检验或多总体检验。一个连续变量的得分可以计算出一个平均数，如果研究者仅对单一变量的平均数加以检验，不考虑其他变量的影响，称为单总体的平均数检验。但如果研究者想同时考虑不同情况之下的平均数是否有所差异，如男女生的数学能力的比较，此时即牵涉到多个总体平均数的检验；不同的平均数，代表背后可能具有多个总体参数的存在，因此被称为多总体的平均数检验。

三、虚无假设与对立假设

不论是单总体或多总体的比较，都可以利用统计假设的形式来进行检验，在统计上有两种假设：虚无假设（null hypothesis，H_0）与对立假设（alternative hypothesis，H_1）。通过统计检验量及其抽样分布对统计假设真伪进行判断的过程，称为假设检验（hypothesis testing）。

以统计学的术语来说，假设（hypothesis）是一组描述变量关系的陈述句，例如，"男生与女生的数学能力相同"，另一个相对的假设是"男生与女生的数学能力不同"。如果前者为虚无假设，后者即为对立假设，虚无假设可写作 $H_0: \mu_1 = \mu_2$，对立假设可写作 $H_1: \mu_1 \neq \mu_2$，其中 μ 是数学能力的总体平均数，μ_1 是男生的数学能力，μ_2 是女生的数学能力。下标 1 与 2 表示总体的次序。

四、单尾与双尾检验

在平均数的检验中，研究者的兴趣往往在于比较不同平均数的差距，提出两个平均数大于、小于与不等于几种不同形式的研究假设，形成有特定方向的检验或无方向性的检验两种不同模式。若以数学能力（X）为例，当研究者只关心单——个方向的比较关系时（如男生的数学能力 X_1 优于女生 X_2），由于研究者所关心的差异方向只有一个，此时即为单尾检验（one-tailed test），统计假设的写法如下：

$$\begin{cases} H_0: \mu_1 \leq \mu_2 \\ H_1: \mu_1 > \mu_2 \end{cases}$$

当研究者并未有特定方向的设定（如仅假设男女生数学能力不同），此时即需使用双尾检验（two-tailed test）。统计假设的写法如下：

$$\begin{cases} H_0: \mu_1 = \mu_2 \\ H_1: \mu_1 \neq \mu_2 \end{cases}$$

由于单尾检验仅需考虑单方向的差异性，较双尾检验更易得到"H_0 为伪"的显著结果，因此采用单侧检验对于研究者较为有利。但是，采用单尾检验必须提出支持证据，除非理论文献支持单侧的概念，或是变量间的关系有明确的线索显示得使用单侧检验，否则需采用双尾检验来检验平均数的特性。

五、独立样本与相关样本

在多总体的平均数检验中，不同的平均数进行相互比较。不同的平均数可能来自不同的样本，亦有可能来自同一个样本的同一群人，或是具有配对关系的不同样本。根据概率原理，平均数来自不同的随机独立样本，两个样本的抽样概率亦相互独立，但是若不同的平均数来自同一个样本的同一群人（如某班学生的期中考与期末考成绩），即重复量数设计（repeated measure design），或是来自具有配对关系的不同样本（如夫妻两人的薪资多寡），即配对样本设计（matched sample design），样本抽取的概率则并非互相独立。因此必须特别考虑到重复计数或相配对的概率，来进行统计量的计算。

第二节　平均数差异检验的原理

一、中心极限定理

关于平均数的统计检验，背后有一个重要的统计定理：中心极限定理（central limit theorem），而中心极限定理的基础则是抽样理论，抽样理论决定了抽样分布（sampling distribution）的几个重要条件。

今天若有一个总体分布（μ, σ^2），从中重复抽取无数个规模为 n 的样本计算其平均数，若 n 够大（$n \geqslant 30$），样本平均数的分布会呈正态分布，以 $N(\mu_{\bar{X}}, \sigma^2_X)$ 表示，称为样本平均数的抽样分布（sampling distribution of sample mean），其平均数等于总体平均数（公式 7-1），方差等于总体方差除以样本数（公式 7-2），亦即抽样分布的方差与样本数（n）成反比。

$$\mu_{\bar{X}} = \mu \tag{7-1}$$

$$\sigma^2_{\bar{X}} = \frac{\sigma^2}{n} \tag{7-2}$$

抽样分布的标准差 $\sigma_{\bar{x}}$ 被称为标准误差（standard error，SE），反映的是抽样误差的大小，SE 与 n 的平方根成反比。样本数越大，平均数抽样分布的变异越小，而且不论原始总体的形状是否为正态分布，当样本数够大时，抽样分布会趋近于正态。

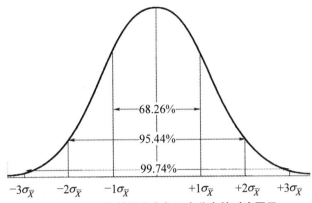

图 7-1　平均数抽样分布与正态分布的对应图示

中心极限定理的完整定义为：对于任何一个总体（μ，σ^2），样本大小为 n 的样本平均数所形成的分布，当 n 越大，其越趋近于正态分布 N（μ，σ^2/n）。正因为抽样分布为正态分布这个基本假设的存在，样本统计量的概率分布可以利用标准正态分布（standard normal distribution）（Z 分布）来表述，使得平均数的意义可以据此进行假设检验（图 7-1）。图 7-1 当中数值轴的 +1、+2、+3 与 −1、−2、−3 即是 Z 分数。

如果正态分布的特性不存在，如样本数太小，或是总体标准差未知，则无法估计抽样分布的标准误，即无法利用中心极限定理与正态分布的概率模式来进行统计检验。但在 1908 年，一位化学工厂工程师 Gosset 推导出了小样本下的抽样分布概率模式，称为 t 检验，并以化名 Student 发表，因此又称为 Student's t 检验。t 检验是以样本的标准差来推导抽样分布的标准误差，因此不受中心极限定理总体标准差需为已知的限制，但是根据样本数的不同，分布的概率变化有所不同，因此 t 检验并不是单一一个分布，而是随着样本数（或自由度）变化而变化的一组对称分布，当样本数越大，t 检验越接近正态分布，当样本数越小，则呈现扁平化的厚尾分布（图 7-2）。

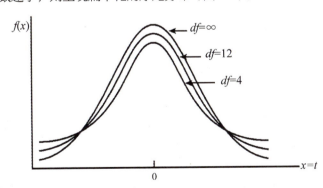

图 7-2　不同自由度下的 t 分布图示

二、统计检验的决策原则

（一）假设检验原理

在统计检验中，关键步骤是计算检验统计量（test statistics）。检验统计量的计算是将样本上所观察到的统计量（如平均数）经过特定数学转换，获得一个可以配合某一种抽样分布来检测该统计量意义的检验值（如 Z 值或 t 值），并据以决定统计假设的真伪。

不同的检验统计量具有一个共通点，就是检验统计量多为检验值与抽样误差的比值，检验值放在分子，抽样误差（标准误差）放在分母，除得的结果就是检验统计量，如果检验统计量越大，表示检验值大于随机误差值，检验值具有统计显著性（statistical significance）；相反，检验统计量越小，表示检验值没有不同于随机变化，代表检验值只是一种随机出现的状况，没有统计上的意义（不显著）。

假设真伪的检验，具体做法是假设 H_0 为真，也就是主张事件发生是一种随机状态而没有特殊现象。然后利用概率理论，计算出每一种可能的随机事件发生的概率值，借以建立一个概率分布。由于此一分布是通过概率理论建立的，因此是一种理论概率（先验概率），或称 H_0 分布。相对之下，基于 H_1 所存在的概率分布被称为 H_1 分布。假设检验的目的在于决定某一个样本统计量转换得到的检验统计量是属于 H_0 分布的一个随机观察值，还是不属于 H_0 分布，如果不属于 H_0 分布，那么就应该属于 H_1 分布。

如果检验量落入 H_0 分布的置信区间，检验结果即为 "H_0 为真"，如果检验量落入 H_0 分布置信区间以外的区域，检验结果即为 "H_0 为伪"，当 H_0 与 H_1 其中一个为真，另一个自动为伪。配合真实状况来看，假设检验所得出的统计决策结果有四种状况（表7-1）：如果真实的状况是 H_0 为真（男女生数学能力真的相同），那么做出 "H_0 为真，H_1 为伪" 的结论即是 "正确决定"，但如果结论是 "H_0 为伪，H_1 为真"，即是一种决策错误，称为一型错误（type I error）；如果真实的状况是 H_1 为真（男女生数学能力真的不同），那么做出 "H0 为伪，H_1 为真" 的结论反而是 "正确决定"，此时 "H_0 为真，H_1 为伪" 的结论即是决策错误，称为二型错误（type II error）。

在假设检验中，以 α 表示犯一型错误的概率（通常是 5%，亦即 $\alpha = 0.05$），正确接受 H_0 的正确决策概率为 $1-\alpha$，称置信水平（level of confidence），当 $\alpha = 0.05$，置信水平为 95%。二型错误概率以 β 表示，正确拒绝 H_0 的正确决策概率为 $1-\beta$，称为检验力（power）。β 的概率值必须估计才能得到，但 α 的概率值由研究者指定，由于 α 的概率决定结果是否显著，因此又称显著水平（level of significance）。

表 7-1　统计决策的四种可能结果

真实状况	统计决策	
	接受 H_0，拒绝 H_1	拒绝 H_0，接受 H_1
H_0 为真	正确决定：正确接受 H_0（置信水平；$1-\alpha$）	错误决定：错误拒绝 H_0（一型错误；α）
H_1 为真	错误决定：错误接受 H_0（二型错误；β）	正确决定：正确拒绝 H_0（检验力；$1-\beta$）

（二）临界值法则

如果有一个通过样本计算得到的统计量（如平均数），基于平均数的抽样分布可以计算出该统计量在 H_0 分布上的位置（亦即检验统计量，如 t_{obt}，下标 obt 为 obtain 的缩写，表示计算得到的数值）。当我们要决定一个 t_{obt} 是属于 H_0 分布还是不属于 H_0 分布，我们可以确定一个临界值（critical value），以 t_{cv} 表示，临界值多半是 H_0 分布的期望值的 95% 置信区间的分界点，临界值以外的区域被称为拒绝区（region of rejection）（拒绝 H_0 的区域）。在临界值之内时，我们说该统计检验值属于 H_0 分布（接受 H_0），如图 7-3 当中的 t_{obtA}。反之，在临界值之外时，我们说该统计检验值不属于 H_0 分布（拒绝 H_0），如图 7-3 当中的 t_{obtB}。此一判断方式被称为临界值比较法或临界值法则。

$$\begin{cases} 若\ t_{obt} \leq t_{cv}，则保留\ H_0 \\ 若\ t_{obt} > t_{cv}，则拒绝\ H_0 \end{cases}$$

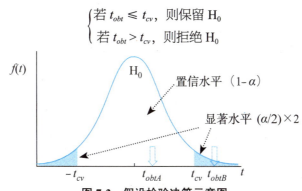

图 7-3　假设检验决策示意图

（三）尾概率法则

另一种判断法则是计算检验量的尾概率值（p）是否小于显著水平（α）。所谓尾概率（tailed probability）是指在 H_0 分布上比某个检验统计量更为极端的事件概率。当计算得到的检验统计观察值（t_{obt}）越小（越接近 H_0 分布的期望值），尾概率越大，即比 t_{obt} 更极端的事件越多，反之，当检验统计观察值（t_{obt}）越大（越偏离 H_0 分布的期望值），尾概率越小，即比 t_{obt} 更极端的事件越少。

将 t_{obt} 的尾概率值（p）与 t_{cv} 尾概率值（α）相比：如果 $p \geq \alpha$，则 $t_{obt} \leq t_{cv}$，我们会认为观察到的统计量落在 H_0 分布的置信区间内，该统计量是 H_0 分布的一个随机事件，相对地，如果 $p < \alpha$，则 $t_{obt} > t_{cv}$，我们会认为观察到的统计量落在 H_0 分布的置信区间之外，亦即该统计量不是 H_0 分布当中的一个随机事件。此一判断法则被称为尾概率比较法，或称为尾概率法则（p 法则）。

$$\begin{cases} 若\ p \geq \alpha，则保留\ H_0（不显著的结果） \\ 若\ p < \alpha，则拒绝\ H_0（显著的结果） \end{cases}$$

一般学者均将 α 水平设定为 5%，所以在学术报告上常会看到 $p < 0.05$ 以表示拒绝 H_0。在统计学上，当拒绝 H_0 时，此一假设检验的结果是显著的（significant），当保留（或称接受）H_0 时，此一假设检验的结果是不显著的（non-significant）。

（四）显著水平的决定与星星法则

由于显著水平是假设检验的判断依据，因此研究者心目中的拒绝区大小（α 概率高低）会影响假设检验接受或拒绝 H_0 的概率。如果 α 概率很大（如 $\alpha = 0.10$），检验统计量比较容易拒绝 H_0，这一 α 水平被称为宽松水平；如果 α 概率很小（如 $\alpha = 0.01$），检验统计量不容易拒绝 H_0，这一 α 水平被称为严格水平。学术上惯用 95% 置信区间、5% 拒绝区，因此 α 也就常取 0.05（5%）。一般不鼓励采用大于 0.05 的宽松水平（如 1% 就太过宽松），因为这样容易推翻 H_0，有夸大研究发现的疑虑。除非有特殊的需要（例如，当研究者被鼓励采用宽松水平以轻易推翻 H_0 时）与特殊情境（例如，当研究者有不得已的苦衷导致样本太小），研究者可能采用 $\alpha = 0.06$ 或 $\alpha = 0.10$ 的水平，但是必须在论文中特别说明理由。

当一个样本统计量被转换成检验统计观察值 t_{obt}，并进行假设检验得到 $p < 0.05$ 的结果时，我们就知道该 t_{obt} 落入拒绝区，得到一个显著的结果。此时研究者会在 t_{obt} 右侧标示一个符号 "*"，如 $t = 2.25^*$，表示该统计量尾概率低于 α，拒绝 H_0。如果采用更小的 α 水平，如 $\alpha = 0.01$，则标示为 "**"，如 $t = 3.90^{**}$。若是 $\alpha = 0.001$，则标示为 "***"，如 $t = 12.11^{***}$，此种标示法已普遍为学术界所接受，也广为统计软件采用，称星星法则（rule of star *）。

如果研究者采用异于惯例的 α 水平，如 $\alpha = 0.10$，则会标示为 "+" 等特殊符号，如 $t = 1.50^+$，而不会使用 "*" 符号，因为星星多寡已达成学术界的共识（因此常听学生开玩笑说他们的研究有几颗星，有越多星星的研究越严谨）。其次，显著性符号必须标示在统计量数值上，而非尾概率值。例如，$p = 0.045^*$ 或 $p < 0.01^{**}$ 都是错误的标示方法（因为 p 值不必标示就可见其显著与否）。

（五）单尾概率与双尾概率

值得一提的是，图 7-3 中的拒绝区标示于分布的两端，是因为研究者采取双尾假设，不仅极端值大的观察事件被视作特殊事件，极端值小的观察事件也是特殊事件，因此出现在两端点的观察值统计量均被视为特殊事件，此时所进行的假设检验也就是双尾概率的检验。此时，假设检验具有两个临界值，区隔左右两侧的拒绝区，概率值各为 $\alpha/2$，面积总和即为显著水平（α）。如果是单尾假设的假设检验，由于研究者仅关心特定大小关系的比较，特殊事件的决定仅出现在正态曲线的左侧或右侧，拒绝区与临界值仅有一个，此时所进行的假设检验即为单尾概率的检验。

值得注意的是，在运用 p 值法则进行决策时，统计软件多会预设为双尾概率，此时软件运算所提供的尾概率值 p，是取比 t_{obt} 更高及比 $-t_{obt}$ 更低的极端区域的面积和。如果研究者要改用单尾概率检验，可以直接把软件所提供的尾概率值 p 除以 2，去跟显著水平（α）相比，就可得到单尾检验的结果。

三、平均数的假设检验

（一）单总体平均数检验

当研究者关心某一个连续变量的平均数是否与某个理论值或总体平均数相符合之时，所进行的是单总体平均数检验，如某大学一年级新生的平均年龄 19.2 岁是否与全国大一新生的平均年龄 18.7 岁相同。虚无假设为样本平均数与总体平均数（或理论值）相同，或写作 $\mu = \mu_0$。

当总体的标准差已知，抽样分布标准误差可根据中心极限定理求得，且无违反正态假设之忧，可使用 Z 分布来进行检验，公式如下：

$$Z_{obt} = \frac{\overline{X} - \mu}{\sigma_{\overline{X}}} = \frac{\overline{X} - \mu}{\sigma / \sqrt{n}}$$

$$(7\text{-}3)$$

但若总体的标准差未知，则需使用样本标准差的无偏估计数来估计总体标准差。因此需使用 t 分布来进行检验，t 检验量的公式如下：

$$t_{obt} = \frac{\overline{X} - \mu}{s_{\overline{X}}} = \frac{\overline{X} - \mu}{s / \sqrt{n}} \tag{7-4}$$

（二）双总体平均数检验

当研究者关心两个平均数的差异是否存在时，是为双总体平均数检验的问题，H_0 为总体 1 平均数与总体 2 平均数相同，或写作 $\mu_1 = \mu_2$。

当双总体平均数检验所使用的样本是独立样本时，使用独立样本平均数检验，例如，某大学一年级新生男生的平均年龄 21.1 岁，是否与女生的平均年龄 19.7 岁相同。当双总体平均数检验所使用的样本是相关样本时，使用相关样本平均数检验，如某一群受试者参加自我效能训练方案前后的两次得分的自我效能平均数的比较。

独立样本 Z 检验量（总体标准差已知）与 t 检验量（总体标准差未知）的公式如下所示：

$$Z_{obt} = \frac{(\overline{x}_1 - \overline{x}_2) - \mu_{\overline{x}_1 - \overline{x}_2}}{\sigma_{\overline{x}_1 - \overline{x}_2}} = \frac{(\overline{x}_1 - \overline{x}_2) - \mu_{\overline{x}_1 - \overline{x}_2}}{\sqrt{\sigma^2 \left(\dfrac{1}{n_1} + \dfrac{1}{n_2} \right)}} \tag{7-5}$$

$$t_{obt} = \frac{(\overline{x}_1 - \overline{x}_2) - \mu_{\overline{x}_1 - \overline{x}_2}}{s_{\overline{x}_1 - \overline{x}_2}} = \frac{(\overline{x}_1 - \overline{x}_2) - \mu_{\overline{x}_1 - \overline{x}_2}}{\sqrt{s_w^2 \left(\dfrac{1}{n_1} + \dfrac{1}{n_2} \right)}} \tag{7-6}$$

其中 S_w^2 被称为方差加权估计数（weighted estimate of σ^2），用来估计总体方差 σ^2。如果两个样本的自由度相同，t 公式如下：

$$t_{obt} = \frac{(\overline{x}_1 - \overline{x}_2) - \mu_{\overline{x}_1 - \overline{x}_2}}{\sqrt{\left(\dfrac{s_1^2}{n_1} + \dfrac{s_2^2}{n_2} \right)}} = \frac{\overline{X}_1 - \overline{X}_2}{\sqrt{s_{\overline{x}_1}^2 + s_{\overline{x}_2}^2}} \tag{7-7}$$

相关样本在计算 t 值的分母项增加了对于两个样本之间协方差的处理，扣除两者重复计算的部分（以相关系数 r 表示），相关样本 t 检验值的公式如下：

$$t_{obt} = \frac{\overline{X}_1 - \overline{X}_2}{\sqrt{s_{\overline{x}_1}^2 + s_{\overline{x}_2}^2 - 2r s_{\overline{x}_1} s_{\overline{x}_2}}} \tag{7-8}$$

四、t 检验的基本假设

（一）正态性假设

基于中心极限定理，样本平均数的抽样分布为正态分布，称正态假设（assumption of normality）。当样本数不足时，抽样分布无法符合正态分布的要求，假设检验的理论根据失效。双样本平均数检验中，两个平均数来自两个样本，除了样本本身的抽样分布需为正态，两个平均数的差的抽样分布也必须符合正态分布假设。正态性的违反会导致整个统计检验的失效，所得到的结果是偏失而不可信的。

（二）方差同质性假设

独立样本 t 检验的功能在于比较不同样本的平均数差异，每一个正态化样本的平均数要能够相互比较，除需符合正态分布假设外，必须具有相似的离散状况，也就是样本的方差必须具有同质性，称为样本方差同质性（homogeneity of variance）。如果样本的方差不同质，表示两个样本在平均数差异之外，另外存有变异的来源，或是由于抽样程序的干扰，两个样本有不同的抽样特性，致使数据的离散性（以方差表示）呈现不同质的情况。方差同质性假设若不能成立，会使得平均数的比较存有混淆因素。

两个独立样本方差同质性假设是否违反，可以利用 Levene's test of homogeneity，以方差分析（F 检验）的概念，计算两个样本方差的比值。若 F 检验达到显著水平，表示两个样本的方差不同质，此时需使用校正公式来计算 t 值。

SPSS 的独立样本 t 检验提供两种 t 检验值，方差同质性假设成立时的 t 检验值与不成立时的 t 检验值。当方差同质性假设成立时，t 值依一般公式求出，自由度为整数（$N–2$），当方差同质性假设不成立时，无法估计，且自由度需进行校正。这些信息在 SPSS 报表中均会报告。

第三节　SPSS 的平均数检验范例

范例 7-1　SPSS 单一样本平均数检验

某品牌瓶装汽水标示重量为 1000 克，某位消费者觉得标示有问题，他随机挑选了 10 瓶汽水，测量内含汽水的净重，所得数据如下，请问该品牌瓶装汽水重量标示是否不实？

编号	1	2	3	4	5	6	7	8	9	10
净重	985	928	950	1010	945	989	965	1005	968	1015

【A. 操作程序】

> 步骤一：输入数据。编号与净重两变量各占一列。
> 步骤二：选取 分析 → 比较平均数法 → 独立样本 t 检验 。
> 步骤三：选择欲分析的检验变量（因变量）与分类变量（自变量）。
> 步骤四：于定义组别中输入欲进行对比的分类变量的类别。
> 步骤五：可进入 选项 设定置信区间与缺失值。
> 步骤六：按 确定 执行。

【B. 步骤图示】

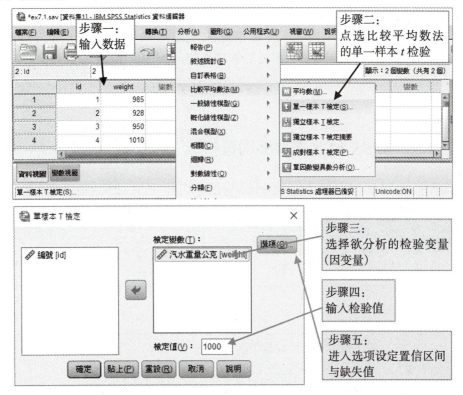

【C. 结果报表】

单一样本统计量

	N	平均值	标准差	标准误平均值
汽水重量（克）	10	976.00	29.616	9.365

> 描述统计量
> 样本统计量,包括平均数、标准差,以及用以计算 *t* 值的标准误差

单一样本检验

	检验值 =100					
					差异的 95% 信赖区间	
	t	自由度	显著性（双尾）	平均值差异	下限	上限
汽水重量（克）	−2.563	9	.031	−24.000	−45.19	−2.81

> *t* 检验结果
> *t* 值与显著性:*t*=−2.563,*p*=0.031,达 0.05 显著水平

【D. 结果说明】

　　由上述报表可知：此一单样本平均数检验的样本平均数为 976 克，$t_{(9)} = -2.563$，$p = 0.031 < 0.05$，达 0.05 显著水平，表示该品牌瓶装汽水重量标示不实，同时从样本平

均数的大小（976 克）可以看出，该品牌瓶装汽水重量标示低于标示值 1000 克，显示制造商有欺骗消费者之嫌。

如果要将检验改成单侧检验，仅需将显著性数值除以 2，亦即 0.031/2 = 0.016，然后与显著水平 0.05 相比。因为上述 SPSS 报表所列出的显著性数值是当 $t = 2.563$ 时的两侧尾概率值，如果是单侧检验，只需要其中一尾来与 $\alpha = 0.05$ 相比，即可判定是否达到 0.05 显著水平。

范例 7-2　SPSS 独立样本平均数检验

某教授同时在两个研究所教授高等统计课程，甲研究所有 10 位学生，乙研究所有 8 位学生，期末成绩如下表，请问这两个研究所的学生学习统计的成绩是否有所差异？

研究所	1	2	3	4	5	6	7	8	9	10
甲	85	82	90	90	75	88	87	85	78	82
乙	82	75	80	80	85	85	75	80		

【A. 操作程序】

> 步骤一：输入数据。所别与成绩两变量各占一列。
> 步骤二：选取 分析 → 比较平均数法 → 独立样本 t 检验 。
> 步骤三：选择欲分析的检验变量（因变量）与分类变量（自变量）。
> 步骤四：于 定义组别 中输入欲进行对比的分类变量的类别。
> 步骤五：按 确定 执行。

【B. 步骤图示】

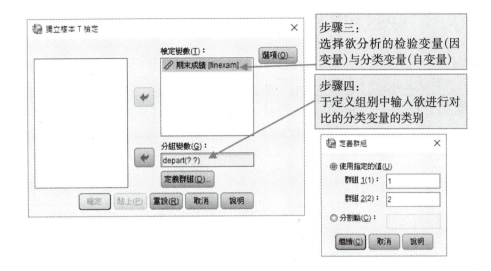

步骤三：
选择欲分析的检验变量(因变量)与分类变量(自变量)

步骤四：
于定义组别中输入欲进行对比的分类变量的类别

【C. 结果报表】

群组统计量

研究所别		N	平均值	标准差	标准误平均值
期末成绩	甲	10	84.20	4.984	1.576
	乙	8	80.25	3.845	1.359

> 方差同质性假设检验
> Levene 检验值（F 值）显示方差同质性的假设未违反

独立样本检验

		方差等式的 Levene 检验		平均值等式的 t 检验					
		F	显著性	t	自由度	显著性（双尾）	平均值差异	标准误差异	差异的 95% 信赖区间	
									下限	上限
期末成绩	采用相等方差	.875	.363	1.842	16	.084	3.950	2.145	−.597	8.497
	不采用相等方差			1.898	15.99	.076	3.950	2.082	−.463	8.363

【D. 结果说明】

　　由上述报表可以得知：两个样本的平均数为 84.20 与 80.25，方差同质性的 Levene 检验未达显著（$F = 0.875$，$p > 0.05$），表示这两个样本的离散情形无明显差别。而根据假设方差相等的 t 值与显著性，检验结果未达显著，表示两个研究所的学生在高等统计的期末成绩上并无明显差异。甲乙两个研究所学习高等统计得到的成绩并无显著差异（$t_{(16)} = 1.84$，$p = 0.084$，n.s.）。

范例 7-3   SPSS 相关样本平均数检验

某研究所 10 位学生修习某教授的高等统计课程，期中考与期末考成绩如下表，请问这两次考试成绩是否有所差异？

学生编号	1	2	3	4	5	6	7	8	9	10
期中考	78	80	90	90	70	88	82	74	65	85
期末考	84	83	89	90	78	89	87	84	78	80

【A. 操作程序】

步骤一：输入数据。将两次考试成绩以两个变量输入。

步骤二：选取 分析 → 比较平均数法 → 成对样本 t 检验 。

步骤三：选择欲分析的两个配对变量。

步骤四：按 确定 执行。

【B. 步骤图示】

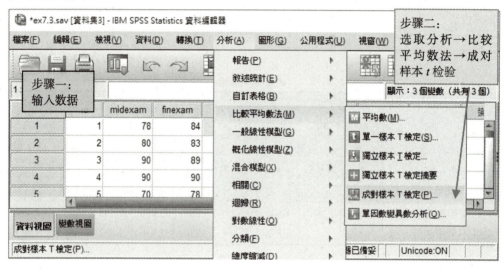

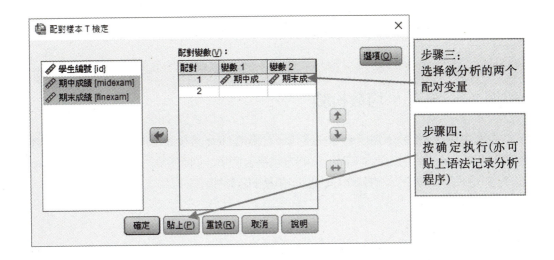

【C. 结果与解释】

成对样本统计量

		平均值	N	标准差	标准误平均值
配对 1	期中成绩	80.20	10	8.548	2.703
	期末成绩	84.20	10	4.517	1.428

> **样本相关**
> 样本的相关系数为 0.822，$p=0.004$，达显著

成对样本相关性

		N	标准差	标准误平均值
配对 1	期中成绩 & 期末成绩	10	.822	.004

> **t 检验结果**
> 两个平均数的差（−4），$t=-2.309$，$p=0.046$，达 0.05 显著水平

成对样本检验

	成对差异					t	自由度	显著性（双尾）
	平均值	标准差	标准误平均值	差异的 95% 信赖区间 下限	上限			
配对 1 期中成绩 – 期末成绩	−4.00	5.477	1.732	−7.918	−.082	−2.309	9	.046

由上述的报表可以得知：两个样本的平均数为 80.20 与 84.20，两个样本的相关系数高达 0.822（$p=0.004$）。成对样本检验的 $t_{(9)}=-2.31$，$p=0.046$，检验结果达 0.05 显著水平，亦即 $p<0.05$，表示这十位学生的两次考试成绩有显著的不同。从样本平均数大小可以看出，学生的期末考成绩（84.2 分）较期中考成绩（80.2 分）更优，显示学生的成绩有进步的趋势。

第四节　R 的平均数检验范例

范例 7-4　R 的平均数检验

在 R 中进行 *t* 检验不需要另外安装包，直接用 t.test 函数即可进行分析。若研究者想要进行 Levene 检验来评估不同组别的方差是否同质，则可安装 car 包，以 leveneTest 指令来分析即可（关于 R 的简介与功能介绍请参见本书附录）。

R 范例 7-1、7-2、7-3

```
> #Chapter 07: t-test examples
> # 安裝工具模組如果尚未安裝請先執行以下安裝程式 ( 移除 # 號後執行 )
> #install.packages("car")
>
> # 讀取資料                                        如果无法执行需自行增加
> library(foreign)                                   文件路径
> ch07ex1<-read.spss("ex7.1.sav", to.data.frame=TRUE)   # 讀取 SPSS 資料檔
> ch07ex2<-read.spss("ex7.2.sav", to.data.frame=TRUE)   # 讀取 SPSS 資料檔
> ch07ex3<-read.spss("ex7.3.sav", to.data.frame=TRUE)   # 讀取 SPSS 資料檔
> #ch07ex1 <-read.csv("ex7.1.csv", header=TRUE)         # 讀取 csv 資料檔
> #ch07ex2 <-read.csv("ex7.2.csv", header=TRUE)         # 讀取 csv 資料檔
> #ch07ex3 <-read.csv("ex7.3.csv", header=TRUE)         # 讀取 csv 資料檔
>
> #ex7.1 t-test of one-sample test
> t.test(ch07ex1[,2],mu=1000,var.equal=FALSE,pair=FALSE,
+        conf.level=.95,alternative="two.sided")        # 完整語法
> t.test(ch07ex1[,2],mu=1000)                           # 精簡語法


        One Sample t-test                      设定被检验的变量是第二列。
                                               mu=1000 则是检验比较值。
data:  ch07ex1[, 2]
t = -2.5626, df = 9, p-value = 0.03056
alternative hypothesis: true mean is not equal to 1000
95 percent confidence interval:
 954.8139 997.1861                             检验结果与前文相同
sample estimates:
mean of x
      976


>
> #ex7.2 t-test of independent-sample test
> library(car)
Loading required package: carData
> leveneTest(ch07ex2[,2]~ch07ex2[,1], center ='mean' )   # 執行 Levene 檢定

 Levene's Test for Homogeneity of Variance (center = "mean")
       Df F value Pr(>F)
 group  1  0.8751 0.3635
       16
```

```
> t.test(ch07ex2[,2]~ch07ex2[,1])          #執行變異未相等獨立雙樣本 t 檢定
```

语法中无 var.equal=？视为方差不同质，
预设值为 var.equal=F，亦即方差不同质

```
        Welch Two Sample t-test

data:  ch07ex2[, 2] by ch07ex2[, 1]
t = 1.8977, df = 15.992, p-value = 0.07594
alternative hypothesis: true difference in means is not equal to 0
95 percent confidence interval:
 -0.4627651  8.3627651
sample estimates:
mean in group 甲 mean in group 乙
          84.20           80.25
```

检验结果与前文相同

语法中 var.equal=T，
亦即假设方差同质

```
> t.test(ch07ex2[,2]~ch07ex2[,1],var.equal=T)  #執行變異相等獨立雙樣本 t 檢定
```

```
        Two Sample t-test

data:  ch07ex2[, 2] by ch07ex2[, 1]
t = 1.8417, df = 16, p-value = 0.08413
alternative hypothesis: true difference in means is not equal to 0
95 percent confidence interval:
 -0.5966131  8.4966131
sample estimates:
mean in group 甲 mean in group 乙
          84.20           80.25
```

假设方差同质时自
由度为 $N-2$

检验结果与前文相同

语法中的 pair=T 表示配对样本，
预设值为 pair=F，亦即独立样本

```
>
> #ex7.3 t-test of dependent-sample test
> t.test(ch07ex3[,2],ch07ex3[,3],pair=T)    #執行相依雙樣本 t 檢定
```

指定比较的两组数据
分别为 ch07data3 数据集当中的第
二列与第三列，第一列是 ID 变量

```
        Paired t-test

data:  ch07ex3[, 2] and ch07ex3[, 3]
t = -2.3094, df = 9, p-value = 0.04628
alternative hypothesis: true difference in means is not equal to 0
95 percent confidence interval:
 -7.91817114 -0.08182886
sample estimates:
mean of the differences
                      -4
```

检验结果与前文相同

```
>
```

第八章 平均数的方差分析：ANOVA

第一节 基本概念

在统计学上，平均数检验有多种不同的形式，主要的差别在于用来分组的类别变量数目与各变量中的水平数（组数）。当只有一个类别变量存在，且该类别变量是只有两个水平的二分变量时，平均数的差异检验称双总体平均数检验，适用 t 检验，如比较智商在性别上的差异、两种教学方法的效果、两种生产过程的效率、两个群体的所得差异等。但如果类别变量的内容超过两种水平，统计检验要比较的总体数目超过两个，此时一次只能比较两个平均数的 t 检验即不适用，而需要一种能同时对两个以上的样本平均数差异进行检验的方法，称方差分析（analysis of variance，ANOVA）。

方差分析是社会与行为科学最常使用的统计方法之一。同时由于研究设计的差异，方差分析有多种不同的变体，可以称为方差家族，如表 8-1 所示。例如，当研究者所使用的自变量只有一个，是为单因子方差分析（oneway ANOVA），研究者所关心的是一个自变量对因变量平均数的影响；如果研究者想同时考虑多个类别变量（多个自变量），同时检测多个平均数的差异，此时需使用多因子方差分析（factorial analysis of variance）。

除了因子数的多寡，由于研究样本有独立样本设计与相关设计之分，使得单因子与多因子方差分析可依样本的独立与相关性再区分为不同的形式。进一步地，有时研究必须针对某一个连续变量进行统计控制，去除第三个变量的混淆效果，而需使用协方差分析的概念。

而因变量数目的增加也使得方差分析有不同的应用，称多变量方差分析（multivariate analysis of variance），属于多变量统计的一部分。本章先介绍单因子方差分析的相关内容（包括事后多重比较与协方差分析），较复杂的多因子设计的方差分析将于下一章讨论。

表 8-1 方差分析家族一览表

研究设计形态	自变量特性	英语简称
单因子设计 ONEWAY ANOVA（Analysis of Variance）		
独立样本设计	1 个自变量	Oneway ANOVA
相关样本设计	1 个自变量	Oneway ANOVA（配对样本或重复量数设计）
相关样本设计	1 个自变量（具顺序或时间性）	Trend（趋势分析：探讨平均数的变动趋势）
双因子设计 FACTORIAL ANOVA		

研究设计形态	自变量特性	英语简称
完全独立样本设计	2个自变量独立	2-way ANOVA
完全相关样本设计	2个自变量相关	2-way ANOVA
相关与独立样本混合设计	1个自变量独立 1个自变量相关	2-way ANOVA mixed design （配对样本或重复量数设计）
三因子（或多因子）设计 FACTORIAL ANOVA		
完全独立或相关设计	皆独立或皆相关	3-way ANOVA
相关与独立样本混合设计	多个自变量独立 1个自变量相关	3-way ANOVA mixed design （配对样本或重复量数设计）
协方差设计 ANOCVA（Analysis of Covariance）		
单因子协方差设计 （独立或相关样本）	1个自变量 1个或多个协变量	Oneway ANOCVA
多因子协方差设计 （完全独立或混合设计）	1个或多个协变量 多个自变量	Factorial ANOCVA
多变量方差分析 MANOVA（Multivariate Analysis of Variance）		
单因子多变量设计 （独立或相关样本）	1个自变量	Oneway MANOVA
多因子多变量设计 （完全独立或混合设计）	多个自变量	Factorial MANOVA
单因子多变量协方差设计 （独立或相关样本）	1个自变量 1个或多个协变量	Oneway MANOVA with covariates
多因子多变量协方差设计 （完全独立或混合设计）	多个自变量 1个或多个协变量	Factorial MANOVA with covariates

■ 研究实例

现在我们以一个实际的例子来说明 ANOVA 的分析。某运动心理学家忧心现代人运动不足且作息不正常的情况将对身体健康造成相当大的不良影响，想要推广运动有助于睡眠的概念。他主张"运动有助于睡眠"，因此设计了一个研究，探讨运动量多寡对睡眠的影响。他征召了 36 位大学生参加实验，这 36 位学生被随机分配到重、中、轻度运动量的三个组别，并计算一周内晚上的睡眠的平均时间，如表 8-2 所示。

此范例是一个典型的单因子设计实验，自变量为运动量，含有三个水平（重、中、轻）。从 36 个同学的原始数据中，可以计算出四个平均数：三个组平均数 $\overline{Y}_1$、$\overline{Y}_2$、$\overline{Y}_3$ 与一个总平均数（grand mean，以 $\overline{Y}_0$ 表示）。方差分析所要检验的就是这三个组平均数的差异是否具有统计意义，如果组平均数的差异具有统计意义，那么即可推翻虚无假设："重、中、轻三种不同运动量的受测者，其睡眠时间相同"，或 $H_0: \mu_1 = \mu_2 = \mu_3$。

表 8-2　运动量对睡眠影响的研究数据

轻度组		中度组		重度组	
6.5	7.1	7.4	7.4	8.0	8.2
7.3	7.9	6.8	8.1	7.7	8.5
6.6	8.2	6.7	8.2	7.1	9.5
7.4	7.7	7.3	8.0	7.6	8.7
7.2	7.5	7.6	7.6	6.6	9.6
6.8	7.6	7.4	8.0	7.2	9.4
$\overline{Y}_1 = \sum Y_{1j}/n_1 = 7.32$		$\overline{Y}_2 = \sum Y_{2j}/n_2 = 7.54$		$\overline{Y}_3 = \sum Y_{3j}/n_3 = 8.18$	
$\overline{Y}_0 = \sum Y_{ij}/N = 7.68$					

第二节　方差分析的统计原理

 一、基本原理

平均数假设检验的操作是根据样本的统计数来推定总体平均数之间是否有显著的差异。前面所提到的 t 检验虽可比较两个平均数的差异，但是无法处理三个或三个以上平均数的比较。当我们有三个以上的平均数需比较时，可计算这些平均数的方差，然后利用 F 检验来检验该"平均数的方差"的统计显著性，此即为方差分析。

如不采用方差分析，而以最直观的方法将各平均数进行两两比较，分别进行多次 t 检验，会有两个重大的问题。第一是一型误差膨胀问题，因为需进行多次检验，研究者错误推翻虚无假设的概率（一型错误；type I error）也就倍增，如果单一的 t 检验的显著水平 α 设为 5%，三次比较的一型错误概率将跃升至 15%。

其次，使用多次 t 检验来检验三个以上平均数的差异的问题还有忽视多个平均数整体效果（overall effect）的检验。虽然三个样本平均数代表三个可能存在的总体，但是在对立假设（三个样本平均数代表三个不同总体的确存在 $H_1: \mu_1 \neq \mu_2 \neq \mu_3$）的显著性被证明之前，我们应相信三个不同的水平所测得的三个平均数来自同一个总体（$H_0: \mu_1 = \mu_2 = \mu_3$）。一个类别变量的三个样本平均数代表该类别变量的三个不同水平，三个不同水平的整体效果被称为主要效果（main effect），分析时不应被切割比较。但是一旦主要效果的整体效果检验被证明具有显著差异，可进一步针对不同水平的两两配对关系进行细致的讨论，也就是所谓事后比较的概念。

二、方差的计算与拆解

方差分析的目的在于同时处理多个平均数的比较，主要的原理是将全体样本在因变量 Y 的得分变异情形就"归因于自变量影响的变异"与"归因于误差的变异"两个部分分别加以计算。将总离散量数拆解成自变量效果（组间效果）与误差效果两个部分，再加以比较。

就各组而言，每一个受测者在因变量的得分可以写为该组平均数 $\overline{Y}_j$ 加上一个个别差异 ε_{ij}（即为误差）。误差项服从正态分布（平均数为 0，方差为 σ^2）。下标 i 表示组内的人数编号，$i = 1, \ldots, n$，下标 j 表示组别编号，$j = 1, \ldots, k$），以线性方程式描述如公式 8-1 所示：

$$Y_{ij} = \overline{Y}_j + \varepsilon_{ij} = \overline{Y}_G + (\overline{Y}_j - \overline{Y}_G) + \varepsilon_{ij} = \mu + \alpha_j + \varepsilon_{ij} \qquad (8\text{-}1)$$

上式中的 μ 即是总平均数，α_j 为各组与总平均数的差异，表示各组平均数偏离总平均数的程度，α_j 为正时表示组平均数高于总平均数，α_j 为负时表示组平均数低于总平均数，α_j 总和为 0（$\sum \alpha_j = 0$）。但如果各组的 α_j 取平方后加总（即离均差平方和），即可用来表示自变量对因变量的影响大小。

以三种运动量（重、中、轻）对大学生睡眠时数的影响为例，运动量（自变量 A）的三个样本所计算出的平均数（$\overline{Y}_1$、$\overline{Y}_2$、$\overline{Y}_3$）是实验者最关心的差异所在，利用<u>离均差平方和（SS）</u>的概念，这 $\overline{Y}_1$、$\overline{Y}_2$、$\overline{Y}_3$ 三个数值可计算出组间平均数离均差平方和 SS_b。各项离均差平方和与自由度如下：

$$SS_b = \sum n_j (\overline{Y}_j - \overline{Y}_G)^2 \qquad df_b = k - 1 \text{（}k\text{ 为水平数）} \qquad (8\text{-}2)$$

$$SS_w = \sum (Y_{ij} - \overline{Y}_j)^2 \qquad df_w = N - k \text{（}N\text{ 为总样本数）} \qquad (8\text{-}3)$$

$$SS_t = \sum (Y_{ij} - \overline{Y}_G)^2 \qquad df_t = N - 1 \qquad (8\text{-}4)$$

值得注意的是，由于 $\overline{Y}_1$、$\overline{Y}_2$、$\overline{Y}_3$ 三个数值是样本平均数，每一个平均数实际上是由该样本所有的受试者计算而得，因此 SS_b 的计算公式需以各组样本 n_j 进行加权，得到 SS_b（公式 8-2）。其值大小代表自变量的影响（实验效果）。

同一组的受试者在睡眠时数上的差异或离散情况反映的是随机波动的误差。也就是说，每一个实验组内受试者分数的离散分布并未受到类别变量（自变量）的影响，纯粹是随机误差，以公式 8-3 加总后，即为组内离均差平方和（SS_w）。

此外，如果直接用 36 位学生（全体受试者）的分数与总平均数的距离平方来计算离散量数，可以得到全体样本的总离均差平方和（SS_s），如公式 8-4 所示。这三组离散量数的关系为：总离均差平方和 = 组间离均差平方和 + 组内离均差平方和。以符号表示如下：

$$SS_t = SS_b + SS_w \qquad df_t = df_b + df_w$$

若将 SS_b 与 SS_w 分别除以自由度，得到均方 MS_b 与 MS_w，两者比值称 F 比（F ratio），其抽样分布为 F 分布，利用 F 分布所进行的检验为 F 检验。

F 分布最早由 Fisher 于 1924 年推导得出，1934 年 Snedecor 将此比值分布定名为 Fisher 的缩写 F 分布以推崇其贡献。F 量数是自由度为 v_1 与 v_2 的两个卡方变量的比值，以 $F(v_1, v_2)$ 表示，当自由度小时，F 分布呈现正偏态，自由度越大，越接近正态分布，如图 8-1 所示。

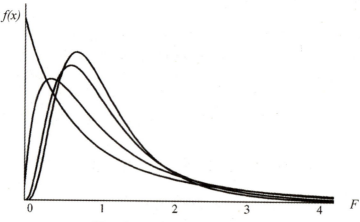

图 8-1 不同自由度的 F 分布图示

事实上，SS 除以自由度 df 所得到的均方值即是方差。s_b^2 为组间方差，s_w^2 为误差方差，F 值即是组间变异与误差变异的比值。

$$F = \frac{MS_b}{MS_w} = \frac{SS_b/df_b}{SS_w/df_w} = \frac{\hat{\sigma}_b^2}{\hat{\sigma}_w^2} = \frac{s_b^2}{s_w^2} \tag{8-5}$$

F 值越大，表示研究者关心的组平均数的分散情形较误差变异来得大，若大于研究者设定的临界值，研究者即可获得拒绝虚无假设、接受对立假设的结论。上述各项公式的内容，列举于表 8-3。

表 8-3 独立样本单因子方差分析摘要表

变异来源	SS	df	MS	F	EF
组间	SS_b	$k-1$	SS_b/df_b	MS_b/MS_w	$SSb/(SS_b+SS_w)$
组内（误差）	SS_w	$N-k$	SS_w/df_w		
全体	SS_t	$N-1$			

注：自由度当中的 k 为自变量的组数，N 为总样本数。EF 为效果量。

以运动量的研究为例，以 SPSS 分析得到的结果见表 8-4。总变异量（21.042）为组间方差（4.754）与组内方差（16.288）之和，自由度为 2 与 33，转换成均方后，取组间与组内的比值得到 $F = 4.816$，显著性 $p = 0.015$ 小于 0.05，表示 F 值达显著。因此得到拒绝虚无假设的结论，也就是说，体育心理学家的立论有了实验的具体依据了。

表 8-4 单因子方差分析摘要范例

因变量：睡眠时数

来源	类型 III 平方和	自由度	均方	F	显著性	Partial EtaSquared
group	4.754	2	2.377	4.816	.015	.226
误差	16.288	33	.494			
修正后总数	21.042	35				

三、相关样本的方差分析

上节中，36 位学生被随机分配到三个实验组，每一个实验组的学生都是不同的，也就是说，自变量的三个不同类别（或水平）的分数，由不同的样本求得，称独立样本设计。如果三个类别的分数，由同一群样本（重复量数设计）或是具有配对关系的样本（配对样本设计）计算，每一个分数的变异来源，除去自变量的效果（组间）以及随机误差的效果（组内），增加了一项归因为受试者重复使用或配对使用的个别差异效果（受试者间）（between subject，b.s），称相关样本设计。

以本研究为例，如果体育心理学家为了减少受试者数量，只找了 12 位学生，这 12 位学生第一阶段先以轻度运动量来实验，测量睡眠时间，再进行第二阶段的中度运动量实验，得到第二次睡眠时数，以及进行第三阶段的重度运动量活动，测得第三次的睡眠时数。同一组人实施了三次测量，为典型的重复量数设计。而 12 位学生可以得到 12 个个人平均数，这 12 个平均数的波动，属于一种特殊的波动，应与组内变异有关，而与组间平均数的变动无关。也就是说组内变异中，除随机误差之外，还存在因某特定个人或特定配对实施多次测量的系统性误差（b.s），$SS_w = SS_{b.s} + SS_r$。组内自由度为 $df_w = pk - k = df_{b.s} + df_r$。其中 p 为受试者人数，$p \times k$ 为总观察频数。相关样本的总离均差拆解公式为 $SS_t = SS_b + SS_{b.s} + SS_r$，方差分析摘要表如表 8-5 所示。

表 8-5　相关样本单因子方差分析摘要表

变异来源	SS	df	MS	F	EF
组间	SS_b	$k-1$	SS_b/df_b	MS_b/MS_r	$SS_b/(SS_b+SS_r)$
组内（误差）	SS_w	$pk-k$			
受试者间 b.s	$SS_{b.s}$	$p-1$			
残差	SS_r	$(p-1)\times(k-1)$	SS_r/df_r		
全体	SS_t	$N-1$			

注：p 为受试者人数，k 为自变量的组数，N 为总样本数，EF 为效果量。

第三节　ANOVA 的基本假设与相关问题

由本章的介绍可知，方差分析的统计原理以因变量的变异量拆解为核心，因此 ANOVA 的正确应用涉及几个基本的统计假设。

一、方差分析的重要假设

（一）正态性假设

ANOVA 与 t 检验一样，因变量都是连续变量，因此 ANOVA 也必须在因变量呈现正态化的前提下进行检验。更具体他说，方差分析是将因变量的变异拆解成组间与组内变异，组间变异反映的是自变量效果，在特定的实验中为恒定值，因此没有分布可言，但是组内变异反映了误差，是一个随机变量，其分布应为以 0 为平均数的正态分布，如果假设误差项需为正态，即表示因变量也需为正态分布。如果误差正态假设被违反，最直接的影响是一型错误率扩增的问题，此时宜将 α 调整得更为严格，以避免过高的一型错误。

（二）可加性假设

ANOVA 的另一个基本假设是方差的拆解必须在一个合理的基础上进行，也就是各拆解项具有独立、直交的特性，因此可以进行加减乘除四则运算，称可加性假设（additivity）。在多因子方差分析中，各效果项之间未必完全独立，而带有若干的相互关联，也因此衍生出型Ⅰ、Ⅱ、Ⅲ、Ⅳ平方和的概念，以处理可加性问题。因此在处理多因子方差分析时，需注意可加性问题的影响。

（三）同质性假设

ANOVA 与 t 检验相似，目的在于比较不同样本的平均数差异，每一个正态化样本的平均数要能够相互比较，必须具有相似的离散情况，也就是总体的方差必须具有同质性，称方差同质性假设（homogeneity of variance）或等分散性假设（或称方差齐性，homoscedasticity）。如果各个样本的方差不同质，表示各个样本在平均数差异之外，另外存在非随机的变异来源，致使方差呈现不同质的情况。各组的方差必须相近，如此才能确保平均数的差异是反映各组本质上类似但平均数不同的样本集中趋势状态的差异。方差同质性假设若不能成立，会使得平均数的比较存有混淆因素。

二、实验、族系与比较错误率

在统计检验中，一型错误概率的设定可以分为实验、族系与比较三种类型。所谓实验错误率（experiment-wise error rate，EWE），是指统计的决策是在整个实验的一型错误率维持一定（如 0.05）的情况下，导出的各次决策所犯的一型错误的概率。其次，族系错误率（family-wise error rate，FWE）则是将每一个被检验的效果（如主要效果、交互效果）的统计检验的一型错误率维持不变，导出各次决策所犯的一型错误的概率。至于比较错误率（comparison-wise error rate），则是对每一次统计检验设定一型错误率，均有相同的犯一型错误的概率。ANOVA 优于 t 检验之处，即是 ANOVA 采用实验错误率或族系错误率来进行统计检验，确保一型错误率能维持在一定水平；相比之下，多次 t 检验则是以比较错误率为基础的统计检验。

当使用实验或族系错误率时，为了维持整体的 α 水平为 0.05，必须降低各次检验的

α 水平。如果今天只有一个自变量的单因子 ANOVA，实验错误率与族系错误率的计算方法则相同，因为只有一个因子，整个实验所发生的差异即是该因子族系的差异。但是如果是多因子 ANOVA，一次实验只有一个实验一型错误率，但是却有多组族系错误率的计算方法。例如，一个 A×B 的双因子 ANOVA，即有 A、B、A×B 三组族系错误率，在三组效果之下所进行的多重比较必须以族系错误率来设定每一次比较的 α 水平。例如，一个四个水平的主要效果 F 检验显著之后，必须进行 $C_2^4 = 6$ 次的配对比较，此时，计算特定族系错误率之下各次检验的 α 水准的公式如下：

$$\alpha_{FW} = 1 - (1 - \alpha)^j \qquad (8\text{-}6)$$

上式中，j 为进行比较的次数，α 为单一检验的 α 水平。如果一个实验需进行 10 次多重比较，整个族系的显著水平要维持在 0.05，那么单一比较的显著水平 α 计算方式为 $0.05 = 1 - (1-\alpha)^{10}$，$\alpha = 0.0051$。另一种快速算法是将水平除以比较次数 j，$\alpha = \alpha_{FW}/j = 0.05/10 = 0.005$，得到的数值会近似于前述公式的数据（称 Bonferroni 程序）。

三、实务显著性：效果量

效果量（effect size）是指自变量对因变量的影响力强度。在方差分析当中，F 检验作为一个整体检验，目的在于检验自变量效果的统计显著性（statistical significance），也就是基于概率理论的观点，说明自变量效果相对于随机变化的一种统计意义的检验。然而，F 检验虽可决定自变量的统计意义，但是却无法说明自变量效果在实务上的意义与价值。此时，需仰赖效果量来反映自变量效果在真实世界的强度意义，即一种实务显著性（practical significance）或临床显著性（clinical significance）的指标。

最直观的效果量指标是取平均数的差异量。平均数间差异越大，表示自变量的强度越强，称 D 量数（Cohen，1988）：

$$D = \frac{\mu_1 - \mu_2}{\sigma_\varepsilon} \qquad (8\text{-}7)$$

如果组数大于 2，可使用 ω^2（omega squared）量数来描述自变量的效果强度。ω^2 量数为组间变异与总变异的比值，表示因变量变异量能被自变量解释的百分比，亦即自变量与因变量的关联强度。

$$\omega^2 = \frac{\sigma_\alpha^2}{\sigma_\alpha^2 + \sigma_\varepsilon^2} \qquad (8\text{-}8)$$

ω^2 数值介于 0 到 1 之间，越接近 1 表示关联越强，但 ω^2 的数值分布是一个以 0.05 到 0.06 为众数的正偏态分布，ω^2 达到 0.1，即属于高强度的自变量效果，一般期刊上所发表的实证论文的 ω^2，也仅多在 0.06 左右。Cohen（1988）建议如下的 ω^2 判断准则：

$$0.059 > \omega^2 \geq 0.01 \qquad \text{低度关联强度}$$
$$0.138 > \omega^2 \geq 0.059 \qquad \text{中度关联强度}$$
$$\omega^2 \geq 0.138 \qquad \text{高度关联强度}$$

SPSS 软件所提供的效果量为 η^2（eta squared）量数，从计算公式来看，η^2 即是回归

分析当中的 R^2，除作为 X 对 Y 解释强度的指标外，其经常也被视为效果量的指标，如公式 8-9 所示：

$$\hat{\eta}^2 = \frac{SS_b}{SS_t} \tag{8-9}$$

在 SPSS 软件中，以一般线性模式所计算得到的 ANOVA 分析结果可以输出关联强度，称净 η^2（partial η^2），如果在只有一个因子的 ANOVA 中，净 η^2 并没有任何的排除程序，但是在多因子 ANOVA 中，净 η^2 表示扣除了其他效果项的影响后的关联强度量数。根据 Cohen（1988），η^2 的判断准则与 ω^2 相同：

$$0.059 > \eta^2 \geq 0.01 \qquad 低度关联强度$$
$$0.138 > \eta^2 \geq 0.059 \qquad 中度关联强度$$
$$\eta^2 \geq 0.138 \qquad 高度关联强度$$

四、型 I 至型 IV 平方和问题

在多因子方差分析中，因变量的总变异量被拆解成组间（SS_b）与组内（SS_w）两大部分，SS_b 又可分为不同因子的效果与交互效果，例如，当我们有 A 与 B 两个因子，SS_b 则可分成 SS_A、SS_B 与 SS_{AB}，这三个部分并非直交、相互独立的元素，因此在计算 SS 的数值时，因为考虑了相互关联或是各组人数是否相等的问题，分成型 I 到型 IV 四种模式。在单因子 ANOVA 中，四种 SS 并无差异，但是当 ANOVA 趋于复杂时（如 ANCOVA），不同形式的 SS 差异可能对检验结果造成影响，值得注意（在 SAS 软件中，四种 SS 均会列出给读者参考，SPSS 则是以型 III 平方和为默认选项。不检查此一设定，往往以型 III 平方和来进行检验，可能会得出错误的结论）。

（一）型 I 平方和

型 I 平方和（SS-1）以阶层化拆解（hierarchical decomposition）原理来计算 SS，每一个变异源的 SS 在计算时，会针对模型中已存在的其他变异源而加以调整。因此，最早进入模型的变异源，不因任何其他变异源而被调整，因为模型中仅有该项变异源。后续进入模型的变异源，则会排除先进入模型的效应，得到净平方和（partial sum of square），亦即一种边际影响力。一般应用于协方差分析（ANCOVA）、多项式回归模式、纯嵌套模式（purely nested model）等。

（二）型 II 平方和

型 II 平方和（SS-2）是指当某一个变异源的 SS 在计算时调整了模型当中其他与该变异源无关联的变异源的关系。例如，在三因子分析中，SS_A 的计算排除了 SS_{AB}、SS_{AC} 与 SS_{ABC} 以外的其他变异源的关系。然而型 II 平方和并不适合处理多因子 ANOVA，当因子数越多，各层次的效应相互关系复杂，以 SS-2 处理效应关系时，排除后的效果不易解释。因此 SS-2 仅适用于只有主要效果（没有交互效果）的方差分析模型。SS-2 可以让研究者得知某一个变异源在排除所有效应后的净效果，在特殊情况下可以使用，如特殊的嵌套模型。

（三）型Ⅲ平方和

型Ⅲ平方和（SS-3）是最常用的平方和公式，也是 SPSS 默认的公式。型Ⅲ平方和指当某一个变异源的 SS 在计算时，调整了它与模型当中其他所有变异源的关系，可以说是最严格的控制关系。也因此，适用于型Ⅰ与型Ⅱ的研究设计，可以利用 SS-3 得到最大排除效果的结果，得到的 *SS* 值通常会最低。适合对于各组人数不等时的不平衡 ANOVA 分析，可以将各单元格人数差异的影响降至最低，因此在实务上，ANOVA 多以 SS-3 来处理平方和的估计。换句话说，SS-3 可以将各变异源的影响力出于样本不同的干扰加以排除，是一种加权调整的作用，在解释效应时的合理性较高。尤其是非实验设计的 ANOVA，单元格样本数多不相等，应以 SS-3 来进行方差的估计。

（四）型Ⅳ平方和

型Ⅳ平方和（SS-4）的特色是可以适用于 ANOVA 当中存在着缺失单元格（空白单元格）（missing cell）的情况。所谓缺失单元格的问题，是指多因子交互影响的各单元格中，有某一个单元格完全没有数据时，会造成变异量计算的缺失值。在进行多因子方差分析时，容易发生此一现象，因为因子数越多，单元格越多，越可能出现空白单元格。当出现了缺失单元格时，以型Ⅰ、Ⅱ、Ⅲ来计算 SS 会产生低估的现象。在缺失单元格出现时，SS-4 可以估计缺失单元格的影响，其原理是利用缺失以外的单元格的对比加以估计，然后平均分配到较高阶变异源，使得其他未缺失单元格的变异源得以补入 SS 当中，进行估计时较为合理。在没有缺失单元格时，SS-4 等于 SS-3。

第四节　多重比较：事前与事后检验

方差分析 *F* 检验值达显著水平，即推翻了平均数相等的虚无假设，亦表示至少有两组平均数存在显著差异。但是究竟是哪几个平均数之间显著不同，必须进一步进行多重比较（multiple comparison）来检验。如果多重比较在 *F* 检验之前进行，称事前比较（priori comparison），在获得显著的 *F* 值之后所进行的多重比较，称事后比较（posteriori comparison）。多重比较的进行有多种不同的方式，每一种方法的时机与特性均有所不同。SPSS 提供了方差同质与不同质情况下的两大多重比较技术，方法的选择需视不同的统计条件而定。

一、事前比较

事前比较又称计划比较（planned comparison），是指在进行研究之前，研究者基于理论的推理或个人特定的需求，事先另行建立研究假设，以便能够进行特定的两两样本平均数的检验，而不去理会所有平均数整体性的比较。因此，事前比较所处理的是个别比较的假设检验，在显著水平的处理上，属于比较面显著水平，而不需考虑实验面的显著水平。

事实上，事前比较即是应用 t 检验针对特定的水平进行平均数差异检验。除了在研究进行之初即应先行提出特殊的研究假设，在统计软件中也可以利用对比（contrast），设定特殊的线性组合模式，来检验特定因子水平平均数之间的差异。但是由于执行多次比较会增加一型误差的概率，因此当比较次数增加，一型错误率必须采用更严格的标准。一般做法是采用 α/k，α 为研究者想要维持的总体一型错误率（族系错误率），k 为比较次数，如此将可使得整体的一型错误率维持在 α 水准。如果是双尾 t 检验，作为双尾临界值的 $t_{\alpha/2}$ 改为 $t_{\alpha/2k}$ 即可，此一多重比较策略称为 Bonferroni 多重比较。

另一种常用于事前比较的程序是 Holm 多重比较，其做法是将 k 次比较得到的 t 值依其绝对值大小排列，逐一检视其显著性。t 值绝对值最大者以 $t_{\alpha/2k}$ 临界值为显著与否的比较基准，t 值绝对值次大者以 $t_{\alpha/[2(k-1)]}$ 临界值为比较基准，以此类推。Holm 和 Bonferroni 程序都将犯族系错误率的机会控制在 α 水平，但 Holm 程序采用相对宽松的临界值，较 Bonferroni 程序更容易拒绝虚无假设，统计检验力较佳。

二、事后比较

（一）方差同质假定未被违反的多重比较

1. LSD 法

多重比较多运用差距检验法（studentized range test）原理进行。从其字面来看，即知与 t 检验原理类似，其以平均数差异的检验为主要策略，此法为 Fisher 所发展，又称最小显著差异法（least significant difference，LSD）。检验公式如下，自由度为（$N–p$）：

$$t = \frac{\overline{Y}_j - \overline{Y}_k}{\sqrt{MS_w\left(\frac{1}{n_j} + \frac{1}{n_k}\right)}} \qquad (8\text{-}10)$$

由公式 8-10 可知，LSD 法是以 F 检验的变异误差作为分母项，纳入所有水平下的合成误差，而不是像双样本 t 检验那样仅考虑两个组的误差。换句话说，t 检验的合成标准误由 F 检验的组内均方和代替，这是假设各组方差均同质的情况下的估计数，因此，LSD 法又称 Fisher 担保 t 检验（Fisher's protected t-test），表示 t 检验是在 F 检验达到显著之后所进行的后续检验，同时也在 F 检验的误差估计下进行。然而，LSD 法虽在变异误差的估计上进行了处理，但存在一个缺点，即并没有因为是多次的比较而调整检验的观察显著水平（p），因此可以说是较为粗糙的多重比较程序。

2. HSD 法

Tukey 首先提出了在正态性、同质性假设成立下，各组人数相等的一种以族系错误率的控制为原则的多重比较程序，称诚实显著差异（honestly significant difference）。所谓诚实，就是在凸显 LSD 法并没有考虑到实验与族系面误差的问题，暗指 Fisher 的检验有欺骗之嫌。其后 Kramer 则将 Tukey 的方法加以延伸至各组样本数不相等的情况，由于原理相同，故合称为 Tukey-Kramer 法。Tukey 与 Kramer 的计算原理是以 Q 分数来进行，当两组样本相等时，分母即为 MS_w 除以组样本数 n。当 Q_{obt} 显著，即表示两个平均数具有显著差异。

$$Q = \frac{\overline{Y}_j - \overline{Y}_k}{\sqrt{\dfrac{MS_w}{2}\left(\dfrac{1}{n_j} + \dfrac{1}{n_k}\right)}}$$ （8-11）

Q 分数所形成的分布被称为 Q 分布，其概率分布变化与 t 分布相似，但是 Q 分布形状不仅随自由度的改变而改变，亦会随平均数个数的不同而改变。HSD 值由于参考了 Q 分布，因此可以将一型错误以实验面误差概率处理，但是代价是检验力降低。以 HSD 法所得到的显著性，会比没有考虑一型错误膨胀问题的检验方法高（如若比较次数为三次，HSD 的 p 值为会是 LSD 法的三倍），不容易拒绝 H_0。

3. Newman-Keuls 法（N-K 法）

Newman 和 Keuls 发展出一种与 HSD 法相似的检验程序，唯一不同的是临界值的使用，N-K 法将相比较的两个平均数在排列次序中相差的层级数 r（the number of steps between ordered mean）作为自由度的依据，而非 HSD 的平均数个数 k。由于此法也是利用 t 检验原理，因此在 SPSS 中被称为 S-N-K 法（Student-Newman-Keuls 法）。

S-N-K 法对于每一组平均数的配对比较，基于层级数的不同，临界值即不同，其事后比较的意义在于维系每一组个别比较一型错误的一致，也就是比较面错误的策略。在 LSD 与 HSD 法中，临界值只有一个，同时也是 S-N-K 法下数个临界值中的最大者（层级数 r 的最大者为 k），但是 N-K 法的临界值则有多个，因此 HSD 法对于平均数配对差异检验较 N-K 法更严格，不容易拒绝 H_0，导致统计检验力较弱。

4. 雪费法（Scheffe's methed）

前面几种方法均适用于每一组样本人数相同的情况，但是当各组人数不相等时，每次比较的检验力则有所不同，导致不显著的统计结果可能不是因为平均数差异不够大，而是检验力不足所造成，因此，多重比较必须能够针对各组不同的人数加以处理。

雪费法与其他多重比较方法不同的是，雪费提出了以 F 检验为基础的 n 不相等的多重比较技术。由于直接采用 F 检验，因此 Scheffe 法无需使用其他的查表程序，在使用上非常方便，因此广为使用。公式如下：

$$F = \frac{\dfrac{(\overline{Y}_j - \overline{Y}_k)^2}{p-1}}{MS_{within}\left(\dfrac{1}{n_j} + \dfrac{1}{n_k}\right)}$$ （8-12）

此法对分布正态性与方差同质性两项假定的违反颇不敏感，且所犯一型错误概率较低。可以说是各种方法中最严格、检验力最低的一种多重比较。Cohen（1996）甚至认为 Scheffe 执行前不一定要执行 F 整体检验，因为如果 F 检验不显著，Scheffe 检验亦不会显著，但是如果 F 整体检验显著，那么 Scheffe 检验则可以协助研究者找出整体检验下的各种组合效果。更具体来说，Scheffe 检验的显著水平被设计成可以检验组别平均的每一种线性组合，从最简单到最复杂的比较模式，样本人数相等或不等均可，所以 Scheffe 检验可以广泛地适用于成对比较与各种复杂比较。但是，如果只是想要进行单纯的两两配对比较，Cohen（1996）建议直接采用 HSD 法，也可以得到一样严谨的检验结果。

（二）方差同质假定被违反的多重比较

1. Dunnett's T3 法

样本数不同最可能的影响是造成方差同质假设的违反，此时可以采行 Dunnett（1980）的 T3 法来处理，其特性是调整临界值来达成族系与实验面的错误概率，使一型概率控制在一定的水平下。s_j^2 表示 n_j 个人的第 j 组方差，q_j 表示各平均数变异误估计数：

$$q_j = \frac{s_j^2}{n_j} \qquad (8\text{-}13)$$

任两组平均数相比时（如 j 与 k 相比），必须另行计算自由度，然后进行近似于 t 检验的 W 检验（Welchtest），查表（studentized maximum modulus distribution）后即可决定临界值（c），决定假设是否成立，在此不予详述。

2. Games-Howell 法

Games 与 Howel（1976）提出一个类似的方法，也是计算出调整自由度 $\hat{v}_{jk}$ 后，直接与查自 studentized range distribution 的 q_{cv} 临界值相对比决定显著性。当各组人数大于 50 时，Games-Howell 法所求出的概率估计会较 T3 法正确，类似于 Dunnett 另外提出的 C 法。

$$\frac{|\overline{Y}_j - \overline{Y}_k|}{\sqrt{\frac{1}{2}(q_j + q_k)}} \geq q_{cv} \qquad (8\text{-}14)$$

值得注意的是，ANOVA 在各组方差不同质，也就是方差同质性假设被违反时，并不会对 F 检验进行校正，此时需采用校正程序来进行各平均数的事后比较，才能处理方差不同质所造成的对平均数比较的影响，此时建议可使用 Dunnett 的 T3 法。

第五节　协方差分析

 一、控制的概念

一个研究的成败与该研究检测变量之间所存在关系的能力有密切的关系。变量关系的检验，除了具体明确地界定与陈述其关联或因果特质，常取决于研究者是否能够控制其他无关的干扰变量，减少分析过程的混淆因素。为了达到有效控制的目的，可以从研究设计着手，在抽样过程尽可能随机化，使研究程序标准化等，此种过程控制（procedural control）的策略可以间接防止混淆因素的作用。但另一种积极的策略则是在研究过程中针对有可能造成干扰的变量加以测量，再利用实验设计的操作与统计的方法，将该因子的效果以"自变量"的形式纳入分析，此种策略的原理是实验控制（experimental control），多出现在实验研究中，用以确保实验操作的纯粹效果。

实验控制的操作是让控制变量与自变量共处一室，讨论与因变量的关系，也就是一种多因子设计研究。作为控制变量的因子，以分层变量（strafication variable）的形式与其他自变量（因子）一起被纳入平均数变异检验；或以重复量数设计法，将控制变量在不同时段（如实验前后）各测量一次，作为控制项处理，进而观察主要效果与交互效果的变化。这些多因子方差分析设计除了分析难度较高，解释过程繁杂，还有控制变量必须为连续变量、各组人数必须相等或成特定比例等各种限制。此外，采用重复量数设计，前面的实验处理（treatment）会对后面的实验处理产生影响（或前测分数对后测分数有影响），有其操作上的疑义，以配对样本来代替重复量数设计能避免重复测量的影响，但是使用不同的样本，研究数据又失之精确，应用范围有限。于是在统计学领域，为了处理干扰变量的影响，发展出协方差分析（analysis of covariance，ANCOVA），以数学原理进行统计控制（statistical control），来处理控制变量与其他自变量对于因变量的影响。

二、协方差分析的原理

（一）回归的应用

协方差分析是方差分析家族中的一员，其数学原理是将一个典型的方差分析中的各个量数，加入一个或多个连续性的协方差（即控制变量），以控制变量与因变量间的共变为基础，进行回归"调整"（correction），得到排除控制变量影响的纯粹（pure）统计量。所谓纯粹，是指自变量与因变量的关系，因为先行去除控制变量与因变量的共变，因而不再存有该控制变量的影响，可以单纯地反映研究所关心的自变量与因变量关系。

在实验研究中，协方差分析多用于具有前后测设计的研究。由前测（pretest）所测得的变量可以作为控制变量，因变量则为实验之后针对同一个变量再次测量所得到的后测（post-test）分数。值得注意的是，控制变量多为稳定的特质，不易受到实验操纵的影响（如智商、社经地位等），因此控制变量的测量是否必须在实验前完成，可否因研究的方便性在研究进行时或完成后进行测量或收集，研究者并无定论，必须视个别研究的情况而定。

两个连续变量可以计算协方差，协方差可以进一步转换成相关系数，并以回归技术建立回归方程式来进行预测。协方差分析即是以回归的原理，将控制变量以预测变量处理，计算因变量被该预测变量解释的比例。当因变量的变异量可以被控制变量解释的部分被计算出来后，剩余的因变量的变异即排除了控制变量的影响，而完全归因于自变量效果（实验处理）。

$$Y_{ij} = \mu + \alpha_j + \beta_j(X_{ij} - \overline{X}_{..}) + \varepsilon_{ij} \qquad (8\text{-}15)$$

在公式（8-15）中，可以很清楚地看到协方差分析与方差分析最主要的差异在于增加了一项代表协方差的作用项 $\beta_j\,(X_{ij} - \overline{X}_{..})$，其中 β_j 被称为组内回归系数（within-groups regression coefficient），代表各组的 $X \to Y$ 的回归系数，由样本推导得出的估计数以 $\hat{\beta}_j$ 表示。如果自变量有 k 组，就有 k 个回归系数，在 ANCOVA 中，各组回归系数应具有同质性。

（二）误差变异的调整

假设今天有两个班级的学生，其中一班接受实验操作（生涯辅导），为实验组，另一班未接受任何辅导，为对照组。实验因变量是学生们生涯目标的明确性，两班平均数分别为 $\overline{Y}_1$（实验组）与 $\overline{Y}_2$（对照组），方差为 s_1^2 与 s_2^2。若学业成绩是影响实验数据分析的混淆因子，可将学业成绩以协方差（X）处理。假设两组学生在学业成绩上有相同的平均数与方差，且两组学生的 X 与 Y 变量的线性关联强度相当，两组学生的 X 与 Y 线性方程式有相同的斜率（$b_1 = b_2$），那么协方差（X 轴）与因变量（Y 轴）的关系以及实验组与对照组的数据关系可以图 13-3 表示。此时，纵轴为因变量分布，称边际分布（marginal distribution），X 与 Y 平面中的共变被称为条件分布（conditional distribution），表示不同的 X 水平下的 Y 变量的分布。

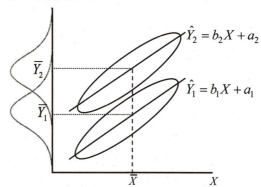

图 8-2　协方差分析的变量关系概念图

在协方差分析中被用来进行分析的是条件分布，传统的 ANOVA 则是边际分布。条件分布说明了 X 与 Y 的关系，两项个别回归方程式代表不同自变量水平下的 X 与 Y 的关系。从时间先后来看，协方差分析先处理的是因变量与协方差的关系，其次才是自变量的作用。

在方差分析当中，作为误差变异的是各组的组内变异总和，也就是 Y 轴上代表两组的两个边际分布的变异和。然而在协方差分析中，由于 Y 变量变异被 X 所解释，当 X 与 Y 的关系越强，Y 变异被解释的部分越大，残差越小。而残差就是图 8-2 当中条件分布的面积，亦即协方差，代表 Y 无法被 X 解释的变量变异，也就是说，误差变异为各条件分布中 X 与 Y 的协方差和（图 8-2 的椭圆面积和）。从数学上来看，各水平下的 X 与 Y 协方差和会小于 Y 变量方差和，当 X 与 Y 变量的相关越高，椭圆部分面积和越小，误差变异越小，当两者为完全相关（$r = 1.00$）时，误差变异为 0，显示 ANCOVA 可以降低误差变异。

当以 X 与 Y 的共变关系来进行分析时，也就是以两项回归方程式来取代原先的两组 Y 变量分数的变动关系时，若两项回归方程式的斜率相同，两组的集中趋势的差距

（ $\overline{Y}_1 - \overline{Y}_2$ ）则无改变，即为两项回归方程式的截距的差（ $a_1 - a_2$ ）。由此可知，在各假设成立的前提下（如各组的斜率相等），在图 8-2 所表现的协方差分析中，自变量对于 Y 变量的作用程度 $\overline{Y}_1 - \overline{Y}_2$ 并未改变，但是误差变异则因为相关的存在而变小，因此整体所得到的统计检验值将会放大。

（三）变异量拆解

方差分析是将因变量的总变异量拆解成自变量效果（组间）与误差效果（组内）两个部分，再进行 F 检验。协方差分析则是利用回归原理，将因变量的总变异量先行分割为协方差可解释部分（ SP_{XY} ）与不可解释部分，不可解释的变异再由方差分析原理来进行拆解。在统计检验中，先行检验协方差对于因变量解释力的 F 检验一并整理于摘要表中。变异量拆解关系式为： $SS_T = SP_{XY} + (SS'_B + SS'_W)$。拆解的统计量可整理成如表 8-6 所示的 ANCOVA 摘要表。

表 8-6 独立样本单因子协方差分析摘要表

变异来源	SS	df	MS	F	EF
协方差	SS_c	c	SS_c/df_c	MS_c/MS_w	$SS_c/(SS_c+MS_w)$
组间	SS_b	$k-1$	SS_b/df_b	MS_b/MS_w	$SS_b/(SS_b+MS_w)$
组内（误差）	SS_w	$N-k-c$	SS_w/df_w		
全体	SS_T	$N-1$			

注：自由度中 c 为协变量数量，k 为自变量的组数，N 为总样本数，EF 为效果量。

值得注意的是，在 ANCOVA 当中，协方差对因变量的影响的排除先于组间与组内变异分割处理，因此在摘要表中的 SS_c 应取未排除组间效果前的协方差对因变量的回归变异量，在 SPSS 软件操作中，需选择型 Ⅰ 平方和，而非预设的型 Ⅲ 平方和。

在实务操作上，单因子方差分析配合一个协方差或多个协方差，仅在方差摘要表上增列一栏"协方差变异来源"即可。不论是独立样本设计或相关样本设计，原始的方差分析摘要表的各项数值计算维持不变，仅有误差项自由度因为增加一个协方差，减少了一个自由度，若有 c 个协方差，则减少 c 个自由度。同理，相关样本协方差分析的协方差拆解，也是增加一项协方差，减少一个自由度。

三、平均数的调整

协方差加入了方差分析可能产生的另一个作用——因变量平均数的变化。在图 8-2 中，各组在协方差（学业成绩）的平均数并无差异，亦即 $\overline{X}_1 = \overline{X}_2 = \overline{X}$，如果各组的斜率相等，各组在 Y 变量的平均数差异等于截距的差异，但是当各组在协方差上的平均数存在差异时，Y 变量的平均数估计值便会随之调整。

图 8-3（a）表示各组在协方差的平均数并无差异（ $\overline{X}_1 = \overline{X}_2 = \overline{X}$ ）的情形，Y 变量平均数差异为截距的差异，如果平均数差异缩小，两条方程线越接近，如图 8-3（b）所

示。如果各组在协方差上的平均数存在差异（$\overline{X}_1 \neq \overline{X}_2$），即产生图 8-3（c）与图 8-3（d）两种情况。其中图 8-3（c）表示第一组在协方差平均数大于第二组（$\overline{X}_1 > \overline{X}_2$），此时回归线垂直距离缩小，各水平在 Y 变量的平均数估计值将降低。相对地，若第一组在协方差的平均数小于第二组（$\overline{X}_1 < \overline{X}_2$），此时回归线的垂直距离扩大，各水平在 Y 变量的平均数将增大，如图 8-3（d）所示。

当协方差上的平均数有组间差异时，会对 Y 变量的平均数估计产生调整作用，称调整后平均数（adjusted mean）。当第一组的因变量平均数大于第二组时，如果协方差的平均数也是第一组大于第二组，此时协方差上的平均数正差异即会使因变量平均数差异向下调整（变小）；反之，如果协方差的平均数反而是第二组大于第一组，此时协方差上的平均数负差异即会使因变量平均数差异向上调整（变大），加强了因变量上两组的差异量。

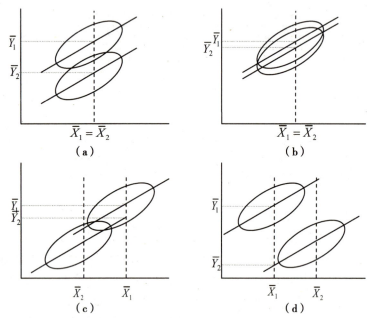

图 8-3　协方差分析对平均数的调整图示

四、回归同质假设

回归同质假设（assumption of homogeneity of regression）是 ANCOVA 的一项重要假设。回归同质假设说明了协方差与因变量的关联性在各组内是相同的，对回归同质假设的检验是执行 ANCOVA 的必要工作，亦即对回归系数是否相等的虚无假设进行检验：$H_0: \beta_1 = \beta_2 = \cdots = \beta_j$。

为了确保协方差的控制效果在各组等同，在进行 ANCOVA 之前，必须针对此一假设进行检验，如果虚无假设被接受，表示协方差造成的调整效果在各组内具有一致的作用，组间的差异在不同的协方差数值之下具有一致性，如图 8-4（a）所示。相对地，如果虚无假设被拒绝，表示协方差造成的调整效果在各组内不一致，协方差与因变量的回归方程式在各组内有不一样的回归系数,此时所推导出来的组间差异比较结果是扭曲的,如图 8-4(b)所示。此时不宜采用协方差分析。

在实际操作上,组内回归系数同质假设的检验是检验协方差与自变量的交互作用是否显著。在 SPSS 当中,可以自行调整模型,增加协方差与自变量的交互作用项,即可获得检验数值。

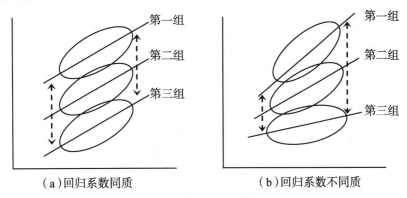

（a）回归系数同质　　　　　　　（b）回归系数不同质

图 8-4　回归系数同质假设图示

第六节　SPSS 的方差分析范例

范例 8-1　SPSS 独立样本单因子方差分析

某位社会心理学家认为婚姻生活会影响人们的生活质量,他的研究假设是"处于不同婚姻状态的成人,其生活满意度有所不同"。他将婚姻状态区分为鳏寡、离异、未婚、已婚四种状况,各随机选取 5 位受访者,请他们在生活满意度问卷上作答,每个人最后的得分介于 0（极不满意）至 6（非常满意）,测量数据如下:

鳏寡	离异	未婚	已婚
1	3	5	4
0	1	6	6
0	2	4	2
2	2	2	5
0	1	5	6

【A. 操作程序】

方法一：单因子方差分析

步骤一：输入数据。婚姻状态与生活满意度各占一列。

步骤二：点选 分析 → 比较平均数法 → 单因子方差分析 。

步骤三：进入单因子方差分析对话框，点选因变量与因子（自变量）移至右侧清单内。

步骤四：选择所需的附加功能，如 选项 中的描述性统计量、同质性检验，PostHoc 检验 中的事后比较等。

方法二：一般线性模式

步骤一：输入数据。婚姻状态与生活满意度各占一列。

步骤二：点选 分析 → 一般线性模式 → 单变量 。

步骤三：选取变量与因子（自变量）。

步骤四：选择所需的附加功能。

【B. 步骤图示】

方法一：单因子方差分析

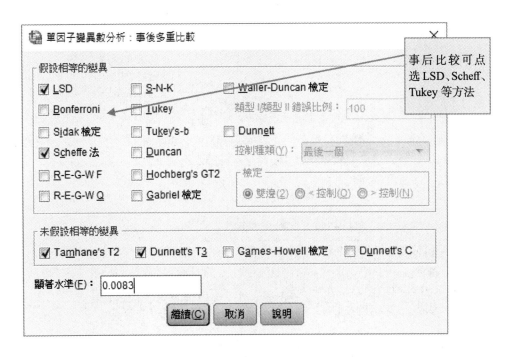

方法二：一般线性模式

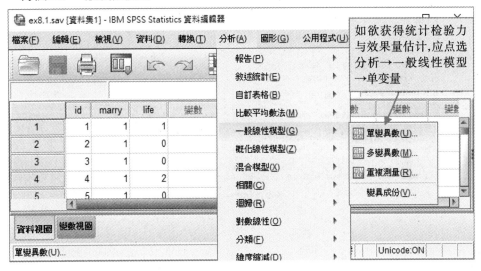

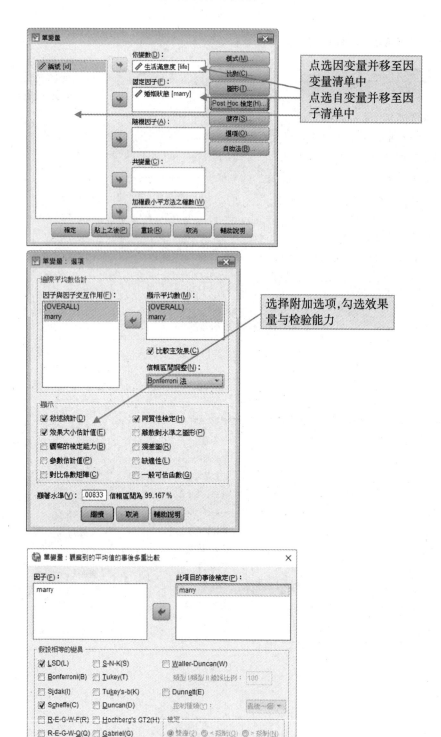

【C. 结果报表】

叙述统计

> 自变量各水平的描述统计量。组平均数显示未婚及已婚者满意度最高

生活满意度

	N	平均值	标准差	标准误	平均值的 95% 信赖区间 下限	平均值的 95% 信赖区间 上限	最小值	最大值
鳏寡	5	.60	.894	.400	−.51	1.71	0	2
离异	5	1.80	.837	.374	.76	2.84	1	3
未婚	5	4.40	1.517	.678	2.52	6.28	2	6
已婚	5	4.60	1.673	.748	2.52	6.68	2	6
总计	20	2.85	2.110	.472	1.86	3.84	0	6

方差同质性检验

生活满意度

Levene 统计量	自由度 1	自由度 2	显著性
1.047	3	14	.399

> 方差同质性检验 Levene 统计量未达显著,假设未被违反

受试者间效应项检验

因变量:生活满意度

来源	类型 III 平方和	自由度	均方	F	显著性	Partial Eta Squared
修正模型	58.150[a]	3	19.383	11.747	.000	.688
截距	162.450	1	162.450	98.455	.000	.860
marry	58.150	3	19.383	11.747	.000	.688
误差	26.400	16	1.650			
总计	247.000	20				
修正后总数	84.550	19				

a. R 平方 =.688（调整的 R 平方 =.629）

> 摘要表 传统的 ANOVA 摘要表。由显著值可知 M_{Sb} 除以 M_{Sw} 的 F 值达显著水平

多重比较

因变量：life 生活满意度

	（I）marry 婚…	（J）marry 婚…	平均差异（I-J）	标准误	显著性	99.17% 信赖区间 下界	99.17% 信赖区间 上界
Scheffe 法	1 鳏寡	2 离异	−1.200	.812	.551	−4.52	2.12
		3 未婚	−3.800*	.812	.003	−7.12	−.48
		4 已婚	−4.000*	.812	.002	−7.32	−.68
	2 离异	1 鳏寡	1.200	.812	.551	−2.12	4.52
		3 未婚	−2.600	.812	.043	−5.92	.72
		4 已婚	−2.800	.812	.027	−6.12	.52
	3 未婚	1 鳏寡	3.800*	.812	.003	.48	7.12
		2 离异	2.600	.812	.043	−.72	5.92
		4 已婚	−.200	.812	.996	−3.52	3.12
	4 已婚	1 鳏寡	4.000*	.812	.002	.68	7.32
		2 离异	2.800	.812	.027	−.52	6.12
		3 未婚	.200	.812	.996	−3.12	3.52
LSD	1 鳏寡	2 离异	−1.200	.812	.159	−3.65	1.25
		3 未婚	−3.800*	.812	.000	−6.25	−1.35
		4 已婚	−4.000*	.812	.000	−6.45	−1.55
	2 离异	1 鳏寡	1.200	.812	.159	−1.25	3.65
		3 未婚	−2.600*	.812	.006	−5.05	−.15
		4 已婚	−2.800*	.812	.003	−5.25	−.35
	3 未婚	1 鳏寡	3.800*	.812	.000	1.35	6.25
		2 离异	2.600*	.812	.006	.15	5.05
		4 已婚	−.200	.812	.809	−2.65	2.25
	4 已婚	1 鳏寡	4.000*	.812	.000	1.55	6.45
		2 离异	2.800*	.812	.003	.35	5.25
		3 未婚	.200	.812	.809	−2.25	2.65

事后比较
由显著性
可 知 1vs2
以 及 3vs4
未达显著

*. 平均差异在 .0083 水平是显著的

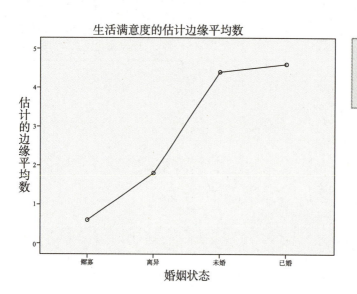

生活满意度的估计边缘平均数

平均数图
以图表方式呈现平均数的变化趋势

【D. 结果说明】

由上述的报表可以得知：此一独立样本单因子方差分析的四个水平平均数各为 0.6、1.8、4.4、4.6，Levene 的方差同质性检验未达显著（Levene = 1.047，$p = 0.399$），表示这四个样本的离散情形并无明显差别。整体检验结果发现，处于不同婚姻状态的受测者，其生活满意度有所不同（$F(3，16) = 11.75$，$p < 0.01$），人们的生活满意度的确会因婚姻生活的不同而有所差异。经事后比较 HSD 检验发现，在生活满意度的平均数方面，鳏寡者（0.6）与离异者（1.8）显著低于已婚者（4.4）与未婚者（4.6），显示问题婚姻较未婚或正常婚姻有较差的生活满意度，但是鳏寡与离异，以及未婚及已婚之间没有显著差异。婚姻状态自变量对于因变量的解释力，以 η^2 系数来看，达 68.8%，显示自变量与因变量的关联性很高，统计检验力达 0.996，表示统计检验能力较高。

范例 8-2　相关样本单因子方差分析：重复量数

台北市捷运局想要探讨捷运列车驾驶员是否因为工作时间增长而会有注意力降低的现象。13 位驾驶员参与了这项研究，研究期间，每位驾驶员工作时间维持不变，每隔 2.5 小时测量他们要花多久的时间察觉计算机屏幕上信息的变化。测量的时段分为上班时、午饭前、午饭后、下班前四个时段，因变量则为他们花费在察觉实验者所设计的计算机屏幕信号的反应时间（毫秒）。请问，是否工作时间与注意力改变有关？

编号	上班时 9:00	午饭前 11:30	午饭后 14:00	下班前 16:30	编号	上班时 9:00	午饭前 11:30	午饭后 14:00	下班前 16:30
1	6.2	6.7	7.4	7.8	8	6.1	5.8	6.4	6.7
2	5.9	4.8	6.1	6.9	9	4.9	5.1	5.2	6.8
3	8.4	8.7	9.9	10.3	10	8.2	8.6	9.3	10.4
4	7.6	7.8	8.7	8.9	11	5.7	5.7	6.5	7.2
5	4.1	4.7	5.4	6.6	12	5.9	6.4	6.9	7.6
6	5.4	5.3	5.9	7.1	13	6.9	6.6	7.1	7.5
7	6.6	6.7	7.2	7.5					

【A. 操作程序】

> 操作要点 ：重复量数模式的相关样本 ANOVA 特色是必须将数据依照每一次重复，以一个单独的变量来输入，再利用受试者内因子来综合多次重复测量的结果。报表的整理则较为复杂。
>
> 步骤一：输入数据。将每一水平以一个变量输入。
>
> 步骤二：点选 分析 → 一般线性模式 → 重复量数 。
>
> 步骤三：进入定义因子清单，输入受试者内因子名称及水平数，并可输入标签，完成后按 定义 。
>
> 步骤四：进入重复量数对话框，依序点选各重复的水平至受试者内变量。
>
> 步骤五：选择所需的附加功能，如选项中的叙述统计与事后比较。
>
> 步骤六：按 确定 执行。

【B. 步骤图示】

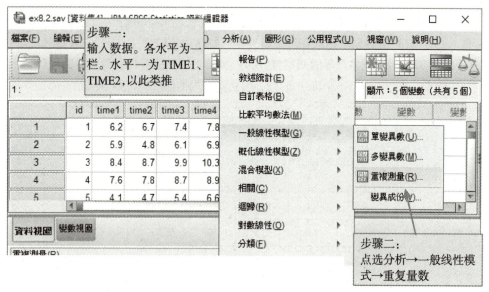

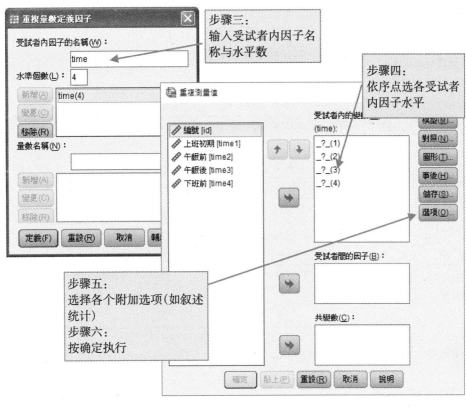

步骤三：
输入受试者内因子名称与水平数

步骤四：
依序点选各受试者内因子水平

步骤五：
选择各个附加选项（如叙述统计）
步骤六：
按确定执行

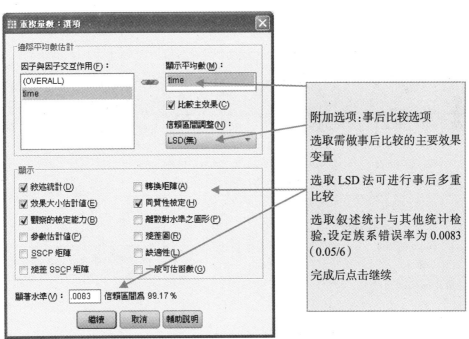

附加选项：事后比较选项

选取需做事后比较的主要效果变量

选取 LSD 法可进行事后多重比较

选取叙述统计与其他统计检验，设定族系错误率为 0.0083（0.05/6）

完成后点击继续

【C. 结果报表】

自变量名称及水平数四个水平分别为 TIME1 至 TIME4

受试者内因子

测量：MEASURE_1

time	因变量
1	time1
2	time2
3	time3
4	time4

叙述统计

	平均数	标准离差	个数
time 上班初期	6.300	1.2416	13
time2 午饭前	6.377	1.3386	13
time3 午饭后	7.077	1.4481	13
time4 下班前	7.792	1.2829	13

检验球面假设是否违反：卡方未达 0.05 显著水平，表示假设未被违反

Mauchly 球形检验 [b]

测量：MEASURE_1

受试者内效应项	Mauchly's W	近似卡方分配	df	显著性	Epsilon[a]		
					Greenhouse-Geisser	Huynh-Feldt	下限
Time	.668	4.324	5	.505	.795	1.000	.333

检验正交化变量转换的因变量的误差协方差矩阵的虚无假设，是识别矩阵的一部分。

a. 可用来调整显著性平均检验的自由度。改过的检验会显示在 "Within-Subjects Effects" 表检验中。

b. Design：截距
　受试者内设计：time

组间效果检验值 SSb：假设未被违反时组间效果的检验值

受试者内效应项的检验

测量：MEASURE_1

来源		型Ⅲ平方和	df	平均平方和	F	显著性	净相关 Eta 平方	Noncent. 参数	观察的检验能力 a
time	假设为球形	18.985	3	6.328	61.122	.000	.836	182.367	1.000
	Greenhouse-Geisser	18.985	2.386	7.956	61.122	.000	.83		
	Huynh-Feldt	18.985	3.000	6.328	61.122	.000	.83		
	下限	18.985	1.000	18.985	61.122	.000	.83		
误差（time）	假设为球形	3.727	36	.104					
	Greenhouse-Geisser	3.727	28.63	.130					
	Huynh-Feldt	3.727	36.00	.104					
	下限	3.727	12.00	.311					

球面假设遭到违反时，需使用矫正方法所得到的数据

残差 SSr，作为 F 检验的分母

a. 使用 alpha =.0083 计算。

受试者间效应项的检验

测量：MEASURE_1

转换的变量:均数

来源	型Ⅲ 平方和	df	平均 平方和	F	显著性	净相关 Eta 平方	Noncent. 参数	观察的检 验能力 a
截距误差	2466.069 81.188	1 12	2.466E3 6.766	364.497	.000	.968	364.497	1.000

a. 使用 alpha = .0083 计算

受试者效果检验值 $SS_{b.s}$:因重复量数造成的影响(受试者个别差异)

成对比较

测量：MEASURE_1

（I）time （J）time		平均差异 （L-J）	标准误差	显著性 a	差异的 99.17% 信赖区间	
					下界	上界
1	2	−.077	.127	.557	−.478	.324
	3	−.777*	.126	.000	−1.173	−.381
	4	−1.492*	.163	.000	−2.008	−.977
2	1	.077	.127	.557	−.324	.478
	3	−.700*	.086	.000	−.972	−.428
	4	−1.415*	.121	.000	−1.797	−1.034
3	1	.777*	.126	.000	.381	1.173
	2	.700*	.086	.000	.428	.972
	4	−.715*	.122	.000	−1.100	−.331
4	1	1.492*	.163	.000	.977	2.008
	2	1.415*	.121	.000	1.034	1.797
	3	.715	.122	.000	.331	1.100

事后检验:1 与 2 对比不显著,其他配对均显著

族系误差率的设定结果

根据估计的边缘平均数而定。

a. 调整多重比较:最低显著差异(等于未调整值)。

*. 平均差异在 .0083 水平是显著的。

【D. 结果说明】

由上述报表可以得知：此一相关样本的球面检验并未被违反，Mauchly's W 系数为 0.668（$\chi^2 = 4.324$，$p = 0.505$），因此不需进行修正。四个组的平均数差异达显著水平，组间效果 $F（3, 36）= 61.122$，$p = 0.000 < 0.05$，$EF = 0.836$，表示在不同的测量时段下，驾驶员的注意力的确有所不同，效果量非常大。

从事后比较可以看出，四个水平平均数的两两比较，除上班时（time1）与午餐前（time2）相比不显著之外，其他均达显著水平，平均数呈逐步增高，显示时间越晚，反

应时间增加，注意力变差。第四次测量（下班前 $M = 7.792$）的注意力最差。方差分析摘要表见表 8-7。

表 8-7 相关样本单因子方差分析摘要表

变异来源	SS	df	MS	F	EF
组间 A	18.985	3	6.328	61.122**	.836
组内					
受试者间 b.s	81.188	12	6.766		
残差	3.727	36	.104		
全体 Total	103.900	51			

***$p < 0.001$

范例 8-3 单因子协方差分析

以前述运动有助于睡眠的研究为例，不同的运动量对于睡眠有所影响，如果将受试者平时的睡眠量作为协方差，加入单因子方差分析一并讨论，即成为单因子协方差分析。在 SPSS 的运算逻辑中，加入一个协方差就好比增加一个自变量，使得原本单因子设计方差分析成为多因子方差分析。

轻度运动量组		中度运动量组		重度运动量组	
X 平时	Y 运动后	X 平时	Y 运动后	X 平时	Y 运动后
8.2	6.5	7.2	7.4	6.6	8.0
7.0	7.3	7.4	6.8	7.5	7.7
8.0	6.6	8.2	6.7	7.2	7.1
7.2	7.4	7.1	7.3	7.4	7.6
7.0	7.2	6.2	7.6	6.9	6.6
6.8	6.8	6.6	7.4	7.9	7.2
6.9	7.1	6.9	7.4	7.5	8.2
7.5	7.9	6.0	8.1	7.7	8.5
6.4	8.2	6.2	8.2	6.9	9.5
6.8	7.7	7.0	8.0	7.1	8.7
7.4	7.5	7.2	7.6	7.2	9.6
5.5	7.6	6.2	8.0	7.0	9.4

【操作要点：在 SPSS 执行协方差分析的重点在于，要检验协方差的效果时，必须将平方和改为 SS-1，也就是看协方差的解释力时，不控制自变量效果。但是看其他主要效果与交互效果时，仍采用 SS-3。此外，报告平均数时，应采用调整后平均数。另外，为了检验组内回归系数同质性，则需额外执行协方差与自变量的交互作用检验，以确定可以执行 ANCOVA。】

【A. 操作程序】

步骤一：输入数据。自变量、协方差与因变量各占一列。

步骤二：点选 分析 → 一般线性模式 → 单变量 。

步骤三：进入因子分析对话框，点选因变量、因子（自变量）以及协方差，移至右侧清单内。

步骤四：选择所需的附加功能，如 选项 中的叙述统计、同质性检验，为了得到调整后平均数与事后比较数据，需选择 边际平均数估计 与 比较主效应 。

步骤五：选择 模式 ，调整平方和成为 型 I 。

步骤六：按 确定 执行。

（注：如果欲执行组内回归系数同质检验，执行步骤五时，在 模式 中选择 自订 ，然后在 建立效果项 中，依序加入协方差、自变量与交互作用项，最后的交互作用项的检验显著性即为同质检验。）

【B. 步骤图示】

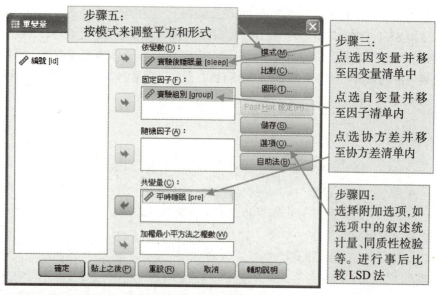

步骤五：
按模式来调整平方和形式

步骤三：
点选因变量并移至因变量清单中

点选自变量并移至因子清单内

点选协方差并移至协方差清单内

步骤四：
选择附加选项，如选项中的叙述统计量、同质性检验等。进行事后比较 LSD 法

组内回归系数同质检验
在模式中，可以自行定义模型，为了检验组内回归系数的同质性，需检验协方差与自变量的交互作用

模式
在模式中，可以调整平方和为型 I 到型 IV，在协方差分析中，应以型 I 来分析

【C. 结果报表】

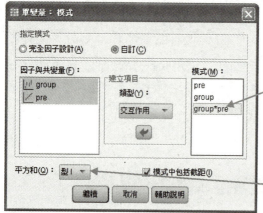

受试者内因子

		个数
group 实验组别	1	12
	2	12
	3	12

叙述统计

因变量：sleep 实验后睡眠量

group 实验组别	平均数	标准离差	个数
1	7.317	.5132	12
2	7.542	.4814	12
3	8.175	.9928	12
总数	7.678	.7754	36

自变量各水平的个数说明与描述统计量。表中的平均数为调整前平均数

受试者间效应项的检验

因变量：sleep 实验后睡眠量

来源	型Ⅰ平方和	df	平均平方和	F	显著性	净相关Eta 平方	Noncent.参数	观察的检验能力 [b]
校正后的模式	7.866[a]	5	1.573	3.582	.012	.374	17.909	.865
截距	2122.138	1	2122.138	4831.708	.000	.994	4.832E3	1.000
pre	1.583	1	1.583	3.604	.067	.107	3.604	.451
group	6.159	2	3.079	7.011	.003	.319	14.022	.900
group * pre	.124	2	.062	.141	.869	.009	.283	.070
误差	13.176	30	.439					
总数	2143.180	36						
校正后的总数	21.042	35						

a. R 平方 =.374（调过后的 R 平方 =.269）

b. 使用 alpha=.05 计算

> 组内回归系数同质检验
> 协方差与自变量的交互作用的 F 值为 0.141，未达显著水平，因此可以断定组内回归系数具有同质性（注：正式结果的摘要表应使用没有交互作用项的摘要表）

　　由于组内回归系数假设未被违反（$F_{(2, 30)} = 0.141$，$p = 0.869$），因此得以继续进行协方差分析（如果假设被违反则不宜进行协方差分析）。此时，为正确估计自变量与协方差的效果，应返回模式设定中，将交互作用项移除，重新进行分析，结果如下。

受试者间效应项的检验

因变量：sleep 实验后睡眠量

来源	型Ⅰ平方和	df	平均平方和	F	显著性	净相关Eta 平方	Noncent.参数	观察的检验能力 [b]
校正后的模式	7.742[a]	3	2.581	6.209	.002	.368	18.626	.941
截距	2122.138	1	2122.138	5105.684	.000	.994	5.106E3	1.000
pre	1.583	1	1.583	3.808	.060	.106	3.808	.473
group	6.159	2	3.079	7 409	.002	.316	14.817	.918
误差	13.301	32	.416					
总数	2143.180	36						
校正后的总数	21.042	35						

a. R 平方 =.368（调过后的 R 平方 =.309）

b. 使用 alpha=.05 计算

> 型Ⅰ平方和：
> 平方和为型Ⅰ，表示前一个进入模型的效果不受后一个进入的效果影响，因此协方差的效果是原始的共变

估计值

因变量：sleep 实验后睡眠量

实验组别	平均数	标准误差	95% 信赖区间 下界	95% 信赖区间 上界
1	7.321[a]	.186	6.942	7.700
2	7.440[a]	.190	7.053	7.827
3	8.272[a]	.190	7.886	8.659

> 平均数估计数
> ANCOVA 的平均数需使用调整后平均数，可以从边际平均数估计结果中得到

成对比较

因变量：sleep 实验后睡眠量

> **事后比较**
> 由显著性可知 1vs3 与 2vs3 达
> 显著，但是 1vs2 无显著差异

（I）实验组别	（J）实验组别	平均差异（I-J）	标准误差	显著性 [a]	下界	上界
1	2	–.119	.266	.657	–.791	.553
	3	–.951*	.265	.001	–1.622	–.281
2	1	.119	.266	.657	–.553	.791
	3	–.832*	.273	.005	–1.523	–.142
3	1	.951*	.265	.001	.281	1.622
	2	.832	.273	.005	.142	1.523

根据估计的边缘平均数而定。

a. 调整多重比较：最低显著差异（等于未调整值）。

*. 平均差异在 .0167 水平是显著的。

【D. 结果说明】

由上述的报表可以得知：此一协方差分析的三个水平平均数为 7.32、7.54、8.18，调整后的平均数分别为 7.32、7.44、8.27，然而 Levene 的方差同质性检验结果为显著，$F(2, 33) = 10.597$，$p < 0.001$，达显著水平，违反同质性假设，表示这三个样本的离散情形具有明显差别。

另外，组内回归系数同质性检验的结果则显示，自变量与协方差的交互作用项 $F(2, 30) = 0.141$，$p = 0.869$，未达显著水平，表示各组内的协方差与因变量的线性关系具有一致性。

协方差效果的检验则发现，$F(1, 32) = 3.808$，$p = 0.06$，未达显著水平，表示协方差对于因变量的解释力没有统计意义，但是由于 ANCOVA 的目的在于控制协方差的影响，减低误差变异量，调整协方差的平均值差异，因此即使不显著，仍有其存在的实务意义。

组间效果的检验则达显著水平，$F(2, 32) = 7.41$，$p < 0.01$，表示不同的运动量影响睡眠时间，效果量 $\eta^2 = 0.316$，表示自变量对于因变量的解释力较高。事后比较的结果则指出重度运动量（8.27）的受试者较中度运动量（7.44）与轻度运动量（7.32）的受试者睡得多，但是轻度与中度则无差异，显示运动量要大到一定程度才有助于睡眠。

范例 8-4　R 的方差分析

R 范例 8-4-1　R 的独立样本单因子 ANOVA（范例 8-1 数据）

在 R 当中进行 ANOVA 无需另外安装分析包，可直接使用 aov 函数来进行，但是为了整理数据、进行 Levene 检验与事后多重比较，可以下载 car 与 asbio 包来使用。语法与结果列举如下。

【A.R 语法】

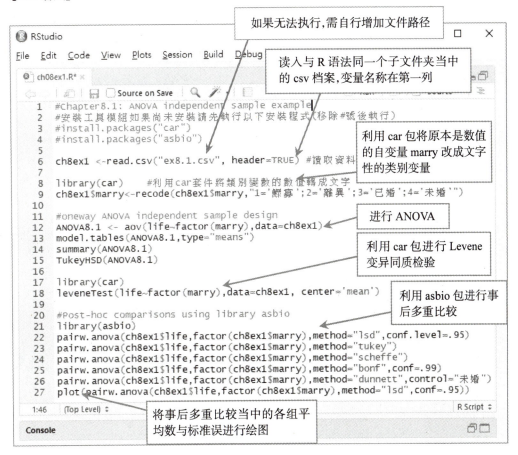

【B. 结果报表】

```
> #oneway ANOVA independent sample design
> ANOVA8.1 <- aov(life~factor(marry),data=ch8ex1)
> model.tables(ANOVA8.1,type="means")
Tables of means
Grand mean

2.85


 factor(marry)
factor(marry)
已婚 未婚 離異 鰥寡
 4.4  4.6  1.8  0.6
> summary(ANOVA8.1)
                Df Sum Sq Mean Sq F value    Pr(>F)
factor(marry)    3  58.15   19.38   11.75 0.000256 ***
Residuals       16  26.40    1.65
---
Signif. codes:  0 '***' 0.001 '**' 0.01 '*' 0.05 '.' 0.1 ' ' 1

> TukeyHSD(ANOVA8.1)
    Tukey multiple comparisons of means
      95% family-wise confidence level

Fit: aov(formula = life ~ factor(marry), data = ch8ex1)

$`factor(marry)`
           diff       lwr        upr     p adj
未婚-已婚   0.2 -2.124303  2.5243035 0.9945429
離異-已婚  -2.6 -4.924303 -0.2756965 0.0257699
鰥寡-已婚  -3.8 -6.124303 -1.4756965 0.0012978
離異-未婚  -2.8 -5.124303 -0.4756965 0.0157509
鰥寡-未婚  -4.0 -6.324303 -1.6756965 0.0007933
鰥寡-離異  -1.2 -3.524303  1.1243035 0.4730895

> library(car)
> leveneTest(life~factor(marry),data=ch8ex1, center='mean')

Levene's Test for Homogeneity of Variance (center = "mean")
      Df F value Pr(>F)
group  3  1.0468 0.3989
      16


>
> #Post-hoc comparisons using library asbio
> library(asbio)
Loading required package: tcltk
> pairw.anova(ch8ex1$life,factor(ch8ex1$marry),method="lsd",conf.level=.95)
```

指定 life 为因变量，marry 为自变量，数据储存在 ch8ex1 当中

列出各组平均数与总平均数

列出 ANOVA 摘要表

列出 TukeyHSD 事后多重比较

进行 Levene 变异同质性检验

利用 asbio 包进行 LSD 事后多重比较，置信水平为 0.95

95% LSD confidence intervals

	LSD	Diff	Lower	Upper	Decision	Adj. p-value
mu 已婚-mu 未婚	1.72222	-0.2	-1.92222	1.52222	FTR H0	0.80867
mu 已婚-mu 離異	1.72222	2.6	0.87778	4.32222	Reject H0	0.00557
mu 未婚-mu 離異	1.72222	2.8	1.07778	4.52222	Reject H0	0.00332
mu 已婚-mu 鰥寡	1.72222	3.8	2.07778	5.52222	Reject H0	0.00025
mu 未婚-mu 鰥寡	1.72222	4	2.27778	5.72222	Reject H0	0.00015
mu 離異-mu 鰥寡	1.72222	1.2	-0.52222	2.92222	FTR H0	0.15906

> pairw.anova(ch8ex1$life,factor(ch8ex1$marry),method="scheffe")

95% Scheffe confidence intervals ← 利用 asbio 包进行 scheffe 事后多重比较，置信水平为预设的 0.95

	Diff	Lower	Upper	Decision	Adj. P-value
mu 已婚-mu 未婚	-0.2	-2.73238	2.33238	FTR H0	0.995937
mu 已婚-mu 離異	2.6	0.06762	5.13238	Reject H0	0.043057
mu 未婚-mu 離異	2.8	0.26762	5.33238	Reject H0	0.027458
mu 已婚-mu 鰥寡	3.8	1.26762	6.33238	Reject H0	0.002672
mu 未婚-mu 鰥寡	4	1.46762	6.53238	Reject H0	0.001676
mu 離異-mu 鰥寡	1.2	-1.33238	3.73238	FTR H0	0.550506

> pairw.anova(ch8ex1$life,factor(ch8ex1$marry),method="bonf",conf=.99)

99% Bonferroni confidence intervals

利用 asbio 包进行 Bonferroni 事后多重比较，置信水平为 0.99

	Diff	Lower	Upper	Decision	Adj. p-value
mu 已婚-mu 未婚	-0.2	-3.2648	2.8648	FTR H0	1
mu 已婚-mu 離異	2.6	-0.4648	5.6648	FTR H0	0.033440
mu 未婚-mu 離異	2.8	-0.2648	5.8648	FTR H0	0.019905
mu 已婚-mu 鰥寡	3.8	0.7352	6.8648	Reject H0	0.001513
mu 未婚-mu 鰥寡	4	0.9352	7.0648	Reject H0	0.000916
mu 離異-mu 鰥寡	1.2	-1.8648	4.2648	FTR H0	0.954369

>> plot(pairw.anova(ch8ex1$life,factor(ch8ex1$marry),method="lsd"))
以 lsd 法進行組平均數多重比較的.95 信賴區間圖（相同字母者無統計上顯著差異）

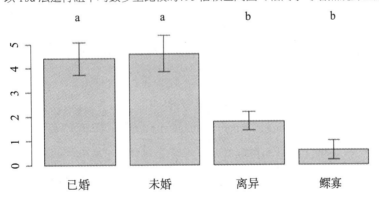

R 范例 8-4-2　R 的相关样本单因子 ANOVA（范例 8-2 数据）

在 R 当中进行相关样本单因子 ANOVA，其数据格式不同于 SPSS［图 8-5（a）］，必须比照独立样本设计将不同重复量数视为一个分组变量，增加一个受试者变量来区分受试者，亦即将数据转换成直式数据［图 8-5（b）］，得到两个分组变量，因变量则为独立一直列。最后使用 aov 函数来进行 ANOVA。R 语法与结果列举如下。

```
subject,T1,T2,T3,T4
S01,6.2,6.7,7.4, 7.8
S02,5.9,4.8,6.1, 6.9
S03,8.4,8.7,9.9,10.3
S04,7.6,7.8,8.7, 8.9
S05,4.1,4.7,5.4, 6.6
S06,5.4,5.3,5.9, 7.1
S07,6.6,6.7,7.2, 7.5
S08,6.1,5.8,6.4, 6.7
S09,4.9,5.1,5.2, 6.8
S10,8.2,8.6,9.3,10.4
S11,5.7,5.7,6.5, 7.2
S12,5.9,6.4,6.9, 7.6
S13,6.9,6.6,7.1, 7.5
```

```
ID,S,T,score
1,S01,T1,6.2
2,S01,T2,6.7
3,S01,T3,7.4
4,S01,T4,7.8
5,S02,T1,5.9
6,S02,T2,4.8
7,S02,T3,6.1
8,S02,T4,6.9
9,S03,T1,8.4
10,S03,T2,8.7
11,S03,T3,9.9
12,S03,T4,10.3
13,S04,T1,7.6
14,S04,T2,7.8
```

（a）转换前的横式资料　　　　　　（b）转换后的直式资料

图 8-5　相关样本 ANOVA 的数据格式

【A. R 语法】

```
1  #Chapter8.2: ANOVA dependent sample example
2  #安裝工具模組如果尚未安裝請先執行以下安裝程式(移除#號後執行)
3  #install.packages("asbio")
4
5  ch8ex2 <-read.csv("ex8.2b.csv", header=TRUE) #讀取資料
6
7  #oneway ANOVA dependent sample design        ← 进行 ANOVA
8  ANOVA8.2 <- aov(score~factor(S)+factor(T),data=ch8ex2)
9  model.tables(ANOVA8.2,type="means")
10 summary(ANOVA8.2)
11
12 #Post-hoc comparisons using library asbio     利用 asbio 包进行事后多重比较
13 library(asbio)
14 pairw.anova(ch8ex2$score,factor(ch8ex2$T),method="lsd")
15 pairw.anova(ch8ex2$score,factor(ch8ex2$T),method="tukey")
16 pairw.anova(ch8ex2$score,factor(ch8ex2$T),method="scheffe")
17 plot(pairw.anova(ch8ex2$score,factor(ch8ex2$T),method="lsd"))
18 plot(pairw.anova(ch8ex2$score,factor(ch8ex2$T),method="scheffe"))
```

【B. 结果报表】

```
> #oneway ANOVA independent sample design
> ANOVA8.1 <- aov(life~factor(marry),data=ch8ex1)
> model.tables(ANOVA8.2,type="means")
Tables of means
Grand mean
```

指定 life 为因变量, marry 为自变量, 数据储存在 ch8ex1 当中

列出各组平均数与总平均数

```
6.886538

 factor(S)
factor(S)
 S01   S02   S03   S04   S05   S06   S07   S08   S09   S10   S11   S12   S13
7.025 5.925 9.325 8.250 5.200 5.925 7.000 6.250 5.500 9.125 6.275 6.700 7.025

 factor(T)
   T1    T2    T3    T4
6.300 6.377 7.077 7.792

> summary(ANOVA8.2)
          Df Sum Sq Mean Sq F value   Pr(>F)
factor(S)  12  81.19   6.766   65.35  < 2e-16 ***
factor(T)   3  18.99   6.328   61.12 3.35e-14 ***
Residuals  36   3.73   0.104
---
Signif. codes:  0 '***' 0.001 '**' 0.01 '*' 0.05 '.' 0.1 ' ' 1

>> plot(pairw.anova(ch8ex2$score,factor(ch8ex2$T),method="lsd"))
>> plot(pairw.anova(ch8ex2$score,factor(ch8ex2$T),method="scheffe"))
```
以 lsd 法與 scheffe 法進行多重比較的.95 信賴區間圖(相同字母者無統計上顯著差異)

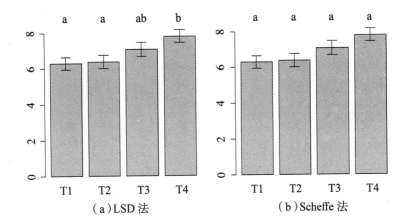

（a）LSD 法　　　　　　（b）Scheffe 法

R 范例 8-4-3　R 的 ANCOVA（范例 8-3 数据）

在 R 当中进行 ANCOVA 可从 ANOVA 进行扩展，同样是使用 aov 函数来进行分析。以下利用范例 8-3 的范例数据进行示范，分析结果与 SPSS 结果相同，R 语法与结果列举如下。

【A. R 语法】

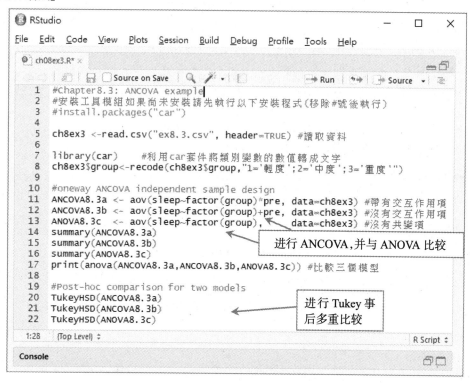

【B. 结果报表】

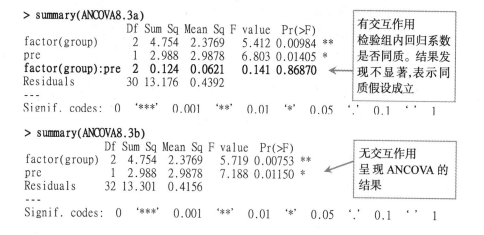

```
> summary(ANOVA8.3c)
               Df Sum Sq Mean Sq F value Pr(>F)
factor(group)   2  4.754  2.3769   4.816 0.0146 *
Residuals      33 16.288  0.4936
---
Signif. codes:  0 '***' 0.001 '**' 0.01 '*' 0.05 '.' 0.1 ' ' 1
```

> 无协变量
> 亦即 ANOVA 的结果，与本章内容一致

```
> print(anova(ANCOVA8.3a,ANCOVA8.3b,ANOVA8.3c)) #比較三個模型
Analysis of Variance Table

Model 1: sleep ~ factor(group) * pre
Model 2: sleep ~ factor(group) + pre
Model 3: sleep ~ factor(group)
  Res.Df    RSS Df Sum of Sq      F  Pr(>F)
1     30 13.176
2     32 13.301 -2  -0.12423 0.1414 0.86870
3     33 16.288 -1  -2.98778 6.8026 0.01405 *
---
Signif. codes:  0 '***' 0.001 '**' 0.01 '*' 0.05 '.' 0.1 ' ' 1
```

> 模型比较
> 同时列出三个模型。比较模型变动的显著性：1 与 2 无差异，2 与 3 有差异，表示纳入协变量能显著改善模型

第九章　多因子方差分析

第一节　基本概念

社会与行为科学家在探讨问题时往往不会只取用一个自变量去探讨对因变量 Y 的影响。如果研究者同时采用两个或以上的自变量 X_A、X_B……探讨对某一个因变量的影响，称多因子设计（factorial design），所涉及的平均数差异检验被称为多因子方差分析（factorial analysis of variance）。当研究包含两个自变量，称双因子方差分析（two-way analysis of variance），三个自变量，称三因子方差分析（three-way analysis of variance）。当因子越多，平均数变异来源越复杂，分析越困难，一般在研究上，三因子以上的方差分析检验已甚少出现。

另一方面，基于研究设计的考量，自变量可能是独立样本设计，也可能是相关样本设计，导致多因子设计会有完全独立设计（每一个因子都是独立样本设计）、完全相关设计（每一个因子都是相关样本设计）、混合设计（部分因子是独立、部分因子是相关样本设计）等不同形式。

一、多因子方差分析的数据形式

现以一个研究的范例来说明双因子方差分析的基本形式。在前一章运动与睡眠的研究范例中，因为只有一个因子，故为单因子方差分析检验。但如果研究者认为，除了运动量的多寡会影响睡眠，在白天以及在夜间两个不同时段从事运动，对于睡眠也会有不同的影响。此时，影响睡眠时间的自变量，除了运动时段（白天或夜间）的不同（A 因子），还有运动量的差异（重、中、轻）（B 因子）。

若将 36 位参加实验的学生随机分配到六个不同的组别，分别为在白天从事重度、中度、轻度运动量的三个组与晚上从事重度、中度、轻度运动量的三个组，六个组（单元格）的学生为随机抽样而得，彼此相互独立，此时即成为一个典型的 2×3 完全独立双因子方差分析研究。表 9-1 为 36 位学生参与实验的模拟数据的双向表（double entry table）。其中一个自变量置于行（column）上，另一个自变量置于列（row）上，每一位学生在因变量上的原始得分被记录于表中每一单元格（cell）内，使读者可以一目了然。两个自变量分别是运动时段（A 因子）与运动量（B 因子），A 因子具有白天与夜间两个水平，B 因子有重度、中度、轻度三个水平。

表 9-1 2×3 双因子方差分析数据范例

因子		运动量（B）			合计 人数与平均数
		轻度（b1）	中度（b2）	重度（b3）	
时段（A）	白天（a1）	6.5	7.4	8.0	
		7.3	6.8	7.7	
		6.6	6.7	7.1	18
		8.0	7.3	7.6	7.26
		7.7	7.6	6.6	
		7.1	7.4	7.2	
		7.20	7.20	7.37	
	晚间（a2）	7.1	7.4	8.2	
		7.9	8.1	8.5	
		8.2	8.2	9.5	18
		8.2	8.0	8.7	8.37
		8.5	7.6	9.6	
		9.5	8.0	9.4	
		7.88	8.23	8.98	
合计	人数	12	12	12	36
	平均数	7.72	7.54	8.17	7.81

注：单元格内为睡眠时数（小时），带有底线的数字为平均数。

二、多因子方差分析的各种效果

多因子方差分析与单因子方差分析最大的不同，在于其造成平均数变动的效果（effect）更加复杂。最主要的效果有两种：主要效果与交互效果。所谓主要效果（main effect）是指自变量对因变量所造成的影响，反映在自变量的各水平平均数差异上；交互作用效果（interaction effect）则是指多个自变量共同对因变量产生影响，也就是各因子间具有彼此修正调整的调节作用（moderation effect）。

以表 9-1 的数据为例，表中除 36 个原始分数之外，共有三类不同的平均数：A 因子的 a_1 与 a_2 "行"平均数、B 因子的 b_1、b_2、b_3 "列"平均数，以及 AB 交互作用的 a_1b_1、a_1b_2、a_1b_3、a_2b_1、a_2b_2、a_2b_3 六个"单元格"平均数。A 因子平均数差异被称为 A 主要效果（A main effect），B 因子平均数差异被称为 B 主要效果（B main effect），单元格平均数的变异被称为交互效果。

其中，A 与 B 主要效果相互独立，分别代表 A、B 变量与因变量的关系，可以被视为两个独立的单因子方差检验。A×B 交互效果的意义是指"A 因子对于因变量的影响，受到 B 因子的调节；而 B 因子对于因变量的影响，也受到 A 因子的调节，A 与 B 两个因子互相具有调节作用"，也就是两个自变量对于因变量的影响相互调节。若交互效果显著，则需进一步进行单纯主要效果（simple main effect）检验，来探讨调节作用的发生情形。

在三个因子以上的方差分析中，还存在一种单纯交互效果（simple interaction effect），三阶以上的交互效果具有统计显著性时会出现。例如，考察 A×B×C 的交互效果时，必须检验低阶的双因子交互效果如何受到第三个因子的调节，亦即"A×B 对因变量的交互影响，受到 C 因子的调节"，以此类推。如果被调节下的交互作用显著，还必须进行单纯主要效果检验，程序相当复杂，得到的结果也不利于解释。这就是为什么一般研究比较少看到三因子以上的方差分析。

第二节　多因子方差分析的统计原理

一、方差拆解

基本上，多因子方差分析的原理是从单因子方差分析延伸而来，因此方差拆解的原理相仿。所不同的是因为自变量数目（因子数目）较多，因此总变异（SS_{total}）切割的方式较为复杂。

在一个具有 A 因子（k 个水平）与 B 因子（1 个水平）的 $k×1$ 双因子方差分析中，根据 A 因子各水平的平均数变异情形，可以计算出 A 因子组间离均差平方和（SS_A）；根据 B 因子各水平的平均数变异情形，可以计算出 B 因子组间离均差平方和（SS_B）。单元格间离均差平方和（SS_{AB}）则用以反映交互效果的强度。这三项 SS 均与两个因子对各单元格平均数的作用有关，都可视为"组间"离均差平方和。

至于各单元格内（组内）的变异情形，则是随机误差所造成的结果，各单元格离均差平方和可加总得出组内离均差平方和（SS_w）。各离均差与相对应的自由度及样本数均具有一定的加成关系：

$$SS_{total} = SS_A + SS_B + SS_{AB} + SS_W \tag{9-1}$$

$$df_{total} = df_A + df_B + df_{AB} + df_W \tag{9-2}$$

$$\left(N-1\right) = \left(k-1\right) + \left(l-1\right) + \left(k-1\right)\left(l-1\right) + \left(N-kl\right) \tag{9-3}$$

SS_A、SS_B、SS_{AB} 三个与自变量效果有关的效果项除以自由度后得到各组间均方和，除以误差方差，即得到 F 统计量，可进行 F 检验。

二、整体检验与事后检验

(一) 整体检验

多因子方差分析的整体效果检验与单因子变量分析概念相同。主要效果与交互效果都是整体检验，各效果的均方和作为分子，误差变异误差（MS_w）作为分母，相除得到 F 值。摘要表如表 9-2 所示。

表 9-2　双因子方差分析摘要表（完全独立样本设计）

变异来源	SS	df	MS	F
组间				
A	SS_A	$k-1$	SS_A/df_A	MS_A/MS_w
B	SS_B	$l-1$	SS_B/df_B	MS_B/MS_w
AB	SS_{AB}	$(k-1)(l-1)$	SS_{AB}/df_{AB}	MS_{AB}/MS_w
组内（误差）	SS_w	$N-kl$	SS_w/df_w	
全体	SS_t	$N-1$		

(二) 事后检验

方差分析的事后检验，是指在整体检验显著之后所进行的后续检验程序。双因子方差分析的各主要效果若达显著，且各因子仅包含两个水平（$k=2$），则无需进行事后多重比较。但如果具有三个以上的水平（$k \geq 3$），必须进行多重比较。图 9-1 列出了双因子方差分析的事后检验决策历程。

对于交互效果，当交互效果显著后，表示主要效果是一个过度简化、没有考虑到其他因子的一种检验。如果直接对某一显著的主要效果加以解释或讨论其事后多重比较结果，会扭曲该因子的真实效果。此时需进行进一步的事后检验，包括：（1）对于限定条件的主要效果进行整体比较，又称单纯主要效果检验；（2）单纯主要效果检验达显著后，对该限定条件的单纯主要效果进行多重比较。

单纯主要效果具有整体检验与事后检验两种身份，对于交互效果来说，单纯主要效果是一种事后检验，但单纯主要效果本身则是整体检验。如果单纯主要效果未达显著，或达显著但是比较的平均数数目为 2 个（$k=2$），即可直接拒绝 H_0 并进行解释；但若单纯主要效果达显著且比较的平均数数目超过 2 个（$k \geq 3$），即必须再进行单纯主要效果的事后比较（多重比较），因此，单纯主要效果可以被称为事后的整体检验。本范例中，B 因子包含三个以上的水平，因此当 B 因子的单纯主要效果检验达显著时，需进行进一步的两两平均数配对比较。图 9-1 中的被实线箭头表示的效果均为事后检验。

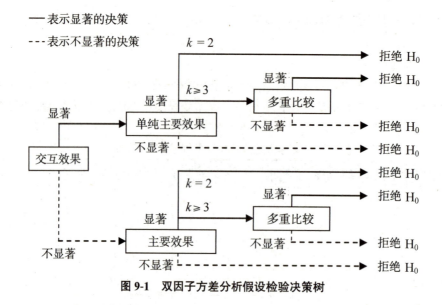

图 9-1 双因子方差分析假设检验决策树

三、单纯主要效果检验

单纯主要效果之所以称"单纯"，是因为其意指在"特定条件下"所进行的主要效果显著性检验，而"特定条件下的主要效果"即是一种调节效果。在双因子检验中，若 A 因子有 a_1 与 a_2 两个水平，B 因子有 b_1、b_2、b_3 三个水平，单纯主要效果检验是从两方面的六次检验来检验调节效果：第一，当"在考虑 A 的不同水平条件下，检视 B 因子对因变量的影响"，需分别检验在 a_1 与 a_2 两种限定条件下的 B 因子效果，称 B 因子单纯主要效果检验；第二是"在考虑 B 的不同水平条件下，检视 A 因子对于因变量的影响"，需分别检验在 b_1、b_2、b_3 三种限定条件下的 A 效果，称 A 因子单纯主要效果检验。各效果的虚无假设如下：

A 因子的单纯主要效果检验：
当限定于 B 因子的 b_1 水平时：$H_0: \mu_{a1b1} = \mu_{a2b1}$
当限定于 B 因子的 b_2 水平时：$H_0: \mu_{a1b2} = \mu_{a2b2}$
当限定于 B 因子的 b_3 水平时：$H_0: \mu_{a1b3} = \mu_{a2b3}$

B 因子的单纯主要效果检验：
当限定于 A 因子的 a_1 水平时：$H_0: \mu_{a1b1} = \mu_{a1b2} = \mu_{a1b3}$
当限定于 A 因子的 a_2 水平时：$H_0: \mu_{a2b1} = \mu_{a2b2} = \mu_{a2b3}$

单纯主要效果的 F 检验以在限定条件下的离均差均方和为分子，以组内离均差均方和为分母，计算出 F 统计量，据以决定统计显著性。在双因子分析中，一个完整的单纯主要效果检验是由 $k+l$ 次独立的限定条件单因子方差分析检验所组成的。

　　值得注意的是，不论是事后多重比较或单纯主要效果检验，皆属于多次配对比较，多次检验会导致一型错误率膨胀，因此检验时的一型错误率需采用族系错误率，将各检验以原来的 α 除以比较次数，使整体一型错误率控制在 0.05 水平。

第三节　相关样本多因子方差分析

 **基本概念**

　　前述有关双因子 ANOVA 的讨论，是基于独立样本的实验设计，即每一位受测者均只在某一组别中出现一次，同时每位受测之间均无任何关联。如果同一位受测者在某一个因子上重复在不同的组别中出现（重复量数设计），或不同组别的受测者之间具有配对关联（配对样本设计），便是相关样本设计。如果多因子实验的各因子均采用相关设计，需采用完全相关样本多因子方差分析（correlated sample ANOVA），如果仅是部分的因子采用相关设计，则为混合设计多因子方差分析（mixed design ANOVA）。

　　不论是重复量数还是配对样本，相关样本的存在使得分数的变异来源除了包括自变量的效果、交互效果、随机误差的效果，另外增加了一项出于受试者重复测量或配对关系而产生的个别差异误差效果（称受试者间效果），使得平均数结构更加复杂。一般看到的相关样本研究多为重复量数设计，而重复量数或配对设计的分析原则与程序完全相同，因此本章仅以重复量数混合设计为例。

二、方差拆解

　　相关设计由于多了一项受试者间平均数的差异，使得影响因变量的变异来源有三：归因于 A 与 B 两个自变量、归因于误差项、归因于受试者间。以变异量来表示，就是 SS_A、SS_B、SS_{AB}、$SS_{residual}$（以 SS_r 表示）与 $SS_{b.subject}$（以 $SS_{b.s}$ 表示）。其中 SS_A、SS_B、SS_{AB} 的概念和计算方法与独立样本设计相同，是指各组平均数的变异量。而 SS_r 与 $SS_{b.s}$ 则是独立样本设计的组内变异（SS_w）的重新分割，SS_r 为残差变异，$SS_{b.s}$ 反映受试者间平均数变异。具有下列关系：

$$SS_{total} = SS_A + SS_B + SS_{AB} + SS_{b.s} + SS_r \qquad (9\text{-}4)$$

　　受试者间离均差平方和（$SS_{b.s}$）反映的是各受试者的平均数离散程度，计算方法是直接计算各受试者平均数与总平均数的离均差平方和。最后，SS_r 可以直接以 $SS_w - SS_{b.s}$ 求得，换言之，残差变异是将组内变异扣除受试者间平均数的变异。

三、整体效果的假设检验

依据先前有关独立样本设计的原理，组间效果（包括 A 因子主要效果、B 因子主要效果与交互效果）的 F 检验，误差项的均方和仅有 SS_w 一个。相关设计的误差项则有 SS_r 与 $SS_{b.s}$ 两者，在计算 F 值时，不同组间效果因受误差变异的来源不同，误差项也就不同。

今天若有一个带有 A（独立因子）与 B（相关因子）两个因子的混合设计双因子方差分析，对于采用独立设计的 A 主要效果，由于不受任何重复量数的受试者影响，F 检验的误差项与受试者之间的个别差异有关，故取 $MS_{b.s}$（即 $SS_{b.s}/df_{b.s}$）作为误差项，因为该项真正反映了随机误差的变异来源。至于 B 主要效果与 AB 交互效果，由于均与相关设计有关，误差来源与"人"的内在差异有关，因此误差项取受试者间变异 MS_r（即 SS_r/df_r）。摘要表如表 9-3 所示。

表 9-3　混合设计方差分析摘要表

变异来源	SS	df	MS	F
组间	SS_b	$kl-1$		
A	SS_A	$k-1$	SS_A/df_A	$MS_A/MS_{b.s}$
B_b	SS_B	$l-1$	SS_B/df_B	MS_B/MS_r
$A \times B_b$	SS_{AB}	$(k-1)(l-1)$	SS_{AB}/df_{AB}	MS_{AB}/MS_r
组内	SS_w	$kl(n-1)$	SS_w/df_w	
受试者间（b.s）	$SS_{b.s}$	$k(n-1)$	$SS_{b.s}/df_{b.s}$	
残差（误差）	SS_r	$k(n-1)(l-1)$	SS_r/df_r	
全体	SS_{total}	$N-1$		

注：标示 $_b$ 者为相关设计因子。

第四节　多因子方差分析的平均数图示

一、平均数图示原理与判断原则

方差分析的各种效果可以利用平均数折线图来描述，并协助我们进行效果的解释。尤其是交互效果，特别适合用图示法来描述。但交互效果折线图一般仅适用于两个类别自变量的交互效果的呈现，超过两个因子时，建议逐次取两个自变量来绘制折线图。

在一个交互效果折线图中，Y轴为因变量的平均数，而两个自变量，一个放置于X轴（各水平依序描绘于X轴上），另一个则以个别线来呈现（每一个水平为一条折线），如此一来，各单元格的平均数即可标示于折线的对应位置，图9-2是一个2×3的双因子方差分析平均数折线图，其中A因子有两个水平（a_1与a_2），以个别线表示，B因子有三个水平（b_1、b_2与b_3），标示于X轴上，图中的各折线上的点为各单元格平均数，由于2×3的双因子方差分析共有六个单元格，因此图中会出现六个标示点（六个单元格平均数）。

一般来说，交互效果如果存在，折线图中会出现非平行折线，如图9-2（a）至（c）所示，各个别折线与各点的相对关系反映了单纯主要效果的情况。相对地，各折线呈现平行或接近于平行表示交互效果不显著，如图9-3（a）至（d）所示。

当各折线呈水平，表示B因子的各水平平均数在A因子的特定水平下没有差异；当各折线呈非水平，表示B因子的各水平平均数在A因子的特定水平下具有差异，B因子的单纯主要效果显著。以图9-2（a）为例，B因子各水平平均数在a_1水平下为$b_1 < b_2 < b_3$，在a_2水平下为$b_1 > b_2 > b_3$，表示B因子的效果受到A因子的调节。

A因子的单纯主要效果则是指不同折线中垂直对应的各单元格平均数的距离。图9-2（a）中，B因子在b_1、b_2与b_3三个水平下的A因子效果分别为$a_1 < a_2$、$a_1 < a_2$、$a_1 > a_2$，其中b_1与b_3两个水平下A因子的平均数差异都很明显，A因子的单纯主要效果应达显著水平，但是在b_2水平下，a_1与a_2较为接近，显示A因子的单纯主要效果在b_2水准下可能未达显著。但是这些效果是否具有统计的意义，需利用F检验来检验。

二、次序性与非次序性交互效果

图9-2包含了非次序性与次序性两种不同形式的交互效果。非次序性交互效果（disordinal interaction）如图9-2（a）所示。交叉的折线说明两个自变量对于因变量具有交互效果，而且各单元格的相对关系是不一致的，不具有特定的次序关系。次序性交互效果（ordinal interaction）是指两个自变量对于因变量具有交互效果，且各单元格的相对关系是一致的，具有特定的次序关系，它的特色是折线虽不平行，但是也不会有交会的折线，如图9-2（b）所示。

在图9-2（a）的非次序性交互效果中，a_1的平均数在b_1与b_2两个水平下虽然一致高于a_2，但是在b_3水平下，则低于a_2，表示A因子在不同的B因子水平下，对于因变量的影响不一致。图9-2（b）的各单元格平均数均出现一致的相对关系，也就是a_1的平均数在b_1、b_2与b_3三个水平下都是一致高于a_2，而b_1、b_2与b_3的平均数在a_1、a_2两个水平下的顺序也相同，都是$b_1 > b_2 > b_3$，称次序性交互效果。

交互效果当中，其中一个因子是次序性关系，但另一个因子为非次序性关系时，称部分非次序性交互效果（partially disordinal interaction），如图9-2（c）所示。例如，a_1的平均数在b_1、b_2与b_3三个水平下都一致高于a_2，是一种次序性关系，但是对于B因子，

b_1、b_2 与 b_3 的平均数在 a_1、a_2 两个水平下的顺序关系不同，在 a_1 时为 $b_1 < b_2 < b_3$，但在 a_2 时为 $b_1 > b_2 > b_3$，表示 B 因子在不同的 A 因子水平下，对于因变量的影响不一致，为一种非次序性现象。

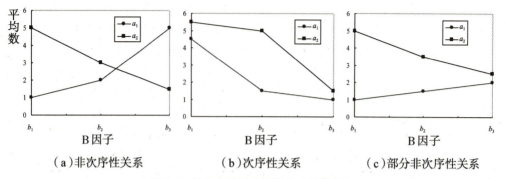

（a）非次序性关系　　　　　（b）次序性关系　　　　　（c）部分非次序性关系

图 9-2　非次序性与次序性交互效果图示

基本上，由于交互效果同时包括各因子的作用，因此只要有部分因子出现了非次序关系，统计上一律以非次序性现象来处理，也就是不针对主要效果进行解释。出于任何非次序交互效果的存在，主要效果需"视情况而定"。当交互效果为次序性时，主要效果本身是否要加以解释就比较没有严格的限制，因为次序性交互效果意味着因子间的调节作用不会影响效果的次序关系，因此主要效果的解释可以作为次序性交互效果的补充解释。

三、主要效果的图表判断

平均数折线图除了可以用于检查交互效果的形态，也可以用来检查主要效果的趋势与强弱状态，如图 9-3 所示。而主要效果的判断必须在图 9-3 当中增加一条主要效果平均数折线（虚线）来表示 X 轴因子主要效果（B 因子），而另一个因子（A 因子）的主要效果则以各条个别线的整体的垂直距离来表示。

以图 9-3（a）为例，B 因子主要效果虚线呈现平坦状，表示 B 因子各水平平均数十分接近，B 主要效果可能不显著，代表 A 因子主要效果的个别折线垂直距离也很接近，表示 A 因子各水平的平均数十分接近，A 主要效果亦可能不显著。图 9-3（b）是当 A 与 B 主要效果均达显著的情况。其中 B 主要效果折线呈现陡峭的不平坦状况，A 主要效果的各条个别折线的垂直距离很长，表示 A 与 B 两个因子的各水平平均数差异颇大。图 9-3（c）与（d）则说明了其中一个主要效果不显著的情形。

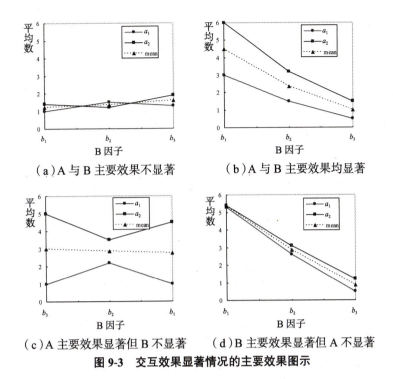

（a）A 与 B 主要效果不显著　　　（b）A 与 B 主要效果均显著

（c）A 主要效果显著但 B 不显著　　（d）B 主要效果显著但 A 不显著

图 9-3　交互效果显著情况的主要效果图示

第五节　SPSS 的多因子方差分析范例

范例 9-1　双因子方差分析（完全独立设计）

　　为了提高某汽车公司业务员的业绩，某位人力资源主管引进一套自我肯定训练课程。为了了解训练课程的效果，他收集了 27 位参加训练课程员工的训练后的业绩表现，并将员工分成水平下、水平中以及水平上三种类型，探讨不同能力水平的员工接受训练课程的效果是否具有差异。另外也收集了 27 位没有参加训练的员工的业绩表现，同样分成水平下、水平中、水平上三个层次以进行比较。所得到的业绩数据如下：

训练课程（Training）	业绩能力（Ability）								
	水平下			水平中			水平上		
无自我肯定训练	10	14	16	16	17	23	21	24	23
	12	14	13	19	20	15	20	23	25
	15	11	13	19	18	21	21	26	22
有自我肯定训练	15	18	22	18	24	19	21	19	20
	18	21	17	22	21	20	23	24	24
	18	16	16	20	22	23	22	25	20

一、主要效果的检验

【A. 操作程序】

> 步骤一：输入数据。两个自变量与因变量各为单一变量，各占一列。共三列。
> 步骤二：点选 分析 → 一般线性模式 → 单变量 。
> 步骤三：进入因子分析对话框，点选因变量、因子（自变量）。
> 步骤四：选择所需的附加功能。定义折线图等功能。
> 步骤五：按 确定 执行。

【B. 步骤图示】

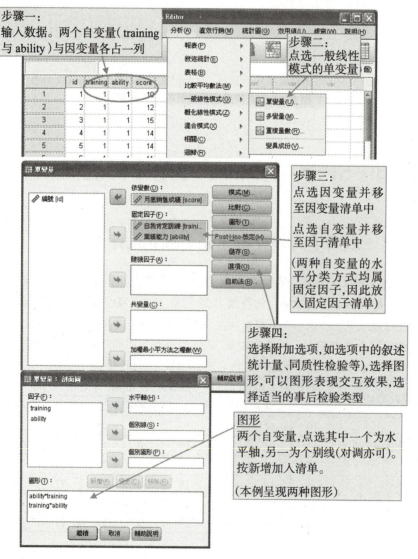

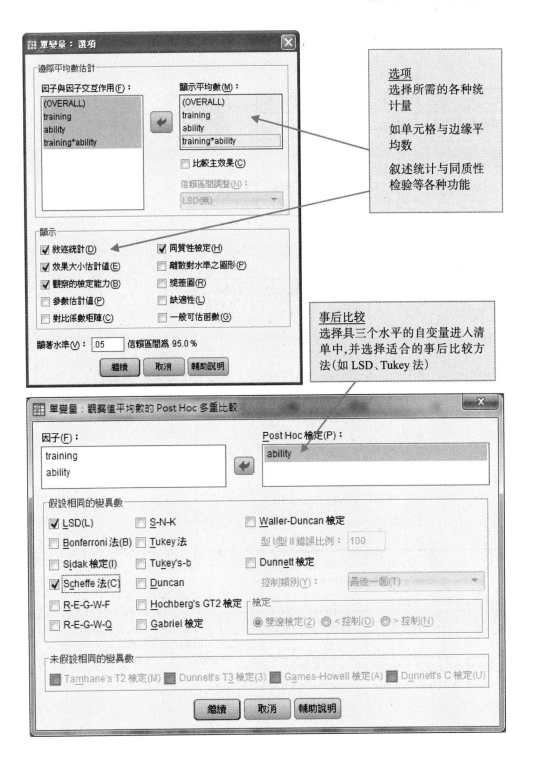

选项
选择所需的各种统计量

如单元格与边缘平均数

叙述统计与同质性检验等各种功能

事后比较
选择具三个水平的自变量进入清单,并选择适合的事后比较方法(如 LSD、Tukey 法)

【C. 结果输出】

1. 方差的单变量分析

受试者间因子

		值标签	N
自我肯定训练	1	无	27
	2	有	27
业绩能力	1	水平下	18
	2	水平中	18
	3	水平上	18

> **因子内容说明**
> 双因子方差分析共有两个因子。名称与人数如表所示

叙述统计

依变量：月底销售成绩

自我肯定训练	业绩能力	平均值	标准差	N
无	水平	13.11	1.900	9
	水平中	18.67	2.500	9
	水平上	22.78	1.986	9
	总计	18.19	4.532	27
有	水平	17.89	2.315	9
	水平中	21.00	1.936	9
	水平上	22.00	2.121	9
	总计	20.30	2.715	27
总计	水平	15.50	3.204	18
	水平中	19.83	2.479	18
	水平上	22.39	2.033	18
	总计	19.24	3.851	54

> **描述统计结果**
> 列出各单元格与边缘平均数、标准差及数量等

Levene's 同质性方差检验 [a]

因变量：月底销售成绩

F	自由度1	自由度2	显著性
.180	5	48	.969

检验因变量的误差方差在群组内相等的虚无假设。

a. 设计：截距 +training+ability+training*ability

> **方差同质性检验**
> 探讨各样本的变异情形是否同质。F 值为 0.18，显著性为 0.969，显示假设并未被违反

受试者间效应项检验

因变量:月底销售成绩

来源	类型Ⅲ平方和	自由度	均方	F	显著性	Squared
修正模型	566.537ᵃ	5	113.3...	24.797	.000	.721
截距	19991.130	1	1999...	4375.0	.000	.989
tra1ning	60.167	1	60.167	13.167	001	.215
ability	436.593	2	218.2...	47.773	.000	.666
training*ability	69.778	2	34.889	7.635	.001	.241
误差	219.333	48	4.569			
总计	20777.000	54				
修正后总数	785.870	53				

> 方差分析摘要表
> 两个主要效果均达显著,交互效果也显著

a. R 平方 =.721(调整的 R 平方 =.692)

剖面图

个别线的高低代表该水平的平均数为高或低

平均数剖面图
不平行或交叉代表交互效果可能存在

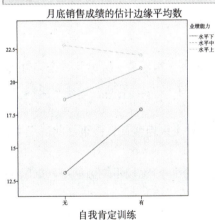

月底销售成绩的估计边缘平均数

平均数图 a
以有无训练为 X 轴
以业绩能力为个别线
端点或折点代表单元格平均数

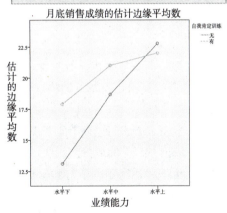

月底销售成绩的估计边缘平均数

平均数图 b
以业绩能力为 X 轴
以有无训练为个别线
端点或折点代表单元格平均数

【D. 结果说明】

由上述的报表可知,此一独立样本双因子方差分析的两个主要效果或交互效果均达显著水平。显示有无参加训练的人,其月底销售成绩具有显著的差别($F(1, 48) = 13.167$,$p = 0.001$),业绩能力不同的人也如预期般的具有月底销售成绩的差异($F(2, 48) = 47.773$,$p < 0.001$),进一步说,业绩能力与自我肯定训练会交互影响月底销售成绩($F(2, 48) = 7.635$,$p < 0.001$)。由于交互效果达显著水平,主要效果即

失去分析价值，而应进行单纯主要效果检验，讨论在何种情况下，月底销售成绩会提高或降低。ANOVA 摘要表如表 9-4 所示。

表 9-4　完全独立设计双因子方差分析摘要表

来源	型 III 平方和	自由度	平均平方和	F 检验	显著性	净 η^2
A（训练）	60.167	1	60.167	13.167	0.001	0.215
B（能力）	436.593	2	218.296	47.773	0.000	0.666
A × B	69.778	2	34.889	7.635	0.001	0.241
误差	219.333	48	4.569			
总数	785.870	53				

二、单纯主要效果检验

单纯主要效果检验的复杂之处在于进行数据分割，使得被检验的自变量的主要效果限定在另一个自变量的特定水平下。

【A. 操作程序】

步骤一：分割数据。以其中一个自变量为分割变量，探讨另一个自变量与因变量的关系。如先以训练课程为分割变量。点选 数据 → 分割档案 → 确定 。

步骤二：点选 比较群组 ，并选择分割的类别自变量，移至依此群组中，并按 确定 执行。完成分割。

步骤三：执行单因子方差分析。点选 分析 → 比较平均数法 → 单因子方差分析对话框 。

步骤四：点选因变量、因子变量并选择所需的附加功能，如选项中的叙述统计、同质性检验、事后比较 LSD 法。

步骤五：按 确定 执行。

步骤六：重复上述一至五步骤，但以另一个自变量为分割变量进行分割，执行单因子方差分析。

【B. 步骤图示】

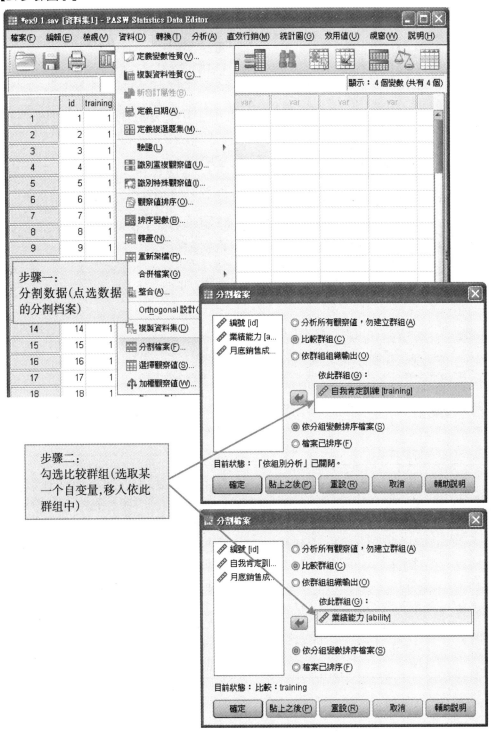

步骤一：
分割数据（点选数据的分割档案）

步骤二：
勾选比较群组（选取某一个自变量，移入依此群组中）

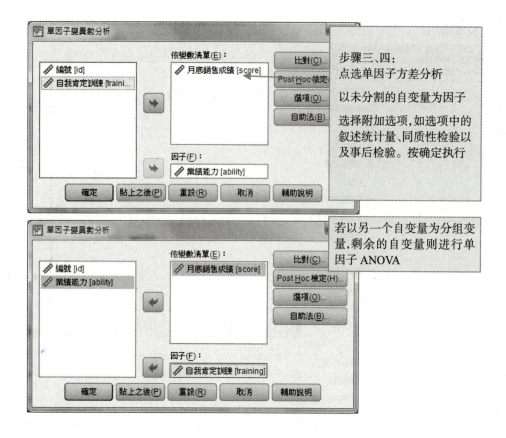

步骤三、四：
点选单因子方差分析

以未分割的自变量为因子

选择附加选项，如选项中的
叙述统计量、同质性检验以
及事后检验。按确定执行

若以另一个自变量为分组变
量，剩余的自变量则进行单
因子 ANOVA

【C. 结果输出】

描述性统计量

score 月底销售成绩

分组描述统计结果
限定后，无训练者与有训练者
各单元格与边缘平均数、标准
差及个数等

training 自我肯定训练		个数	平均数	标准差	标准误				
1 无	1 水平下	9	13.11	1.900	.633				
	2 水平中	9	18.67	2.500	.833	16.74	20.59	15	23
	3 水平上	9	22.78	1.986	.662	21.25	24.30	20	26
	总和	27	18.19	4.532	.872	16.39	19.98	10	26
2 有	1 水平下	9	17.89	2.315	.772	16.11	19.67	15	22
	2 水平中	9	21.00	1.936	.645	19.51	22.49	18	24
	3 水平上	9	22.00	2.121	.707	20.37	23.63	19	25
	总和	27	20.30	2.715	.522	19.22	21.37	15	25

ANOVA

score 月底销售成绩

training 自我肯定训练		平方和	自由度	平均平方和	F	显著性
1 无	组间	423.630	2	211.815	46.028	.000
	组内	110.444	24	4.602		
	总和	534.074	26			
2 有	组间	82.741	2	41.370	9.118	
	组内	108.889	24	4.537		
	总和	191.630	26			

ANOVA

score 月底销售成绩

ability 业绩能力		平方和	自由度	平均平方和	F	显著性
1 水平下	组间	102.722	1	102.722	22.898	.000
	组内	71.778	16	4.486		
	总和	174.500	17			
2 水平中	组间	24.500	1	24.500	4.900	.042
	组内	80.000	16	5.000		
	总和	104.500	17			
3 水平上	组间	2.722	1	2.722	.645	.434
	组内	67.556	16	4.222		
	总和	70.278	17			

方差分析摘要表在两个限定条件下的 F 检验结果，但是此处的 F 并不正确。分母需改用整体检验的 F 检验分母 MS_w，因此这个报表的目的在于产生 SS_b

【D. 结果说明】

　　单纯主要效果必须分别以两个自变量进行数据的分割，上述报表仅列出以自我肯定训练作为切割变量的单纯主要效果的检验。以业绩能力（水平下、水平中、水准上）进行分割后的单纯主要效果检验则省略。总计五次的单因子方差分析的单纯主要效果的摘要表如表 9-5 所示。为避免一型错误率膨胀，需采用族系错误率，将各检验的 α_{FW} 设为 $\alpha/5 = 0.05/5 = 0.01$，使整体一型错误率控制在 0.05 水平。各 F 检验的显著性概率由 SPSS 函数转换结果如下：

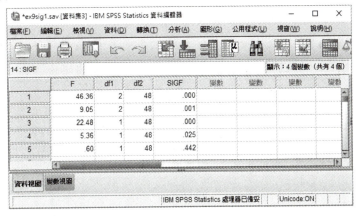

由表 9-5 可以得知，自我肯定训练与业绩能力对于月底销售成绩的交互影响在不同的限定条件下有所不同。不同程度的业务员在无训练情况下，月底销售成绩具有明显的差异，$F(2.48)=46.36$，$p<0.001$，事后比较检验的结果发现水平上业务员的成绩（22.78）显著高于水平中（18.67），也高于水平下业务员（13.11），两两比较皆达显著。然而，当条件限定在有参加训练课程的学生时，业绩能力因子对月底销售成绩的影响虽仍显著，但作用已经降低，$F(2.48)=9.05$，$p<0.001$，事后比较检验的结果则显示参加训练课程后，水平上业务员的成绩（22）并未显著高于水平中业务员（21），仅高于水平下的业务员（17.89），从平均数来看，可知水平中与水平下业务员受到自我肯定训练的影响较大。

通过业绩能力的三个不同限定条件的分割来分析有无训练对月底销售成绩的影响，可以看出对于水平上业务员，自我肯定训练并无效果 $F(1,48)=0.60$，n.s.，对于水平中业务员与水平下业务员则有显著效果，水平中业务员在有无训练的差异上达显著，$F(1,48)=5.36$，$p=0.025$，水平下业务员在有无训练的差异上亦达显著 $F(1,48)=22.48$，$p<0.001$，显示自我肯定训练对水平中业务员最有帮助，没有参加训练的水平中业务员成绩为 18.67，有参加课程的业务员成绩达 23.67，比水平上业务员分还高。没有参加训练的水平下业务员成绩只有 13.11，但是有参加课程的业务员成绩达 17.89，亦有显著提高。由于自我肯定训练的单纯主要效果只有两个水平，因此无需进行事后检验，可以直接比较两组样本的平均数。

由此范例可以明确看出交互效果达显著后研究单纯主要效果的重要性。对因变量的影响，两个自变量或许皆有显著的作用，但是对于一个显著的交互效果，显示主要效果的解释必须考虑两个自变量的互动性。事实上，前面整体检验中所提供的剖面图示，已经可以清楚看出两个自变量对于因变量的交互影响作用，这便是许多研究者喜欢使用剖面图来判断交互效果的主要原因。

表 9-5　单纯主要效果方差分析摘要表

单纯主要效果内容	SS	df	MS	F	P	Post hoc tests
业绩能力						
在无训练条件下	423.630	2	211.815	46.36	0.000	上 > 中, 上 > 下, 中 > 下
在有训练条件下	82.741	2	41.370	9.05	0.001	上 > 下, 中 > 下
自我肯定训练						
在水平下条件下	102.722	1	102.722	22.48	0.000	—
在水平中条件下	24.500	1	24.500	5.36	0.025	—
在水平上条件下	2.722	1	2.722	0.60	0.442	—
误差	219.333	48	4.569			

范例 9-2　双因子方差分析（混合设计）

以捷运行车控制中心的操作人员研究为例，心理学家假设，工作时间增长，注意力降低，在一天的四次测量中，受试者的反应时间显著增长，印证了研究假设。随机挑选的 13 名操作人员当中，7 位为男性，6 位为女性。研究者想观察性别是否是另一个影响注意力的因素，此时即可以视为一个双因子混合设计方差分析，其中受试者内设计的因子为四个不同的测量时间：上班时、午饭前、午饭后、下班前四个时段（重复量数），而受试者间设计则为性别差异（独立样本）。因变量仍为反应时间（秒）。请问，性别差异、工作时间是否对注意力有影响？

No.	性别	上班时 9:00	午饭前 11:30	午饭后 14:00	下班前 16:30
1	男	6.2	6.7	7.4	7.8
2	男	5.9	4.8	6.1	6.9
3	男	8.4	8.7	9.9	10.3
4	女	7.6	7.8	8.7	8.9
5	女	4.1	4.7	5.4	6.6
6	女	5.4	5.3	5.9	7.1
7	女	6.6	6.7	7.2	7.5
8	女	6.1	5.8	6.4	6.7
9	女	4.9	5.1	5.2	6.8
10	男	8.2	8.6	9.3	10.4
11	男	5.7	5.7	6.5	7.2
12	男	5.9	6.4	6.9	7.6
13	男	6.9	6.6	7.1	7.5

 一、主要效果检验

混合设计方差分析是独立设计与相关设计的综合，因此数据的输入格式与分析方法是两种分析的结合。由于各项效果的 F 检验有不同的误差项，因此在整理报表需格外谨慎，以取用正确的误差项。

【A. 操作程序】

步骤一：输入数据。每一位受试者占一列。重复测量的各水平以单独的一个变量来输入。独立样本自变量则为单独一列。

步骤二：点选 分析 → 一般线性模式 → 重复量数 。

步骤三：进入定义因子清单，输入重复量数因子名称（timing）及水平数，并输入变量的标签，按 定义 。

步骤四：进入重复量数对话框，依序点选重复的水平（time1 至 time4），输入独立因子，移至因子清单。

步骤五：选择所需的附加功能。如 选项 中的叙述统计与事后比较。

步骤六：按 确定 执行。

【B. 步骤图示】

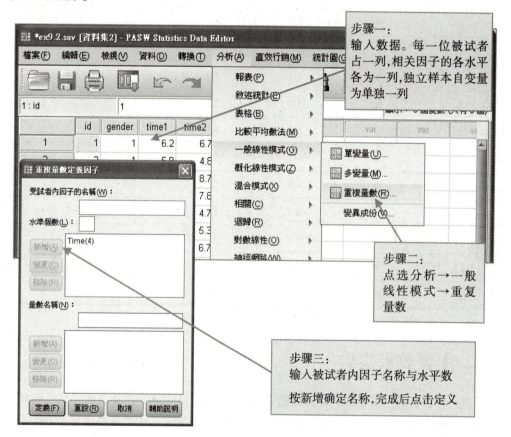

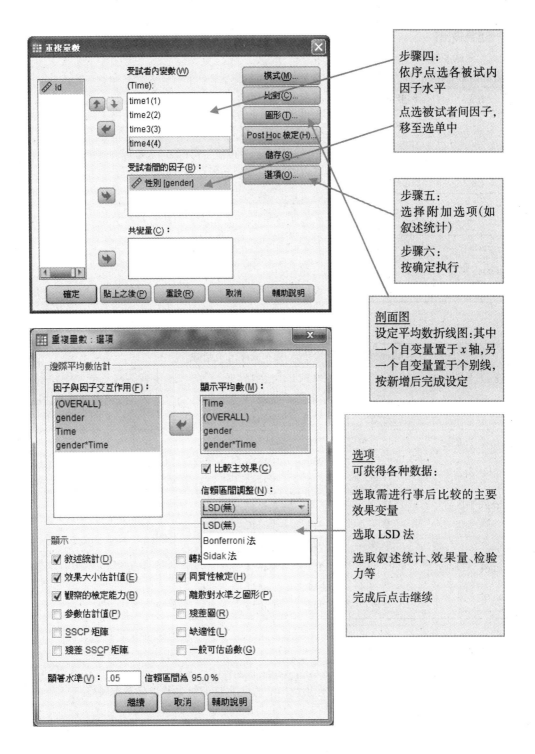

步骤四：
依序点选各被试内因子水平

点选被试者间因子，移至选单中

步骤五：
选择附加选项(如叙述统计)

步骤六：
按确定执行

剖面图
设定平均数折线图：其中一个自变量置于x轴，另一个自变量置于个别线，按新增后完成设定

选项
可获得各种数据：

选取需进行事后比较的主要效果变量

选取 LSD 法

选取叙述统计、效果量、检验力等

完成后点击继续

【C. 结果输出】

受试者内因子

测量：MEASURE_1

time	因变量
1	time1
2	time2
3	time3
4	time4

独立因子的名称及水平数
四个水平分别为 time1 至 time4

相依因子的名称、水平数与人数两
个水平分别为男与女，人数各为 7
与 6

受试者间因子

		个数
gender 性别	1	1
	2	2

叙述统计

	gender 性别	平均数	标准离差	个数
time1 上班初期	1	6.743	1.1326	7
	2	5.783	1.2513	6
	总数	6.300	1.2416	13
time2 午饭前	1	6.786	1.4300	7
	2	5.900	1.1576	6
	总数	6.377	1.3386	13
time3 午饭后	1	7.600	1.4387	7
	2	6.467	1.3110	6
	总数	7.077	1.4481	13
time4 下班前	1	8.243	1.4684	7
	2	7.267	.8641	6
	总数	7.792	1.2829	13

描述统计
列出所有单元格与边缘
平均数、标准差与个数

协方差矩阵等式的 Box 检验 ª

Box's M	13.255
F	.777
df1	10
df2	537.746
显著性	.651

BOX 的协方差矩阵同质性检验
检验性别在四个重复测量的协方差矩阵是否同质，
$M=13.255$，$F=0.777$，$p=0.651$ 不显著，假设成立

检验因变量的观察协方差矩阵
的虚无假设，等于交叉组别。

a. Design：截距 + gender

受试者内设计：：Time

Mauchly 球形检验 ^b

> 球形假设检验
> 卡方未达 0.05 显著水平, 表示假设未被违反

测量 : MEASURE_1

受试者内效应项	Mauchly's W	近似卡方分配	df	显著性	Epsilon^a		
					Greenhouse-Geisser	Huynh-Feldt	下限
Time	.599	4.977	5	.421	.767	1.000	.333

检验正交化变量转换的因变量的误差协方差矩阵的虚无假设, 是识别矩阵的一部分。

  a. 可用来调整显著性平均检验的自由度。改过的检验会显示在 "Wthin-Subjects Effects" 表检验中。

  b. Design: 截距 + gender
    受试者内设计 : Time

受试者内效应项的检验

测量 : MEASURE_1

来源		型Ⅲ平方和	df	平均平方和	F	显著性	净相关 Eta 平方	观察的检验能力^a
Time	假设为球形	18.788	3	6.263	57.056	.000	.838	1.000
	Greenhouse-Geisser	18.788	2.300	8.170	57.056	.000	.838	1.000
	Huynh-Feldt	18.788	3.000	6.263	57.056	.000	.838	1.000
	下限	18.788	1.000	18788	57.056	.000	.838	1.000
Time *gender	假设为球形	.105	3	.035	.319	.811	.028	.105
	Greenhouse-Geisser	.105	2.300	.046	.319	.759	.028	.098
	Huynh-Feldt	.105	3.000	.035	.319	.811	.028	.105
	下限	.105	1.000	.105	.319			
误差 (Time)	假设为球形	3.622	33	.110				
	Greenhouse-Geisser	3.622	25.297	.143				
	Huynh-Feldt	3.622	33.000	.110				
	下限	3.622	11.000	.329				

> 球形假设遭到违反时, 需使用矫正方法得到的数据

> 交互效果
> $F=0.319, p=0.811$, 未达显著水平

> 残差
> 表示误差变异, 作为相关因子的 F 检验误差项

> 被试者内设计检验
> 球形假设未被违反时, 主要效果的检验值。从显著性可知为显著

误差变异量的 Levene 检验等式 [a]

	F	df1	df2	显著性
time1 上班初期	.023	1	11	.881
time2 午饭前	.158	1	11	.699
time3 午饭后	.140	1	11	.715
time4 下班前	2.866	1	11	.119

检验各组别中因变量误差变异量的虚无假设是相等的。

a. Design：截距 + gender

受试者内设计：Time

受试者间效应项的检验

测量：MEASURE 1

转换的变量：均数

来源	型 III 平方和	df	平均平方和	F	显著性	净相关 Eta 平方	Noncent. 参数	观察的检验能力 [a]
截距	2424.479	1	2424.479	389.016	.000	.973	389.016	1.000
gender	12.632	1	12.632	2.027	.182	.156	2.027	.256
误差	68.556	11	6.232					

> 独立因子检验值
> 性别自变量主要效果的检验值。从显著性 $p=0.182$ 可知未达显著

> 受试者间差异
> 即受试者间平均数的变异量

测量：MEASURE 1

(I) time	(J) time	平均差异 (I-J)	标准误差	显著性 [a]	差异的 95% 信赖区间 [a]	
					下界	上界
1	2	−.080	.133	.560	−.372	.212
	3	−.770*	.129	.000	−1.054	−.486
	4	−1.492*	.171	.000	−1.869	−1.115
2	1	.080	.133	.560	−.212	.372
	3	−.690*	.082	.000	−.872	−.509
	4	−1.412*	.126	.000	−1.689	−1.135
3	1	.770*	.129	.000	.486	1.054
	2	.690*	.082	.000	.509	.872
	4	−.721*	.125	.000	−.998	−.445
4	1	1.492*	.171	.000	1.115	1.869
	2	1.412*	.126	.000	1.135	1.689
	3	.721*	.125	.000	.445	.998

> 事后检验
> Time1 VS Time2 不显著，其他配对均显著

根据估计的边缘平均数而定。

a. 调整多重比较：最低显著差异(等于未调整值)。

*. 平均差异在 .05 水平是显著的。

剖面图

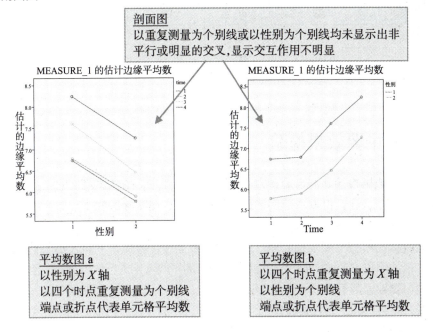

剖面图
以重复测量为个别线或以性别为个别线均未显示出非平行或明显的交叉,显示交互作用不明显

平均数图 a
以性别为 X 轴
以四个时点重复测量为个别线
端点或折点代表单元格平均数

平均数图 b
以四个时点重复测量为 X 轴
以性别为个别线
端点或折点代表单元格平均数

【D. 结果说明】

由上述的报表可知,此一相关样本的球形检验并未被违反,Mauchly's W 系数为 0.599（$\chi^2 = 4.977$,$p = 0.421$）,因此不需使用修正公式得到的数据。交互效果 $F(3,33) = 0.319$,$p = 0.811$,未达显著,因此无需进行单纯主要效果分析。若从剖面图来观察,亦可发现无明显的交叉或非平行线段。

通过两个自变量的主要效果分析,可以发现受试者间设计自变量（性别）并未达到显著水平,$F(1,33) = 2.027$,$p = 0.182$,显示性别与反应时间没有关系;但受试者内设计的四个样本平均数差异达显著水平,组间效果 $F(3,33) = 57.056$,$p < 0.001$,表示不同的测量时段下,操作员的注意力的确有所不同。方差分析摘要表见表 9-6。

从事后比较可以看出,四个水平平均数的两两比较,除了水平 1 与水平 2 相比（平均数差为 –0.8,$p = 0.560$）不显著,其他各水平的两两比较均达显著水平,且平均数逐步增高,显示时间越晚,所需反应时间增加,注意力变差。第四次测量（下班前）的注意力最差,平均数为 7.792。

表 9-6　混合设计双因子方差分析摘要表

变异来源	SS	df	MS	F	P
性别（独立因子）	12.632	1	12.632	2.027	0.182
时段 b（相关因子）	18.788	3	6.263	57.056	0.000
性别 × 时段 b	0.105	3	0.035	0.319	0.811
组内	72.178	44			
受试者间（b.s）	68.556	11	6.232		

续表

变异来源	*SS*	*df*	*MS*	*F*	*P*
残差	3.622	33	0.110		
全体 Total	103.900	51			

注：标示 *b* 者为相关设计因子，需以残差为误差项。

二、单纯主要效果检验

单纯主要效果检验是混合设计方差分析的重要程序，虽然本范例的交互效果不显著，但为了示范，我们仍以本范例的数据进行说明，在实际研究中，交互效果不显著时，不必进行单纯主要效果检验。

混合设计的单纯主要效果处理方式与完全独立设计类似，不同之处在于数据的分割，检验相关因子的单纯主要效果需就独立因子的不同水平进行数据分割，但是独立因子的单纯主要效果则不需进行数据分割。基本上，每一个单纯主要效果仍是一个单因子方差分析，如果单纯主要效果具有三个或以上的水平时（如业绩能力的单纯主要效果），达显著后还需进行事后检验。误差项与 *F* 值的计算必须另行进行人工处理。

【A. 操作程序】

一、相关因子的单纯主要效果检验

步骤一：分割数据。以类别自变量为分割变量，点选 数据 → 分割档案 → 确定 。

步骤二：点选 比较群组 ，并选择分割的类别自变量，移至依此群组中，并按 确定 执行，完成分割。

步骤三：执行单因子方差分析。点选 分析 → 一般线性模式 → 重复量数 对话框。

步骤四：依照重复量数 ANOVA 原理，选择相关因子的四个水平为因变量，进行单因子相关样本方差分析，并选取如 选项 中的事后比较 LSD 法。按 确定 执行。

二、独立因子的单纯主要效果检验

步骤一：还原分割后，以全体观察值进行单因子方差分析。点选 分析 → 比较平均数法 → 单因子方差分析 。

步骤二：将四相关因子水平逐一移至因变量，将独立因子移至因子清单，并选择所需的附加功能。如 选项 中的叙述统计、同质性检验，事后比较 LSD 法。按 确定 执行。

步骤三：完成摘要表（注意需以人工方式选取误差项）。

（一）相关因子的单纯主要效果检验

【B. 步骤图示】

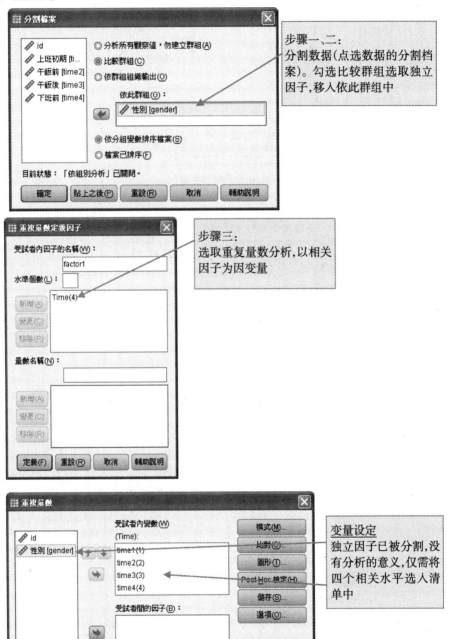

步骤一、二：
分割数据（点选数据的分割档
案）。勾选比较群组选取独立
因子,移入依此群组中

步骤三：
选取重复量数分析,以相关
因子为因变量

变量设定
独立因子已被分割,没
有分析的意义,仅需将
四个相关水平选入清
单中

【C. 结果输出】

叙述统计

	gender 性别	平均数	标准离差	个数
1	time1 上班初期	6.743	1.1326	7
	time2 午饭前	6.786	1.4300	7
	time3 午饭后	7.600	1.4387	7
	time4 下班前	8.243	1.4684	7
2	time1 上班初期	5.783	1.2513	6
	time2 午饭前	5.900	1.1576	6
	time3 午饭后	6.467	1.3110	6
	time4 下班前	7.267	.8641	6

> 分割后的描述统计数据
> 将独立因子分割后,相关因子在各水平的描述统计量

Mauchly 球形检验 [b]

测量：MEASURE_1

gender 性别	受试者内效应项	Mauchly's W	近似卡方分配	df	显著性	Epsilon[a]		
						Greenhouse-Geisser	Huynh-Feldt	下限
1	time	.403	4.290	5	.516	.685	1.000	.333
2	time	.160	6.810	5	.249	.561	.814	.333

检验正交化变量转换的因变量的误差协方差矩阵的虚无假设,是识别矩阵的一部分。

a. 可用来调整显著性平均检验的自由度。改过的检验会显示在 "Within– Subjects Effects" 表检验中。

b. Design：截距

受试者内设计：Time

> 方差分析摘要表
> 分别就两个限定条件进行 F 检验,但是 F 检验结果并不正确。分母需改用整体检验的 F 检验分母 MS_w,因此这个报表的目的在于产生 SS_b

受试者内效应项的检验

测量：MEASURE_1

gender 性别	来源		型 III 平方和	df	平均平方和	F	显著性	净相关 Eta 平方	观察的检验能力[a]
1	time	假设为球形	10.826	3	3.609	35.315	.000	.855	1.000
		Greenhouse-Geisser	10.826	2.054	5.270	35.315	.000	.855	1.000
		Huynh-Feldt	10.826	3.000	3.609	35.315	.000	.855	1.000
		下限	10.826	1.000	10.826	35.315	.001	.855	.998
	误差	假设为球形	1.839	18	.102				
	（time）	Greenhouse-Geisser	1.839	12.325	.149				
		Huynh-Feldt	1.839	18.000	.102				
		下限	1.839	5.000	.307				
2	time	假设为球形	8.265	3	2.755	23.177	.000	.823	1.000
		Greenhouse-Geisser	8.265	1.683	4.909	23.177	.000	.823	.998
		Huynh-Feldt	8.265	2.443	3.384	23.177	.000	.823	1.000
		下限	8.265	1.000	8.265	23.177	.005	.823	.966
	误差	假设为球形	1.783	15	.119				
	（time）	Greenhouse-Geisser	1.783	8.417	.212				
		Huynh-Feldt	1.783	12.213	.146				
		下限	1.783	5.000	.357				

a. 使用 alpha= .05 计算。

（二）独立因子的单纯主要效果检验

【B. 步骤图示】

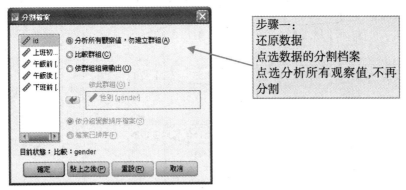

步骤一：
还原数据
点选数据的分割档案
点选分析所有观察值,不再分割

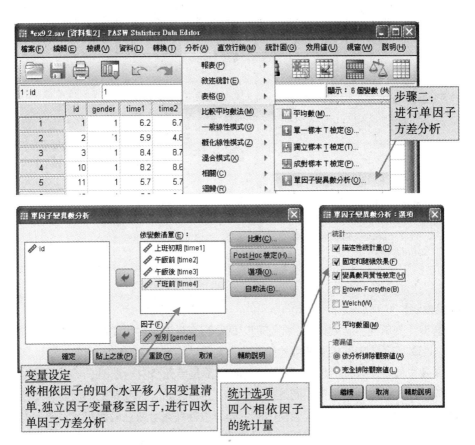

步骤二：
进行单因子方差分析

变量设定
将相依因子的四个水平移入因变量清单,独立因子变量移至因子,进行四次单因子方差分析

统计选项
四个相依因子的统计量

【C. 结果输出】

		平方和	自由度	平均平方和	F	显著性
time1 上班初期	组间	2.975	1	2.975	2.107	.174
	组内	15.525	11	1.411		
	总和	18.500	12			
time2 午饭前	组间	2.535	1	2.535	1.470	.251
	组内	18.969	11	1.724		
	总和	21.503	12			
time3 午饭后	组间	4.150	1	4.150	2.172	.169
	组内	21.013	11	1.910		
	总和	25.163	12			
time4 下班前	组间	3.079	1	3.079	2.032	.182
	组内	16.670	11	1.515		
	总和	19.749	12			

> 方差分析摘要表
> 四个相关因子水平的单因子 F 检验结果，F 检验值并不正确，需以人工方式重新计算，我们可以从本表中获得 SS 数值

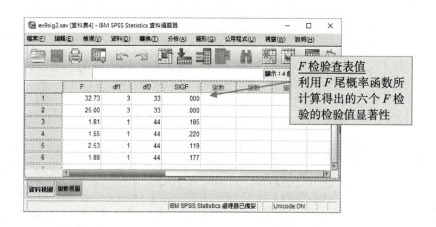

> F 检验查表值
> 利用 F 尾概率函数所计算得出的六个 F 检验的检验值显著性

【D. 结果说明】

混合设计的单纯主要效果检验是分别以两个自变量为条件化变量进行单因子方差分析检验。相关因子的单纯主要效果检验，分母为残差均方和（MS_r），而独立设计因子的单纯主要效果检验，分母不是受试者间均方和，而是单元格内均方和（MS_w），因为独立因子的简单主要效果检验是在不同的相关条件下进行检验，并没有把个别差异的受试者间效果排除，因此误差为全体单元格内的变异，也就是完全独立设计的误差项（由此可知，我们建议读者采用传统的组间对比组内的 ANOVA 摘要表，如此即可轻易获知 MS_w 的数值）。混合设计的单纯主要效果摘要表如表 9-7 所示。

本范例的交互作用不显著，因此不必进行单纯主要效果检验。本节仅作示范，但可以从摘要表看出，时段自变量在两个独立因子的水平下，均达显著差异，一型错误率采用族系错误率 $\alpha_{FW} = 0.05/6 = 0.0083$，男性水平下为 $F(3, 33) = 32.73$，$p < 0.001$，女性水平下为 $F(3, 33) = 25.00$，$p < 0.001$，两者 p 值皆小于 0.0083，这两个检验值与表 9-6 中不区分性别水平的主要效果 $F(3, 33) = 57.056$，$p < 0.001$，结论相同，均

达显著水平，表示不同的测量时段下，操作员的注意力的确有所不同，而且在男性与女性条件下均一致。另一方面，性别自变量在四个相关因子的水平下，均未有显著差异，$F(1, 44)$ 分别为 1.81、1.55、2.53、1.88，这些检验值与完整的性别变量主要效果 $F(1, 33) = 2.027$，$p = 0.182$，结论相同，表示性别与反应时间不论在什么情况下皆无关系。

表 9-7 混合设计单纯主要效果方差分析摘要表

单纯主要效果	SS	df	MS	F	p
时段（相关因子）					
在男性条件下	10.826	3	3.60	32.73	0.000
在女性条件下	8.265	3	2.75	25.00	0.000
误差（残差 residual）	3.622	33	0.110		
性别（独立因子）					
在上班初期条件下	2.975	1	2.975	1.81	0.185
在午饭前条件下	2.535	1	2.535	1.55	0.220
在午饭后条件下	4.150	1	4.150	2.53	0.119
在下班前条件下	3.079	1	3.079	1.88	0.177
误差（残差 residual）	72.178	44	1.64		

范例 9-3　双因子方差分析（完全相关设计）

某家食品公司为了开发新的姜母茶饮料，选取一些消费者至实验室中进行试吃，食品公司所关心的是姜母茶当中姜的浓度（低姜、中姜、高姜）与糖分（低糖、普通糖）对于消费者的接受度的影响，有 5 位消费者参与试吃，每一个人必须吃完 6 种不同成分的饮料，并评估他们的接受度（1 至 10 分），为了使不同的饮料不致干扰消费者的判断，每一次试吃均间隔 30 分钟，并做必要的控制处理。此时每一个受试者均接受 6 种情况，为完全相关样本设计的范例。实验数据如下，请问食品公司会获得何种结论？

糖分（A）	低甜度（a1）			普通甜度（a2）		
姜浓度（B）	低（b1）	中（b2）	高（b3）	低（b1）	中（b2）	高（b3）
S1	3	5	8	7	6	4
S2	1	3	8	8	7	5
S3	4	6	7	5	10	6
S4	5	9	9	6	9	7
S5	3	9	9	5	10	6

一、主要效果的检验

【A. 操作程序】

步骤一：输入数据。每一位受试者占一列。重复测量的各水平以单独的一个变量来输入。共有 6 个变量。

步骤二：点选 分析 → 一般线性模型 → 重复量数 。

步骤三：进入定义因子清单，输入重复量数因子名称（sugar）水平数（2）以及重复量数因子名称（ginger）水平数（3），然后按 定义 。

步骤四：进入重复量数对话框，依序点选重复的水平至全部点选完毕。

步骤五：选择所需的附加功能，如选项中的叙述统计。

点选对比，选择多重比较的比较内容。

步骤六：按 确定 执行。

【B. 步骤图示】

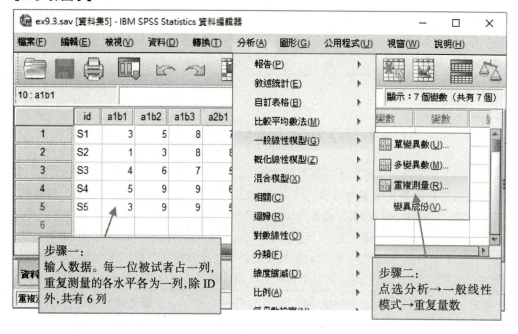

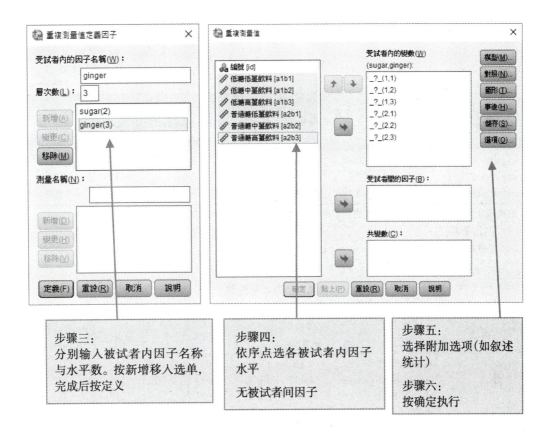

步骤三：
分别输入被试者内因子名称与水平数。按新增移入选单，完成后按定义

步骤四：
依序点选各被试者内因子水平

无被试者间因子

步骤五：
选择附加选项（如叙述统计）

步骤六：
按确定执行

【C. 结果输出】

受试者内因子

测量：MEASURE_1

sugar	ginger	因变量
1	1	alb1
	2	alb2
	3	alb3
2	1	alb1
	2	alb2
	3	alb3

自变量名称及水平数
自变量 1：Sugar（2 个水平）
自变量 2：Ginger（3 个水平）
共 6 个水平。描述统计量

叙述统计

	平均值	标准差	N
低糖低姜饮料	3.20	1.483	5
低糖中姜饮料	6.40	2.608	5
低糖高姜饮料	8.20	.837	5
普通糖低姜饮料	6.20	1.304	5
普通糖中姜饮料	8.40	1.817	5
普通糖高姜饮料	5.60	1.140	5

各变量描述统计量
每一个样本的平均数、标准差、个数

Mauchly 的球形检验 ª

测量：MEASURE_1

受试者内效应项	Mauchly's W	近似卡方分配	自由度	显著性	Epsilon[b]		
					Greenhouse-Geisser	Huynh-Feldt	下限
sugar	1.000	.000	0	.	1.000	1.000	1.000
gnnger	.202	4.791	2	.091	.556	.617	.500
sugar*glnger	.532	1.895	2	.388	.681	.912	.500

> 球形检验
> Sugar 只有两组，没有检验值，其他各检验未显著，表示没有违反假定

检验标准正交化变因因变量的误差协方差矩阵与恒等式矩阵成比例的虚无假设。

a. 设计：截距

受试者内设计：sugar + ginger + sugar * ginger

受试者内效应项检验

测量：MEASURE_1

来源		型Ⅲ平方和	自由度	均方	F	显著性	Partial Eta Squared
sugar	假设为球形	4.800	1	4.800	2.165	.215	.351
	Greenhouse-Geisser	4.800	1.000	4.800	2.165	.215	.351
	Huynh-Feldt	4.800	1.000	4.800	2.165	.215	.351
	下限	4.800	1.000	4.800	2.165	.215	.351
Error（sugar）	假设为球形	8.867	4	2.217			
	Greenhouse-Geisser	8.867	4.000	2.217			
	Huynh-Feldt	8.867	4.000	2.217			
	下限	8.867	4.000	2.217			
ginger	假设为球形	41.267	2	20.633	8.092	.012	.669
	Greenhouse-Geisser	41.267	1.113	37.089	8.092	.040	.669
	Huynh-Feldt	41.267	1.234	33.439	8.092	.034	.669
	下限	41.267	1.000	41.267	8.092	.047	.669
Eror（ginger）	假设为球形	20.400	8	2.550			
	Greenhouse-Geisser	20.400	4.451	4.584			
	Huynh-Feldt	20.400	4.936	4.133			
	下限	20.400	4.000	5.106			
sugar * ginger	假设为球形	44.600	2	22.300	12.990	.003	.765
	Greenhouse-Geisser	44.600	1.362	32.745	12.990	.011	.765
	Huynh-Feldt	44.600	1.823	24.459	12.990	.004	.765
	下限	44.600	1.000	44.600	12.990	.023	.765
Error（sugar*ginger）	假设为球形	13.733	8	1.717			
	Greenhouse-Geisser	13.733	5.448	2.521			
	Huynh-Feldt	13.733	7.294	1.883			
	下限	13.733	4.000	3.433			

A 主要效果检验值 SS_A
由糖分变量的主要效果检验显著性 $p=0.215$ 可知未达显著

B 主要效果检验值 SS_B
由姜浓度变量的主要效果检验显著性 $p=0.215$ 可知未达显著

交互效果检验值 SS_{A*B}
由糖分 * 姜浓度两自变量交互效果的显著性 $p=0.003$ 可知达显著

受试者间效应项检验

被试者效果检验
即被试者间平均数的变异量

测量:MEASURE_1

变换的数数:平均值

来源	型Ⅲ平方和	自由度	均方	F	显著性	Partial Eta Squared
截距	1203.333	1	1203.3	229.21	.000	.983
误差	21.000	4	5.250			

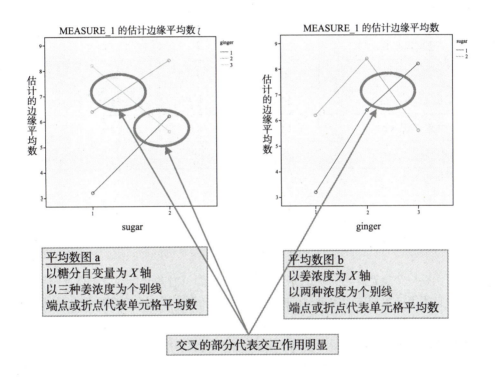

平均数图 a
以糖分自变量为 X 轴
以三种姜浓度为个别线
端点或折点代表单元格平均数

平均数图 b
以姜浓度为 X 轴
以两种浓度为个别线
端点或折点代表单元格平均数

交叉的部分代表交互作用明显

【D. 结果说明】

分析的结果发现，相关样本的球形检验并未被违反，Mauchly's W 系数为 0.202（$\chi^2 = 4.791$，$p > 0.05$）及 0.532（$\chi^2 = 1.895$，$p > 0.05$），因此不需使用修正公式得到的数据。

由受试者内效应项的检验可以看出两个自变量主要效果中的糖分自变量（sugar）并未达到显著水平，$F(1, 4) = 2.165$，$p > 0.05$，姜浓度（ginger）则有显著的效果，$F(2, 8) = 8.092$，$p < 0.05$。

交互作用项达显著水平，$F(2, 8) = 12.99$，$p < 0.01$，以剖面图来观察，亦可发现有明显的交叉或非平行线段。因此 B 主要效果即使显著，也无需进行处理。方差分析摘要表见表 9-8。

表 9-8　完全相关设计双因子方差分析摘要表

变异来源	SS	df	MS	F
组间	90.67	5		
SUGAR（A 主要效果）	4.80	1	4.80	2.16
GINGER（B 主要效果）	41.27	2	20.63	8.10*
SUGAR*GINGER（交互作用）	44.60	2	22.30	12.99**
组内	64	24	2.67	
受试者间 b.s	21.00	4	5.25	
残差（A×b.s）	8.87	4	2.22	
残差（B×b.s）	20.40	8	2.55	
残差（AB×b.s）	13.73	8	1.72	
全体 Total	154.67	29		

*$p<0.05$，**$p<0.01$。

二、单纯主要效果的检验

本范例是一个交互作用显著的完全相关设计双因子方差分析，由于交互作用显著，研究结果必须等待单纯主要效果分析完毕才能得到。而由于两个自变量都是受试者内设计变量，因此单纯主要效果仍必须分别就两个因子来分别讨论。讨论糖分变量的 A 单纯主要效果时，需依姜浓度自变量的三个水平分成低姜 b1、中姜 b2、高姜 b3 三个单纯主要效果；相对地，讨论姜浓度变量的 B 单纯主要效果时，需依另一个自变量糖分的两个水平分成低糖 a1、正常糖 a2 两个条件，共计需进行五次单纯主要效果检验（重复量数）。

对于 A 单纯主要效果而言，在 b1、b2 或 b3 三个 B 因子水平下进行单纯主要效果检验都是重复量数的双样本平均数统计检验，可以使用相关样本 t 检验或单因子方差分析重复量数设计来检验；然而，对于 B 单纯主要效果，不论在 a1 或 a2 水平下，因为 B 因子具有三个水平，属于重复量数的三样本平均数统计检验，必须使用单因子方差分析的重复量数设计来检验，且 B 单纯主要效果若达显著，还需进行事后检验，比较 B 因子三个不同水平的差异情形。检验的程序与结果说明如后。

【A. 操作程序】

步骤一：点选 分析 → 一般线性模式 → 重复量数 ，进入定义对话框。

步骤二：在 b1 条件下进行 A 简单主要效果检验时，受试者内设计因子只需输入 A 因子名称（SUGAR）及水平数（2）。按 定义 。

步骤三：进入重复量数对话框，将与 b1 有关的变量点选至右方清单中，并选择所需附加功能，如 选项 。按 确定 执行。

步骤四：重复上述一至三步骤，但以 B 因子的其他水平进行相同的重复量数单因子方差分析。

步骤五：在 a1 条件下进行 B 简单主要效果检验时，受试者内设计因子只需输入 B 因子名称（GINGER）及水平数（3）。按 定义 。

步骤六：进入重复量数对话框，将与 a1 有关的变量点选至右方清单中，选择附加功能，加选 B 因子事后检验。按 确定 执行。

步骤七：重复上述五、六步骤，但以 A 因子的其他水平进行相同的重复量数单因子方差分析。

【B. 步骤图示】

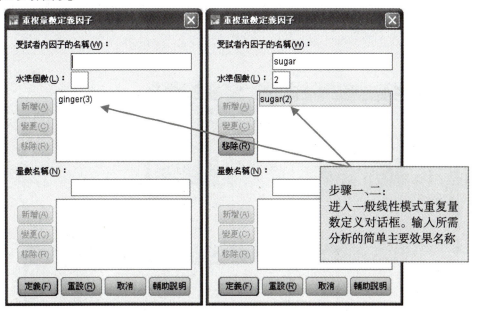

步骤一、二：
进入一般线性模式重复量数定义对话框。输入所需分析的简单主要效果名称

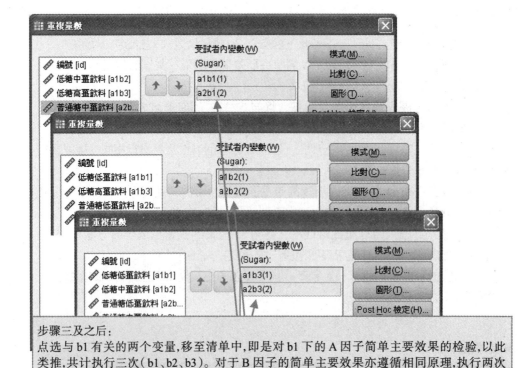

步骤三及之后：

点选与 b1 有关的两个变量,移至清单中,即是对 b1 下的 A 因子简单主要效果的检验,以此类推,共计执行三次(b1、b2、b3)。对于 B 因子的简单主要效果亦遵循相同原理,执行两次(a1、a2),但是每次需点选三个与 a1、a2 有关的变量(a1b1、a1b2、a1b3 以及 a2b1、a2b2、a2b3),移入清单中,并点选事后检验

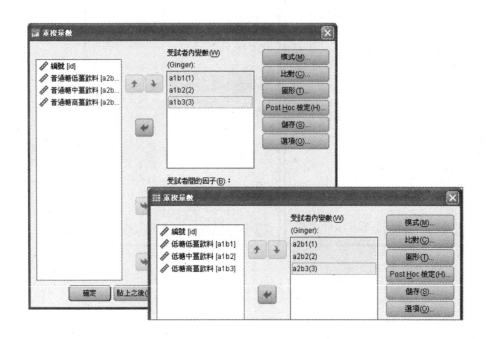

【C. 结果输出】

A：A 因子单纯主要效果

（注：A 因子单纯主要效果共计需执行三次，仅列出一次结果。）

受试者内因子

测量：MEASURE_1

Suger	因变量
1	a1b1
2	a2b2

> 显示纳入因变量
> 在 b1 条件下的 A 因子效果 a1b1
> 与 a2b1

叙述统计

	平均数	标准离差	个数
a1b1 低糖低姜饮料	3.20	1.483	5
a2b1 普通糖低姜饮料	6.20	1.304	5

> A 简单主要效果均方和
> 糖分变量的简单主要效果检
> 验必须以人工方式计算

受试者内效应项的检验

测量：MEASURE_1

来源		型Ⅲ 平方和	df	平均平方和	F	显著性	净相关 Eta 本方
Sugar	假设为球形	22.500	1	22.500	6.923	.058	.634
	Greenhouse-Geisser	22.500	1.000	22.500	6.923	.058	.634
	Huynh-Feldt	22.500	1.000	22.500	6.923	.058	.634
	下限	22.500	1.000	22.500	6.923	.058	.634
误差 （Sugar）	假设为球形	13.000	4	3.250			
	Greenhouse-Geisser	13.000	4.000	3.250			
	Huynh-Feldt	13.000	4.000	3.250			
	下限	13.000	4.000	3.250			

> 残差项
> 此处残差项不能作为 F
> 检验的分母

B：B 因子单纯主要效果

（注：B 因子单纯主要效果共计需执行两次，仅列出一次结果。）

受试者内因子

测量：MEASURE_1

Ginger	因变量
1	a1b1
2	a1b2
3	a1b3

叙述统计

	平均数	标准离差	个数
a1b1 低糖低姜饮料	3.20	1.483	5
a1b2 低糖中姜饮料	6.40	2.608	5
a1b3 低糖高姜饮料	8.20	.837	5

受试者内效应项的检验

测量：MEASURE_1

来源		型 Ⅲ 平方和	df	平均平方和	F	显著性	净相关 Eta 本方
Ginger	假设为球形	64.133	2	32.067	18.500	.001	.822
	Greenhouse-Geisser	64.133	1.754	36.561	18.500	.002	.822
	Huynh-Feldt	64.133	2.000	32.067	18.500	.001	.822
	下限	64.133	1.000	64.133	18.500	.013	.822
误差（Ginger）	假设为球形	13.867	8	1.733			
	Greenhouse-Geisser	13.867	7.017	1.976			
	Huynh-Feldt	13.867	8.000	1.733			
	下限	13.867	4.000	3.467			

> B 简单主要效果均方和姜浓度变量的简单主要效果检验另行以人工方式计算

> 残差项
> 此处残差项不能作为 F 检验的分母

成对比较

测量：MEASURE_1

（I）ginger	（J）ginger	平均差异（I-J）	标准误差	显著性ª	下界	上界
1	2	−3.200	.800	.016	−6.408	.008
	3	−5.000*	.707	.002	−7.835	−2.165
2	1	3.200	.800	.016	−.008	6.408
	3	−1.800	.970	.137	−5.688	2.008
3	1	5.000*	.707	.002	2.165	7.835
	2	1.800	.970	.137	−2.088	5.688

> 事后比较（LSD）法
> 姜浓度简单主要效果：三个水平 3 > 1，但是 3：2 与 2：1 未达显著

根据估计的边缘平均数而定。

a. 调整多重比较：最低显著差异（等于未调整值）。

> 族系误差率的设定结果

*. 平均差异在 .016 水平是显著的。

【D. 结果说明】

单纯主要效果必须分别以两个自变量进行数据的分割，误差项必须取用相对应的误差变异。B 因子在 A 因子下的变异来源为 SS_B、SS_{AB}，因此误差项与自由度需为 SS_B 与 SS_{AB} 的误差项和（20.4+13.73 = 34.13）；而 A 因子在 B 因子下的变异来源为 SS_A、SS_{AB}，因此误差项与自由度需为 SS_A 与 SS_{AB} 的误差项之和（8.87+13.73 = 22.6）（数据取自表 9-8）。

另外，F 检验必须以族系误差率来考量各检验的显著性，α_{FW} 为 0.05/3 = 0.016。

表 9-9 完全相关设计单纯主要效果分析摘要表

单纯主要效果内容	*SS*	*df*	*MS*	*F*	*P*	事后比较
A 糖分因子						
在低姜条件下	22.5	1	22.5	11.97	0.005	
在中姜条件下	10.0	1	10.0	5.32	0.040	
在高姜条件下	16.9	1	16.9	8.99	0.011	
误差（A+AB*b.s）	22.6	12	1.88			
B 姜浓度因子						
在低糖条件下	64.13	2	32.07	15.06	0.000	3>1
在普通糖条件下	21.73	2	10.87	5.10	0.019	3>2
误差（B+AB*b.s）	34.13	16	2.13			

由表 9-9 的数据可以得知，糖分高低对于消费者的影响，在低姜、中姜与高姜条件下均具有显著差异。低糖低姜饮料平均满意度为 3.2，但是普通糖低姜饮料则有 6.2，$F(1, 12) = 11.97$，$p = 0.005$。低糖中姜饮料平均满意度为 6.4，普通糖中姜饮料为 8.4，$F(1, 12) = 5.327$，$p = 0.040$。有趣的是，低糖高姜饮料平均满意度为 8.2，但是普通糖高姜饮料反而有较低的满意度（5.6），$F(1, 12) = 8.99$，$p = 0.011$，显示出非次序性的交互作用（平均数大小关系倒置）。另一方面，姜浓度的影响在低糖的情况下有明显的显著差异 $F(2, 16) = 15.06$，$p < 0.001$。从平均数的高低可以看出，低糖高姜的接受度最佳（8.2），低糖中姜次佳（6.4），低糖低姜最差（3.2），事后检验发现低糖高姜与低糖中姜（$p = 0.137$），以及低糖中姜与低糖低姜（$p = 0.016$）没有显著差异，显示消费者仅对于低糖高低姜成分的接受度有区辨力（$p = 0.002$）。

综合上述内容可以发现，糖分与姜的浓度具有交互效果，因此对于新产品的成分不能分别就甜度与姜浓度两个独立变量来讨论，而需经由交互作用的分析来看。单纯主要效果的分析发现，低糖高姜是最佳的成分，不但较普通糖高姜为佳，亦较低糖低姜为佳，但是与低糖中姜的区别不明显。所以研发单位的结论报告应是采用低糖高姜为上策，但亦可考虑低糖中姜的成分配方。

第六节　R 的多因子方差分析范例

范例 9-4　R 的双因子方差分析

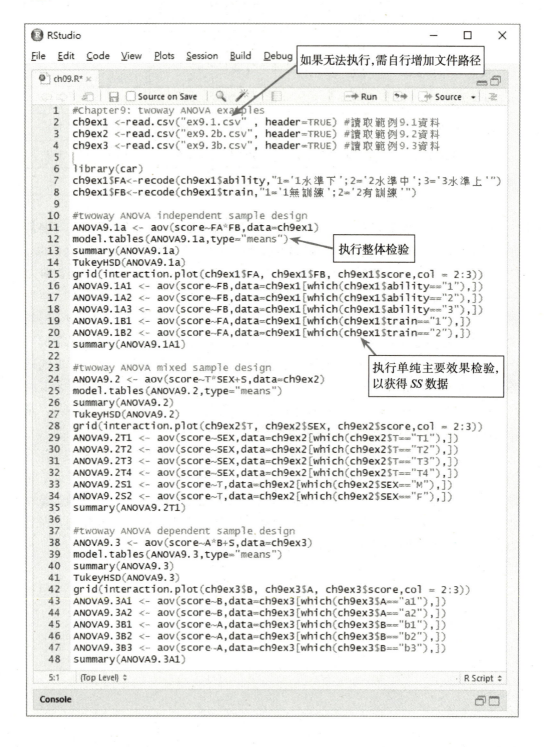

前述的 R 语法分别就 9-3 节中的三个范例进行示范，除了独立样本设计的误差项无需进行特别处理，混合设计与完全相关设计的误差项必须重新整理，无法直接在报表中进行 F 检验值的计算。同样地，交互作用显著之后的单纯主要效果的误差项也必须有相对应的处理，报表分析得到的 F 检验值皆非正确的数值，因此本节对关于 R 分析的报表不做特别的说明，仅列出语法程序作为参考，读者必须从中提取正确的信息（如各项分析的 SS），以人工的方式找出正确的误差项，计算出正确的 F 检验数值，据以评估各项检验的结论。

一、独立样本双因子 ANOVA 的整体检验结果

```
> #twoway ANOVA independent sample design
> ANOVA9.1a <- aov（score~FA*FB，data = ch9ex1）
> summary（ANOVA9.1a）
```

	Df	Sum Sq	Mean Sq	F value	Pr（>F）
FA	2	436.6	218.30	47.773	3.82e-12 ***
FB	1	60.2	60.17	13.167	0.000689 ***
FA：FB	2	69.8	34.89	7.635	0.001321 **
Residuals	48	219.3	4.57		

二、混合设计双因子 ANOVA 的整体检验结果

```
> #twoway ANOVA mixed sample design
> ANOVA9.2 <- aov（score~T*SEX+S，data = ch9ex2）
> summary（ANOVA9.2）
```

	Df	Sum Sq	Mean Sq	F value	Pr（>F）
T	3	18.99	6.328	57.655	3.26e-13 ***
SEX	1	12.63	12.632	115.087	2.71e-12 ***
S	11	68.56	6.232	56.780	<2e-16 ***
T：SEX	3	0.11	0.035	0.319	0.811
Residuals	33	3.62	0.110		

三、相关设计双因子 ANOVA 的整体检验结果

```
> #twoway ANOVA dependent sample design
> ANOVA9.3 <- aov（score~A*B+S，data = ch9ex3）
```

```
> summary（ANOVA9.3）
```

	Df	Sum Sq	Mean Sq	F value	Pr（>F）
A	1	4.80	4.80	2.233	0.150741
B	2	41.27	20.63	9.597	0.001197 **
S	4	21.00	5.25	2.442	0.080252 .
A: B	2	44.60	22.30	10.372	0.000812 ***
Residuals	20	43.00	2.15		

第十章　线性关系的分析：相关与回归

第一节　基本概念

连续变量是社会及行为科学研究者最常接触的数据，单独一个连续变量可以一般的频数分布表与图示法来表现出数据的内容与特性，或以平均数及标准差来描绘数据的集中与离散情形。然而，一个研究所涉及的议题，往往同时牵涉两个以上连续变量关系的探讨，此时，两个连续变量的共同变化的情形，称共变（covariance），是连续变量关联分析的主要基础。

在统计学上，涉及两个连续变量的关系多以线性关系的形式来进行分析。线性关系分析是将两个变量的关系以直线方程式的原理来估计关联强度，如积差相关就是用来反映两个连续变量具有线性关系强度的指标；积差相关系数越大，表示线性关联越强，反之则表示线性关联越弱，此时可能是变量间没有关联，或是呈现非线性关系。

另一方面，回归分析则是运用变量间的关系来进行解释与预测的统计技术。在线性关系假设成立的情况下，回归分析以直线方程式来进行统计决策与应用，又被称为线性回归（linear regression）。一般来说，研究两个变量的关系先以相关系数去检验线性关联的强度，若相关达到统计显著水平，表示线性关系是有意义的，便可采用回归来进行进一步的预测与解释。

两个连续变量间的共变关系可能有多种形式，其中最简单也是最常见的关联形态是线性关系（linear relationship），亦即两个变量的关系呈现直线般的共同变化，数据的分布可以被一条最具代表性的直线来表达。例如，身高与体重，身高越高，体重也可能越重，两个变量的关系是同方向的变动关系，如图 10-1 所示。象限内的点为每一样本在两个变量上的成对观察值（paired raw score），其散布情形显示出两变量的关联情形，称散点图（scatter plot）。

由图 10-1 可知，两个变量的关系沿着直线呈现相同方向的变动，该直线方程式如下：

$$\hat{Y} = bX + a \tag{10-1}$$

其中，斜率 $b = \Delta y / \Delta x$，为 X 变动一单位时 Y 的变动量。当斜率为正值时，显示两变量具有正向的关联，当斜率为负值时则为负向关联。当相关系数具有统计上的意义时，该线性方程式就可以拿来进行统计决策应用，因此又称回归方程式（regression equation）。

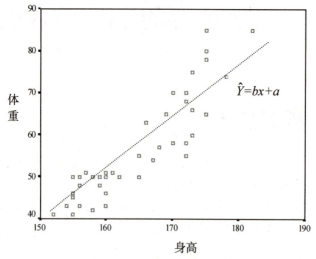

图 10-1　身高与体重散点图

值得注意的是，直线方程式（公式 10-1）只是一个估计的概念，在一群分散的配对观察值中，可以不同方法求得该线性方程式，因此，线性关系是否存在，如何求得"最佳"的回归方程式来代表这些观察值的关系这些问题，必须通过统计程序来回答。也只有当我们能够证实线性关系有其存在的合理基础（也就是具有显著的相关），我们才能运用回归方程式来进行应用的工作。

第二节　积差相关的原理与特性

两个连续变量的线性关系可以利用相关（correlation）的概念来描述。用以描述相关情形的量数被称为相关系数（coefficient of correlation），以总体数据求得的相关系数以希腊字母 ρ（rho）表示，以样本数据求得的相关系数则以小写英文字 r 表示。现将相关系数的原理说明如下。

一、方差与协方差

相关系数的原理可以利用方差的概念来说明。在单一连续变量中，方差越大，代表一个变量的数值越分散。对于某一个具有 N 个观察值的样本，总体方差的无偏估计数是将离均差平方和（SS）除以 $N-1$ 求得，亦即求取以平均数为中心的离散性的单位面积：

$$Variance(X) = \frac{\sum(X - \overline{X})^2}{N-1} = \frac{SS_x}{N-1} \qquad (10\text{-}2)$$

$$Variance(Y) = \frac{\sum(Y - \overline{Y})^2}{N-1} = \frac{SS_y}{N-1} \qquad (10\text{-}3)$$

由公式 10-2 与 10-3 可知，方差是描述单一变量的离散情形的统计量数。现在若要以一个统计量数来描述两个连续变量 X 与 Y 的分布情形，可将两者离均差相乘之后加总，得到积差和（Sum of the cross-product, SP），除以 N–1 后所得到的离散量数，即为两个变量的共同变化估计值，亦即协方差（covariance），如公式 10-4 所示：

$$\mathrm{Cov}(X, Y) = \frac{\sum(X - \overline{X})(Y - \overline{Y})}{N - 1} = \frac{SP_{xy}}{N - 1} \tag{10-4}$$

如果方差是利用"单位面积"的概念来描述单一变量的变化量，那么协方差即是两个变量共同变异的"单位长方形面积"。协方差的正负号代表两变量的变动呈现正向或负向关系。协方差若要为正值，两个离均差必须同时为正值或负值，也就是两个变量需同时在平均数的左侧或右侧，表示两个变量有同方向的变动关系。相反，要得到一个负的协方差时，两个离均差必须同时一个为正值、一个为负值，也就是两个变量有反方向的变动关系。

从上述的数学关系式来看，方差是协方差的一个特例，也就是连续变量与自己的共变。因此一般在统计报表的呈现上以矩阵的方式来列出多组变量间的两两协方差时，就包含了方差的数值，因此又称方差/协方差矩阵（variance/covariance matrix），如表 10-1 所示的对角线上的数值即是方差，下面三角形部分的数值就是两两变量间的协方差。

表 10-1　9 个变量间的方差/协方差矩阵

	1	2	3	4	5	6	7	8	9
1. 性别	0.25								
2. 年龄	0.05	1.92							
3. 数理能力	2.95	13.68	356.19						
4. 科学实作能力	2.37	17.65	276.20	348.68					
5. 语文能力	−1.78	5.86	81.02	103.36	136.61				
6. 美术能力	−0.49	1.17	37.85	44.97	49.53	149.65			
7. 沟通能力	0.06	2.80	40.16	46.25	20.60	7.68	9.02		
8. 社会人际能力	0.02	3.19	48.50	54.57	25.88	8.81	10.49	13.49	
9. 竞赛成绩	1.00	14.86	235.94	258.49	92.66	47.43	41.50	50.22	259.31

二、积差相关系数

协方差就像方差一样，是带有单位的统计量数，其数值随着单位的变化而变化，而没有一定的范围。若能将单位去除，标准化后的协方差将具有可比较性，其可理解性亦提高。而去除单位的做法，即是以两个变量的标准差作为分母，将协方差除以两个变量的标准差，得到标准化关联系数，此一方法由 Pearson 所提出，因此称 Pearson

积差相关系数（Pearson's product moment correlation coefficient），简称 Pearson's r。公式如下：

$$r=\frac{\text{cov}(x,y)}{s_x s_y}=\frac{\sum(X-\overline{X})(Y-\overline{Y})}{\sqrt{\sum(X-\overline{X})^2(Y-\overline{Y})^2}}=\frac{SP_{xy}}{\sqrt{SS_x SS_y}}=\frac{z_x z_y}{N-1} \qquad (10\text{-}5)$$

除了将协方差除以标准差来计算积差相关系数，亦可将两个变量转换为标准化 Z 分数来求得系数值。这两种方式推导过程虽不同，但其数学原理相同。

同样地，多个变量间的两两相关系数可以利用矩阵来呈现，如表 10-2 所示。表中下面三角形部分的数值就是两两变量间的相关系数，对角线上的数值则是方差除以各变量标准差的平方，恰为 1.00，换言之，各变量的方差经过标准化之后为 1.00，由于在总边长一定的条件下，正方形面积恒小于长方形面积，因此相关系数恒小于 1.00。

表 10-2　9 个变量间的相关系数矩阵

	1	2	3	4	5	6	7	8	9
1. 性别	1.00								
2. 年龄	0.08	1.00							
3. 数理能力	0.31	0.52	1.00						
4. 科学实作能力	0.25	0.68	0.78	1.00					
5. 语文能力	−0.30	0.36	0.37	0.47	1.00				
6. 美术能力	−0.08	0.07	0.16	0.20	0.35	1.00			
7. 沟通能力	0.04	0.67	0.71	0.82	0.59	0.21	1.00		
8. 社会人际能力	0.01	0.63	0.70	0.80	0.60	0.20	0.95	1.00	
9. 竞赛成绩	0.12	0.67	0.78	0.86	0.49	0.24	0.86	0.85	1.00

三、积差相关系数的特性

由于相关系数为标准化系数，其值不受变量单位与集中性的影响，系数值介于 ±1 之间。相关系数值越接近 ±1 时，变量的关联情形越明显。$r = ±1.00$ 被称为完全正（负）相关，在社会及行为科学当中，完全相关几乎不曾出现，因为几乎没有任何两个被研究的变量的关系可以达到完全相关。如果真的出现 ±1.00 的完全相关，也正表示两者是相同（或完全相反）的概念。

值得注意的是，相关系数为标准化系数，系数数值并非呈等距关系，因此系数数值不能被视为等距尺度，系数的加减乘除没有意义，仅可以顺序尺度的概念，来说明数值的相对大小。此外，相关系数的解释与应用，必须经过显著性检验来决定系数的统计意义，一旦显著之后，研究者即可依据表 10-3 来解释系数的强度，给予实务意义。

表 10-3　相关系数的强度大小与意义

相关系数范围（绝对值）	变量关联程度
1.00	完全相关
0.70 至 0.99	高度相关
0.40 至 0.69	中度相关
0.10 至 0.39	低度相关
0.10 以下	微弱或无相关

四、积差相关的推论与显著性检验

（一）总体相关系数的无偏估计数

由前所述，Pearson 相关系数是将样本所收集得到的两个变量 X 与 Y，计算出协方差并加以标准化求得。换言之，Pearson 相关系数是一个样本统计量，如果要拿此一相关系数去推论总体的相关情形则会有高估的情形，因为 Pearson 相关系数并非总体相关系数的无偏估计数。如果要推知总体的相关情形，应以公式 10-6 进行校正：

$$r* = \sqrt{1 - \frac{(1 - r^2)(N - 1)}{N - 2}}$$

（10-6）

上式中，N 为样本数，当样本数很大时，$r = r*$，当样本数缩小时，修正的幅度越大。例如，当 $N = 100$ 时，$r = 0.5$ 的无偏估计数为 $r* = 0.492$，但是当 $N = 10$ 时，$r = 0.5$ 的无偏估计数降为 $r* = 0.395$。

（二）单一相关系数的显著性检验

相关系数数值虽可以反映两个连续变量关联情形的强度大小，但相关系数是否具有统计上的意义，则必须通过 t 检验来判断，相关系数的 t 检验公式公式 10-7 所示。

$$t = \frac{r - \rho_0}{s_r} = \frac{r - \rho_0}{\sqrt{\dfrac{1 - r^2}{N - 2}}}$$

（10-7）

公式 10-7 中，分子为样本统计量的相关系数 r 与总体相关系数 ρ_0 的差距，分母为抽样标准误 s_r。分子与分母两者相除后，得到 t 分数，通过 t 分布，即可进行统计显著性检验。相关系数的 t 检验的自由度为 $N-2$，因为两个变量各取一个自由度进行样本方差估计。

一般来说，研究者所关心的是样本相关是否显著不等于 0，也就是说从样本得到的 r 是否来自相关为 0 的总体，即 $H_0: \rho_{XY} = 0$，因此分子可写为 $r-0$。如果研究者想要探究从样本得到的 r 是否来自某一相关不为 0（如 0.5）的总体，也可以利用 $H_0: \rho_{XY} = 0.5$ 的虚无假设来检验，此时分子理应为 $r-0.5$。但是，由于相关系数不是正态分布，样本相关系数与总体相关系数必须通过公式 10-8 进行费雪（Fisher）Z 转换，分别称 z_r 与 z_ρ。

$$z = \frac{1}{2}\log\left(\frac{1+r}{1-r}\right) \qquad (10\text{-}8)$$

在样本数足够的情况下（如 $N > 10$），费雪 Z 转换后的抽样分布呈平均数为 z、方差为 $1/(N-3)$ 的正态分布，因此样本相关系数与总体相关系数的差异可进行 Z 检验（公式 10-9）。当 $|Z_{obt}| \geq 1.96$ 时，具有显著差异，即可推翻虚无假设。

$$Z_{obt} = \frac{z_r - z_\rho}{\sqrt{1/(N-3)}} \qquad (10\text{-}9)$$

除了显著性检验，也可利用区间估计来进行样本相关系数的 $(1-\alpha)$ 置信区间估计，如果区间没有覆盖总体相关系数 ρ，则表示该样本相关系数显著不等于总体相关系数。区间估计的公式如下：

$$z_\rho \leq z_r \pm z_{\alpha/2}\sqrt{1/(N-3)} \qquad (10\text{-}10)$$

求出置信区间的两个端点值 $z_{\rho H}$ 与 $z_{\rho L}$ 后，以公式 10-11 进行对数转换，转换为相关系数形式后即可进行判读。

$$\rho = \frac{\exp(2z_\rho) - 1}{\exp(2z_\rho) + 1} \qquad (10\text{-}11)$$

例如，50 位学生的身高与体重的相关系数为 0.2，经费雪 Z 转换得到 $z_r = 0.203$，其 95% 置信区间为：$z_\rho \leq 0.203 + 1.96\sqrt{1/(50-3)}$，亦即 $-0.083 \leq z_\rho \leq 0.489$。通过对数转换变为相关系数形式后，得到 $-0.083 \leq \rho \leq 0.453$。由于 95% 置信区间未覆盖 0，表示该系数没有显著不等于 0。

在统计学上，统计意义与实务意义是两个截然不同的概念，有时，一个很微弱的相关（如 0.10），可能会因为样本数很大而达到统计的显著水平，具有统计意义，但是实务意义低；但一个很强的相关（如 0.6），可能因为样本数太小而没有显著的统计意义，但是其实务意义颇高。很明显，样本数的大小是影响相关系数统计显著性的重要因素。提高样本数可以提升统计意义，但无法改变实务意义。影响实务意义的大小的决定因子并非样本规模，而是变量间的实质关系。两者间的关系非常微妙。

（三）两个相关系数的差异显著性检验

如果研究者想要比较两个相关系数是否不同，必须进行相关系数的差异检验，检验两个相关系数差异为 0 的虚无假设是否成立，即 $H_0: \rho_1 - \rho_2 = 0$。此种检验类似于双总体平均数差异检验，所不同的是要检验相关系数的差异而非平均数的差异，但原理相似。

首先，两个被检验的样本相关系数先经费雪 Z 转换，得到 z_{r1} 和 z_{r2}，在样本足够大的情形下，两个抽样分布呈正态，两者差异分数的抽样分布亦呈平均数为 $z_{r1} - z_{r2}$、方差为 $[1/(N_1-3)] + [1/(N_2-3)]$ 的正态分布。此时即可使用 Z 检验，检验 $z_{r1} - z_{r2}$ 是否不等于 0。如果研究者并不是要检验两个相关系数的差异是否为 0，而是特定的总体相关系数的差异量，如 $\rho_1 - \rho_1$，此时也需把总体相关系数差异进行费雪 Z 转换，得到 $z_{\rho 1} - z_{\rho 2}$，来进行显著性检验，如公式 10-12 所示。换言之，两个相关系数差异为 0 只是其中一个特例（$z_{\rho 1} - z_{\rho 2} = 0$）。

$$Z_{obt} = \frac{(z_{r1} - z_{r2}) - (z_{\rho 1} - z_{\rho 2})}{\sqrt{1/(N_1 - 3) + 1/(N_2 - 3)}} \qquad (10\text{-}12)$$

同样地，相关系数差异量也可计算出（$1-\alpha$）的置信区间，区间估计的公式如公式 10-13 所示，求出置信区间的两个端点值 $z_{\rho H}$ 与 $z_{\rho L}$ 后，用对数转换成相关系数形式后即可进行判读。

$$z_{\rho 1} - z_{\rho 2} \leqslant (z_{r1} - z_{r2}) \pm z_{\alpha/2}\sqrt{1/(n_1 - 3) + 1/(n_2 - 3)} \qquad (10\text{-}13)$$

第三节　其他相关的概念

一、偏相关与部分相关

在线性关系中，如果两个连续变量之间的关系可能受到其他变量的干扰，研究者想要把影响这两个变量的第三个变量效果排除，也可以利用控制的方式，将第三变量的效果进行统计的控制。在统计上，依控制方法的不同可以分为偏相关（partial correlation）与部分相关（part correlation）两种不同形式。

所谓偏相关（或称净相关），是指在计算两个连续变量 X_1 与 X_2 的相关时，将第三个变量（X_3）与两个相关变量的相关 r_{13} 与 r_{23} 予以排除之后的纯净相关，以 $r_{12\cdot 3}$ 表示，如公式 10-14。

$$r_{12\cdot 3} = \frac{r_{12} - r_{13}r_{23}}{\sqrt{1 - r_{13}^2}\sqrt{1 - r_{23}^2}} \qquad (10\text{-}14)$$

在计算排除效果时，仅处理第三变量与 X_1 与 X_2 当中某一个变量的相关时所计算出来的相关系数，被称为部分相关，或称半偏相关（semipartial correlation），因为部分相关控制的深度仅达偏相关控制深度的一部分。

由于部分相关仅处理特定 X_1 与 X_2 中的某一个变量，其符号的表示有两种情形，$r_{1(2\cdot 3)}$ 表示 X_1 与 X_2 的部分相关系数，为将第三变量（X_3）与第二变量 X_2 的关系排除之后的相关。$r_{2(1\cdot 3)}$ 则表示将 X_1 与 X_3 的相关排除后，X_1 与 X_2 的部分相关系数。明显地，偏相关与部分相关差别仅在分母项，偏相关多除了一项 $\sqrt{1 - r_{13}^2}$，该项小于 1，因此部分相关系数值比偏相关小。公式如下：

$$r_{1(2\cdot 3)} = \frac{r_{12} - r_{13}r_{23}}{\sqrt{1 - r_{23}^2}} \qquad (10\text{-}15)$$

二、Spearman 等级相关

Pearson 相关系数适用于两个连续变量的线性关联情形的描述，Spearman 等级相关

（Spearman rank order correlation coefficient；r_s）适用于顺序变量的线性关系的描述。当两个变量中，有任一变量为顺序变量时，必须使用下列公式求得 Spearman 相关系数 r_s。例如，有 N 位学生参加口试，他们的名次的数据是由 1 到 N 的数值，此时的顺序数据具有类似于等距尺度的固定单位，因此可以利用 r_s 系数仿照积差相关的原理，来计算出两个顺序变量的关联性。进行计算时，r_s 系数取每一个观察值在两个顺序变量的配对差异分数来分析关联性，数值介于 –1 到 1，越接近 1，表示关联性越高。若 N 为人数，D 为两个变量上的名次差距 $R(X_i) - R(Y_i)$。公式如下：

$$r_s = 1 - \frac{6 \sum D_i^2}{N(N^2 - 1)}$$ （10-16）

三、点二系列相关

当 X 与 Y 两个变量中，Y 为连续变量，X 为二分类别变量（如性别），两个变量的相关系数被称为点二系列相关（point-biserial correlation）。若 $\overline{Y}_1$ 与 $\overline{Y}_2$ 为两水平在连续变量上的平均数，p、q 为两组人数百分比，s_Y 为 Y 变量的标准差，依公式 10-17 可求出点二系列相关（以 r_{pb} 表示）。

$$r_{pb} = \frac{\overline{Y}_1 - \overline{Y}_2}{s_Y} \sqrt{pq}$$ （10-17）

r_{pb} 数值与以 Pearson 相关系数公式所得出的系数值完全相同，原因是二分变量只有两个数值，数值之间的差距反映出一种等距关系，因此二分变量也可以视为一种连续变量，其与其他任何连续变量的相关即等于 Pearson 相关系数。例如，在表 10-2 当中，性别变量的编码以 0 为女性、1 为男性，即是一个非 0 即 1 的二分变量，此时性别与其他 8 个连续变量的积差相关即为点二系列相关。

点二系列相关系数大小的解释方式虽然与积差相关类似，但是由于二分变量仅有两个数值，因此相关系数越高表示二分变量编码较高，在另一个连续变量的平均值越高，如果系数为负值，则表示二分变量编码较高，在另一个连续变量的平均值越低。例如，表 10-2 当中性别与语文能力的相关系数为 –0.30，表示性别编码越高（即男性），语文能力越低。

四、eta 系数

当我们想求取组数大于两组以上的类别变量与连续变量的关联强度时，可利用 η（eta）系数。其原理是计算类别变量在各类别下，连续变量的平均数的变异情形占全体变异量的比例，或是以 1 减去平均数变异情形占全体变异量以外的比例（误差比例）。当平均数变异比例越高或误差比例越小，两变量的关联越强。公式如下：

$$\eta = \sqrt{\frac{\sum (Y - \overline{Y})^2 - \sum (Y - \overline{Y}_k)^2}{\sum (Y - \overline{Y})^2}} = \sqrt{1 - \frac{\sum (Y - \overline{Y}_k)^2}{\sum (Y - \overline{Y})^2}}$$ （10-18）

其中$\bar{Y}$为连续变量的平均数，$\bar{Y_k}$为类别变量各组下的连续变量平均数。η系数数值类似于积差相关系数，介于0至1，取平方后称η^2，具有削减误差百分比（PRE）的概念，又称相关比（correlation ratio）。因此，可以利用η^2解释类别变量对于连续变量的削减误差百分比，是一种非对称性PRE形态关联量数。方差分析（ANOVA）亦使用η^2的概念来描述类别自变量对于连续因变量的解释力，也就是效果量的概念。

第四节　回归分析

线性关系是社会科学研究的重要概念，相关分析的目的在于描述两个连续变量的线性关系强度，而回归则是在两变量之间的线性关系基础上，进一步来探讨变量间的解释与预测关系的统计方法。如果研究者的目的在于预测，即取用某一自变量去解释/预测另一个因变量，则可通过回归方程式的建立与检验，来检测变量间关系以及进行预测。

回归一词的起源，可以溯自1855年英国学者Galton以"Regression Toward Mediocrity in Heredity Stature"为题的论文，其分析孩童身高与父母身高之间的关系，发现根据父母的身高可以预测子女的身高，当父母身高越高或越矮时，子女的身高会较一般孩童高或矮，但是有趣的是，当父母身高很高或很矮（极端倾向）时，子女的身高会不如父母亲身高那么极端化，而朝向平均数移动（regression toward mediocrity），这就是著名的均值回归（regression toward the mean）现象。自此之后，regression这个名词，也就被研究者视为研究变量间因果或预测关系的重要同义词，沿用至今。

一、回归分析的概念

当两个变量之间具有显著的线性关系，此时可以利用一个线性方程式，代入特定的X值，求得Y的预测值。此种以单一自变量X（或称解释变量或预测变量）去解释/预测因变量Y的过程，被称为简单回归（simple regression）。例如，以智力（X）去预测学业成就（Y）的回归分析，可获得一个回归方程式，利用该方程式所进行的统计分析，被称为Y对X的回归分析（Y regress on X）。方程式如下：

$$\hat{Y} = bX+a \qquad (10\text{-}19)$$

在线性关系中，若变量之间的关系是完全相关时（即$r = \pm 1$），X与Y的关系呈一直线，配对观察值可以完全被方程式$\hat{Y} = bX+a$涵盖；但是，当两个变量之间的关系未达到完全相关时（即$r \neq \pm 1$），X与Y的关系分布在一个区域内，无法以一条直线来表示，而必须以数学方式求取最具代表性的线，称回归线（regression line）。

更具体地说，对于某一个配对观察值（X，Y），将X值代入方程式所得到的数值为对Y变量的预测值，记为$\hat{Y}$，两者的差值$Y-\hat{Y}$，即残差（residual），表示利用回归方程式无法准确预测的误差，最小二乘法即为求取残差的平方和最小化$\min\sum(Y-\hat{Y})^2$，所求得的回归方程式被称为最小二乘回归线（least square regression line），即一般最小二乘回归分析（ordinal least square regression，简称 OLS 回归）。

二、回归系数

（一）回归系数的推导

根据 OLS 回归的最小二乘法原理，回归方程式的斜率与截距计算式如下：

$$b = \frac{\text{cov}(x, y)}{s_x^2} = \frac{\sum (X_i - \overline{X})(Y_i - \overline{Y})}{\sum (X_i - \overline{X})^2} = \frac{SP_{xy}}{SS_x}$$

（10-20）

$$a = \overline{Y} - b\overline{X}$$

（10-21）

回归方程式中，斜率 b 的意义为当 X 每变化一个单位时，Y 的变化量；b 则表示当 Y 每变化一个单位时，X 的变化量。b 系数是一个带有单位的非标准化统计量，可以反映预测变量对于因变量影响的数量，但由于单位的差异，无法进行相对比较，若要进行回归系数的比较，必须将回归系数进行标准化处理。

（二）标准化回归系数

在回归方程式中，b 为带有单位的非标准化回归系数，如果将 b 值乘以 X 变量的标准差再除以 Y 变量的标准差，即可去除单位的影响，得到一个标准化回归系数（standardized regression coefficient），称 β（Beta）系数。β 系数也是将 X 与 Y 变量所有数值转换成 Z 分数后，所计算得到的斜率：

$$\beta = b\frac{s_x}{s_y}$$

（10-22）

由于标准化的结果，β 系数的数值类似于相关系数，介于 –1 至 +1，其绝对值越大，表示预测能力越强，正负向则代表 X 与 Y 变量的关系方向。在简单回归中，由于仅有一个自变量，因此其值恰等于相关系数。

三、回归解释力

OLS 回归分析使用最小二乘法，从 X 与 Y 两个变量的原始观察值（X_i，Y_i）当中，寻求一条最佳回归预测线 $\hat{Y} = bX_i + a$。一旦方程式建立之后，代入一个 X_i 值，可以获得一个预测值 $\hat{Y}_i$，在完全相关的情况下，该值等于原始配对值 Y_i；但是在非完全相关的情况下，$\hat{Y}_i$ 与 Y_i 之间存在一定的差距，是回归无法解释的误差部分（e）。每一个原始配对值（X_i 与 Y_i）可用 $Y_i = bX_i + a + e$ 来表示，$e = \hat{Y}_i - Y_i$。误差平方和 $\sum (Y - \hat{Y})^2$ 表示回归方程式无法充分解释因变量的变异比例。

相对于回归无法充分预测的部分，$\hat{Y}_i$ 预测值与 Y_i 的离均差平方和 $(\hat{Y}_i - \overline{Y})^2$，则是导入回归后所能解释的变异。这两个部分加总即得到 Y 变量的总离均差的平方和 $\sum (\hat{Y}_i - \overline{Y})^2$（图 10-2）：

$$SS_t = \sum (Y_i - \overline{Y})^2 = \sum (\hat{Y}_i - \overline{Y})^2 + \sum (Y_i - \hat{Y}_i)^2 = SS_{reg} + SS_e$$

（10-23）

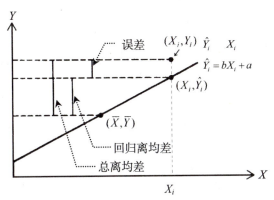

图 10-2　回归分析各离均差概念图示

同除以 SS_t 后得到：

$$1 = \frac{SS_{reg}}{SS_t} + \frac{SS_e}{SS_t} = \frac{\sum(\hat{Y}_i - \overline{Y})^2}{\sum(Y_i - \overline{Y})^2} + \frac{\sum(Y_i - \hat{Y}_i)^2}{\sum(Y_i - \overline{Y})^2} \qquad (10\text{-}24)$$

令：

$$R^2 = 1 - \frac{SS_e}{SS_t} = \frac{SS_{reg}}{SS_t} = PRE \qquad (10\text{-}25)$$

此时 R^2 反映了回归模型的解释力，即 Y 变量被自变量所削减的误差百分比。R^2 为 0 表示自变量对因变量没有解释力，R^2 为 1 表示自变量能够完全解释因变量的变异。R^2 开方后可得 R，称多元相关（multiple correlation），为因变量数值 Y 与预测值 $\hat{Y}$ 的相关系数。

由于回归无法解释的误差为平均数为 0、标准差为 1 的正态随机变量 σ_e^2。以样本来计算求得的变异误为 s_e^2，开方后的 s_e 被称为估计标准误（standard error of estimate）。标准误越大，估计误差越大，标准误越小，估计误差越小。

$$R^2 = 1 - \frac{SS_e}{SS_t} = \frac{SS_{reg}}{SS_t} = PRE \qquad (10\text{-}26)$$

四、回归分析的显著性检验

回归分析除了通过 R^2 了解整个回归方程式的预测效果，并以 F 检验确定其统计显著性，个别的回归系数 b 则可以用以说明预测变量对于因变量的解释力，其值的大小亦需经过假设检验来证明其显著性。换句话说，R^2 的 F 检验可以说是回归分析的整体检验（overall test），如公式 10-27 所示，其中 $df = N - p - 1$。

$$F_{(p, N-p-1)} = \frac{MS_{reg}}{MS_e} = \frac{SS_{reg} / df_{reg}}{SS_e / df_e} = \frac{SS_{reg} / p}{SS_e / (N - p - 1)} \qquad (10\text{-}27)$$

公式 10-27 当中的 p 是自变量的数目，在只有一个自变量的简单回归中，$p = 1$。Y 变量离均差平方和可以拆解成回归离均差平方和与误差平方和，若将两项各除以自由度，即可得到方差，相除后得到 F 统计量，配合 F 分布，即可进行回归模式的方差分析检验，用以检验回归模型是否具有统计意义。

对于个别的回归系数 b 的统计检验则与相关系数检验的原理相同，使用 t 检验来进行，假设写作 $H_0: \beta = 0$。t 检验如公式 10-28 所示，s_b 为回归系数标准误，反映了回归系数 b 的随机变动情形：

$$t = \frac{b}{s_b} = \frac{b}{\sqrt{\dfrac{s_e^2}{SS_x}}} \qquad (10\text{-}28)$$

五、回归分析的基本假设

回归分析进行的变量关系的探讨基于某些统计假设。当这些假设被违反时，将导致偏误的发生。以下将介绍五个回归分析的重要假设，至于无多元共线性假设，因为涉及多元回归，将留待下一章讨论。

（一）固定自变量假设（fixed variable）

在回归分析中，自变量是研究者在进行研究之初，依照文献或理论所挑选出来能够解释因变量的主要变量，然后再根据本所获得的自变量数据来建立回归方程式，此时自变量数据并非随机选择得来，应被视为已知数，因此无需受到统计分布的限制，这也是自变量被视为固定变量的原因。如果一个研究可以被重复验证，特定自变量的特定数值应可以被重复获得，也因此会得到相同的回归模型。

（二）线性关系假设（linear relationship）

由于回归分析是以相关为基础的延伸应用，因此必须建立在变量之间具有线性关系的假设之上。非线性的变量关系，需将数据进行数学转换才能视同线性关系来进行回归分析，或是改用曲线回归等非线性模型来处理。若为类别自变量，则需以虚拟变量的方式，将单一的类别自变量依各水平分成多个二分自变量，以视同连续变量的形式来进行。

（三）正态性假设（normality）

回归分析的另一个重要假设是误差需呈正态。也就是说，预测值 $\hat{Y}$ 与实际 Y 之间的残差应呈正态分布，即 $N(0, \sigma_e^2)$。对于一个观察值的线性方程式 $Y = bX + a + e$，其中 $bX + a$ 即为回归模型，各项均非随机变量，仅有残差 e 为正态化随机变量，故 Y 也应呈正态分布。

（四）误差独立性假设（independence）

误差项除了应呈随机化的正态分布，不同的 X 所产生的误差之间应相互独立，无相关存在，也就是无自我相关（nonautocorrelation），而误差项也需与自变量 X 相互独立。当误差项出现自我相关，虽然仍可进行参数估计，但是标准误则会产生偏误而降低统计检验力，易得到回归模型被拒绝的结果。残差自我相关的现象与衍生的问题，在时间序列分析或纵向研究中较常发生。

（五）方差齐性假设（homoscedasticity）

延续上一个假设，特定 X 水平的误差项，除了应呈随机化的正态分布，其变异量应相等，称方差齐性，如图 10-3（a）所示。不相等的误差变异量（即异方差性，heteroscedasticity），如图 10-3（b）所示，反映出不同水平的 X 与 Y 的关系不同，不应以单一的回归方程式去预测 Y，当研究数据具有极端值存在，或有非线性关系存在时，方差齐性的问题就容易出现。违反假设时，对于参数的估计检验力也就不足。

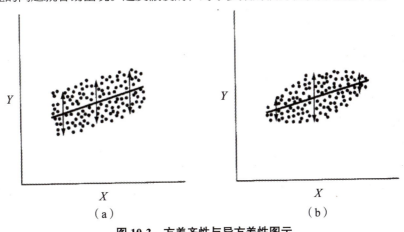

图 10-3　方差齐性与异方差性图示

第五节　SPSS 的相关与回归范例

范例 10-1　Pearson、Spearman、点二系列相关

某研究所 10 位学生修习统计课程的期中考与期末考成绩如下，请问这两次考试成绩是否相关？性别与成绩有关吗？以名次来计算会相关吗？

学生编号	1	2	3	4	5	6	7	8	9	10
性别	男	男	女	女	男	男	女	男	男	女
期中考分数	78	80	90	90	70	88	82	74	65	85
期末考分数	84	83	89	90	78	89	87	84	78	80
期中考名次	7	6	1	1	9	3	5	8	10	4
期末考名次	5	7	2	1	9	2	4	5	9	8

【A. 操作程序】

步骤一： 输入数据或打开数据文档。

步骤二： 选取 分析 → 相关 → 双变量 。

步骤三： 选择欲分析的两个变量。

步骤四： 勾选所需的相关系数与 选项 内容。

步骤五： 按 确定 执行。

【B. 步骤图示】

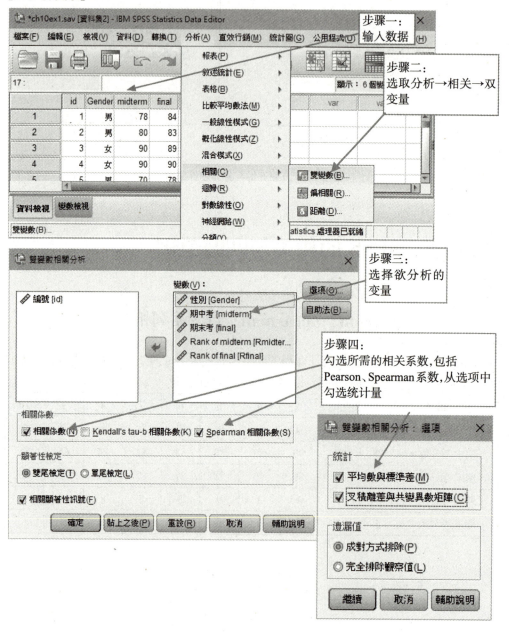

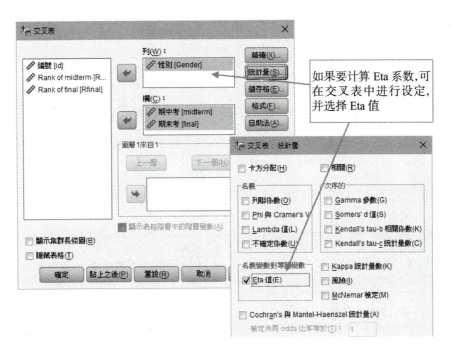

如果要计算 Eta 系数,可在交叉表中进行设定,并选择 Eta 值

【C. 结果输出】

描述性统计量

	平均数	标准差	个数
性别	.60	.516	10
期中考	80.20	8.548	10
期末考	84.20	4.517	10
Rank of midterm	5.500	3.0185	10
Rank of final	5.400	3.1163	10

相关

		性别	期中考	期末考
Pearson 相关	性别	1	-.659	-.438
	期中考	-.659	1	.822
	期末考	-.438	.822	1
显著性（双尾）	性别		.038	.205
	期中考	.038		.004
	期末考	.205	.004	
积差平方和	性别	2.400	-26.200	-9.200
	期中考	-26.200	657.600	285.600
	期末考	-9.200	285.600	1 83.600
共方差	性别	.267	-2.911	-1.022
	期中考	-2.911	73.067	31.733
	期末考	-1.022	31.733	20.400
个数	性别	10	10	10
	期中考	10	10	10
	期末考	10	10	10

Pearson 相关系数可知两连续变量之间达 0.822 的显著高相关

点二系列相关系数
性别为二分变量,此处所计算出来的系数即为点二系列相关,均为负值,表示男生成绩差,以双变量相关求出结果与交叉表求得的 Eta 值相同

相关性

			Rank of midterm	Rank of final
Spearman 的 rho	Rank of midterm	相关系数	1.000	.825**
		显著性（双尾）	.	.003
		数目	10	10
	Rank of final	相关系数	.825**	1.000
		显著性（双尾）	.003	.
		数目	10	10

等级相关系数
等级相关显示两个名次的相关系数达 0.825

**. 相关性在 0.01 水平上显著(双尾)。

有方向性的测量

			值
名义对区间	η	性别因变量	1.000
		期中考因变量	.659

有方向性的测量

			值
名义对区间	η	性别因变量	.890
		期中考因变量	.438

Eta 系数
类别变量(性别)与连续变量(期中考)的 eta 系数为 0.659，与点二系列相关系数相同(因为性别组数为 2)
类别变量(性别)与连续变量(期末考)的 eta 系数为 0.438，与点二系列相关系数相同(因为性别组数为 2)

【D. 结果说明】

由上述报表可知，两个成绩变量的平均数为 80.2 与 84.2，性别的平均数没有解释上的意义。由 Pearson's r 分析得知，两个考试成绩变量之间的相关高达 0.822（$p = 0.004$），若将成绩变量转换成名次化的等级变量，所求出的 Spearman's rho 系数亦有高达 0.825（$p = 0.003$）的相关，均达显著水平，表示研究生的期中考与期末考成绩具有显著高相关。

另外，由于性别为二分变量，与性别有关的相关系数即为点二系列相关。其中性别与期中考为显著负相关 $r = -0.659$（$p = 0.038$），与期末考 $r = -0.438$（$p = 0.205$）的关系未达显著水平，负相关表示男生成绩差（性别数值越大时成绩则越低）。如果把性别当作名义变量，求取 eta 系数，可以利用交叉表当中的统计量中的 eta 系数，得到的系数与点二系列相关相同。例如，期中考与性别的 eta 系数 = 0.659。

范例 10-2　偏相关与部分相关

延续前一个范例，若同时测得 10 位学生的统计焦虑分数与年级数据，请问期中考与期末考成绩在排除这两个变量后的偏相关如何？部分相关又如何？

学生编号	1	2	3	4	5	6	7	8	9	10
期中考	78	80	90	90	70	88	82	74	65	85
期末考	84	83	89	90	78	89	87	84	78	80
统计焦虑	9	5	3	4	6	5	5	7	10	5
年级	2	3	4	4	1	2	3	2	1	4

一、偏相关

【A. 操作程序】

> 步骤一：输入数据。
> 步骤二：选取 分析 → 相关 → 偏相关 。
> 步骤三：选择欲分析的两个变量与控制变量。
> 步骤四：于 选项 勾选统计量。
> 步骤五：按 确定 执行。

【B. 步骤图示】

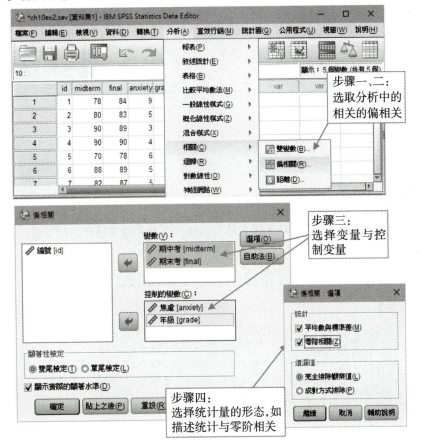

【C. 结果输出】

叙述统计

	平均数	标准差	个数
期中考	80.20	8.548	10
期末考	84.20	4.517	10
焦虑	5.90	2.183	10
年级	2.60	1.174	10

相关

控制变量			期中考	期末考	焦虑	年级
a	相关	期中考	1.000	.822	−.814	.839
		期末考	.822	1.000	−.606	.562
		焦虑	−.814	−.606	1.000	−.754
		年级	.839	.562	−.754	1.000
	显著性（双尾）	期中考	.	.004	.004	.002
		期末考	.004	.	.063	.091
		焦虑	.004	.063	.	.012
		年级	.002	.091	.012	.
	df	期中考	0	8	8	8
		期末考	8	0	8	8
		焦虑	8	8	0	8
		年级	8	8	8	0
焦虑 & 年级	相关	期中考	1.000	.750		
		期末考	.750	1.000		
	显著性（双尾）	期中考	.	.032		
		期末考	.032	.		
	df	期中考	0	6		
		期末考	6	0		

零阶相关系数
即为未控制前的相关系数。期中考及期末考相关为 0.822。焦虑与期中考及期末考的相关均达显著,分别为 −0.814 与 −0.606

偏相关系数
两变量的相关系数降为 0.750, $p=0.032$,仍达显著

单元格含有零阶（Pearson 相关系数）相关。

二、部分相关

【A. 操作程序】

步骤一：选取 分析 → 回归 → 线性 。
步骤二：将一个变量移入因变量，其他变量与控制变量作为自变量。
步骤三：进入 统计量 选取部分与偏相关。
步骤四：按 确定 执行。

【B. 步骤图示】

步骤一、二：
选取分析→回归→线性

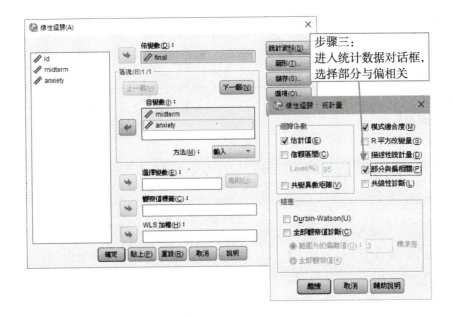

步骤三：
进入统计数据对话框，
选择部分与偏相关

【C. 结果输出】

系数 ª

模式	未标准化系数		标准化系数	t	显著性	相关		
	B 的估计值	标准误差	Beta 分配			零阶	偏	部分
（常数）	34.135	20.154		1.694	.141			
期中考	.660	.237	1.249	2.780	.032	.822	.750	.585
焦虑	.211	.770	.102	.274	.794	.606	.111	.058
年级	−1.577	1.528	−.410	−1.03	.342	.562	−.388	−.217

a. 因变量：期末考

期中考与期末考的偏相关为 0.750，
部分相关为 0.585

【D. 结果说明】

由上述的报表可知，排除焦虑与年级这两个变量之后，期中考与期末考成绩的偏相关为 0.750（$p = 0.032$），显示两者仍有显著的高相关，但是已较零阶 Pearson 相关 0.822 降低许多，原因是焦虑及年级与两次考试的相关均十分明显。

部分相关的结果以回归分析中的系数估计可以得到，期中考排除焦虑后的部分相关为 0.585。由零阶、偏相关到部分相关，系数降低，可见得部分相关所排除的部分最为明显。

范例 10-3　简单回归分析

某研究所 10 位学生修习某教授的统计课程，期中考与期末考成绩如下，请问以期中考来预测期末考的回归分析结果如何？

学生编号	1	2	3	4	5	6	7	8	9	10
期中考	78	80	90	90	70	88	82	74	65	85
期末考	84	83	89	90	78	89	87	84	78	80

【A. 步骤图示】

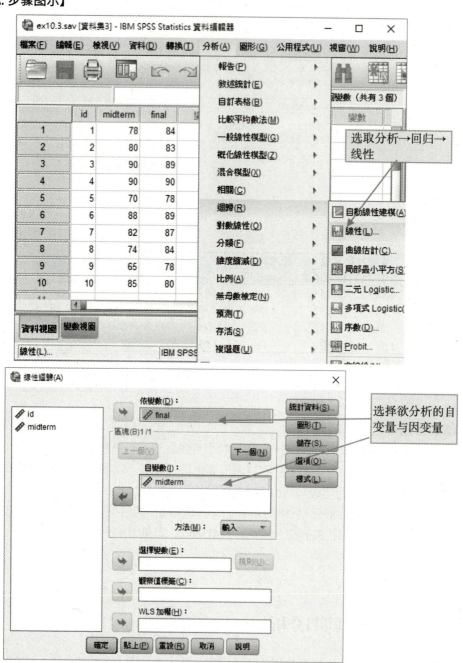

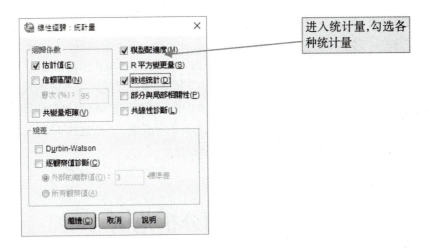

进入统计量,勾选各种统计量

【B. 结果输出】

叙述统计

	平均数	标准差	N
final	84.20	4.517	10
midterm	80.20	8.548	10

描述统计
各变量的描述统计量的平均数、标准差与个数

相关

		final	midterm
皮尔逊（Pearson）相关	final	1.000	.822
	midterm	.822	1.000
显著性(单尾)	final	.	.002
	midterm	.002	.
N	final	10	10
	midterm	10	10

叙述统计

模型	R	R 平方	调整后 R 平方	估计的标准误
1	.822[a]	.676	.635	2.729

a. 解释变量:(常数), midterm

模式摘要
自变量对因变量的整体解释力。期中考成绩可以解释因变量67.6%的变异。调整后 R^2 为63.5%。
R^2 的 F 检验为 16.660,达显著水平。

方差分析 [a]

模型		平方和	自由度	均方	F	显著性
1	回归	124.038	1	124.038	16.660	.004[b]
	残差	59.562	8	7.445		
	总计	183.600	9			

a. 应变量:final

b. 解释变量:(常数), midterm

系数 [a]

模型		非标准化系数		标准化系数	T	显著性
		B	标准误	β		
1	（常数）	49.369	8.577		5.756	.000
	midterm	.434	.106	.822	4.082	.004

a. 应变量:final

系数估计
回归系数 B、β 及显著性检验,期中考 β 为 0.822,达显著水平。

【C. 结果说明】

以期中考成绩预测期末考成绩，为简单回归分析，由于数学基础相同，简单回归与相关分析主要的结果相同。Pearson 相关系数、Multiple R 与 β 皆为 0.822，这几个系数的检验值均相同，达显著水平。R^2 则提供回归变异量，显示期中考成绩预测期末考成绩 63.5% 的解释力，$F(1, 8) = 16.66$，$p = 0.004$，显示该解释力具有统计意义。系数估计的结果指出，期中考成绩能够有效预测期末考成绩，β 系数达 0.822（$t = 4.082$，$p = 0.004$），表示期中考成绩越高，期末考成绩越好。

第六节　R 的相关与回归分析范例

范例 10-4　R 的相关与回归分析

【A.R 语法】

【B. 结果报表】

```
> ch10ex1.cor <- cor(ch10ex1[,-c(1)])        #計算除了 ID變數以外的相關係數
> lowerMat(ch10ex1.cor)

          Gendr mdtrm final Rmdtr Rfin1
Gender     1.00
midterm   -0.66  1.00
final     -0.44  0.82  1.00
Rmidterm   0.71 -0.99 -0.82  1.00
Rfinal     0.46 -0.83 -0.99  0.83  1.00


> ch10ex2.cor <- cor(ch10ex2[2:5])           #計算除了 ID變數以外的相關係數
> lowerMat(ch10ex2.cor)
          mdtrm final anxty grade
midterm    1.00
final      0.82  1.00
anxiety   -0.81 -0.61  1.00
grade      0.84  0.56 -0.75  1.00

>
> #significance test for correlation coefficients
> cor.test(~ midterm + final,  data=ch10ex1, method=" pearson" )

        Pearson's product-moment correlation

data:  midterm and final
t = 4.0817, df = 8, p-value = 0.003526
alternative hypothesis: true correlation is not equal to 0
95 percent confidence interval:
 0.3985942 0.9565420
sample estimates:
      cor
0.8219416


> cor.test(~ Rmidterm + Rfinal,data=ch10ex1, method=" spearm" )

        Spearman's rank correlation rho

data:  Rmidterm and Rfinal
S = 28.847, p-value = 0.003291
alternative hypothesis: true rho is not equal to 0
sample estimates:
      rho
0.8251689

> pcor.test (ch10ex2[2],ch10ex2[3], ch10ex2[4:5])
    estimate    p.value statistic  n gp  Method
1 0.7502994 0.03199716  2.779996 10  2 pearson

> spcor.test(ch10ex2[2],ch10ex2[3], ch10ex2[4:5])
    estimate    p.value statistic  n gp  Method
1 0.3512581 0.3935597 0.9189604 10  2 pearson


>
> #linear regression aalysis
> model1 <- lm(final~midterm, data=ch10ex2)
> summary(model1)

Call:
```

```
lm(formula = final ~ midterm, data = ch10ex2)

Residuals:
    Min      1Q  Median      3Q     Max
-6.2847 -0.7345  0.6496  1.5109  2.4927

Coefficients:
            Estimate Std. Error t value Pr(>|t|)
(Intercept) 49.3686     8.5771   5.756 0.000426 ***
midterm      0.4343     0.1064   4.082 0.003526 **
---
Signif. codes:  0 '***' 0.001 '**' 0.01 '*' 0.05 '.' 0.1 ' ' 1

Residual standard error: 2.729 on 8 degrees of freedom
Multiple R-squared: 0.6756,       Adjusted R-squared: 0.635
F-statistic: 16.66 on 1 and 8 DF,  p-value: 0.003526
```

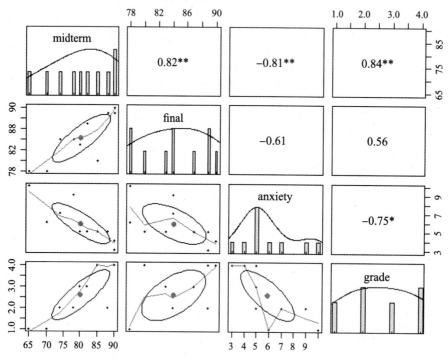

第十一章　多元回归

第一节　基本概念

回归分析利用线性关系来进行解释与预测。如果研究者使用单一自变量去预测因变量，称简单回归，但通常一个研究中，影响因变量的自变量不止一个，此时需建立一套包含多个自变量的多元回归模型，同时纳入多个自变量来对因变量进行解释与预测，称多元回归（multiple regression）。例如，研究者认为智商（X_1）、阅读时数（X_2）、与他人讨论频率（X_3）是影响学业表现的三个原因，对因变量的多元回归方程式则如公式 11-1 所示：

$$\hat{Y} = b_1 X_1 + b_2 X_2 + b_3 X_3 + a \tag{11-1}$$

由于多元回归必须同时处理多个自变量，计算过程较为繁复。尤其是自变量之间的共变关系会影响回归系数的计算，因此必须特别小心处理。另一方面，多个自变量对于因变量的解释可能有次序上的先后关系，使得多元回归的运作更加复杂。

下面阐述多元回归的目的与使用时机。

基于预测（prediction）或解释（explanation）的不同目的，多元回归可被区分为预测型回归与解释型回归两类。在预测型回归中，研究者的主要目的在于实际问题的解决或实务上的预测与控制；解释型回归的主要目的则在于了解自变量对因变量的解释情形。两者异同如下。

（一）分析策略的不同

在操作上，预测型回归最常使用的变量选择方法是逐步回归（stepwise regression）。逐步回归分析可以满足预测型回归所强调的目的：以最少的变量来达成对因变量最大的预测力。因为逐步回归法是利用各自变量与因变量的相关的相对强弱，来决定哪些自变量应否被纳入和何时被纳入回归方程式，而不是从理论的观点来取舍变量。

相对地，解释型回归的主要目的在于厘清研究者所关心的变量间关系，以及如何对因变量的变异提出一套具有最合理解释的回归模型。因此，不仅在选择自变量上必须郑重其事、详加斟酌，同时每一个被纳入分析的自变量都必须仔细检视它与其他变量的关系，因此对于每一个自变量的个别解释力，都必须予以讨论与交代，此时，除了整体回归模型的解释力，各自变量的标准化回归系数（beta 系数）也要作为各自变量影响力相互比较之用。一般学术上所使用的多元回归策略，多为同时回归（simultaneous regression），也就是不分先后顺序，一律将自变量纳入回归方程式，进行同时分析。

（二）理论所扮演的角色

除了分析策略上的差异，理论所扮演的角色在两种回归应用上也有明显的不同。基本上，理论基础是学术研究非常重要的一环，借由理论，研究者得以决定哪些变量适合用来解释因变量，一旦分析完成之后，在报告统计数据之余，也必须回到理论架构下，来解释研究发现与数据意义，因此，在解释型回归中，理论的重要性不仅在于决定自变量的选择与安排，也在于影响研究结果的解释。相对地，预测型回归由于不是以变量关系的厘清为目的，而是以建立最佳方程式为目标，因此自变量的选择所考虑的要件为是否具有最大的实务价值，而非基于理论上的适切性。理论在预测型回归中多被应用于说明回归模型在实务应用中的价值，以及有效达成问题解决的机制，以期在最低的成本下，获致最大的实务价值。

值得注意的是，不论在预测型回归或解释型回归中，如果自变量具有理论上的层次关系，必须以不同的阶段来处理不同的自变量对于因变量的解释，可以利用阶层回归（hierarchical regression）的区组选择程序（blockwise selection），依照理论上的先后次序，逐一检验各组自变量对于因变量的解释。

第二节　多元回归的原理与特性

一、多元相关

在多元回归中，对因变量进行解释的变量不止一个，这一组自变量与因变量之间的关系，若以相关的概念来表示，即为多元相关（multiple correlation；以 R 表示）。多元相关的数学定义，是因变量的回归预测值（$\hat{Y}$）与实际观测值（Y）的相关，多元相关的平方为 R^2，表示 Y 被 X 解释的百分比：

$$R = \rho_{\hat{Y}Y} \tag{11-2}$$

在简单回归时，由于仅有一个自变量，因此对于因变量的解释仅有一个预测来源，此时多元相关 R 恰等于自变量与因变量的积差相关系数 r，R^2 则表示该自变量对因变量的解释力。

若在一个有两个自变量的多元回归中，对于因变量的解释除了来自 X_1，还来自 X_2，此时多元相关不是 X_1 与 Y 的相关或 X_2 与 Y 的相关，而是指 X_1 与 X_2 整合后与因变量的相关。由于自变量之间（X_1 与 X_2 之间）可能具有相关关系，因此在计算 R^2 时，需考虑自变量间共变的部分，如图 11-1 的（c）与（d）所示。

比较特别的是图 11-1（b），当两个自变量相互独立，r_{12} 为 0，此时多元相关平方为 r_{y1} 与 r_{y2} 两个相关的平方和，共线性为 0，属于最单纯且最理想的一种状况，如公式 11-3 所示：

$$R_{y.12}^2 = r_{y1}^2 + r_{y2}^2 \tag{11-3}$$

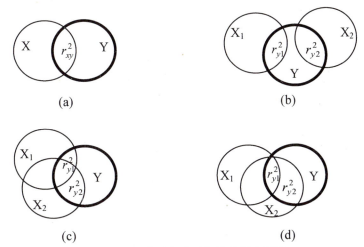

图 11-1　回归分析多元相关的概念图示

但是在图 11-1（c）与（d）中，两个自变量之间具有相关关系，$r_{12} \neq 0$，因此 R^2 需将 r_{1y} 与 r_{2y} 两个相关的平方和扣除重叠计算的区域。

$$R_{y.12}^2 \neq r_{y1}^2 + r_{y2}^2 \qquad （11\text{-}4）$$

在重复面积的扣除方法上，若有不同的考量，对于各变量的解释也会有所不同，显示多元回归受到自变量间关系的影响很大，是为多元共线性（multicollinearity）问题。

以图 11-1（d）为例，X_1 与 X_2 之间具有高度的关联，而 X_1 变量对于 Y 变量的解释力也几乎完全被自变量间的相关所涵盖，呈现高度共线性。在进行多元回归分析时，X_1 变量的解释力会因为不同的变量选择程序而产生不同的结果，形成截然不同的结论。

二、多元回归方程式

多元回归方程式亦是利用最小二乘法，导出最能够解释因变量变异的方程式，估计回归系数。方程式的斜率（公式 11-5）反映各自变量对于因变量的净解释力，亦即当其他自变量维持不变的情况下各自变量的影响力。斜率与截距公式如下：

$$b_1 = \frac{SS_2 SP_{y1} - SP_{12} SP_{y2}}{SS_1 SS_2 - SP_{12}^2} \qquad （11\text{-}5）$$

$$b_2 = \frac{SS_1 SP_{y2} - SP_{12} SP_{y1}}{SS_1 SS_2 - SP_{12}^2} \qquad （11\text{-}6）$$

$$a = \overline{Y} - b_1 \overline{X}_1 - b_2 \overline{X}_2 \qquad （11\text{-}7）$$

公式 11-5 与 11-6 的两个斜率公式中的分母相同，分子则为各自变量对因变量的解释效果。分子越大，表示该自变量每单位的变动对于因变量的变化解释较多，解释力较大。截距 $a_{y.12}$ 则是指当两个自变量皆为 0 时的因变量起始值。若两个自变量都经过平减（centering），亦即变量数值扣掉平均数，则 $a_{y.12}$ 截距数值为因变量平均数。

若将 b 系数去除单位效果（乘以自变量标准差，除以因变量标准差），得到标准化回归系数 β，可用以说明自变量的相对重要性：

$$\beta_1 = b_1 \frac{s_1}{s_y} \tag{11-8}$$

$$\beta_2 = b_2 \frac{s_2}{s_y} \tag{11-9}$$

值得注意的是，β 系数是一个标准化的系数，仅适合线性强度的描述与各自变量的相互比较，但不可以用于加减乘除运算的统计量，如果要检验各变量的统计意义或进行区间估计，则必须使用非标准化的回归系数。

一旦导出多元回归方程式后，即可以将自变量数值代入，得到预测值，并进而计算出残差。回归模型所能够解释的变异，可以利用总离均差平方和 SS_t 减去 SS_e 得到，也可以利用下列算式求出：

$$SS_{reg} = b_1 SP_{y1} + b_2 SP_{y2} \tag{11-10}$$

三、R^2 与调整后 R^2

与前一章所介绍的简单回归原理相同，多元回归方程式利用最小二乘法，导出使残差最小的方程式，此方程式即为回归模型，R^2 反映模型的解释力，并可利用 F 检验来确定 R^2 的统计显著性。

$$R^2 = 1 - \frac{SS_e}{SS_t} = \frac{SS_{reg}}{SS_t} \tag{11-11}$$

值得注意的是，在多元回归中，如果研究者不断增加自变量，虽然不一定增加模型解释力，但是 R^2 并不会降低（R^2 为自变量数目的非递减函数），导致研究者往往为了提高模型的解释力，而不断投入自变量，每增加一个自变量，损失一个自由度，最后模型中无关的自变量过多，自由度降低，失去了简效性（parsimony）。

为了处罚增加自变量所损失的简效性，R^2 公式中将自由度作为分子与分母项的除项加以控制，得到调整后 R^2（adjusted R^2），可以反映因为自变量数目变动损失简效性的影响，如公式 11-12 所示。

$$adj\,R^2 = 1 - \frac{SS_e/df_e}{SS_t/df_t} = 1 - \frac{SS_e/(N-p-1)}{SS_t/(N-1)} \tag{11-12}$$

从公式 11-12 可以看出，自变量数目（p）越多，$adj\,R^2$ 越小，也就是对于简效性损失的处罚越大。如果研究者的目的在于比较不同模型的解释力大小，各模型的自变量数目的差异会造成简效程度的不同，宜采用调整后 R^2。

一般而言，当样本数越大，对于简效性处罚的作用越不明显。如果样本数较少，自变量数目对于 R^2 估计的影响越大，应采用调整后 R^2 来描述模型的解释力。样本数越大，R^2 与调整后 R^2 就会逐渐趋近而无差异。在简单回归时，因为自变量仅有一个，调整前与调整后的数据不会有所差异。

四、回归系数的显著性检验

多元回归分析 R^2 反映了回归模型的解释力，若 R^2 具有统计显著性，则需进行回归系数的统计检验，来决定各自变量的解释力。检验的原理与简单回归相同，也是利用 t 检验来检验回归系数 b 的统计显著性。以两个自变量的多元回归为例，回归系数的 t 检验如下：

$$t_{b_1} = \frac{b_1}{s_{b_1}} = \frac{b_1}{\sqrt{\dfrac{s_e^2}{SS_1(1-R_{12}^2)}}} \tag{11-13}$$

$$t_{b_2} = \frac{b_2}{s_{b_2}} = \frac{b_2}{\sqrt{\dfrac{s_e^2}{SS_2(1-R_{12}^2)}}} \tag{11-14}$$

其中 s_e^2 是回归模型的估计变异误差，R_{12} 为两个自变量间的相关系数。自由度为误差项的自由度（$N–p–1$）。

五、共线性诊断

共线性问题可以说是影响多元回归分析最重要的因素之一。一般的统计软件提供了容忍值（tolerance）或方差膨胀因子（variance inflation factor, VIF）来评估共线性的影响。

$$VIF = \frac{1}{Tolerance} = \frac{1}{(1-R_i^2)} \tag{11-15}$$

公式 11-15 中，R_i^2 为某一个自变量被其他自变量当作因变量来预测时可被解释的比例。R_i^2 比例越大，VIF 越小，自变量相关越高，共线性问题越严重。一般当 VIF 大于 5 时（容忍值大于 0.2），自变量之间就有很高的相关，VIF 大于 10 时（容忍值大于 0.1），表示共线性已经严重威胁到参数估计的稳定性。

除个别自变量的共线性检验之外，整体回归模式的共线性诊断也可以通过特征值（eigenvalue, λ）与条件指数（conditional index, CI）来判断。特征值越小，表示自变量间具有共线性，当特征值为 0 时，表示自变量之间有完全线性相关性。在各种变量组合下的各个特征值中，最大特征值除以最小特征值开根号，是为条件值（condition number, CN），也就是最后一个线性整合的 CI 值，反映了整个回归模型受到共线性问题影响的严重程度。CI 值越高，表示共线性问题越严重，当 CI 值低于 30，表示共线性问题缓和，30 至 100，表示回归模型具有中至高度共线性，100 以上则表示存在严重的共线性问题（Belsley, 1991；Belsley, Kuh, &Welsch, 1980）。

在计算特征值的同时，还可计算各变量间线性组合在各自变量的回归系数变异误差的方差比例（variance proportion），当同一个线性整合的 CI 值中，有两个或以上的自变量有高度方差比例时，显示它们之间具有共线性。当任两个或多个回归系数方差在同一个 CI 值上的方差比例均很高（大于 50%）且接近 1 时，表示可能存在共线性组合。

第三节 多元回归的变量选择模式

多元回归包括了多个自变量，基于不同的目的，研究者可以采用不同的自变量选择程序以得到不同的结果。在应用 SPSS 等统计软件时，可以利用同时法、逐步法、分层法等不同的程序来进行回归分析。兹将各种程序的性质与原理，利用一个实际的范例来说明。

表 11-1 为 60 位参与科学竞赛活动的学生性别（D_1）、年龄（D_2）、参赛成绩（Y）与赛前所收集的能力测验得分。能力测验包括六项能力的测验成绩：数理能力（X_1）、科学实作能力（X_2）、语文能力（X_3）、美术能力（X_4）、沟通能力（X_5）与社会人际能力（X_6）。主办单位之所以纳入能力变量的测量，是因为想要探讨科学竞赛表现优异者，是否因为其具有特殊的认知能力或人际互动能力。因此，主办单位特别邀请认知与测量心理学家参与，希望能够对于心理与社会能力如何影响科学能力提出一套解释模型。

表 11-1　60 位科学竞赛活动参赛者背景数据与各种测量数据

变量	平均数	标准差	相关								
			D_1	D_2	X_1	X_2	X_3	X_4	X_5	X_6
D_1 性别	0.50	0.50	1.00							
D_2 年龄	17.18	1.39	−0.203	1.00						
X_1 数理能力	65.10	18.87	−0.366	0.523	1.00					
X_2 科学实作能力	71.55	18.67	−0.365	0.682	0.784	1.00				
X_3 语文能力	72.97	11.69	−0.305	0.362	0.367	0.474	1.00			
X_4 美术能力	70.10	12.23	0.043	0.069	0.164	0.197	0.346	1.00		
X_5 沟通能力	8.55	3.00	−0.384	0.673	0.708	0.825	0.587	0.209	1.00	
X_6 社会人际能力	9.06	3.67	−0.360	0.627	0.700	0.796	0.603	0.196	0.951	1.00
Y 竞赛成绩	54.10	16.10	0.401	0.666	0.776	0.860	0.492	0.241	0.858	0.849

注：相关系数具有下划线，表示未达 0.05 显著性。

一、同时回归（simultaneous regression）

最单纯的变量处理方法是将所有的自变量同时纳入回归方程式中来对因变量进行影响力的估计。此时，整个回归分析仅保留一个包括全体自变量的回归模型。除非自变量间的共线性过高，否则每一个自变量都会一直保留在模型中，即使对于因变量的边际解释力没有达到统计水平，也不会被排除在模型之外。

以同时回归技术来进行的回归分析，又可称解释型回归，因为研究者的目的在于厘清研究者所提出的自变量是否能够用来解释因变量。一般在学术研究上，由于每一个自变量对于因变量的影响都是研究者所欲探讨的对象，因此不论显著与否，都有学术上的价值与意义，因此多采用同时法来处理变量的选择。

解释型回归的第一个工作是仔细检视各变量的特性与相关情形。由表 11-1 的数据可以看出，各自变量与因变量的相关均十分明显，其中有 X_2、X_5、X_6 三个自变量与因变量的相关达到 0.80 以上。美术能力与参赛成绩相关程度不高（$r = 0.241$，$p = 0.064$），其与其他能力的相关亦未达显著水平，其余大多数相关系数均达显著水平。

自变量间的高度相关透露出共线性的隐忧。例如，沟通能力与社会人际能力的相关高达 0.91，显示两者几乎是相同的得分趋势。在后续的分析中，这些高度重叠的多元共线性现象将影响结果的解释。

其次，解释型回归的第二个工作是计算回归模型的整体解释力与进行显著性检验。表 11-2 列出以同时回归法所得到的模型摘要与参数估计结果，由 $R^2 = 0.841$ 可以看出，整个模型可以解释因变量的 84.1%，如果考虑模型简效性，调整后 R^2 亦有 0.816，解释力仍然非常高，表示这些能力指标与人口变量确实能够解释参赛者的表现。

进一步检视各变量的个别解释力，发现仅有科学实作能力具有显著的解释力，β 系数为 0.298，$t(51) = 2.48$，$p = 0.017$。当科学实作能力越高，参赛表现越理想，但强度仅有中度水平。其他各变量的解释力则未达显著。值得注意的是，社会人际能力的 β 系数（$\beta = 0.31$）甚至高于科学实作能力，但是 $t(51) = 1.65$，$p = 0.105$，未达显著水平。很明显，社会人际变量的 t 值未达到显著水平，可能是因为标准误过大，导致反映因变量变动量的 b 系数无法达成统计上的门槛，显然是因为高度共线性所造成的问题。

总结同时回归分析得到的结果发现，能够对于竞赛成绩进行解释的预测变量只有一个，即"科学实作能力"，其他各自变量的边际解释力并没有统计显著性。但是未达显著水平的自变量并不能忽略，因为各变量都是研究者所关心的。因此得到的最终方程式如下：

$$\hat{Y} = -2.4D_1 + 1.16D_2 + 0.15X_1 + 0.26X_2 - 0.07X_3 + 0.11X_4 + 0.61X_5 + 1.36X_6 - 12.77$$

表 11-2 科学竞赛数据的同时回归估计结果与模式摘要

DV= 竞赛成绩	非标准化系数		Beta	t	p	共线性	
	B	s_e				允差	VIF
（常数）	−12.77	15.31		−0.84	0.408		
D_1 性别	−2.40	2.05	−0.074	−1.17	0.247	0.78	1.29
D_2 年龄	1.17	0.94	0.101	1.24	0.220	0.48	2.11
X_1 数理能力	0.15	0.08	0.172	1.84	0.072	0.36	2.80
X_2 科学实作能力	0.26	0.10	0.298	2.48	0.017	0.22	4.63
X_3 语文能力	−0.07	0.10	−0.053	−0.71	0.480	0.55	1.80

续表

DV= 竞赛成绩	非标准化系数		Beta	t	p	共线性	
	B	s_e				允差	VIF
X_4 美术能力	0.11	0.08	0.084	1.37	0.177	0.83	1.21
X_5 沟通能力	0.61	1.08	0.113	0.56	0.578	0.08	13.02
X_6 社会人际能力	1.36	0.82	0.310	1.65	0.105	0.09	11.27
整体模型	$R^2=0.841$　　$adj\,R^2=0.816$ $F(8,51)=33.628(p<0.001)$						

二、逐步回归（stepwise regression）

以逐步分析策略来决定具有解释力的预测变量，多是出现在以预测为目的的探索性研究中。一般的做法是投入多个自变量后，由各变量的相关高低来决定每一个预测变量是否进入回归模型或淘汰出局，最后得到一个以最少自变量解释最多因变量变异量的最佳回归模型。逐步回归有多种不同的变量选择程序，兹介绍于后。

（一）向前法

向前法是在各自变量中，与因变量相关最高者首先被选入，其次为未被选入的自变量中与因变量有最大的偏相关者，也就是能够增加最多的解释力（R^2）的预测变量。在实际执行时，研究者必须选定选入的临界值门槛，如以 F 检验的显著水平 $p=0.05$ 为临界值，如果模型外的变量所增加的解释力（ΔR^2）最大者的 F 检验值的显著性小于 0.05，即可被选入模型中。以 SPSS 执行向前法的结果列于表 11-3。

以表 11-1 的数据为例，与因变量相关最高者为 X_2 科学实作能力（0.860），因此首先被选入回归方程式（模式 1）。此时，表 11-3 的模型外尚有七个预测变量，各变量与因变量的偏相关（排除其他自变量的效果）以 X_6 "社会人际能力" 的 0.533 最高，而且该自变量预测力达到 0.05 的显著水平（$t=4.76$，$p<0.001$），因此是第二个被选入模型的变量。

选入后，模型 2 同时包含了两个自变量 "科学实作能力" 与 "社会人际能力"，β 系数分别为 0.502 与 0.450，两者的 t 检验均达显著水平。此时，模型外尚有四个自变量，其中还有 X_1 "数理能力" 的偏相关（0.260）显著性（0.046）小于 0.05，因此成为第三个被纳入的变量，纳入后的模型 3，三个自变量的 β 系数分别为 0.387、0.412、0.185，其中 "社会人际能力" 的相对重要性最高。此时，模式外的五个变量的偏相关系数均未达到 0.05 的统计显著性，因此选择变量程序终止，留下相对预测力最佳的三个自变量。

表 11-3 逐步回归的向前法所得到的模式与排除系数估计值

模型内的变量	B	标准误	Beta	t	p
模式 1（R^2=0.739）					
X_2 科学实作能力	0.74	0.06	0.860	12.81	0.000
模式 2（R^2=0.813）					
X_2 科学实作能力	0.43	0.08	0.502	5.31	0.000
X_6 社会人际能力	1.97	0.41	0.450	4.76	0.000
模式 3（R^2=0.826）					
X_2 科学实作能力	0.33	0.09	0.387	3.58	0.001
X_6 社会人际能力	1.80	0.41	0.412	4.38	0.000
X_1 数理能力	0.16	0.08	0.185	2.02	0.049

（二）向后法

向后法的原理与向前法恰好相反，是先将所有的自变量投入回归模型，再将最没有预测力的自变量（t 值最小者）依序排除，也就是各自变量对因变量的净解释力显著性检验未能达到研究者所设定的显著水平者（如 $p = 0.10$），依序加以排除，以得到最佳的方程式。

前面的例子通过向后法淘汰不佳的自变量后，最后保留了三个自变量"科学实作能力""社会人际能力"与"数理能力"，得到的结果与向前法完全一致，请直接参考表 11-3。

（三）逐步法

逐步法整合了向前法与向后法两种策略，首先是依据向前法的原理，将与因变量相关最高的自变量纳入方程式，然后将具有第二高预测力且 F 检验的显著性大于 0.05 的变量纳入方程式中，此时，模型中已经包含了两个自变量，如果纳入第二个变量后，原先模型中的自变量的 F 检验显著性低于 0.10，则会被排除模型外。依循此一原理进行反复的纳入 / 排除变量的检验，直到没有任何变量可被选入或排除之时，即得到最后的模型。

由上述的原理可知，逐步法是以向前法的选入程序为主，因此得到的结果与向前法的结果会非常类似，只是在过程中，增加了排除较低预测力的自变量的检验，兼具了向后法的精神，因此较受使用者的欢迎。一般研究者所使用的逐步法，即同时兼采向前法与向后法的逐步法。由于逐步法的结果与表 11-3 完全相同，因此不予赘述。

依据前述的程序，不论是以向前法、向后法、逐步法，得到的结果都相同，最佳方程式包含有 X_2、X_6、X_1 三个自变量，可以解释因变量变异的 82.6%（$R^2 = 0.826$），得到的最终方程式为：

$$\hat{Y} = 0.33X_2 + 1.8X_6 + 0.16X_1 + 3.59$$

三、阶层回归（hierarchical regression）

阶层回归也是分成多个步骤，"逐步依序"来进行回归分析。不同的是，逐步回归分析的进入模式是由相关大小的 F 统计量作为自变量取舍的依据，阶层回归分析则由研究者基于理论或研究的需要而定。

在一般的学术研究中，自变量间可能具有特定的先后关系，必须依特定顺序来进行分析。例如，以性别、社经地位、自尊、焦虑感与努力程度来预测学业表现时，性别与社经地位两变量在概念上属于人口变量，不受任何其他自变量的影响，而自尊与焦虑感两变量则为情感变量，彼此之间可能高度相关，亦可能受到其他变量的影响，因此四个自变量可以被区分为两个阶段，先将人口变量视为一个区组（block），以强迫进入法或逐步回归法进行回归分析，计算回归系数，再将情感变量作为第二个区组，投入回归模型，计算自尊、焦虑感各自的预测力，完成对于因变量的回归分析，此种方法被称为阶层分析法。

在实际执行上，阶层回归分析最重要的工作是决定变量的阶层关系与进入模式。变量间的关系如何安排，必须从文献、理论或现象的合理性来考量，也就是必须有理论根据，而不是研究者可以任意为之，或任由计算机决定。

表 11-4　阶层回归各区组模型摘要与参数估计值

模型内的变量			区组一			区组二			区组三		
			Beta	t	p	Beta	t	p	Beta	t	p
自变项	D_1	性别	−0.278	−2.96	0.005	−0.088	−1.26	0.214	−0.074	−1.17	0.247
	D_2	年龄	0.610	6.49	0.000	0.167	1.94	0.058	0.101	1.24	0.220
	X_1	数理能力				0.251	2.49	0.016	0.172	1.84	0.072
	X_2	科学实作能力				0.472	3.89	0.000	0.298	2.48	0.017
	X_3	语文能力				0.063	0.83	0.412	−0.053	−.71	0.480
	X_4	美术能力				0.077	1.14	0.261	0.084	1.37	0.177
	X_5	沟通能力							0.113	0.56	0.578
	X_6	社会人际能力							0.310	1.65	0.105
模型摘要		R^2	30.55			0.797			0.841		
		F	0.000			34.588			33.628		
		P	0.517			0.000			0.000		
		ΔR^2	30.55			0.279			0.044		
		F change	0.000			18.186			7.051		
		p of F change				0.000			0.002		

以前述的范例来看，可以将"年龄"与"性别"变量视为人口变量区组，而将"沟通能力"与"社会人际能力"及其他与人际互动有关的自变量视为同一个区组，其他与

认知或行为能力有关的自变量视为另一个区组。由于人口变量最先发生，一般均以第一个区组处理之，认知能力可能因为人口变量的影响而有个别差异，因此将其视为第二个区组，在人口变量投入后再进入模型，使得人口变量的差异可以最先获得控制，人际能力最后投入。各区组内以同时回归法来分析，结果列于表 11-4。

由表 11-4 可知，第一个区组人口变量对于因变量具有显著的解释力，$R^2 = 0.517$，$F(2, 57) = 30.55$，$p < 0.001$。两个自变量能够解释因变量变异的 51.7%。"性别"的个别解释力（β）为 -0.278（$t(57) = -2.96$，$p = 0.005$），"年龄"为 0.610（$t(57) = 6.49$，$p < 0.001$），"年龄"对于因变量的解释力大于"性别"。性别变量系数的负号表示性别数值越高（男），参赛成绩越低。

第二个区组认知能力变量投入模型后，模型解释力达到 $R^2 = 0.797$，$F(6, 53) = 34.588$（$p < 0.001$）。区组解释力 $\Delta R^2 = 0.279$，$F\ change(4, 53) = 18.186$（$p < 0.001$），显示认知能力区组的投入能够有效提升模型的解释力，也就是区组的增量（increment）具有统计意义，亦即在控制了人口变量的影响下，认知能力变量能够额外"贡献"27.9% 的解释力。四个自变量当中，"科学实作能力"的贡献程度最大，$\beta = 0.472$（$t(53) = 3.89$，$p < 0.001$），其次为"数理能力"的 0.251（$t(53) = 2.49$，$p = 0.016$），显示认知能力区组的贡献主要是由"科学实作能力"与"数理能力"所创造。

值得注意的是，第一个区组的两个人口变量的解释力呈现下降的趋势，其中"性别"由 -0.278 降至 -0.088（$t(53) = -1.26$，$p = 0.214$）；"年龄"则由 0.610 降至 0.167（$t(53) = 1.94$，$p = 0.058$），两者均未具有统计意义，显示两者已不足以解释因变量。但是，在模型中仍扮演着控制变量的角色，因为有这两个变量的存在，我们可以说认知能力对于参赛成绩的解释力是在控制了人口变量的影响下所得到的数据。

到了第三阶段，新增加的人际互动能力区组对于因变量的解释力增量为 $\Delta R^2 = 0.044$，$F\ change(6, 51) = 7.051$（$p = 0.002$），具有统计意义，显示人际互动能力区组的投入能够有效提升模型解释力，使全体模型的解释力达到 0.841，$F(8, 51) = 33.628$，$p < 0.001$。但是，"沟通能力"与"社会人际能力"两者个别净解释力未达显著水平，但是人际互动能力区组的解释力增量 $\Delta R^2 = 0.044$ 却达显著水平。此一区组解释力达显著但个别变量解释力不显著的矛盾现象，是为两个自变量之间具有高度共线性使然。

阶层回归分析的结果呈现方式与同时回归方法相似。先报告模型的整体解释力 R^2，并配合 F 检验的检验数据，说明模型解释力的统计意义。一旦显著之后，即可进行各参数的解释。所不同的是阶层回归包含多阶段的分析，各阶段之间的解释力增量反映了各区组的附加解释力，是阶层分析最重要的数据之一。而最后一个区组纳入方程式后，所有自变量全部包含在回归方程式中，此时得到的结果完全等同于同时回归法，也就是所有的变量同时进入回归模型。由此可知，同时回归法是阶层回归法的一个特殊状况。

四、三种回归方法的比较

由前述的原理与分析实例可以看出，解释型回归所重视的是研究者所提出的自变量是否具有解释力以及参数的相对重要性的比较。至于回归方程式本身，以及分数的预测，并不是研究的焦点。更具体来说，解释型回归的每一个自变量都是研究者经过深思熟虑，或是基于理论检视所提出的重要变量，不重要的或无关的自变量都尽可能省略，以减少不必要的混淆。因此，在多元回归模型的建立上，多采用同时分析法来检验各变量的关系，如果采用的是逐步分析法，则有违解释型回归分析对全体自变量相互比较与复杂关系探究的初衷。

解释型回归的另一个特性是对于共线性问题非常敏感。因为共线性问题除了反映自变量概念可能存在混淆关系，也影响了每一个自变量对于因变量解释力的估计。相对地，预测型回归则将共线性问题交由逐步分析来克服，而不进行理论上的讨论。这就是为什么学术上的回归分析多为同时分析法或阶层分析法，而实务上的回归应用则多采用逐步回归法。学术上对于多元回归的应用重视 R^2 的检验与 beta 系数的解释与比较；而实务上对于多元回归的应用以建立最佳方程式以及进行分数的预测与区间估计等目的为主。

最后，阶层回归可以说是弹性最大、最具有理论与实务意义的回归分析程序。由于变量的投入与否可以由研究者基于理论或研究需要来决定，反映了阶层回归在本质上是一种验证性的技术，而非探索性的方法，在科学研究上有其独特的价值与重要性。从技术层次来看，阶层法能够将自变量以分层来处理，如果结合同时进入法，适合用于学术性的研究来决定一组自变量的重要性；如果结合逐步法，则类似于预测型回归分析，可用分层来决定最佳模型。此外，当自变量是类别变量，若存在进行虚拟回归（dummy regression）、多项式回归，自变量间具有交互作用等状况，也都必须采用阶层回归程序。由此可知，阶层回归是一种整合性的多层次分析策略，兼具统计决定与理论决定的变量选择程序，是一种弹性很大的回归分析策略。

第四节　虚拟回归

 一、类别数据的回归分析

线性关系是回归分析重要的基本假设，因此回归模型中的自变量必须是连续变量，类别变量基本上并不适用于线性回归分析。但是在社会及行为科学研究中，类别变量经常是重要的研究变量，如性别、年级、婚姻状况等；此外，在实验研究中，通常会将受测者分为实验组与对照组，此时组别效果亦属类别自变量。为了使类别变量也能够进行回归分析，或是与其他连续变量一起纳入回归模式进行预测，必须以虚拟化方式，将类别自变量转换成虚拟变量（dummy variable），称虚拟回归（dummy regression）。

类别变量的虚拟化处理，最重要的一个步骤是进行重新编码，常用的编码方式有虚拟编码（dummy coding），亦即将类别变量转换成一个或多个数值为 0 与 1 的二分变量，然后将虚拟变量作为一个区组投入回归方程式中进行回归分析。例如，在前面的范例中，以 0 与 1 编码的性别变量即是一个虚拟变量，由于性别变量仅有两个数值，可视为连续变量的一种特例，而不需要另行进行编码处理即可直接投入回归方程式进行分析。

除编码处理之外，虚拟回归的解释方法与多元回归略有不同。主要是因为虚拟回归仅是将虚拟变量视同连续变量，在本质上并非连续变量，对于虚拟变量效果的解释必须谨慎。此外，当水平数大于 2 的类别自变量改以虚拟变量处理时，原来的类别变量被拆解成 $k-1$ 个虚拟变量，利用阶层回归分析将整组的 $k-1$ 个虚拟变量纳入后，所得到的结果才是该类别自变量对于因变量的效果，此时虽然可以利用回归分析的数据来解释类别自变量的整体效果，但是个别虚拟变量的解释则必须就虚拟化的设定方法来说明。读者必须注意的是，虽然虚拟回归可以将类别自变量纳入回归分析，但仅是一种权宜策略，使用上有诸多限制。回归分析终究不擅长处理类别变量，如果类别变量真的那么重要，建议配合方差分析或协方差分析来探讨该变量的作用。

现以婚姻状态（Marriage）为例，此一类别变量可以分成鳏寡（1）、离异（2）、未婚（3）、已婚（4）四种状况，因为 1 至 4 四个数字并不具有等距或顺序的特性，若直接以此变量进行回归分析，势将违反线性关系的假设。此时，若将此一类别变量依四个水平分成四个二分变量（dichotomous）D_1（鳏寡）、D_2（离异）、D_3（未婚）、D_4（已婚），每一个变量的数值为 0 与 1，0 代表非，1 代表是，这四个变量即为婚姻状况的虚拟变量。以下是五位受测者的假设性数据。编号 001 为未婚，虚拟变量 D_1、D_2 与 D_4 皆为 0，仅在 D_3 计为 1，以此类推。

表 11-5 虚拟回归的假设性数据

受试者编号	原始变量	虚拟变量			
ID	Marriage	D_1	D_2	D_3	D_4
001	3	0	0	1	0
002	2	0	1	0	0
003	1	1	0	0	0
004	4	0	0	0	1
005	4	0	0	0	1

由此一范例可知，一个具有 k 个水平的类别变量，经转换可得 k 个虚拟变量，但是在实际执行回归分析时，虚拟变量的数目为 $k-1$ 个，也就是最后一个水平并不需要设定相对应的虚拟变量（如果设定第四个虚拟变量并投入回归方程式，将会造成多元共线性问题）。以婚姻状态为例，由于前三个虚拟变量代表婚姻状态的前三个类别，在这三个虚拟变量上的数值都是 0 的样本，自动成为第四水平（已婚），而无须再设定一个虚拟变量。此时回归方程式如公式 11-16 所示，整个方程式的解释力即为婚姻状态变量对 Y 进行解释的影响力。

$$\hat{Y} = b_1 D_1 + b_2 D_2 + b_3 D_3 + a \qquad (11\text{-}16)$$

使用 $k-1$ 个虚拟变量去处理类别变量时，未经虚拟处理的水平被称为参照组（reference group），参照组不一定是类别变量的最后一个水平，而宜取用内容明确清楚、样本数适中的水平作为参照组（Hardy，1993）。如"其他"，就不适宜作为参照组。此外，如果是具有顺序关系的变量，如教育水平，研究者可以选择等级最高、最低或中间的等级类别作为参照组。

二、多因子虚拟回归

当回归模型中出现一个类别自变量时，可以利用先前的虚拟变量或效果变量来进行虚拟回归分析。同理，如果今天出现两个或两个以上的类别自变量时，可以利用虚拟回归来分析多个自变量对于因变量的影响，但是如同多因子方差分析一样，当自变量越多，影响因变量的原因除了各个自变量的作用，还有自变量间的交互效果。因此，多元类别变量的虚拟回归，原理虽与多因子设计 ANOVA 相同，但是因为必须进行编码处理，自变量越多，虚拟回归的处理程序就显得更复杂，而且多个自变量之间可能存在对 Y 的交互效果，因此还必须创造一个交互作用项，才会得到一个与双因子 ANOVA 一样的结果。尽管如此，多元类别变量的虚拟回归仍是社会科学研究常见的统计分析策略，主要是因为研究上的需要以及多元回归在学术上的重要地位，使得研究者在建立回归模型并面对多个类别变量时，必须采取多因子虚拟回归（factorial dummy regression）程序。

假设今天有两个变量，如性别与婚姻状况，都仅有两个水平：{男，女}、{未婚，已婚}，皆编码成 {0,1}，这两个虚拟变量 D_1 与 D_2 的交互效果 $D_1 \times D_2$ 可直接以两个虚拟变量相乘而得，所形成的方程式进行回归分析将会得到与双因子 ANOVA 相同的结果（关于多因子虚拟回归的操作将在范例中说明），如公式 11-17 所示。

$$\hat{Y} = b_1 D_1 + b_2 D_2 + b_3 D_1 D_2 + a \qquad (11\text{-}17)$$

第五节　SPSS 的多元回归范例

范例 11-1　同时回归分析（解释型回归）

某位老师以出缺席状况、期中与期末考试、作业成绩进行学期总分的评分工作，要了解这些变量对于学期总分的影响，甚至加入性别的作用，可作为一个多元回归的范例，数据如下：

学生编号	1	2	3	4	5	6	7	8	9	10
性别	男	男	女	男	女	男	男	女	女	男
缺席次数	2	1	0	0	5	2	1	1	0	1
作业分数	80	85	90	85	75	80	80	75	80	85
期中考	78	80	90	90	70	88	82	74	65	85
期末考	84	83	89	90	78	89	87	84	78	80
学期总分	80	82	89	95	70	87	85	82	80	84

【A. 操作程序】

解释型回归的目的在于分析研究者所挑选的自变量对于因变量的解释力。自变量应全部一起纳入模型中，而不采取任何变量选择程序，因此应选择强迫进入法。

> 步骤一：输入数据。
> 步骤二：选取 分析 → 回归 → 线性 。
> 步骤三：选择欲分析的因变量与自变量，移入清单中。
> 步骤四：选择强迫进入变量法。
> 步骤五：进入 统计量 勾选各种统计量。
> 步骤六：进入 统计图 勾选各种统计图。
> 步骤七：于 选项 勾选条件与缺失值处理模式。
> 步骤八：按 确定 执行。

【B. 步骤图示】

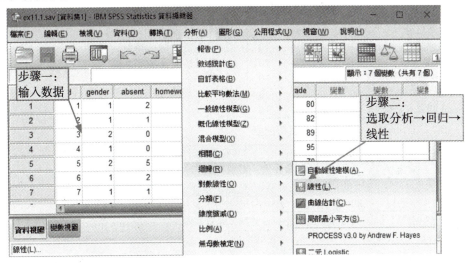

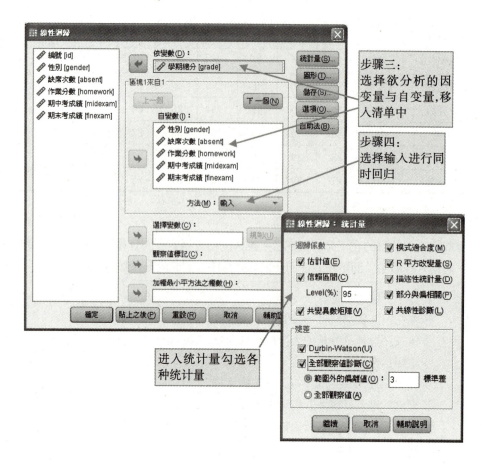

【C. 结果输出】

叙述统计

	平均数	标准差	N
grade 学期总分	83.40	6.569	10
gender 性别	1.40	.516	10
absent 缺席次数	1.30	1.494	10
homework 作业分数	81.50	4.743	10
midexam 期中考成绩	80.20	8.548	10
finexam 期末考成绩	84.20	4.517	10

叙述统计
各变量的描述统计，由此可看出各变量的平均数、标准差与个数

模型摘要 b

模型	R	R 平方	调整后 R 平方	估计的标准误	变更统计量					Durbin-Watson
					R 平方变更	F 值变更	自由度1	自由度2	显著性 F 值变更	
1	.977ª	.954	.896	2.118	.954	16.522	5	4	.009	1.797

a. 解释变量：(常数), finexam 期末考成绩, gender 性别, absent 缺席次数, homework 作业分数, midexam 期中考成绩

b. 应变量：grade 学期总分

模式摘要
所有自变量可以解释因变量 95.4% 的变异。调整后的 R 平方为 89.6%

Anova[b]

模式		平方和	df	平均平方和	F	显著性
1	回归	370.462	4	74.092	16.522	.009[a]
	残差	17.938	4	4.484		
	总数	388.400	9			

模式检验
检验回归模式的显著性

a. 预测变量: 常数, 期末考成绩, 性别, 缺席次数, 作业分数, 期中考成绩

b. 因变量: 学期总分

系数[a]

模式	未标准化系数		标准化系数	t	显著性	相关			共线性统计量	
	B 的估计值	标准误差	Beta 分配			零阶	偏	部分	允差	VIF
1 (常数)	51.625	33.376		1.547	.197					
性别别	−.163	1.740	−.013	−.093	.930	−.413	−.047	−.010	.617	1.621
缺席次数	−2.683	.735	−.610	−3.649	.022	−.761	−.877	−.392	.413	2.423
作业分数	−.279	.322	−.201	−.865	.436	.656	−.397	−.093	.214	4.680
期中考成绩	.441	.265	.574	1.668	.171	.806	.641	.179	.097	10.266
期末考成绩	.271	.365	.186	.742	.498	.825	.348	.080	.183	5.450

a. 因变量: 学期总分

共线性估计
个别变量预测力的检验。允差(即容忍值)越小、VIF 越大表示共线性越明显,如期中考与其他自变量的共线性问题严重

共线性诊断[a]

模式	维度	特征值	条件指标	方差比例					
				(常数)	性别	缺席次数	作业分数	期中考成绩	期末考成绩
1	1	5.387	1.000	.00	.00	.00	.00	.00	.00
	2	.507	3.259	.00	.00	.39	.00	.00	.00
	3	.102	7.275	.00	.53	.01	.00	.00	.00
	4	.003	43.982	.05	.37	.03	.02	.19	.00
	5	.001	60.797	.01	.01	.06	.22	.01	.15
	6	.000	181.422	.94	.08	.51	.76	.80	.85

a. 因变量: 学期总分

整体模式的共线性检验
特征值越小,条件指标越大,表示模式的共线性明显
条件指标 181.422 显示有严重的共线性问题,偏高的方差比例指出作业成绩(0.76)、期末考(0.85)与期中考(0.80)之间具有明显共线性

【D. 结果说明】

本范例为解释型回归分析范例, 目的在于检验各自变量对于因变量的解释力, 因此采用强迫进入法来进行回归模式的检验。结果发现五个自变量对于学期成绩的影响具有高度的解释力, 整体的 R^2 高达 0.954, 表示五个自变量可以解释学期成绩 95.4% 的变异量, 因为样本数少且自变量多, 宜采用调整后 R^2, 但也达 89.6% 的解释比例。模式检验的结果指出回归效果达显著水平 ($F(5,4) = 16.522$, $p < 0.001$), 具有统计上的意义。

进一步对个别自变量进行事后检验, 系数估计的结果指出, 缺席次数具有最佳的解

释力，$b = -0.610$，显示缺席次数越多，学期成绩越差。其次为期中考成绩，$b = 0.574$，表示期中考成绩越高，学期成绩越高。其中，t 检验结果指出期中考成绩的 β 系数虽较高，但是却不具备统计意义（$t = 1.668$，$p = 0.171$，n.s.），缺席次数的 β 系数则具有统计意义（$t = -3.649$，$p = 0.022$）。主要的原因之一在于期中考成绩具有明显的共线性问题（容忍值仅 0.097，VIF 高达 10.266），因此在进行参数估计时，会有偏误的情形发生。

范例 11-2　逐步回归分析（预测型回归）

预测型回归的目的在于通过变量选择程序来建立一个最佳的预测方程式，以用于实际的预测分析。为了选择最佳自变量组合，应使用逐步法、向前法、向后法，以数学方法决定最佳模式。本范例仅需改为选择 逐步 ，其他各步骤与同时回归法相同。

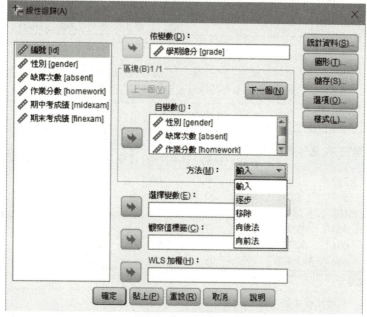

选入 / 删除的变量 a

模型	已输入的变量	已移除的变量	方法
1	finexam 期末考成绩	.	逐步(准则：F-to-enter 的概率 <= .050, F-to remove 的概率 >= .100)
2	absent 缺席次数	.	逐步(准则：F-to-enter 的概率 <= .050, F-to remove 的概率 >= .100)

a. 应变量：grade 学期总分

> 逐步回归分析法自变量的进入或删除清单，以及选择标准。进入以 F 概率 0.05，删除以 F 概率 0.10 为标准
> 共有两个变量分两个步骤（模式）被选入回归方程式。期末考成绩与缺席次数

模式摘要 [a]

模式	R	R 平方	调过后的 R 平方	估计的标准误	变更统计量					Durbin-Watson 检验
					R 平方改变量	F 改变	df1	df2	显著性 F 改变	
1	.825[a]	.680	.640	3.942	.680	16.997	1	8	.003	
2	.947[b]	.898	.868	2.383	.218	14.895	1	7	.006	1.589

a. 预测变量:(常数), finexam 期末考成绩
b. 预测变量:(常数), finexam 期末考成绩, absent 缺席次数
c. 因变量:grade 学期总分

模式摘要
整体模式的解释力各为 0.680 与 0.898,其中 0.898(0.680+0.218)为累积解释量

两个步骤下,个别自变量可以解释的变异量为 0.680 与 0.218,均达 0.05 显著水平,因而被选入

模式		平方和	df	平均平方和	F	显著性
1	回归	264.096	1	264.096	16.997	.003[a]
	残差	124.304	8	15.538		
	总数	388.400	9			
2	回归	348.659	2	174.330	30.707	.000[b]
	残差	39.741	7	5.677		
	总数	388.400	9			

a. 预测变量:(常数), finexam 期末考成绩
b. 预测变量:(常数), finexam 期末考成绩, ab
c. 因变量:grade 学期总分

模式显著性整体检验
模式一的 R^2(0.680),F=16.997,模式二的 R^2(0.898),F=30.707,均达显著,表示回归效果具有统计意义

模式		未标准化系数		标准化系数	t	显著性	共线性统计量	
		B 的估计值	标准误差	Beta 分配			允差	vF
1	(常数)	−17.585	24.526		−.717	.494		
	finexam 期末考成绩	1.199	.291	.825	4.123	.003	1.000	1.000
2	(常数)	10.639	16.531		.644	.540		
	finexam 期末考成绩	.899	.192	.618	4.673	.002	.836	1.196
	absent 缺席次数	−2.243	.581	−.510	−3.859	.006	.836	1.196

a. 因变量:grade 学期总分

逐步系数估计
模式一表示首先进入的自变量为期中考,Beta 为 0.828,t 检验达显著,无共线性问题
模式二再加入一个预测变量缺席次数,Beta 为 −0.510,期中考的 Beta 降为 0.618,表示经过排除共变后的净预测力

本范例为预测型回归分析，因此以逐步分析法来选择最佳自变量组合，计算机自动选取相关最高的自变量首先进入模式，可以暂时回避共线性的问题。此时，第一个作为最佳自变量进入的是期末考成绩，在第一阶段（模式一）即被选入，期末考成绩独立可以解释学期成绩的 68% 变异量（$F_{(1,8)} = 16.997$，$p = 0.003$），以调整后 R^2 来表示，仍有 64% 的解释力。

第二个被选入的自变量为缺席次数，该变量单独可以解释因变量 21.8% 的变异量，F 改变量为 14.895（$p = 0.006$），符合被选入的标准，因此模式二共有期末考成绩与缺席次数两个自变量，总计可以解释因变量 89.8% 的变异量，调整后为 86.8%，根据 F 检验结果，此一解释力具有统计意义（$F_{(2,7)} = 30.707$，$p < 0.001$）。最后得到的方程式将包括两个自变量，方程式如下：

$$\hat{Y} = 0.899X_{期末考成绩} - 2.243X_{缺席次数} + 10.639$$

利用这个方程式，可以进行实际的成绩预测，估计标准误为 2.38。

逐步分析的系数估计发现，期末考成绩首先被纳入模式一中，该变量可以独立预测因变量，$\beta = 0.825$，t 值为 4.123（$p = 0.003$）。因为此时只有单独一个变量被纳入，所以无共线性的问题，也就是期末考成绩对于学期成绩的预测力并没有受到其他四个变量的干扰。

模式二的系数估计中，增加了缺席次数的进入，其 $\beta = -0.510$（$t = -3.859$，$p = 0.006$），而期末考成绩的 β 系数此时降为 0.618，t 值为 4.673（$p = 0.002$），显示期末考变量的效果因为排除了缺席次数的影响而降低，部分相关系数（0.565）接近 β 系数可以证明此一影响。

范例 11-3　阶层回归分析

阶层回归的主要目的是将预测变量区分成不同区块，逐次放入模型当中去解释因变量，在 SPSS 操作时，仅需使用 下一个 来投入下一个区组，直到各区组设定完成，其他各步骤相同。每一个区块当中应使用同时输入法来估计每一个自变量的影响力。前一个范例的操作如下：

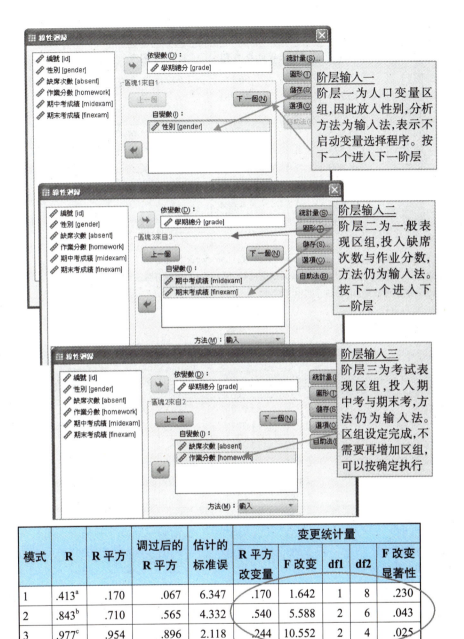

模式	R	R 平方	调过后的 R 平方	估计的标准误	变更统计量				
					R 平方改变量	F 改变	df1	df2	F 改变显著性
1	.413ᵃ	.170	.067	6.347	.170	1.642	1	8	.230
2	.843ᵇ	.710	.565	4.332	.540	5.588	2	6	.043
3	.977ᶜ	.954	.896	2.118	.244	10.552	2	4	.025

a. 预测变量：(常数)，gender 性别

b. 预测变量：(常数)，gender 性别，absent 缺席次数，homework 作业分数

c. 预测变量：(常数)，gender 性别，absent 缺席次数，homework 作业分数，finexam 期末考成绩，midexam 期中考成绩

阶层输入一
阶层一为人口变量区组，因此放入性别，分析方法为输入法，表示不启动变量选择程序。按下一个进入下一阶层

阶层输入二
阶层二为一般表现区组，投入缺席次数与作业分数，方法仍为输入法。按下一个进入下一阶层

阶层输入三
阶层三为考试表现区组，投入期中考与期末考，方法仍为输入法。区组设定完成，不需要再增加区组，可以按确定执行

模式摘要
三个阶层的模式解释力各为 0.17，0.710 与 0.954。三个阶层总共可解释 95.4%

三个阶层的各自解释力，第一阶层未达显著，其他两层的解释力增加量 0.540 与 0.244 均达 0.05 显著水平

Anova[a]

模式		平方和	df	平均平方和	F	显著性
1	回归	66.150	1	66.150	1.642	.236[a]
	残差	322.250	8	40.281		
	总数	388.400	9			
2	回归	275.825	3	91.942	4.900	.004[b]
	残差	112.575	6	18.762		
	总数	388.400	9			
3	回归	370.462	5	74.092	16.522	.009[c]
	残差	17.938	4	4.484		
	总数	388.400	9			

三个阶层整体解释力的显著性检验，分别为 1.642、4.9 与 16.522，是针对 R^2=0.17、0.71 与 0.954 的显著性检验，第二与第三阶层的模型整体解释力达到显著水平

a. 预测变量：(常数)，gender 性别

b. 预测变量：(常数)，gender 性别，absent 缺席次数，homework 作业分数

c. 预测变量：(常数)，gender 性别，absent 缺席次数，homework 作业分数，
finexam 期末考成绩，midexam 期中考成绩

d. 因变量：grade 学期总分

系数[a]

模式		未标准化系数		标准化系数	t	显著性	共线性统计量	
		B 的估计值	标准误差	Beta 分配			允差	VF
1	(常数)	90.750	6.077		14.934	.000		
	gender 性别	−5.250	4.097	−.413	−1.281	.236	1.000	1.000
2	(常数)	68.610	34.986		1.961	.098		
	gender 性别	−3.656	2.913	−.287	−1.255	.256	.921	1.085
	absent 缺席次数	−2.635	1.233	−.599	−2.136	.077	.614	1.630
	h0mew0rk 作业分数	.286	.401	.207	.714	.502	.576	1.737
3	(常数)	51.625	33.376		1.547	.197		
	gender 性别	−.163	1.740	−.013	−.093	.930	.617	1.621
	absent 缺席次数	−2.683	.735	−.610	−3.649	.022	.413	2.423
	h0mew0rk 作业分数	−.279	.322	−.201	−.865	.436	.214	4.680
	midexam 期中考成绩	441	.265	.574	1.668	.171	.097	10.26
	finexam 期末考成绩	.271	.365	.186	.742	.499	.183	5.45

a. 因变量：grade 学期总分

各阶层的系数估计数与显著性检验
第一阶层的性别(beta=−0.413)不显著。第二层的缺席次数与作业分数也没有达到统计水平，显示共线性问题导致没有任何一个独立项能有效解释因变量。第三阶层的考试变项亦未有任何参数达到显著，问题依旧

本范例为阶层回归分析，三个阶层分别是：阶层一为人口变量区组（性别），阶层二为平时表现区组（缺席次数与作业分数），阶层三为考试分数区组（期中考与期末考）。这三个区组的顺序是考量三种不同性质变量的先后次序关系。

结果发现三个区组能够有效解释因变量学期成绩的 95.4% 变异量（$F(5,4)$ = 16.522，$p = 0.009$），以调整后 R^2 来表示，仍有 89.6% 的解释力。显示这些自变量

对于因变量的解释力很高。但是从各阶层的个别解释力来看，第一个区组的性别变量没有到达统计水平，另外两阶层的解释力增加量均达统计水平，分别为平时表现区组的 $\Delta R^2 = 0.540$（$F(2,6) = 5.588$, $p = 0.043$）与考试区组的 $\Delta R^2 = 0.244$（$F(2,4) = 10.552$, $p = 0.025$）。各阶层分析后的系数估计结果如表 11-6 所示。

表 11-6　阶层回归各区组模型摘要与参数估计值

模型内的变量			区组一人口变量			区组二平时表现			区组三考试成绩		
			Beta	t	p	Beta	t	p	Beta	t	p
自变数	一	性别	−0.413	−1.28	0.236	−0.287	−1.26	0.256	−0.013	−0.09	0.930
	二	缺席次数				−0.599	−2.14	0.077	−0.610	−3.65	0.022
		作业成绩				0.207	0.71	0.502	−0.201	−0.87	0.436
	三	期中考							0.574	1.67	0.171
		期末考							0.186	0.74	0.499
模型摘要		R^2		0.170			0.710			0.954	
		F		1.642			4.9			16.522	
		P		0.236			0.047			0.009	
		ΔR^2		0.170			0.540			0.244	
		ΔF		1.642			5.588			10.552	
		Δp		0.236			0.043			0.025	

由表 11-6 可知，三个区组的解释力当中，性别并没有达到显著性，但是性别的 $\beta = -0.413$，数据较高，由于女生为 2，男生为 1，负的数值表示男生表现较差，未达显著的原因可能是人数过少所致。

到了第二个区组时，性别的影响力降低了，而平时表现的两个自变量均未达显著水平，缺席次数的 $\beta = -0.599$（$t(6) = -2.14$, $p = 0.077$），作业成绩的 $b = -0.207$（$t(6) = 0.71$, $p = 0.502$）。这两个变量的 β 系数是在控制了性别之后的结果，性别变量在此一区组内是控制用途。

第三个区组的情况也类似，在控制了性别、缺席次数与作业成绩后，考试成绩区组的增加解释力虽达显著，但是两个变量的解释力均未达显著水平，分别为期中考的 $b = 0.574$（$t(4) = 1.67$, $p = 0.171$），期末考的 $\beta = 0.186$（$t(4) = 0.74$, $p = 0.499$）。系数数值高，但是因为样本少，因此没有统计显著性。阶层分析的结果发现，缺席次数在第二区组、期中考在第三区组，以及性别在第一区组时，解释力均高，可惜的是具有实务显著性，但未具有统计显著性。

范例 11-4　单因子虚拟回归分析

研究者认为婚姻生活会影响人们的生活质量，处于不同婚姻状态的成人，其生活满意度有所不同，某位研究者收集了 20 位受测者的婚姻状态 X（1 未婚、2 已婚、3 离异、4 鳏寡）以及生活满意度程度 Y，得分介于 0（极不满意）至 6（非常满意），测量数据如下：

ID	X	Y	ID	X	Y	ID	X	Y	ID	X	Y
1	1	4	6	2	5	11	3	3	16	4	1
2	1	6	7	2	6	12	3	1	17	4	0
3	1	2	8	2	3	13	3	2	18	4	0
4	1	5	9	2	2	14	3	2	19	4	2
5	1	6	10	2	5	15	3	1	20	4	0

【A. 操作程序】

　　步骤一：虚拟化处理类别变量：选取 转换 → 重新编码成不同变量 ，以旧值与新值指令设定新变量的数值状况（如下列语法）。此步骤重复 k 次。

　　步骤二：选取 分析 → 回归 → 线性 。

　　步骤三：选择因变量。

　　步骤四：选择 $k-1$ 个虚拟变量移入自变量清单中。

　　步骤五：选择强迫进入变量法。按 确定 执行。

将婚姻状态（marr）进行虚拟编码的 SPSS 语法：

```
RECODE marr (1=1) (ELSE=0) INTO D1.
RECODE marr (2=1) (ELSE=0) INTO D2.
RECODE marr (3=1) (ELSE=0) INTO D3.
RECODE marr (4=1) (ELSE=0) INTO D4.
VARIABLE LABELS D1 '未婚组' D2 '已婚组' D3 '離異組' D4 '鳏寡組'.
```

【B. 步骤图示】

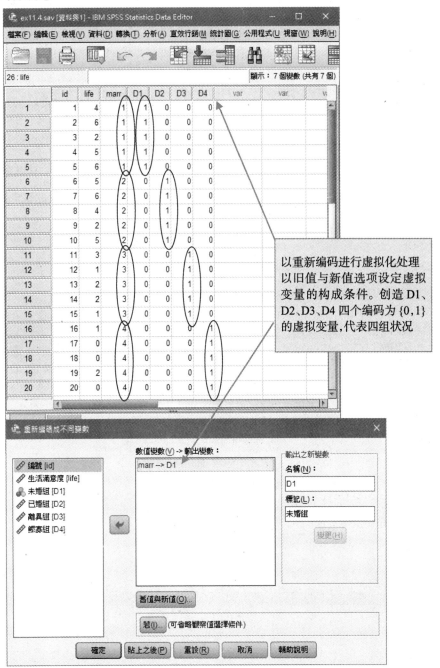

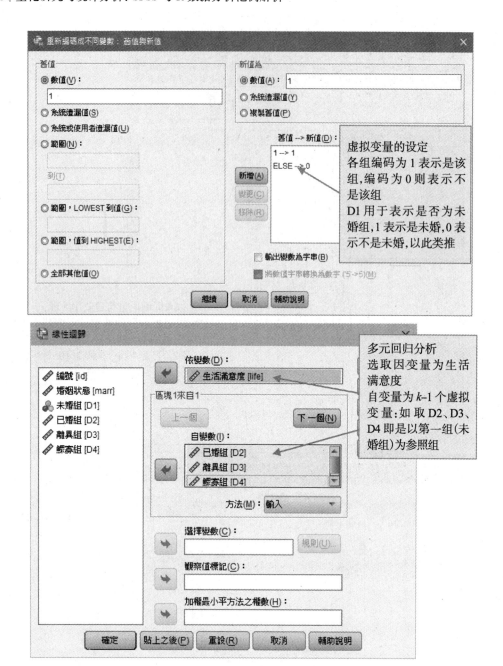

【C. 结果与解释】

叙述统计

	平均数	标准差	个数
life 生活满意度	2.85	2.110.	20
D2 已婚组	.25	.444	20
D3 离异组	.25	.444	20
D4 鳏寡组	.25	.444	20

模式摘要

模式	R	R 平方	调过后的 R 平方	估计的标准误
1	.829ᵃ	.688	.629	1.285

a. 预测变量：(常数)，D4 鳏寡组，D3 离异组，D2 已婚期

模式摘要
显示虚拟变量对于因变量的解释力：三个虚拟变量可以解释因变量 68.8% 的变异

Anovaᵃ

模式		平方和	df	平均平方和	F	显著性
1	回归	58.150	3	19.383	11.747	.000ᵇ
	残差	26.400	16	1.660		
	总数	84.550	19			

a. 因变量：life 生活满意度

b. 预测变量：(常数)，D4 鳏寡组，D3 离异组，D2 已婚期

回归模式解释力显著性检验
回归模型 $F=11.747$，$p<0.001$，具有统计显著性，三个虚拟变量可以有效解释因变量

系数 ᵃ

模式		未标准化系数		标准化系数	t	显著性
		B 的估计值	标准误	Beta 分配		
1	(常数)	4.600	.574	−.042	8.008	.000
	D2 已婚组	−.200	.812	−.590	−.246	.808
	D3 离异组	−2.800	.812	−.842	−3.447	.003
	D4 鳏寡组	−4.000	.812	.812	−4.924	.000

a. 因变量：life 生活满意度

系数估计与检验
虚拟变量的系数是与参考组比较的差异效果：离异组（D3）$b=-2.8$，$t=-3.447$，$p<0.01$，鳏寡组（D4）$b=-4$，$t=-4.924$，$p<0.01$，表示相对于未婚者，鳏寡者、离异者满意度低

由上述虚拟回归分析结果发现，这一组虚拟变量可以有效解释因变量，$R^2 = 0.688$，$F（3,16）= 11.747$，$p < 0.001$，也说明整个 marr 变量可以解释生活满意度的高低。三个虚拟变量中，离异与未婚的对比，对生活满意度影响最为明显，$b = -2.8$（$t = -3.447$，$p < 0.01$），鳏寡与未婚的对比也达显著水平，$b = -4.0$（$t = -4.924$，$p < 0.01$），由 b 系数的负号可知，鳏寡者与离异者较未婚者的满意度更低，未婚者则与已婚者无异（$b = -0.20$，$t = -0.246$，$p = 0.809$），无法用以解释生活满意度。

范例 11-5　双因子虚拟回归分析

接着前一个范例，研究者认为社经地位也可能影响生活满意度，因此研究者假设处

于不同婚姻状态与社经地位的成人，其生活满意度有所不同。研究者收集了 20 位受测者的婚姻状态 X_1（1：未婚、2：已婚、3：离异、4：鳏寡）、社经地位 X_2（0：低、1：高）以及生活满意度程度 Y（介于 0 极不满意至 6 非常满意之间），数据如下。现以多元虚拟回归来检验两个类别变量且带有交互作用项如何预测生活满意度。

ID	X_1	X_2	Y	ID	X_1	X_2	Y	ID	X_1	X_2	Y	ID	X_1	X_2	Y
1	1	1	4	6	2	0	5	11	3	1	3	16	4	0	1
2	1	0	6	7	2	0	6	12	3	0	1	17	4	1	0
3	1	1	2	8	2	1	4	13	3	1	2	18	4	1	0
4	1	0	5	9	2	1	2	14	3	1	2	19	4	0	2
5	1	0	6	10	2	0	5	15	3	0	1	20	4	1	0

【A. 操作程序】

双因子虚拟回归的主要工作除了将类别变量进行虚拟化处理，还需设定交互作用项（将虚拟变量相乘）。然后将各虚拟变量一起纳入模型中，进行多元回归分析。值得注意的是，社经地位原为带有两组的类别变量，但数据建档时已经以 {0,1} 编码，高社经编码为 1，并以低社经为参照组，无需另外再创建一个将低社经编码为 1 的虚拟变量。

> 步骤一：虚拟化与设定交互作用项，虚拟化完成后，利用 计算 将各虚拟变量相乘，以创建交互效果项。
>
> 步骤二：执行阶层回归分析：选取 分析 → 回归 → 线性 。
>
> 步骤三：选择因变量。
>
> 步骤四：将第一组 $k-1$ 个虚拟变量移入自变量清单中，按下一步将另一组虚拟变量移入清单中，按下一步将交互效果项移入自变量。
>
> 步骤五：选择 统计量 ，选取 R 平方改变量，按 确定 执行。

将婚姻状态（marr）进行虚拟编码并创建交互作用项的 SPSS 语法：

```
RECODE marr (1=1) (ELSE=0) INTO D1.
RECODE marr (2=1) (ELSE=0) INTO D2.
RECODE marr (3=1) (ELSE=0) INTO D3.
RECODE marr (4=1) (ELSE=0) INTO D4.
VARIABLE LABELS  D1 '未婚组' D2 '已婚组' D3 '离异组' D4 '鳏寡组'.
COMPUTE D1ses=D1 * ses.
COMPUTE D2ses=D2 * ses.
COMPUTE D3ses=D3 * ses.
COMPUTE D4ses=D4 * ses.
VARIABLE LABELS D1ses '未婚高社经' D2ses '已婚高社经'
D3ses '离异高社经' D4ses '鳏寡高社经'.
```

【B. 步骤图示】

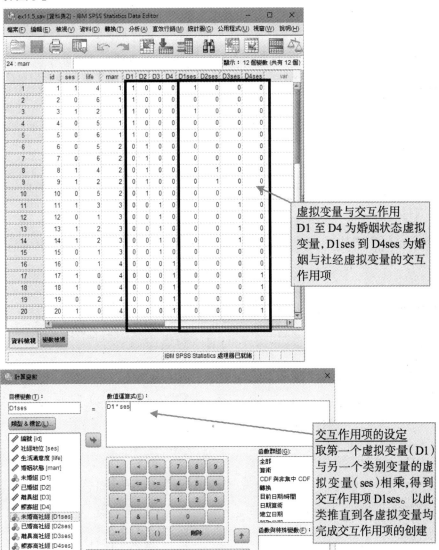

虚拟变量与交互作用
D1 至 D4 为婚姻状态虚拟变量, D1ses 到 D4ses 为婚姻与社经虚拟变量的交互作用项

交互作用项的设定
取第一个虚拟变量(D1)与另一个类别变量的虚拟变量(ses)相乘,得到交互作用项 D1ses。以此类推直到各虚拟变量均完成交互作用项的创建

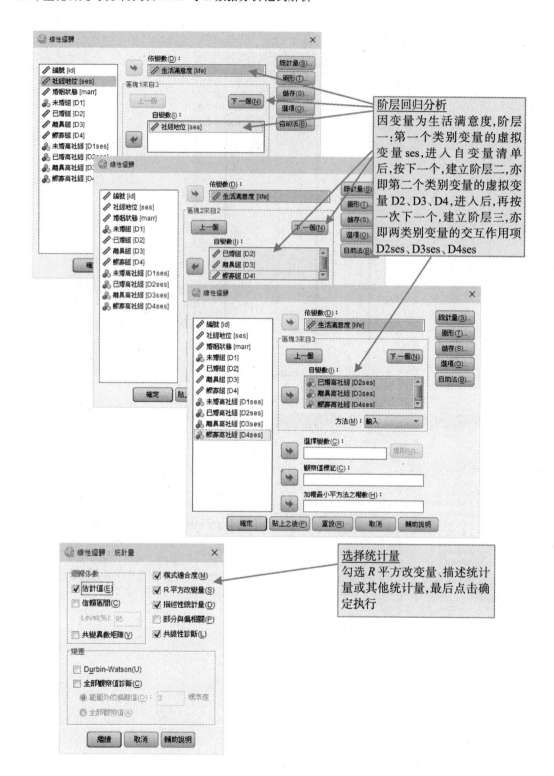

阶层回归分析
因变量为生活满意度,阶层一:第一个类别变量的虚拟变量 ses,进入自变量清单后,按下一个,建立阶层二,亦即第二个类别变量的虚拟变量 D2、D3、D4,进入后,再按一次下一个,建立阶层三,亦即两类别变量的交互作用项 D2ses、D3ses、D4ses

选择统计量
勾选 R 平方改变量、描述统计量或其他统计量,最后点击确定执行

【C. 结果与解释】

叙述统计

	平均数	标准差	个数
life 生活满意度	2.85	2.110	20
ses 社经地位	.50	.513	20
D2 已婚组	.25	.444	20
D3 离异组	.25	.444	20
D4 鳏寡组	.25	.444	20
D2ses 已婚高社经	10	.308	20
D3ses 离异高社经	,15	.366	20
D4ses 鳏寡高社经	15	.366	20

> 阶层回归自变量描述统计
> 三个阶层的选入变量,第一层为社经地位,第二层为三个婚姻状态虚拟变量,第三层为三个交互作用虚拟变量

选入 / 删除的变量

模式	选入的变量	删除的变量	方法
1	ses 社经地位 [b]	.	选入
2	D4 鳏寡组, D2 已婚组, D3 离异组 [b]	.	选入
3	D2ses 已婚高社经, D4ses 鳏寡高社经, D3ses 离异高社经 [b]	.	选入

a. 因变量:life 生活满意度

b. 所有要求的变量已输入

> 第三阶层为交互作用项的显著性检验,$\triangle R^2$ 为 0.141, F=7.318,p=0.005 达显著水平

模式摘要

模式	R	R 平方	调过后的 R 平方	估计的标准误	R 平方改变量	F 改变	df1	df2	显著性 F 改变
1	.462[a]	.213	.170	1.922	.213	4.886	1	18	.040
2	.885[b]	.782	.724	1.107	.569	13.079	3	16	.000
3	.961[c]	.923	.878	.736	.141	7.318	3	12	.005

a. 预测变量:(常数),ses 社经地位

b. 预测变量:(常数),ses 社经地位, D4 鳏寡组, D2 已婚组, D3 离异组

c. 预测变量:(常数),ses 社经地位, D4 鳏寡组, D2 已婚组, D3 离异组, D2ses 已婚高社经, D4ses 鳏寡高社经, D3ses 离异高社经

Anova[a]

模式		平方和	df	平均平方和	F	显著性
1	迴归	18.050	1	18.050	4.886	.040[b]
	残差	66.500	18	3.694		
	总数	84.550	19			
2	迴归	66.158	4	16.540	13.489	.000[b]
	残差	18.392	15	1.226		
	总数	84.550	19			
3	迴归	78.050	7	11.150	20.585	.000[b]
	残差	6.500	12	.542		
	总数	84.550	19			

> 各模式显著性检验
> 各阶层回归效果均达显著,表示各虚拟变量以及各种组合可以有效解释因变量

a. 因变量:life 生活满意度

b. 预测变量:(常数),ses 社经地位

c. 预测变量:(常数),ses 社经地位, D4 鳏寡组, D2 已婚组, D3 离异组

d. 预测变量:(常数),ses 社经地位, D4 鳏寡组, D2 已婚组。D3 离异组, D2ses 已婚高社经, D4ses 鳏寡高社经, D3ses 离异高社经

系数 [a]

模式		未标准化系数		标准化系数	t	显著性	共线性统计量	
		B 估计值	标准误	Beta 分配			允差	VIF
1	（常数）	3.800	.608		6.252	.000		
	ses 社经地位	−1.900	.860	−.462	−2.210	.040	1.000	1.000
2	（常数）	5.117	.535		9.566	.000		
	ses 社经地位	−1.292	.505	−.314	−2.556	.022	.950	1.042
	D2 已婚组	−.200	.700	−.042	−.286	.779	.667	1.500
	D3 离异组	−2.542	.708	−.536	−3.592	.003	.653	1.531
	D4 鳏寡组	−3.742	.708	−.788	−5.288	.000	.653	1.531
3	（常数）	5.667	.425		13.338	.000		
	ses 社经地位	−2.667	.572	−.648	−3.959	.002	.240	4.167
	D2 已婚组	−.333	.601	−.070	−.555	.589	.400	2.500
	D3 离异组	−4.667	.672	−.983	−6.946	.000	.320	3.125
	D4 鳏寡组	−4.157	.672	−.878	−6.202	.000	.320	3.125
	D2ses 已婚高社经	.333	.950	.049	.351	.732	.333	3.000
	D3ses 离异高社经	4.000	.950	.695	4.210	.001	.235	4.250
	D4ses 鳏寡高社经	1.157	.950	.203	1.228	.243	.235	4.250

a. 因变量：life 生活满意度

由上述双因子虚拟回归分析可以发现，两个类别变量的交互作用达到统计显著水平，亦即第三阶层解释增量 $\Delta R^2 = 0.141$，$F(3,12) = 7.318$，$p = 0.005$。整个回归模型共可解释因变量的 92.3%，$F(7,12) = 20.585$，$p < 0.001$，具有统计显著性。如果研究者想要利用这个方程式去进行预测，则可利用系数估计报表当中的模式三，建立一组多元回归方程式。

范例 11-6　R 的多元回归分析

以 R 进行多元回归分析，可另外下载 CAR（Companion to Applied Regression）与 QuantPsyc（Quantitative Psychology Tools）包来得到更丰富的分析结果。逐步回归可以 step 函数进行，但是并非如同 SPSS 以显著性 p 值来选择变量，而是以 AIC 信息指标来判断，因此结果会与 SPSS 的结果略微不同。使用者可以自行检视以 AIC 进行模型选择后各自变量的 p 值高低，来检讨是否要保留或移除变量。

```
> #Chapter11: Multiple Regression examples ex11.6
> library(foreign)                                    #用來讀取 SPSS 資料
> ex11.6 <- read.spss("ex11.1.sav", to.data.frame=TRUE)  #讀取 SPSS 資料檔
> #simultaneous regression
> library(pequod)    #先安裝套件 install.packages("pequod")
> simu.m1<-lmres(grade ~., data=ex11.6[,-c(1)])
> summary(simu.m1)
```

如果无法执行自行设定文件路径

表示排除第一个 ID 变量

"." 表示所有变量均纳入

```
Formula:
grade ~ gender + absent + homework + midexam + finexam
<environment: 0x0000000021f80148>

Models
         R     R^2   Adj. R^2    F      df1   df2  p.value
Model  0.977  0.954    0.896  16.522  5.000   4   0.0089 **
---
Signif. codes:  0 "***" 0.001 "**" 0.01 "*" 0.05 "." 0.1 " " 1

Residuals
   Min. 1st Qu.  Median    Mean 3rd Qu.    Max.
-1.2401 -1.0312 -0.5799  0.0000  0.8101  3.1258
```

各自变量的个数与显著性检验结果。只有 absent 具有统计意义,与前文结果相同

```
Coefficients
            Estimate   StdErr  t.value     beta p.value
(Intercept) 51.62484 33.37595  1.54677          0.19682
gender      -0.16250  1.74029 -0.09338  -0.0128 0.93010
absent      -2.68322  0.73527 -3.64932  -0.6104 0.02178 *
homework    -0.27852  0.32195 -0.86510  -0.2011 0.43578
midexam      0.44146  0.26459  1.66848   0.5744 0.17055
finexam      0.27060  0.36485  0.74168   0.1860 0.49947
---
Signif. codes:  0 "***" 0.001 "**" 0.01 "*" 0.05 "." 0.1 " " 1
Collinearity
            VIF  Tolerance
gender    1.6209   0.6170
absent    2.4231   0.4127
homework  4.6803   0.2137
midexam  10.2657   0.0974
finexam   5.4500   0.1835
```

共线性诊断发现 midexam 的 VIF 相当高,存在共线性问题,与前文结果相同

```
># 逐步迴歸 Stepwise regression model
> full.model <- lm(grade ~., data=ex11.6[,-c(1)])
> step.model1 <- step(full.model, direction = "both")
> summary(step.model1)
```

```
Call:
lm(formula=grade~absent+homework+midexam, data = ex11.6[,-c(1)])

Residuals:
    Min     1Q  Median      3Q     Max
-1.7034 -0.9339 -0.6022  0.8766  3.3017

Coefficients:
            Estimate Std. Error t value Pr(>|t|)
(Intercept)  73.5117    14.3475   5.124 0.002170 **
absent       -2.9893     0.5305  -5.634 0.001338 **
homework     -0.4225     0.2170  -1.947 0.099407 .
midexam       0.6011     0.1007   5.969 0.000991 ***
---
Signif. codes:  0 "***" 0.001 "**" 0.01 "*" 0.05 "." 0.1 " " 1

Residual standard error: 1.848 on 6 degrees of freedom
Multiple R-squared:  0.9473,    Adjusted R-squared:  0.9209
F-statistic: 35.92 on 3 and 6 DF,  p-value: 0.0003145
```

逐步回归保留三个自变量，但 homework 未达 0.05 显著水平，可以考虑移除

```
> library(lm.beta)            # 先安装套件 install.packages("QuantPsyc")
> lm.beta(step.model1)        # 計算標準化迴歸係數


     absent   homework    midexam
-0.6800327 -0.3050877  0.7821780
```

```
> vif(step.model1)            # 執行 vif 函數以執行共線性診斷


   absent homework  midexam
 1.657099 2.791933 1.953460
```

共线性诊断发现所挑入的自变量均无太高的 VIF 值

```
> # 階層迴歸 hierarchical regression analysis
> model1 <- lm(grade ~ gender, data=ex11.6)                  # 投入第一區組
> model2 <- update(model1,.~.+absent+homework, data=ex11.6)  # 投入第二區組
> model3 <- update(model2,.~.+midexam+finexam, data=ex11.6)  # 投入第三區組
> model1
```

以 update 函数逐区组投入自变量

```
Call:
lm(formula = grade ~ gender, data = ex11.6)

Coefficients:
(Intercept)       gender
      90.75        -5.25
```

```
> model2


Call:
lm(formula = grade ~ gender + absent + homework, data = ex11.6)

Coefficients:
(Intercept)       gender       absent     homework
    68.6099      -3.6559      -2.6351       0.2863
```

```
> model3

Call:
lm(formula = grade ~ gender + absent + homework + midexam + finexam,
    data = ex11.6)

Coefficients:
(Intercept)        gender        absent      homework       midexam       finexam
    51.6248       -0.1625       -2.6832       -0.2785        0.4415        0.2706

> lm.beta(model1)

    gender
-0.4126913

> lm.beta(model2)

    gender       absent     homework
-0.2873790   -0.5994615    0.2067301

> lm.beta(model3)

     gender        absent      homework       midexam       finexam
-0.01277385   -0.61040033   -0.20110464    0.57442261    0.18605051

> anova(model1,model2)            # 模型解释力差异的 F 变动检定

Analysis of Variance Table

Model 1: grade ~ gender
Model 2: grade ~ gender + absent + homework
  Res.Df    RSS Df Sum of Sq      F  Pr(>F)
1      8 322.25
2      6 112.57  2    209.68 5.5876 0.04263 *
---
Signif. codes:  0 "***" 0.001 "**" 0.01 "*" 0.05 "." 0.1 " " 1
```

阶层一到阶层二的模型解释力增加的检验结果

```
> anova(model2,model3)            # 模型解释力差异的 F 变动检定

Analysis of Variance Table

Model 1: grade ~ gender + absent + homework
Model 2: grade ~ gender + absent + homework + midexam + finexam
  Res.Df     RSS Df Sum of Sq      F  Pr(>F)
1      6 112.575
2      4  17.938  2    94.637 10.552 0.02539 *
---
Signif. codes:  0 "***" 0.001 "**" 0.01 "*" 0.05 "." 0.1 " " 1
```

阶层二到阶层三的模式解释力增加的检验结果

```
>
```

范例 11-7   R 的虚拟回归分析

以 R 进行虚拟回归相对容易，只要 R 能辨识自变量为类别变量，执行回归分析时可自动将类别变量进行虚拟转换（以第一组作为参照组），两个类别变量的交互作用也会自动产生而无需另行创建交乘项。

```
> #Chapter11: Multiple Regression examples ex11.7
> library(foreign)                                    # 用來讀取 SPSS 資料
> ex11.7 <- read.spss("ex11.5.sav", to.data.frame=TRUE)   # 讀取 SPSS 資料檔
> str(ex11.7)                                         # 檢視資料結構

"data.frame":   20 obs. of 12 variables:      可增加文件路径
 $ id    : num  1 2 3 4 5 6 7 8 9 10 ...
 $ ses   : Factor w/ 2 levels "低","高": 2 1 2 1 1 1 1 2 2 1 ...
 $ life  : num  4 6 2 5 6 5 6 4 2 5 ...
 $ marr  : Factor w/ 4 levels "未婚","已婚",..: 1 1 1 1 1 2 2 2 2 2 ...
 $ D1    : num  1 1 1 1 1 0 0 0 0 0 ...
 $ D2    : num  0 0 0 0 0 1 1 1 1 1 ...        确认 marr 与 ses 两者
 $ D3    : num  0 0 0 0 0 0 0 0 0 0 ...        为类别变量 Factor
 $ D4    : num  0 0 0 0 0 0 0 0 0 0 ...
 $ D1ses: num  1 0 1 0 0 0 0 0 0 0 ...
```

```
> model1 <- lm(life ~ marr,                 data=ex11.7)   # 設定階層一
> model2 <- update(model1,.~. +ses,          data=ex11.7)   # 設定階層二
> model3 <- update(model1,.~. +marr:ses, data=ex11.7)   # 設定階層三
> summary(model2)

Call:
lm(formula = life ~ marr + ses, data = ex11.7)

Residuals:
    Min       1Q    Median        3Q       Max
-1.82500 -0.18125  0.08333   0.71667   1.71667     自动将 marr 与 ses 两者
                                                    进行虚拟化处理，并以
Coefficients:                                       第一组为参照组
            Estimate Std. Error t value Pr(>|t|)
(Intercept)   5.1167     0.5349   9.566 8.93e-08 ***
marr 已婚     -0.2000     0.7003  -0.286  0.77910
marr 離異     -2.5417     0.7076  -3.592  0.00267 **
marr 鰥寡     -3.7417     0.7076  -5.288 9.11e-05 ***
ses 高        -1.2917     0.5054  -2.556  0.02195 *
---
Signif. codes:  0 "***" 0.001 "**" 0.01 "*" 0.05 "." 0.1 " " 1
Residual standard error: 1.107 on 15 degrees of freedom
Multiple R-squared:  0.7825,    Adjusted R-squared:  0.7245
F-statistic: 13.49 on 4 and 15 DF,  p-value: 7.382e-05
```

```
> summary(model3)

Call:
lm(formula = life ~ marr + ses + marr:ses, data = ex11.7)

Residuals:
    Min       1Q   Median       3Q      Max
-1.0000  -0.3333   0.0000   0.3750   1.0000
```

```
Coefficients:
                Estimate Std. Error t value Pr(>|t|)
(Intercept)       5.6667     0.4249  13.336 1.48e-08 ***
marr 已婚         -0.3333     0.6009  -0.555  0.58929
marr 離異         -4.6667     0.6719  -6.946 1.55e-05 ***
marr 鰥寡         -4.1667     0.6719  -6.202 4.57e-05 ***
ses 高            -2.6667     0.6719  -3.969  0.00186 **
marr 已婚:ses 高   0.3333     0.9501   0.351  0.73180
marr 離異:ses 高   4.0000     0.9501   4.210  0.00121 **
marr 鰥寡:ses 高   1.1667     0.9501   1.228  0.24303
---
Signif. codes:  0 "***" 0.001 "**" 0.01 "*" 0.05 "." 0.1 " " 1

Residual standard error: 0.736 on 12 degrees of freedom
Multiple R-squared:  0.9231,    Adjusted R-squared:  0.8783
F-statistic: 20.58 on 7 and 12 DF,  p-value: 8.681e-06
```

自动计算交互作用项

```
> anova(model1,model2)

Analysis of Variance Table

Model 1: life ~ marr
Model 2: life ~ marr + ses

  Res.Df    RSS Df Sum of Sq      F  Pr(>F)
1     16 26.400
2     15 18.392  1    8.0083 6.5315 0.02195 *
---
Signif. codes:  0 "***" 0.001 "**" 0.01 "*" 0.05 "." 0.1 " " 1
```

```
> anova(model2,model3)

Analysis of Variance Table

Model 1: life ~ marr + ses
Model 2: life ~ marr + ses + marr:ses
  Res.Df    RSS Df Sum of Sq      F  Pr(>F)
1     15 18.392
2     12  6.500  3   11.892 7.3179 0.004769 **
---
Signif. codes:  0 "***" 0.001 "**" 0.01 "*" 0.05 "." 0.1 " " 1
```

与前文的交互作用项检验结果 $F=7.318$ 相同

第十二章　中介与调节

第一节　绪论

中介（mediation）与调节（moderation）是社会科学研究中重要的方法学概念，近年来越来越受到研究者的重视。主要原因是研究者经常遇到第三变量的混淆与干扰，使得自变量与因变量的解释关系受到影响。例如，当研究者想探讨工作动机对于工作绩效的影响时，员工的性别或年龄可能会干扰回归系数的估计。对于一个重要的第三变量，如果没有正确纳入控制或分析，不仅可能会造成系数估计的偏误（高估或低估），也可能忽略第三变量与解释变量可能存在的交互作用，从而无法掌握第三变量对变量解释关系的条件化作用。

在文献方面，Baron 与 Kenny 于 1986 年所撰写的中介与调节效果论文最为经典，详述了中介与调节的概念与检验程序。Aiken 与 West 于 1991 年出版了 *Multiple regression: Testing and interpreting interactions* 一书，详述调节效果的处理策略，成为公认的标准程序。Hayes（2013，2017）出版了 *Introduction to mediation, moderation, and conditional process analysis* 一书，并附上分析模块 PROCESS，免费供读者在 SPSS 或 SAS 中使用；R 则有 Mirisola 与 Seta 2016 年开发的 pequod 包，使中介与调节效果的分析更加便利。

基本上，回归分析所关心的是自变量（X）对因变量（Y）的影响，如果没有其他自变量，则称简单回归，如图 12-1（a）所示（公式 12-1）。

如果还存在一个第三变量（Z）可能影响 $X \rightarrow Y$ 的关系，即形成一个第三变量效果（three-variable effect）模式，如图 12-1（b）至（c）所示。

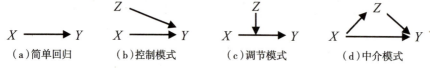

（a）简单回归　　　（b）控制模式　　　（c）调节模式　　　（d）中介模式

图 12-1　第三变量在回归分析中的作用之简要图示

在研究实务上，对于第三变量的干扰，最简单的处理方式是采取多元回归策略，将 X 与 Z 皆作为预测变量一并投入回归模型，通过 X 与 Z 之间的统计控制来去除 Z 对于 $X \rightarrow Y$ 的干扰，此时第三变量 Z 被称为控制变量（control variable）或干扰变量（confounding variable），如图 12-1（b）所示。

值得注意的是，在图 12-1（b）当中，X 对 Y 的影响因为纳入 Z 而发生改变，换言之，公式 12-1 与公式 12-2 当中的回归系数 b_1 数值将发生变化。如果 $X \rightarrow Y$ 的关系受到 Z 的干扰呈现弱化时，原来所观察到 $X \rightarrow Y$ 的关系则被称为虚假关系（spurious relationship）。相反，$X \rightarrow Y$ 的关系因为纳入 Z 而得到强化时，干扰变量被称为抑制变量（suppressor），表示残差变异因为纳入 Z 被"压抑"而减少。

如果 Z 对 $X \rightarrow Y$ 关系的影响并非仅为干扰，而是一种条件化的影响，亦即在 Z 的不同水平下，$X \rightarrow Y$ 的关系强弱会有所不同，此时 Z 即是一种调节者（moderator）的角色，如图 12-1（c）所示。在方程式的表现上，必须纳入一个交互作用项（XZ），其影响力以 b_3 系数表示，反映交互作用效果（interaction effect）（公式 12-3）。

第三变量 Z 还有另一种影响机制，即扮演 $X \rightarrow Y$ 关系的中介者（mediator），如图 12-1（d）所示，也就是 $X \rightarrow Z$ 先发生，然后才是 $Z \rightarrow Y$，也就是增加了一个以 Z 为因变量的简单回归，串联得到一个完整的 $X \rightarrow Z \rightarrow Y$ 中介影响历程，可由公式（12-1）、（12-2）、（12-5）三者构成。

$$\hat{Y} = b_1 X + a_1 \tag{12-1}$$
$$\hat{Y} = b_1 X + b_2 Z + a_1 \tag{12-2}$$
$$\hat{Y} = b_1 X + b_2 Z + b_3 XZ + a_1 \tag{12-3}$$
$$\hat{Y} = b_2 Z + a_1 \tag{12-4}$$
$$\hat{Y} = b_4 Z + a_2 \tag{12-5}$$

第二节 调节效果分析

一、基本概念

调节效果是指某一个自变量（X）对于因变量（Y）的解释在调节变量（Z）的不同状态下会发生改变。如果调节变量是类别变量，那么 X 对于 Y 的解释或预测在 Z 的不同水平下会有所不同，如果调节变量是连续变量，$X \rightarrow Y$ 的关系会随着 Z 的递增与递减而发生变化。

如果今天有一个 $X \rightarrow Y$ 的关系可能受到 Z 的调节，必须在公式 12-1 的简单回归当中增加两项来进行估计：第一是 $Z \rightarrow Y$ 的直接效果，影响力为 b_2 系数，第二是 $XZ \rightarrow Y$ 的交乘项效果，如公式 12-3 所示，此时称带有交互作用的回归（regression with interaction），由于回归方程式当中包含交互作用项，可进行调节效果分析，因此又被称为调节回归（moderated multiple regression, MMR），如图 12-2 所示。

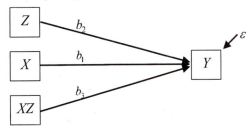

图 12-2 带有交互作用的回归分析效果拆解图示

若 b_3 显著不为 0，表示 X 与 Z 对 Y 具有显著的交互作用，可据以进行 $X \rightarrow Y$ 关系的调节效果分析。但如果 b_3 不显著，表示 X 与 Z 无交互作用，可将交乘项移除，仅保留 Z 变量在模型中作为控制变量之用，称控制效果模型（公式 12-2）。

如果对比一个带有 A 与 B 两个因子的双因子方差分析，交互作用回归公式 12-3 当中的系数 b_1 与 b_2 为 A 因子与 B 因子的主要效果，b_3 为 A × B 的交互作用。但由于双因子方差分析当中的自变量均为类别变量且假设相互独立，主要效果是以平均数方差估计值来反映，相对之下，交互作用回归当中自变量并非相互独立，b_1 与 b_2 均为线性关系的净估计值，因此不宜被称为主要效果，而应称为简单效果（simple effect）（Aiken & West，1991）。其中 b_1 为当 $Z = 0$ 时 $X \rightarrow Y$ 的影响力；同样地，b_2 为当 $X = 0$ 时 $Z \rightarrow Y$ 的影响力，两者均为当其他作用项均存在于模型中时净效果的一种特例，因此这两个效果项均为简单效果。

二、净解释力与调节解释力

在交互作用回归中，必须特别注意回归系数的解释。其中，公式 12-1、12-2 与 12-3 中的 b_1 都反映 X 的影响力，但其意义均有不同。同样地，公式 12-2 与 12-3 中的 b_2 都反映 Z 的影响力，但 b_2 的意义也不同。

公式 12-1 是简单回归方程式，b_1 单纯反映 $X \rightarrow Y$ 的影响力；公式 12-2 当中的 b_1 与 b_2 都是控制其他解释变量解释力之后对 Y 的"净解释力"；公式 12-3 当中的 b_1 与 b_2 都是考虑了交互作用之后的条件化解释力，亦即其中一个自变量对 Y 的影响，在另一个自变量（作为调节变量）的不同水平下会有不同的强弱，此时称"调节解释力"，回归系数 b_3 反映调节力的强弱，可由公式 12-3 的变项来得知其意义，如公式 12-6 所示。

$$\hat{Y} = b_1 X + b_2 Z + b_3 XZ + a_1 = (b_1 + b_3 Z)X + b_2 Z + a_1 \qquad (12\text{-}6)$$

由公式 12-6 可知，在带有交互作用项的调节回归分析中，X 对 Y 的影响并不是单由 b_1 反应，而是 $b_1 + b_3 Z$。换言之，$X \rightarrow Y$ 的斜率除了 b_1 外，还要加上 Z 的影响（或调整）：当 $Z = 0$ 时，$X \rightarrow Y$ 的斜率维持为 b_1，当 $Z = 1$ 时，$X \rightarrow Y$ 的影响力为 $b_1 + b_3$，当 $Z = -1$ 时，$X \rightarrow Y$ 的影响力为 $b_1 - b_3$。如果 b_3 的强度很小，表示 Z 变量对 $X \rightarrow Y$ 斜率的影响很小，如果 b_3 不显著，Z 变量的调节效果可以忽略。

基本上，带有交互作用项的回归分析中，各解释变量对因变量的影响已经不是"线性关系"而是条件化的"非线性关系"（non-linear relationship），因此调节回归中的回归系数不宜以标准化系数来解释，而应采用未标准化系数来呈现各变量的影响力。此外，由于公式 12-3 的 X、Z 及 XZ 可能高度相关，为避免多元共线性影响系数的解释，调节回归的一个重要工作是对自变量进行平减，使得回归系数的意义更加合理明确。

三、调节回归的平减议题

当交互作用回归当中的自变量为连续变量时，进行分析之前的一个重要步骤是将自变量以平均数进行平移的中心化（centering），本章称为平减，借以减少变量之间共线性所带来的解释上的困扰，但如果自变量是二分变量，可省略平减处理。

经过平减后的自变量将成为一个平均数为 0 而方差不变的离均差分数（deviation score），其原点改变（变成 0）但分数相对位置不变。在简单回归中，方程式仅有一个自变量 X，对 X 进行平减后（以 X^* 表示），简单回归方程式如下：

$$\hat{Y} = b_1(X - \overline{X}) + a_1 = b_1 X + (a_1 - b_1 \overline{X}) = b_1 X^* + a_1^* \qquad (12\text{-}7)$$

与公式 12-1 相较，平减后的回归公式 12-7 中 X 的解释力仍为 b_1，系数数值并不会发生改变，但截距与原截距相差一个常数 $b_1 \overline{X}$。由于回归方程式通过 X 与 Y 变量的平均数 $\overline{Y} = b_0 + b_1 \overline{X}$，公式 12-7 当中的 $X^* = 0$ 时即为 $\overline{X}$，因此新截距项 a_1^* 可知为 Y 的平均数（$\overline{Y}$）。换言之，自变量平减后，截距将转换成 $\overline{Y}$，但斜率与误差维持不变。

在交互作用回归中，自变量的平减将使原本高相关的两组变量：X 与 XZ、Z 与 XZ 的高相关削减至低度水平，减轻自变量间的共线性威胁（Cohen，Cohen，West，& Aiken，2003）。

在调节回归中，方程式中同时存在 X、Z 与 XZ，若令 X^* 与 Y^* 分别表示平减后的自变量与调节变量，回归方程式则为：

$$\hat{Y} = b_1^* X^* + b_2^* Z^* + b_3^* X^* Z^* + a_1^* \qquad (12\text{-}8)$$

b_1^* 是指当 Z^* 为 0（$Z = \overline{Z}$）时 X^* 的斜率的条件效果，b_2^* 是指当 X^* 为 0（$X = \overline{X}$）时 Z^* 的斜率的条件效果。此外，各项经过原点归 0，截距即可反映结果变量的平均数。

四、简单效果检验：调节效果分析

从统计操作的角度来看，真正的调节效果分析是当交互作用显著之后所进行的简单效果（simple effect）检验。换言之，交互作用是一个整体检验，检验是否两个变量会"联合"对因变量产生影响。简单效果检验则是事后检验，检验在某一个变量为调节变量的情况下，其不同水平下的另一个解释变量对因变量的影响是否具有统计意义。

（一）类别调节变量的简单效果检验

前面已经提及，调节变量可能有类别与连续两种形式。类别调节变量的水平数少，简单效果检验相对单纯。当交互作用显著，研究者仅需分别就调节变量的不同水平，进行 $X \rightarrow Y$ 的回归分析。当调节变量有两个水平时，需进行两次回归，如果有 K 组，则进行 K 次回归。如果调节变量是二分变量，更直接的做法是利用带有交互作用项的调节回归方程式（公式 12-3），令 $Z = 0$ 与 $Z = 1$ 求得两个简单回归方程式。作图时，仅需绘制出各水平下的回归线，$X \rightarrow Y$ 的解释力的差异将反映在回归线的斜率差异上，截距差异则反映了平均数的差异。

（二）连续调节变量的简单效果检验

如果调节变量 Z 与自变量 X 都是连续变量，由于连续性调节变量的数值为一连续的光谱，简单效果检验与图示就不如前述的类别调节变量简单，程序相对繁复。

基本做法是当交互作用显著后，研究者指定其中一个变量为调节变量（以 Z 为例），另一个为主要变量（以 X 为例），计算当 Z 在平均数以上或以下一个标准差的 $X \rightarrow Y$ 的简单回归方程式，亦即求出 Z 的高低两个条件值（conditional value，CV）的 $X \rightarrow Y$ 方程式：

$$CV_{Z_H} : \hat{Y} = b_1 X + b_2 CV_{Z_H} + b_3 XCV_{Z_H} + a = b^H X + a^H \qquad (12\text{-}9)$$

$$CV_{Z_L} : \hat{Y} = b_1 X + b_2 CV_{Z_L} + b_3 XCV_{Z_L} + a = b^L X + a^L \qquad (12\text{-}10)$$

这两组回归的斜率与截距被称为简单斜率（simple slope）与简单截距（simple intercept），其各自的显著性可以利用调整标准误 s_b^* 来进行 t 检验，s_b^* 算式如下（Aiken & West，1991，p.16）：

$$s_b^* = \sqrt{s_{11} + 2Z s_{13} + Z^2 s_{33}} \qquad (12\text{-}11)$$

其中 s_{11} 与 s_{33} 是回归系数 b_1（自变量 X 的效果）与 b_3（X 与 Z 的交互作用项效果）的方差，可以从回归分析的报表中找出回归系数的方差或从协方差矩阵中获得。t 检验自由度为 $n-p-1$，n 为样本数，p 为自变量个数（调节回归有 X、Z 与 XZ 三项，因此 $p=3$）。

第三节　中介效果分析

一、中介效果的概念

在 $X \rightarrow Y$ 的关系中，第三变量 Z 除了可能以调节者的身份介入回归方程式，也可能是以中介者的角色存在，换言之，X 对 Y 的影响通过 Z 发生作用。

根据词典的定义，中介（mediate）一词是指位居中间的位置（to be in an interMediate position or sides），或是联系两个人或物的中间传递者（to be an intermediary or conciliator between persons or sides）。中介效果（mediation effect）可定义成第三变量 Z 在 X 与 Y 两变量当中所存在的传递效果，Z 的中介作用有两种途径：$X \rightarrow Z \rightarrow Y$ 与 $Y \rightarrow Z \rightarrow X$，但一般均以 Y 作为最后的结果（outcome），X 作为最前面的前因（antecedence），因此在没有特别说明的情况下，中介效果是指的 $X \rightarrow Z \rightarrow Y$ 影响历程。以下，我们将介绍常用于中介效果评估的几种方法。

（一）多阶段因果关系拆解法

由于中介效果涉及多个变量之间的影响关系，因此最务实的做法就是逐一检视各系数的状况，来判定中介效果是否存在。最经典的做法是依据 Baron 与 Kenny（1986）所建议的三步骤四条件原则，检验 a、b、c 三系数的显著性。

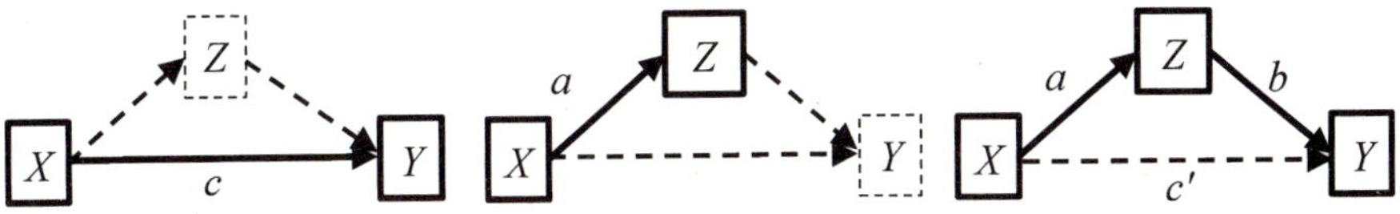

(a)步骤一　　　　　　(b)步骤二　　　　　　(c)步骤三

图 12-3　单一中介变量的步骤检验法图示

步骤一：检验 $X \rightarrow Y$ 的解释力，亦即回归系数 c 必须具有统计显著性，如图 12-3（a）所示。

步骤二：检验 $X \rightarrow Z$ 的解释力，亦即 a 必须具有统计显著性，如图 12-3（b）所示。

步骤三：检验 $X+Z \rightarrow Y$ 的解释力。同时考虑 X 与 Z 对 Y 的影响，$Z \rightarrow Y$ 的效果 b 必须具有统计显著性，但是 X 对 Y 的解释力 c 消失，即证实 $X \rightarrow Y$ 的关系是经由 Z 传递所造成，如图 12-3（c）所示，此为完全中介效果（completed mediation effect）；如果 X 对 Y 的解释力 c 没有完全消失，亦即 c 虽明显下降成 c'，但 c' 仍具有统计显著性，则称部分中介效果（partial mediation effect）。

（二）间接效果估计法

另一种评估的策略是计算间接效果（indirect effect）并进行显著性检验。在仅有 X、Y、Z 三个变量存在的情况下，$X \rightarrow Z \rightarrow Y$ 的间接效果可由 $X \rightarrow Z$ 与 $Z \rightarrow Y$ 两个回归系数的乘积，或是由 $X \rightarrow Y$ 的 c 到 c' 递减量求得（MacKinnon，Warsi，& Dwyer，1995），如公式 12-12 所示。

$$\text{indirect effect} = c - c' = a \times b \qquad (12\text{-}12)$$

从效果拆解的关系来看，图 12-3（a）当中 $X \rightarrow Y$ 的零阶回归系数 c 被称为总效果（total effect），由于 X 与 Y 之间没有任何中介变量，因此又可称为直接效果（direct effect）。当中介变量纳入模型后，总效果被拆解成两个部分：图 12-3（c）当中 $X \rightarrow Y$ 的影响力 c' 是排除 z 的影响力后的净效果，$X \rightarrow Z$ 与 $Z \rightarrow Y$ 两个直接效果回归系数乘积反映中介变量 z 的间接作用，这些效果具有可累加性而可表述如下：

$$\text{总效果} = \text{直接效果} + \text{间接效果} = c' + a \times b \qquad (12\text{-}13)$$

如果间接效果的显著性检验达到显著水平，或是 c 到 c' 递减量具有统计意义，即可作为中介效果的证据。

二、中介效果的显著性检验

（一）Sobel 检验

对于 $X \rightarrow Z \rightarrow Y$ 的间接效果可由 a 与 b 的乘积来估计，如果可以找出 $a \times b$ 的抽样分布，估计其标准误，即可进行中介效果是否显著不为 0 的检验或 0.95 置信区间的建立。最常用的检验公式是基于 Sobel（1982）所导出的 $a \times b$ 样本估计数的标准误，利用 z 检验或 t 检验来评估，称 Sobel 检验，Sobel 检验如公式 12-14 所示。

$$t = \frac{ab}{\sqrt{s_b^2 a^2 + s_a^2 b^2}}$$ （12-14）

公式 12-14 的分母为联合标准误，可由 a 与 b 的标准误求得，并利用传统 OLS 回归分析或 ML 估计，但 a 与 b 两个非标准化回归系数的抽样分布虽符合正态分布，但 a 与 b 的联合概率分布（回归系数相乘）并不服从正态分布，而呈峰度为 6 的高狭峰分布（Lomnicki，1967；Springer & Thompson，1966），同时如果自变量的平均数不为 0，还有非对称的偏态问题，使得 Sobel（1982）所导出的标准误为偏估计值（biased estimator）且不符合正态要求，因此 Sampson 与 Breunig（1971）将标准误进行修正：

$$s'_{ab} = \sqrt{s_b^2 a^2 + s_a^2 b^2 - s_b^2 s_a^2}$$ （12-15）

虽然公式 12-15 修正了非正态问题，但是当样本数太小时（少于 200）常会发生估计数为负值的非正定问题而无法进行有效估计。Bobko 与 Rieck（1980）建议在进行中介效果分析前，先将 X、Y、Z 进行标准化，并利用三者的相关系数来计算标准误。至于 $c-c'$ 的标准误也可以由个别系数标准误求得，借以进行 t 检验或 0.95 置信区间的建立（Freedman & Schatzkin，1992），如下列方程式：

$$t_{(N-2)} = \frac{c-c'}{\sqrt{s_c^2 + s_{c'}^2 - 2s_c s_{c'} \sqrt{1-r_{xz}^2}}}$$ （12-16）

虽然检验方法与标准误公式相继被提出，但经过模拟研究发现，Sobel（1982）所提出的原始公式仍是效率最佳的间接效果标准误（Mackinnon，2008），这也是为何许多学者仍接受以 Sobel（1982）作为间接效果的显著性检验方法。

（二）自举标准误的检验方法

近年来，由于统计模拟技术的进步与计算机运算速度的提升，间接效果标准误的估计得以利用重复抽样技术来建立参数分布，求得参数的自举标准误（bootstrapping standard error）（Efron & Tibshirani，1993），用以建立 0.95 置信区间（0.95CI）。其计算原理是以研究者所获得的观察数目为 N 的数据为总体，从中反复进行 k 次（如 $k = 5000$ 次）的置回抽样（sampling with replacement）来获得 k 次间接效果的参数分布，此一分布的标准差所反映的即是间接效果的抽样误差，也就是标准误。由于自举标准误反映了"真实的"参数抽样分布，因此不需受限于正态概率与对称分布的要求，因此可以利用自举标准误所建立的间接效果参数分布，取其 2.5[th] 与 97.5[th] 百分位数数值为上下界，检视 0.95CI 是否涵盖 0，借以判定间接效果是否显著不为 0。

基于自举标准误所建立的 0.95CI 虽不受分布形态的限制，但随着所估计的参数类型不同，自举重抽得到的参数分布不对称情况也各有不同，为了改善自举 0.95CI 上下界的对称性，可进行偏误校正（bias correction）（Efron & Tibshirani，1993）。但是最近的一些模拟研究发现（如 Biesanz et al，2010；Falk & Biesanz，2015），未经偏误校正的自举置信区间评估间接效果的结果未必较差，有时反而有更理想的表现，例如，在小样本数（N < 200）的情况下，其接受正确的虚无假设的能力较佳（一型错误率较低）。

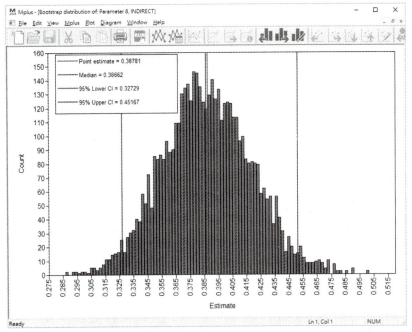

图 12-4　间接效果 5000 次自举估计分布图

不论是否经过偏误校正，以自举法所建立的 0.95CI 被称为自举本位置信区间（bootstrapped-based confidence interval），主流软件皆已纳入自举功能来建立偏误校正的自举置信区间来评估间接效果的统计意义，如图 12-4 所示，逐渐成为检验间接效果的常规技术。

（三）贝氏标准误的检验方法

除了自举本位 0.95CI，贝氏估计标准误也逐渐受到重视，并认为可以取代自举标准误来检验间接效果的统计意义（如 Wang & Preacher，2015）。事实上，贝氏估计法所建立的 0.95CI 也如同自举法的估计程序，利用重抽技术来反复抽样借以获得参数分布。贝氏方法的不同之处，是基于先验分布信息的导入，结合实际样本的重抽分布，依据两者加以整合之后所得到的参数后验分布的标准差，亦即贝氏标准误，进而建立贝氏置信区间（Bayesian-based credibility interval）。

第四节　SPSS 的调节与中介效果分析范例

本范例利用 SPSS 软件所提供的范例数据 employee data.sav（可在 SPSS 软件的子目录下找到该文件）来进行示范。该数据集收集了 474 位员工的人事与薪资数据，重要变量包括性别（为字符串变量，需虚拟化成 {0,1} 的数值变量）、受教育年数、在该公司的年资、先前的工作资历、是否为少数民族、起薪与目前薪资。本范例以目前薪资为因变量，教育程度与起薪为自变量，范例 12-1 分析起薪对目前薪资的影响时，以教育程度为调节变量，范例 12-2 分析教育程度对目前薪资的影响时，以性别为调节变量。

由于起薪与教育程度在本范例中是连续变量，因此必须加以平减。性别变量为二分虚拟变量，为简化分析，不予以平减。以下就是对各自变量以及交互作用项进行平减的语法（SPSS 可以利用转换功能计算）。转换后的各变量描述统计量如下。平减后的各变量平均数均为 0，标准差则无改变。

平减与交互作用项制作语法：

COMPUTE C_educ = educ–13.4916.（教育程度减去教育程度平均数）

COMPUTE C_salb = salbegin–17016.0865.（起薪减去起薪平均数）

COMPUTE Inter1 = C_educ*C_salb.（教育程度与起薪的交互作用项）

COMPUTE Inter2 = C_educ*gender.（教育程度与性别的交互作用项）

范例 12-1　SPSS 的调节效果分析（连续调节变量）起薪与教育程度对目前薪资的影响（以教育程度为调节变量）

一、交互作用回归

调节回归分析采用阶层回归程序，依照公式 12-1 至公式 12-3 逐一投入各变量：自变量、调节变量、交互作用项，并在回归分析统计量中勾选 R 平方改变量，即可获得各阶层解释力改变的显著性检验结果。阶层回归操作画面如下：

【A. 结果报表】

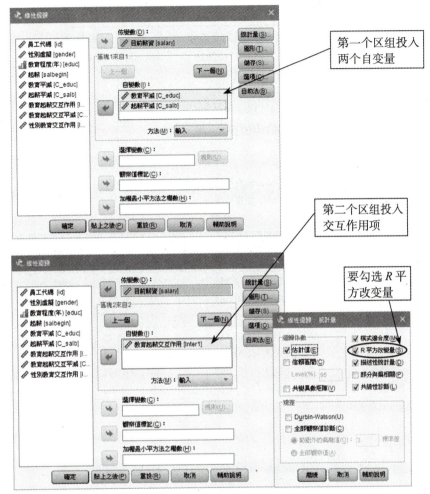

模式摘要

模式	R	R 平方	调过后的 R 平方	估计的 标准误	变更统计量				
					R 平方 改变量	F 改变	df1	df2	显著性 F 改变
1	.890[a]	.792	.791	7802.88	.792	898.204	2	471	.000
2	.890[b]	.793	.791	7806.33	.000	.583	1	470	.445

a. 预测变量：(常数)，C_salb 起薪平减，C_educ 教育平减

b. 预测变量：(常数)，C_salb 起薪平减，C_educ 教育平减，Inter1 教育起薪交互作用

Anova[a]

模式		平方和	df	平均平方和	F	显著性
1	迴归	109374305273.0	2	54687152636	898.204	.000[b]
	残差	28676820157.29	471	60884968.49		
	总数	138051125430.3	473			
2	迴归	109409859959.2	3	36469953320	598.468	.000[c]
	残差	28641265471.04	470	|60938862.70		
	总数	138051125430.3	473			

a. 因变量：salary 目前薪资

b. 预测变量：(常数)，C_salb 起薪平减，C_educ 教育平减

c. 预测变量：(常数)，C_salb 起薪平减，C_educ 教育平减，Inter1 教育起薪交互作用

系数[a]

模式	未标准化系数		标准化系数	t	显著性	共线性统计量	
	B 的估计值	标准误	Beta 分配			允差	VIF
1 (常数)	34410.253	358.398		96.011	.000		
C_educ 教育平减	1021.006	160.681	.172	6.354	.000	.599	1.669
C_salb 起薪平减	1.673	.059	.771	28.411	.000	.599	1.669
2 (常数)	34187.165	462.454		73.926	.000		
C_educ 教育平减	1063.639	170.167	.180	6.251	.000	.535	1.871
C_salb 起薪平减	1.614	.097	.744	16.561	.000	.219	4.567
Inter1 教育起薪交互作用	.016	.020	.028	.764	.445	.319	3.132

a. 因变量：salary 目前薪资

【B. 结果说明】

由阶层回归分析可知，带有交互作用项的调节回归方程式如下：

$$\hat{Y} = 1.614X + 1063.639Z + 0.016XZ + 34187.165$$

其中交互作用项不显著，$\Delta R^2 = 0.000$（F change（1,470）= 0.583，$p = 0.445$）。从参数估计的结果也可以看到交互作用项的 t 检验不显著（$t = 0.764$，$p = 0.445$）。对于两个自变量的检验则发现，起薪与教育程度对目前薪资的净解释力分别为 0.771（$t = 28.411$，$p < 0.001$）与 0.172（$t = 6.354$，$p < 0.001$），两者均达 0.001 显著水平，表示两者在控制彼此后，都有显著净解释力。

因此，本范例的结果推翻了起薪与教育程度两个自变量对目前薪资具有交互作用的假设，教育程度对起薪→目前薪资的解释力（$\beta = 0.016$）没有显著的调节作用。但是控制模型成立（$R^2 = 0.792$，F（2471）= 898.204，$p < 0.001$），教育程度与起薪各自对目前薪资的解释力达显著。控制回归方程式如下：

$$\hat{Y} = 1.673X + 1021.006Z + 34410.253$$

二、简单效果检验

虽然交互作用未达显著，基于示范的目的，以下继续说明如何执行简单效果检验。本范例的调节变量为教育程度，平减后的平均数为 0，标准差为 2.8848，可计算出条件值如下：

$$CV_{Z_H} = \overline{Z} + 1SD_Z = 2.8848$$

$$CV_{Z_L} = \overline{Z} - 1SD_Z = -2.8848$$

将条件值代入调节回归方程式：

$$\hat{Y} = 1.614X + 1063.639 \times (\pm 2.8848) + 0.016 \times (\pm 2.8848)X + 34187.165$$

即可得到条件回归方程式，并得以绘制出回归线来说明 $X \to Y$ 的关系是否受到 Z 的调节（图 12-5），由于交互作用效果不显著，因此两条回归线趋于平行而无交叉。

$$\hat{Y}^H = 1.660X + 37255.551$$

$$\hat{Y}^L = 1.568X + 31108.779$$

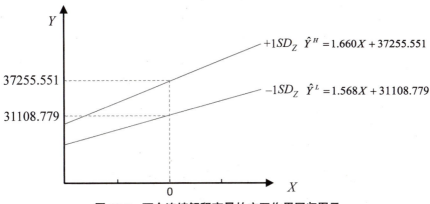

图 12-5　两个连续解释变量的交互作用回归图示

范例 12-2　SPSS 的调节效果分析（类别调节变量）
教育程度与性别对目前薪资的影响（以性别为调节变量）

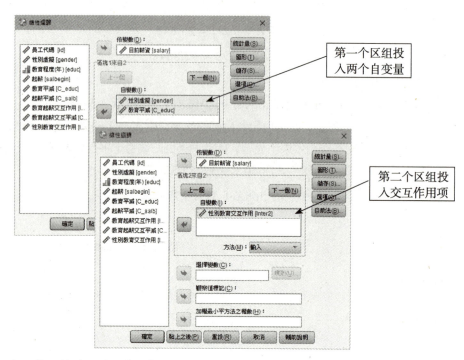

【A. 交互作用检验与结果报表】

模式摘要

模式	R	R 平方	调过后的 R 平方	估计的标准误	R 平方改变量	F 改变	df1	df2	显著性 F 改变
					变更统计量				
1	.661[a]	.436	.435	$12840.381	.436	365.306	1	472	.000
2	.700[b]	.489	.487	$12234.647	.053	48.894	1	471	.000
3	.724[c]	.523	.520	$11830.955	.034	33.691	1	470	.000

系数 [a]

模式	B 的估计值	标准误差	Beta 分配	t	显著性	允差	VIF
	未标准化系数		标准化系数			共线性统计量	
1　（常数）	34410.365	589.778		58.345	.000		
C_educ 教育平减	3911.587	204.656	.661	19.113	.000	1.000	1.000
2　（常数）	29814.785	864.717		34.479	.000		
C_educ 教育平减	3392.161	208.671	.573	16256	.000	.873	1.145
gender 性别虚拟	8443.006	1207.448	.246	6.992	.000	.873	1.145
3　（常数）	27970.279	894.532		31.268	.000		
C_educ 教育平减	1747.086	347.914	.295	5.022	.000	.294	3.404
gender 性别虚拟	9504.792	1181.850	.277	8.042.	.000	.852	1.173
Inter2 性别教育交互作用	2478.968	427.085	.362	5804	.000	.322	3.108

a. 因变量：salary 目前薪资

【B. 简单效果检验与结果报表】

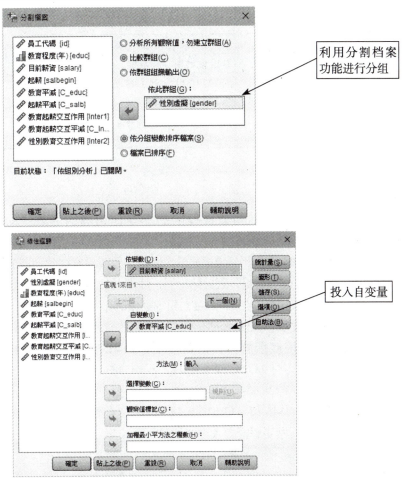

利用分割档案功能进行分组

投入自变量

分组后的回归分析结果

叙述统计

gender 性别虚拟		平均数	标准离差	个数
0 女	salary 目前薪资	$26011.39	$7576.522	216
	C_educ 教育平减	−1.121230	2.3191522	216
1 男	salary 目前薪资	$41441.78	$19499.214	258
	C_educ 教育平减	.938633	2.9793349	258

模式摘要

gender 性别虚拟	模式	R	R 平方	调过后的 R 平方	估计的标准误	变更统计量				
						R 平方改变量	F 改变	df1	df2	显著性 F 改变
0 女	1	.535[a]	.286	.283	$6417.045	.286	85.715	1	214	.000
1 男	1	.646[b]	.417	.417	$14918.320	.417	183.064	1	256	.000

a. 预测变量:(常数), C-edac 教育平减

简单回归的系数估计值

系数 ª

gender 性别虚拟	模式		未标准化系数		标准化系数	t	显著性
			B 的估计值	标准误	Beta 分配		
0 女	1	（常数）	27970.279	485.1 89		57.648	.000
		C_educ 教育平减	1747.086	188.706	.535	9.258	.000
1 男	1	（常数）	37475.071	973.948		38.478	.000
		C_educ 教育平减	4226.054	312.345	.646	13.530	.000

a. 因变量：salary 目前薪资

【C. 结果说明】

由阶层回归分析可知，性别与教育程度的交互作用项达显著，$\Delta R^2 = 0.034$（F change（1,470）= 33.691，$p < 0.001$）。从参数估计的结果也可以看到交互作用项的 t 检验显著（$t = 5.804$，$p < 0.001$）。此一结果显示，性别与教育程度彼此会调节对目前薪资的影响。本范例以性别为调节变量，因此结论为：性别对教育程度与目前薪资的解释具有调节效果，对不同性别的员工，教育程度对目前薪资的影响程度不同。

事后的简单效果检验发现，在性别的不同水平下，教育程度对目前薪资的解释力不同：对男性而言，教育程度能解释目前薪资变异的 41.7%（F（1,256）= 85.715，$p < 0.001$），对女性而言仅有 28.6%（F（1,214）= 183.064，$p < 0.001$）。对男性而言，每多读一年书，薪水多 4226.054 元，对女性而言薪水只增加 1747.086 元，两者的解释力分别为男性的 $\beta = 0.646$（$t = 13.53$，$p < 0.001$）与女性的 $b = 0.535$（$t = 9.258$，$p < 0.001$）。以散点图来呈现两者解释力大小如下图所示。

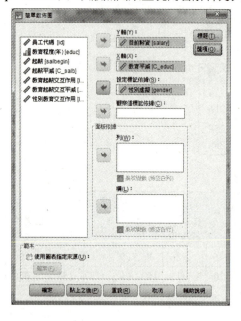

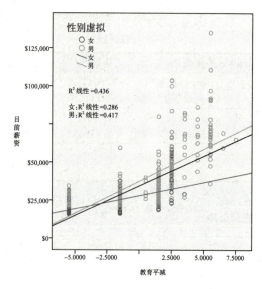

范例 12-3 SPSS 的中介效果分析

延续先前 employee data.sav 的薪资数据范例，本节提出下列几项假设，构成一个中介效果模式的检测范例：

H_1：教育程度 X（受教育年限）会影响目前薪资 Y。

H_2：教育程度 X（受教育年限）会影响起薪 Z。

H_3：起薪 Z 会影响目前薪资 Y。

H_4：起薪 Z 为教育程度 X 对目前薪资 Y 的影响的中介变量。

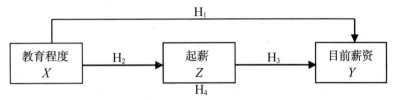

【A. 步骤图示】

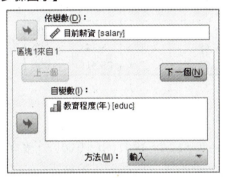 

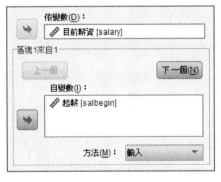 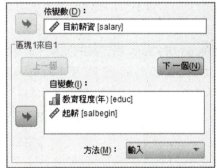

【B. 结果报表】

系数 [a]

| 模式 | 未标准化系数 | | 标准化系数 | t | 显著性 |
	B 的估计值	标准误差	Beta 分配		
1　（常数）	−18363.199	2823.416		−6.504	.000
educ 教育程度(年)	3911.587	204.656	.661	19.113	.000

a. 因变量：salary 目前薪资

系数 [a]

| 模式 | 未标准化系数 | | 标准化系数 | t | 显著性 |
	B 的估计值	标准误差	Beta 分配		
1　（常数）	−6290.967	1340.920		−4.692	.000
educ 教育程度(年)	1727.528	97.197	.633	17.773	.000

a. 因变量：salbegin 起薪

系数 [a]

| 模式 | 未标准化系数 | | 标准化系数 | t | 显著性 |
	B 的估计值	标准误差	Beta 分配		
1　（常数）	−7836.858	1755.291		−4.465	.000
educ 教育程度(年)	1021.006	160.681	.172	6.354	.000
salbegin 起薪	1.673	.059	.771	28.411	.000

a. 因变量：salbegin 起薪

【C. 结果说明】

教育程度对目前薪资（$c = 3911.587$，$\beta_c = 0.661$，$t = 19.11$，$p < 0.001$）、教育程度对起薪（$a = 1727.528$，$\beta_a = 0.633$，$t = 17.77$，$p < 0.001$）、起薪对目前薪资（$b = 1.673$，$\beta_b = 0.771$，$t = 28.41$，$p < 0.001$）均达显著水平，研究假设 1 至 3 均成立。但教育程度对目前薪资的解释力仍达显著水平（$c' = 1021.006$，$\beta_{c'} = 0.172$，$t = 6.354$，$p < 0.001$），因此 Baron 与 Kenny 所定义的完全中介效果不成立。

此外，β_c 到 $\beta_{c'}$ 明显降低，$0.661 - 0.172 = 0.489$，其数值恰好为 β_a 与 β_b 的乘积 $0.633 \times 0.771 = 0.489$，因此本范例仍可以宣称具有一定的中介效果。

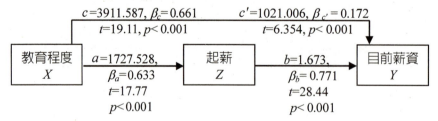

图 12-6　中介效果的估计结果图示

第五节　PROCESS 的调节与中介效果分析范例

本节所使用的 PROCESS 分析模块，是由 Hayes（2013，2017）所发展的免费 SPSS 配套模块，也可以在 SAS 环境下执行。最新版 PROCESS3.2 可在 http://www. processmacro.org/download.html 下载。作者也提供了操作手册，说明如何以语法形式来执行中介与调节效果分析，由于 PROCESS 依照不同的模型编号进行调节与中介模型分析，模型编号列于作者所出版的专书附录 A 中，因此如果想要充分了解各模型的使用时机，建议购买此书。

另一种更便捷的做法是安装对话框，然后依照对话框要求输入信息来执行。安装对话框的步骤如下：下载软件后解压缩，得到 process.spd 对话框程序，直接执行该程序即可自动安装。如果无法安装，则可开启 公用程序 → 安装自订对话方块（SPSS 第 24 版之后的安装自订对话方块则直接放在 延伸 之下），选择 process. spd，即可安装在 SPSS 的 分析 → 回归 的功能表下：

利用安装对话框来安装附挂模组

安装模组后可在回归分析选单中看到新增模组

范例 12-4 PROCESS 的调节效果分析

【A. 操作程序】

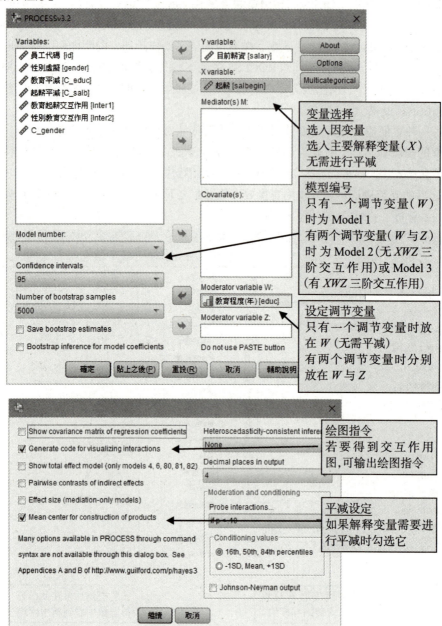

【B. 结果报表】

```
***************************************************************
Model  : 1
    Y  : salary
    X  : salbegin
    W  : educ

Sample
Size:  474

***************************************************************
OUTCOME VARIABLE:
 salary

Model Summary
        R         R-sq          MSE            F          df1          df2            p
    .8902        .7925    60938862.7     598.4679      3.0000     470.0000        .0000

Model
                  coeff          se            t            p         LLCI         ULCI
constant    34187.1234     462.4549      73.9253        .0000   33278.3882   35095.8586
salbegin        1.6140        .0975      16.5608        .0000       1.4224       1.8055
educ         1063.6395     170.1666       6.2506        .0000     729.2579    1398.0211
Int_1            .0155        .0204        .7638        .4453       -.0245        .0556
```

模型解释力检验
包含交互作用项的
ANOVA 结果

```
Product terms key:
 Int_1    :         salbegin x        educ

Test(s) of highest order unconditional interaction(s):
          R2-chng          F          df1          df2            p
X*W         .0003       .5834       1.0000     470.0000        .4453
----------
     Focal predict: salbegin (X)
        Mod var: educ      (W)
```

交互作用项的解释力
增量检验

```
Data for visualizing the conditional effect of the focal predictor:
Paste text below into a SPSS syntax window and execute to produce plot.

DATA LIST FREE/
    salbegin    educ        salary        .
BEGIN DATA.
   -5766.0865    -1.4916  23428.1904
   -2016.0865    -1.4916  29393.5338
    4223.9135    -1.4916  39319.8653
   -5766.0865    -1.4916  23428.1904
   -2016.0865    -1.4916  29393.5338
    4223.9135    -1.4916  39319.8653
   -5766.0865     2.5084  27324.1011
   -2016.0865     2.5084  33522.6924
    4223.9135     2.5084  43837.1483
END DATA.
GRAPH/SCATTERPLOT=
    salbegin WITH salary  BY  educ.
```

绘制交互作用图的 SPSS 语法,粘贴至语法
视窗后执行即可得到交互作用图

范例 12-5　PROCESS 的中介效果分析

【A. 操作程序】

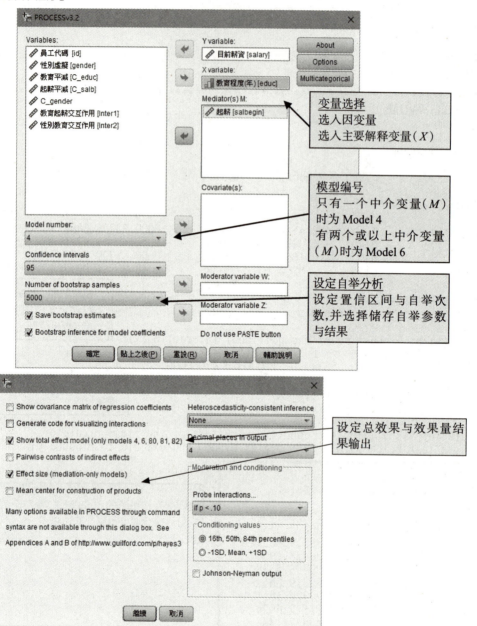

【B. 结果报表】

```
**************************************************************
Model    : 4
    Y  : salary
    X  : educ
    M  : salbegin

Sample
Size:  474

**************************************************************
OUTCOME VARIABLE:
    salbegin
```

以中介变量（M）为因变量的模型解释变量为 X（educ）

```
Model Summary
        R        R-sq         MSE           F         df1         df2           p
    .6332        .4009   37188762.8   315.8967      1.0000    472.0000       .0000

Model
              coeff          se           t           p        LLCI        ULCI
constant  -6290.9673   1340.9198     -4.6915       .0000  -8925.8785  -3656.0560
educ       1727.5283     97.1969     17.7735       .0000   1536.5360   1918.5206

**************************************************************
OUTCOME VARIABLE:
    salary
```

以最终结果变量（Y）为因变量的模型解释变量为 X（educ）与 M（salbegin）

```
Model Summary
        R        R-sq         MSE           F         df1         df2           p
    .8901        .7923   60884968.5   898.2045      2.0000    471.0000       .0000

Model
              coeff          se           t           p        LLCI        ULCI
constant  -7886.8585   1755.2907     -4.4647       .0000 -11286.029  -4387.6884
educ       1021.0057    160.6813      6.3542       .0000    705.2647   1336.7467
salbegin      1.6732       .0589     28.4107       .0000      1.5575      1.7890

*********************** TOTAL EFFECT MODEL ***********************
OUTCOME VARIABLE:
    salary
```

TOTAL 效果模型：没有中介变量时的回归模型（只有 Educ 时）

```
Model Summary
        R        R-sq         MSE           F         df1         df2           p
    .6605        .4363    164875383   365.3059      1.0000    472.0000       .0000

Model
              coeff          se           t           p        LLCI        ULCI
constant -18363.199   2823.4158     -6.5039       .0000 -23911.219 -12815.179
educ       3911.5868    204.6561     19.1130       .0000   3509.4370   4313.7365

************** TOTAL, DIRECT, AND INDIRECT EFFECTS OF X ON Y **************
```

```
     Effect          se          t          p        LLCI          ULCI    c_ps      c_cs
  3911.5868     204.6561    19.1130    .0000    3509.4370     4313.7365    .2290     .6605

Direct effect of X on Y
     Effect          se          t          p        LLCI          ULCI    c'_ps     c'_cs
  1021.0057     160.6813     6.3542    .0000     705.2647     1336.7467    .0598     .1724

Indirect effect(s) of X on Y:
                 Effect      BootSE     BootLLCI     BootULCI
  salbegin    2890.5810    233.4210    2448.4033    3368.6124
```

> 中介效果自举检验
> 间接效果即中介效果
> 列出自举置信区间
> 涵盖 0 表示未显著

```
Partially standardized indirect effect(s) of X on Y:
                 Effect      BootSE     BootLLCI     BootULCI
  salbegin      .1692       .0095        .1530        .1903
```

> 标准化 $X \rightarrow Y$ 效果

```
Completely standardized indirect effect(s) of X on Y:
                 Effect      BootSE     BootLLCI     BootULCI
  salbegin      .4881       .0264        .4404        .5465
```

> 标准化中介效果

```
*****************************************************************
Bootstrap estimates were saved to a file

Map of column names to model coefficients:
            Conseqnt  Antecdnt
  COL1      salbegin  constant
  COL2      salbegin  educ
  COL3      salary    constant
  COL4      salary    educ
  COL5      salary    salbegin

*********** BOOTSTRAP RESULTS FOR REGRESSION MODEL PARAMETERS ************

OUTCOME VARIABLE:
  salbegin
```

> 模型参数的自举检验
> 列出模型中所有参数的自举估计

```
                Coeff     BootMean      BootSE     BootLLCI     BootULCI
  constant  -6290.9673   -6318.4309   1728.1573   -9786.2364   -3028.1012
  educ       1727.5283    1729.0476    137.8184    1466.1824    2008.1681

----------

OUTCOME VARIABLE:
  salary

                Coeff     BootMean      BootSE     BootLLCI     BootULCI
  constant  -7836.8585   -7833.1151   1603.5905  -11025.813    -4812.1241
  educ       1021.0057    1008.7401    165.3129     683.6828    1338.1679
  salbegin      1.6732       1.6826       .0982      1.5082       1.8965

*********************** ANALYSIS NOTES AND ERRORS ***********************

Level of confidence for all confidence intervals in output:
   95.0000

Number of bootstrap samples for percentile bootstrap confidence intervals:
   5000
```

第六节　R 的调节与中介效果分析范例

范例 12-6　R 的调节效果分析

以 R 进行调节效果分析，原理与前一章的多元回归分析相同，但比起 SPSS 而言则相对简单，因为既不需要自行平减，也不需自行创造交互作用项，直接利用 pequod 包来进行处理即可，更可以检测单纯效果的统计显著性，同时也可以绘制交互作用图，十分方便。以下即以先前的两个范例来说明当调节变量为连续与类别变量时，以 R 如何进行交互作用回归与调节效果分析。

A：调节变量为连续变量的交互作用回归

```
> #Chapter12: Moderation effect R example ex12.6
> #install.packages("car")           # 先安装套件
> #install.packages("ggplot2")       # 先安装套件
> #install.packages("pequod")        # 先安装套件
> # 讀取資料
> library(foreign)
> ex12.1 <- read.spss("ex12.1.sav", to.data.frame=TRUE) # 讀取 SPSS 資料檔
>
> # 載入 pequod 套件進行交互作用迴歸
> library(pequod)
> m1<-lmres(salary~educ*salbegin, centered=c("educ","salbegin"), data=ex12.1)
> summary(m1, type="nested")

**Models**

Model 1: salary ~ educ + salbegin
<environment: 0x0000000009844548>

Model 2: salary ~ educ + salbegin + educ.XX.salbegin
<environment: 0x0000000009844548>

**Statistics**

            R     R^2    Adj. R^2   Diff.R^2    F      df1   df2    p.value
Model 1   0.89   0.79     0.79       0.79    898.20   2.00  471  < 2.2e-16 ***
Model 2:  0.89   0.79     0.79       0.00    598.47   3.00  470  < 2.2e-16 ***
---
Signif. codes:  0 '***' 0.001 '**' 0.01 '*' 0.05 '.' 0.1 ' ' 1

**F change**
    Res.Df      RSS       Df Sum of Sq      F Pr(>F)
1 4.71e+02 2.87e+10
2 4.70e+02 2.86e+10 1.00e+00   3.56e+07 0.58   0.45

**Coefficients**
```

如果无法执行,需增加文件路径

指定发生交互作用的两个变量,其他自变量可以"+"逐一加入模型

指定需要平减的变量

列出两个阶层的模型分析结果

不含交互作用项的控制模型

含交互作用项的控制模型

从无交互作用项到有交互作用项的两个模型增量检验

```
                  Estimate      StdErr      t.value    beta  p.value
-- Model 1 --

(Intercept)      3.4410e+04  3.5840e+02  9.6011e+01          <2e-16 ***
educ             1.0210e+03  1.6068e+02  6.3542e+00  0.1724  <2e-16 ***
salbegin         1.6732e+00  5.8890e-02  2.8411e+01  0.7709  <2e-16 ***


-- Model 2 --

(Intercept)      3.4187e+04  4.6245e+02  7.3925e+01          <2e-16 ***
educ             1.0636e+03  1.7017e+02  6.2506e+00  0.1796  <2e-16 ***
salbegin         1.6139e+00  9.7460e-02  1.6561e+01  0.7436  <2e-16 ***
educ.XX.salbegin 1.5550e-02  2.0360e-02  7.6384e-01  0.0284  0.4454
---
Signif. codes:  0 '***' 0.001 '**' 0.01 '*' 0.05 '.' 0.1 ' ' 1
```

> 不含交互作用项的控制模型系数与检验结果

> 交互作用项的系数与检验结果

```
> #test for simple effect and plot
> Sim_m1 <- simpleSlope(m1,pred="salbegin",mod1="educ")
> summary(Sim_m1)
```

> 利用 Simple Slope 函数进行单纯效果检验需分别指定主要自变量与调节变量

```
 ** Estimated points of salary  **


                  Low salbegin (-1 SD) High salbegin (+1 SD)
Low educ (-1 SD)                 18769                 43468
High educ (+1 SD)                24200                 50311
** Simple Slopes analysis ( df= 470 ) **
```

> 列出调节变量与主要自变量位于 ±1 SD 时的因变量数值

```
                  simple slope standard error t-value  p.value
Low educ (-1 SD)        1.5691         0.1485    10.6  <2e-16 ***
High educ (+1 SD)       1.6588         0.0619    26.8  <2e-16 ***
---
Signif. codes:  0 '***' 0.001 '**' 0.01 '*' 0.05 '.' 0.1 ' ' 1
```

> 列出调节变量位于 ±1 SD 时的简单斜率显著性检验结果

```
> PlotSlope(Sim_m1)
>
```

> 要求绘制交互作用图

B: 调节变量为类别变量的交互作用回归

```
> library(foreign)
> ex12.1<-read.spss("ex12.1.sav", to.data.frame=TRUE)
> #test for moderation effect educ*gender
> ex12.1$gender2<-as.numeric(ex12.1$gender==' 男 ')  # 將性別定義成數值 {0,1} 變數
> m2 <- lmres(salary ~ educ*gender2, centered=c("educ"), data=ex12.1)
> summary(m2, type="nested")
```

> 性别为类别变量,要先转换成 {0,1} 变量

> 指定交互作用项

> 指定需要平减的变量

```
**Models**

Model 1: salary ~ educ + gender2
<environment: 0x0000000002ff7b28>


Model 2: salary ~ educ + gender2 + educ.XX.gender2
<environment: 0x0000000002ff7b28>
```

> 列出两个阶层的模型分析结果

```
**Statistic  不含交互作用项的控制模型

               R     R^2   Adj. R^2   Diff.R^2    F      df1   df2    p.value
Model 1:      0.70   0.49     0.49       0.49   225.63  2.00  471  < 2.2e-16 ***
Model 2:      0.72   0.52     0.52       0.03   172.09  3.00  470  < 2.2e-16 ***
---
Signif. codes:  0 '***' 0.001 '**' 0.01 '*' 0.05 '.' 0.1 ' ' 1
**F change**  含交互作用项的模型

    Res.Df      RSS      Df  Sum of Sq    F    Pr(>F)
1 4.71e+02 7.05e+10
2 4.70e+02 6.58e+10 1.00e+00  4.72e+09  33.7  1.2e-08 ***
---
Signif. codes:  0 '***' 0.001 '**' 0.01 '*' 0.05 '.' 0.1 ' ' 1

**Coefficients**

                    Estimate     StdErr    t.value   beta    p.value
-- Model 1 --

(Intercept)       29814.6532   864.7143   34.4792         < 2.2e-16 ***
educ               3392.1606   208.6714   16.2560 0.5728  < 2.2e-16 ***
gender2            8443.0057  1207.4483    6.9924 0.2464  < 2.2e-16 ***


-- Model 2 --

(Intercept)       27970.2107   894.5259   31.2682         < 2.2e-16 ***
educ               1747.0860   347.9135    5.0216 0.2950  < 2.2e-16 ***
gender2            9504.6959  1181.8477    8.0422 0.2774  < 2.2e-16 ***
educ.XX.gender2    2478.9684   427.0847    5.8044 0.3258  < 2.2e-16 ***
---
Signif. codes:  0 '***' 0.001 '**' 0.01 '*' 0.05 '.' 0.1 ' ' 1
```

```
> #test for simple effect and plot
> Sim_m2<-simpleSlope(m2,pred="educ",mod1="gender2", coded="gender2")
> summary(Sim_m2)
```
利用 Simple Slope 函数进行单纯效果检验

调节变量为类别变量需指明编码型态

```
  ** Estimated points of salary  **

                      Low educ (-1 SD)  High educ (+1 SD)
Low gender2 ( 0 )            22930              33010
High gender2 ( 1 )          25283              49666
```
列出调节变量为 0 和 1 与自变量为 ±1 SD 时的因变量数值

```
  ** Simple Slopes analysis ( df= 470 ) **

                    simple slope  standard error  t-value  p.value
Low gender2 ( 0 )        1747          348          5.02   <2e-16 ***
High gender2 ( 1 )       4226          248         17.06   <2e-16 ***
---
Signif. codes:  0 '***' 0.001 '**' 0.01 '*' 0.05 '.' 0.1 ' ' 1
```
列出调节变量为 0 和 1 时的简单斜率检验结果

```
  ** Bauer & Curran 95% CI **

         lower CI  upper CI
gender2   -1.4293   -0.3325
```

```
> PlotSlope(Sim_m2)
>
```
要求绘制交互作用图

两个交互作用图如下：

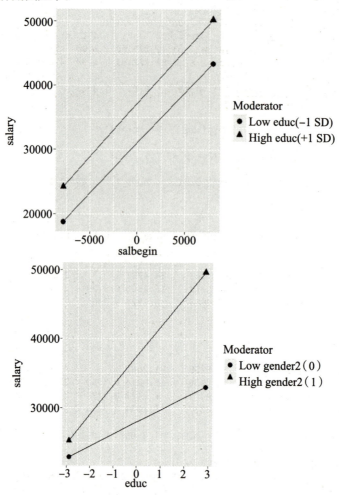

范例 12-7　R 的中介效果分析

以 R 进行中介效果分析的原理与回归分析相同，可利用 psych 包来进行中介效果与自举标准误的估计，举例如下。

```
> #Chapter12: Mediation and Moderation examples ex12.7
> #install.packages("psych")        #先安裝套件
> library(foreign)
> ex12.1 <- read.spss("ex12.1.sav", to.data.frame=TRUE) #讀取 SPSS 資料檔
>
> library(psych)
```

设定中介效果模型,括号内的变量为中介变量

```
> Med <- mediate(salary~educ+(salbegin), data=ex12.1, n.iter = 10000)
> summary(Med)
```

设定自举次数

```
Call: mediate(y = salary ~ educ + (salbegin), data = ex12.1, n.iter = 10000)

 Total effect estimates (c)
      salary      se       t     df      Prob
educ  3911.59  204.66   19.11   471   1.06e-60

Direct effect estimates      (c')
          salary      se        t     df      Prob
educ      1021.01  160.68     6.35   471   4.95e-10
salbegin     1.67    0.06    28.41   471   3.63e-104

R = 0.89 R2 = 0.79   F = 898.2 on 2 and 471 DF    p-value:  1.86e-161

 'a'  effect estimates
      salbegin   se       t      df      Prob
educ   1727.53  97.2   17.77    472   1.76e-54


 'b'  effect estimates
          salary    se       t     df      Prob
salbegin     1.67  0.06   28.41   471   3.63e-104
```

间接效果的自举估计区间

```
 'ab'  effect estimates
      salary     boot      sd    lower    upper
educ  2890.58   2902.1  230.83  2452.62  3353.9
```

```
> mediate.diagram(Med)
```

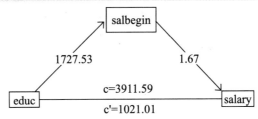

第四篇　量化研究的基本概念

　　标准化测量工具能够提供客观的量化数据。一套良好的测验量表，不但可以作为研究工具，更可以提供给实务工作者进行评量与诊断。为了获得良好的工具，测验编制者除了发展适切的题目，进行必要的先导研究，还必须借助统计与数据分析，检验测验量表的质量，以提出有利的证据，确保测验编制工作的圆满完成。

　　项目分析是测验编制过程中第一个与数据分析发生关系的工作，目的在于确认测验题目的可用程度，必要时得将不良试题予以删除。除了个别的试题，整套量表的稳定性与可靠性则可以借由信度估计来检验。

　　如果项目分析与信度检验是测验工具的基石，效度检验就是充实内涵的检验技术。因子分析技术为效度检验提供了一套客观实用的策略，协助研究者进行复杂的因子抽取工作。传统因子分析持探索的观点，以了解量表背后的结构，进阶的因子分析则采取验证观点，试图从理论出发来获得数据的支持，两者虽然泾渭分明，但却殊途同归，对于量表发展都是不可或缺的重要分析技术。

第十三章　量表编制与信效度议题

测验、量表与测量工具的编制，在心理学、教育学与社会学等相关领域有着重要的地位与悠久的历史。中国人早自公元前 2200 年的汉唐时代，就已经发展出一套严谨的科举考试制度来鉴别能力高低；西方人在 13 世纪也有了考试制度。到了 19 世纪时，随着科学的发展，测验与评量领域得到更快速的发展。

基本上，一个研究如果涉及心理特质、能力与态度等抽象构念的评量，首要工作是通过标准化程序来发展测量工具。在心理计量领域，这些不可直接测量观察的抽象构念以潜在变量（latent variable）的形式存在，通过间接测量的程序，以一群可测量的变量（即测验题目）来估计潜在变量的强弱高低。用来测量的题目被称为测量变量（measured variable）或外显变量（manifest variable），它们可能是一组类似的问卷题目（如自陈式问题）、一些具有同质性的统计数据（如代表社经地位的薪水层级、教育程度、职业等级），或是一些具体的行为测量（如通过创造性思考测量得到的流畅力、变通力、独创力与精进力分数），这些观察变量的共同变化背后都受到潜在变量的影响，借由统计程序，我们可以把构念从观察变量的相关之中提取出来，此时，信度与效度指标是说明测量是否理想的重要指标。

反过来说，如果研究者所关心的问题并非与潜在变量有关，所测量的对象不是构念，而是一些客观的事实或态度意见，如家里有几个未成年子女，一个礼拜看几场电影，对于政府的施政满不满意。这些意见调查是社会调查的结果，研究者可以直接就每一题的作答情形进行分析，而不用涉入所谓信度与效度的问题。

基本上，测验的编制既是一门科学，也是一种艺术。过程中涉及一连串的质性与量化方法，也不时需要研究者进行决策与判断。从研究方法的角度来看，量表与测验往往是研究者最主要的研究工具，因此量表编制是非常基本的学术训练；从实务工作的角度来看，量表与测验是重要的筛选与诊断评量工具，测量工具的适用性与质量更直接影响到实务工作者的工作内容，因此量表编制的原理与实务是心理学科非常重要的专业课题，本章将针对这些议题加以探讨。

第一节　项目分析的基本概念

量表编制的主要工作包括项目分析、信度估计与效度评估等，整个流程如图 13-1 所示。

图 13-1　量表发展的基本流程

一、准备阶段

（一）文献整理与定向

一个新量表或测验的发展，必须进行充分的准备工作。研究者在进行一项研究之前，对于所关心的议题会有一个初步的概念，但未必对于研究需使用哪些工具，测量哪些东西有一定见解。随着研究的进展，研究者逐渐厘清所关心的问题、变量的内容，并发展操作化定义。从前人的研究文献当中，如果可以找到由他人编制出来的测验或量表，研究者即不必耗费精力自行编制新测验，但是如果没有既成的量表，必须从国外翻译或自行发展，或因过去的量表已然陈旧而无法使用，研究者必须先行重新修订，才能进行研究工作。

如果要自行发展测量工具，研究者必须清楚掌握测量的目的、内容与对象。此一阶段，必须依赖理论或文献的引导，协助研究者进行定向的工作。如果研究者所探讨的内容是前人没有探讨过的，或是研究者认为必须重新自理论基础的发展出发，研究者就必须进行前导性研究，自行发展理论建构。

（二）量表编制计划

一旦定向的工作完成，研究者即可以针对所需发展的量表制订编制计划。事实上，测量工具的发展本身就是一个完整的研究，一旦量表发展完成，研究者可以将量表发展的过程与成果整理成论文，在正式的期刊上发表，让社会大众与相关领域的专业人员得以认识这个新的测验，接受公众的检视。

一般而言，虽然每一个量表的目的与内容不同，但是一个量表编制计划应该具备量表的名称、目的与内容、对象、测量的格式与尺度、量表的长度与时间、预试施测的计划、正式施测的计划、信效度分析的计划、常模建立、成本估计、时间流程图等几项基本元素，详细的内容与范例如表 13-1 所示。

表 13-1　量表编制计划的内容与说明

项目名称	项目内容	范例
量表的名称	说明量表的名称	组织创新气氛知觉量表、创造认知思考测验
量表的目的与内容	说明量表所欲测量的内容，必要时举出相关理论观点来说明概念的内容与理论基础	创意思考测验的目的在于测量发散性思考的能力，基于 Torrence 所提出的概念，包括流畅力等四个成分……
量表的对象	说明量表实际适用的对象	18 岁以上的成人、高中阶段的青少年
测量的格式与尺度	说明量表所使用的测量方式、评定格式	本量表是 Likert 式的五点量表，1 为非常不同意，5 为非常同意
量表的长度与时间	决定量表最终版本的可能题数或可能花费的时间	本量表长度预估为 20 题，每一个分量表 5 题，作答时间约为 10 分钟
预试施测	说明预试施测的总体与样本规模，以及项目检验与分析的相关事项	本量表预定以大台北地区的国中学生为预试总体，将随机抽取两个班级的约 100 名学生作为预试样本
正式施测	说明正式施测的总体和样本规模与相关事项，包括抽样的详细程序，以及随同正式量表一并施测的效标或其他量表的介绍	本量表适用于全体国中学生，正式施测以全台湾地区的中学为总体，正式施测将采用分层随机多级抽样，建立 2000 人的样本规模
信效度分析	说明正式量表所欲提出的各项信效度技术指标	本量表除了进行内部一致性信度估计，还将进行三个月的信度再测。效度则采用效标关联效度，以受试者学期末的学业成绩为效标
常模建立	说明常模的建立程序与内容	本量表将建立中学生的性别与年级百分等级常模
成本估计	预估发展量表所需投入的相关成本与人力规划	本量表将聘任助理 × 名，所需经费人事部分为 ××× 元，施测费用为 ××× 元，其他支出为 ××× 元
时间流程图	说明量表发展的步骤与时间安排	以图表的形式来呈现

二、预试阶段

当量表编制者准备就绪之后，研究者即可进入具体的编制过程，首先是编写题库，并利用预试样本进行项目分析，决定题目的优劣，以作为正式量表的决策依据，此一阶段可以被称为预试阶段。

（一）题库编写

预试工作的第一步，是编写量表试题，建立量表的题库（item pool）。题目的选择与编写必须符合先前定向工作所决定的测量的范畴、内涵，并符合理论假说。但是，由于抽象构念具有不明确性，研究者无法以单一的题目来测量，因此必须编写并收集一系列的题目来测量某一个构念。

理论上，测量某一构念的题目有无限可能，如果把构念的现象当作一个总体，研究者所编写收集的题目可以被视为从中随机挑选的一组行为样本（behavioral sample）。就像抽样理论的原则，这组行为样本当中的每一个被观察的行为必须具有随机性与代表性，同时也必须具有充分的内容广度，也就是内容效度，才能反映潜在的心理构念。

一般而言，初步量表题库题目需达最后所需题数的数倍，经过逐步删减，才成为最终的正式量表题目。如果研究者预定编制一个十题的自尊量表，他可能会先行发展出一个二十至三十题的题库来进行预试，容许部分不良题目被删除的空间。因此题库越大，可供删减的空间也就越大。但是，题目编写有其难度，不仅要熟悉测量的内容，更要有创意。一般建议供做预试的题目至少为最终量表题数的两倍。

题目编写有几点必须注意的事项。第一，题目不宜过长，以精简、易于阅读为准则。因为心理测验的量表长度较长，题目的长度、字数越多，对于填答者的负担越重。第二，题目必须适合适用对象的阅读与理解能力，否则填答者可能无法以其个人的状况或依循研究者预设的方向来回答。第三，使用必要的措施来应对填答者的特殊作答风格与反应心向，如利用反向题来防止填答者的草率与恶意作答，并在题目编排时，将正反问题以适当的方式排放。

试题编写阶段的另一个工作是决定测量的尺度与尺度精密度。第二章已经介绍了各种不同的测量尺度，如 Likert 量尺、Guttman 量尺、Thurstone 量尺等，各种量尺有其优劣与适用性，所采用的精密度越高，对于测量的质量越有帮助，能够使用的统计分析越丰富，但是填答者所需付出的心力可能会更多。有些测量尺度的发展困难度与成本较高，这些都是研究者在决定测量尺度时所需考虑的问题。

（二）预试（try-out）

当研究者准备好一套预试的题本之后，即刻进行的便是预试的工作。预试多半使用立意抽样或便利抽样，建立一个小型样本，施以预试版本测验，以决定题目的可用程度，据以删除不良的题目，决定正式量表，这个过程被称为项目分析（item analysis）。预试样本的人数虽不用太多，但是为了考察统计分析的稳定性，样本人数也不宜过少，学者认为 300 人是一个可以努力达到的数字（Ghiselli，Campbell，& Zedeck，1981）。

除了实际的施测，预试也可以多种方式同时并进，例如，将试题交给相关的学者专家或实务工作者，请其评估题目的良窳（yǔ，恶劣之意）。通常专家所评定的内容不仅是"题目看起来像不像是测量该特质的题目"〔（所谓表面效度（face validity）〕，更可以协助进行内容效度的评估，指出题目是否包含适当的范围与内容，同时，还可以借由专家的意见，针对题目是否适合用来测量某一构念进行讨论，提供类似于构念效度的评估意见，因此专家评估是多数测验学者也会一并采用的预试策略。

（三）项目分析

项目分析可以说是量表编制非常关键的一项工作，其主要目的在于针对预试题目进行适切性的评估。项目分析可分为质的分析与量的分析，前者主要着重于量表项目的内容与形式的适切性的讨论，后者在一般能力测验的发展过程当中，主要指试题的难度与鉴别度项目的检验。对于非认知测验（如人格测验与态度量表），则可通过各种量化的指标来检验项目的适切性，这些指标包括项目总分相关系数、项目变异量与平均数等（DeVellis，2003）。经由项目分析的执行，研究者得以剔除不良的项目，以提高量表的质量。我们将在下一章详细讨论项目分析的操作原理与计量方法。

三、正式阶段

经过了预试的检验，调整初步编写的题目内容、删除不良的试题之后，正式题本得以决定，研究者可以进行最后的排版，决定背景变量等，完成正式的量表，并选取具有代表性的样本，进行正式施测。正式施测的目的在于进行信效度的评估，决定一个量表的整体可用程度，并得以建立常模。

信度的评量可以说是评定一个量表可用程度的必要条件，如果信度不良，表示该量表受到测量误差的威胁很大。目前最常用的信度估计方法为 Cronbach（1951）所发展的 α 系数。在心理学研究中，几乎所有的测量工具都会报告 Cronbach's α 值，以说明该量表的信度。有些量表不适合报告 α 系数时，可能会采用再测信度（test-retest reliability）来估算量表在两个时点之间的稳定情形。

效度所反映的是测量分数的真实内涵与意义，虽然信度系数提供了测量分数是否能够稳定测到真实分数的信息，但是接下来的问题却是，这个真实分数到底是什么？对于一个量表进行效度的评估，目的在于回答这个问题。有趣的是，效度的评定只是一种参考性的价值，不像信度系数可以对量表的稳定性进行绝对性的评定。效度的好坏评定程序并没有一套共同的标准，在量表评估中可以被视为一个充分条件，若各种效度指标系数十分理想，表示量表的效度良好，对于量表有相当的加分效果，但是效度系数偏低，不一定表示量表质量不佳。

四、维护阶段

量表发展的最后一个步骤是进行量表的持续研究与维护工作，以提高量表的实用性。除了编制各种参考手册、正式出版外，研究者可将研究结果发表在学术会议或学术期刊上，与其他研究者进行讨论，分享心得。另一个重要的工作是持续发展与修订常模（norm），提高量表分数的使用价值。所谓常模，是研究者针对某特定团体，选取一个代表性样本，施以该量表，并将该特定团体的常模样本的测量结果制作成一个分数对照表，任何一个受测者可以依照该表将其原始分数轻易转换成相对分数（如百分等级），获知相对高低。

第二节　信度

一、信度的意义

信度（reliability）即是测量的可靠性（trustworthiness），指测量结果的一致性（consistency）或稳定性（stability）。当测量误差越大，测量的信度越低，因此，信度亦可被视为测验结果受测量误差影响的程度。如果测量误差不大，不同题目的得分应该趋近一致，或是在不同时点下，测验分数前后一致具有稳定性。基本上，信度并非全有或全无，而是一种程度的概念。任何一种测量，或多或少会有误差，误差主要由概率因素所导致，但也可能受到非概率因素的影响。

传统的测验观点认为，对于任何一个被测量的特质，每个人都具有一个特定的水平或强度，测验的主要目的就是利用一套计量的尺度去反映每一个人在这个特质上的水平或强度，如果测验真的可以测到这个人类"真实"的特质强度，反映在测验得分上，则被称为真分数（true score）。这个真分数其实是一个理论上存在的分数，代表受测者的实际心理特质内涵与真实的心理运作过程，在测验实务上，准确测得人类心理特质的真分数是所有测验的终极目标。

若测验工具所测得的分数（观察分数）等于真分数，那么我们可以说这个测量是一个完美、正确的测量。但是通常测验无法如此精确地测得构念特质的内容，而会包含一些误差的成分。如下所示：

$$观察分数 \ = \ 真分数 + 误差分数$$

当误差为 0，观察分数可以完全反映真分数。当误差不为 0，必须对误差发生的状况进行了解，了解误差的统计特性，若能找出误差的分布，即可利用概率论来进行估计与推论。这套学理被称为古典测验理论（classical test theory）。

二、信度系数的原理

根据古典测量理论最主要的论述，测量误差是测量分数的一部分，估计测量误差就可以掌握真分数。若以方差的概念来表示，观察变异（σ_{total}^2）等于真分数变异（σ_{true}^2）加上误差变异（σ_e^2）：$\sigma_{total}^2 = \sigma_{true}^2 + \sigma_e^2$，经过移项，可以得到下列的关系：

$$1 = \frac{\sigma_{true}^2}{\sigma_{total}^2} + \frac{\sigma_e^2}{\sigma_{total}^2} \qquad (13\text{-}1)$$

上式中，真分数变异除以观察总变异，代表一个测量分数能够测得真分数的能力，被称为信度系数（coefficient of reliability），以 r_{xx} 表示。如下所示：

$$r_{xx} = \frac{\sigma_{true}^2}{\sigma_{total}^2} = 1 - \frac{\sigma_e^2}{\sigma_{total}^2} \qquad (13\text{-}2)$$

从数学原理来看，信度系数是一个介于 0 与 1 的分数，数值越大，信度越高。在毫无误差的情况下，真分数的变异等于测量变量的总变异量，得到的信度系数为 1；反之，信度为 0 表示测验测得的分数变异完全由随机因素造成，完全无法反映真分数。

三、信度的估计方法

前面已经提及，真分数无法获知，但是误差可以估计，因此实际上在衡量测验信度时，多是以多次测量的方法来求出得分波动与变异（亦即误差），进而推导出测量的信度。如果测验反映真分数的能力很强，那么多次测量或以不同的题目来测量，测得的分数差异应很小，相关系数应该很高；相反，如果测量误差很大，多次或多题的测量分数差异很大，相关系数会很低。以下列举几种常用的信度估计方法。

（一）再测信度

再测信度（test-retest reliability）是指将一个测验在同一群受测者身上前后施测两次，然后求取两次测验分数的相关系数作为信度的指标。一个无误差的测量，在前后两次测量上的得分应相同，相关为 1。但是由于测量误差的存在，受测者在前后两次的测量上得分不同，相关便不会是 1。此时误差是由时间所造成，信度系数反映了测量分数的稳定程度，又称稳定系数（coefficient of stability）。再测信度越高，代表测验分数越不会因为时间变动而改变。

在实操上，再测的时距是一个重要的决策，两次测量相隔的时间越长，信度（稳定系数）自然越低，不同时距的选择会影响误差大小，因此再测信度的误差来源可以说是对测量的时间抽样（time sampling）。最适宜的相隔时距随着测验的目的和测量的内容性质而异，少则一两周，多则六个月甚至一年。

（二）复本信度

再测信度的一个问题是同一个受测者要重复填写两次相同的测验，若时距过短可能会有记忆效果，时距过长则有信度下降的问题，另一方面也造成研究者要追踪受测者的负担。此时若测量工具有两个内容相似的复本，令同一群受试者同时接受两种复本测验，求取两个版本测得分的相关系数，即为复本信度（alternate-form reliability）。

复本信度的误差来源是题目差异，亦是一种内容抽样（content sampling）的误差，因此复本信度反映的是测验分数的内部一致性或稳定性。在实施复本时有几个注意事项。第一，两个复本必须同时施测。如果两个复本施测的时间不同，造成误差的来源会混杂了时间抽样与内容抽样。第二，复本的内容必须确保相似性，题目的类型、长度、指导语、涵盖的范围等应保持一致，但题目内容不能完全相同。如果测验所测量的内容很容易产生迁移与记忆学习效果，那么就必须避免使用复本信度。通常的做法是将两个版本的测验题目一起编制，一并检测，最后再将测验拆成两份，而非分开独立进行。

（三）折半信度

折半信度（split-half reliability）与复本信度非常相似，也是求取两个复本间的相关来表示测量的信度。所不同的是折半信度的两套复本并非独立的两个测验，而是把某一套测验依题目的单双数或其他方法分成两半，根据受测者在两半测验上的分数，求取相关系数而得到折半信度。因此折半信度可以说是一种特殊形式的复本信度，造成误差的来源也是因为内容抽样的问题，操作上比复本信度简单许多。

由于计算折半信度时，相关系数是以半个测验长度的得分来计算。当题目减少，相关也随之降低，造成信度的低估，必须使用斯皮尔曼 - 布朗公式（Spearman-Brown formula）来校正相关系数：

$$r_{SB} = \frac{nr_{xx}}{1+(n-1)r_{xx}} \tag{13-3}$$

上式中，r_{xx} 为折半相关系数，n 为测验长度改变的倍率。折半信度会使测验长度减少一半，$n=2$，公式如下：

$$r_{SB} = \frac{2r_{xx}}{1+r_{xx}} \tag{13-4}$$

（四）内部一致性信度

在计算测验信度时，如果直接计算测验题目内部间的一致性作为测验的信度指标，则称内部一致性系数（coefficient of internal consistency）。这种系数由于是直接比较测验题目之间的同质性，因此测量误差反映的是一种内容抽样的误差，介绍如下：

1. KR20 与 KR21 信度

库德 - 理查逊信度（Kuder-Richardson reliability）是 Kuder 和 Richardson（1937）所提出的适用于二分题目的信度估计方法。其原理是将 k 个题目的通过百分比（p）与不通过百分比（q）相乘加总后除以总变异量（s^2）：

$$r_{KR20} = \frac{k}{k-1}\left(1 - \frac{\sum pq}{s^2}\right) \tag{13-5}$$

此式为二人所推导的第 20 项公式，因此被称为 KR20 信度。由公式 13-5 可知，各题都有各自的 p 值与 q 值，表示题目难度不同。如果将每一个题目难度都假设为相同，或者是研究者不重视试题难度的差异，而将试题难度设定为常数（通常以平均难度 m 取代），可以用 KR21 公式来计算内部一致性系数：

$$r_{KR21} = \frac{k}{k-1}\left(1 - \frac{m(k-m)}{ks^2}\right) \tag{13-6}$$

2. Cronbach's α

从前面的介绍可以得知，KR20 与 KR21 适用于二分变量的测验类型（如能力测验与教育测验），但是在社会与行为科学研究中，多数的测量并非二分测量，而多以评定量尺作为测量工具，因此 Cronbach（1951）将 KR20 加以修改，得到 α 系数，如公式 13-7 所示。

$$Cronbach's\ \alpha = \frac{k}{k-1}\left(1 - \frac{\sum s_i^{\,2}}{s^2}\right) \qquad (13-7)$$

其中 s_i^2 表示各题的方差。Cronbach's α 所求出的数据，在数学原理上等同于计算题目之间的相关程度。且由公式 13-7 可知，Cronbach's α 与库德 - 理查逊信度的原理相似，所不同之处仅在于对个别题目方差的求法，Cronbach's α 采用的是每一个题目方差的和，因此 α 系数可用于二分或其他各种类型的测量尺度，取代 KR20 信度。

（五）评分者间信度

当测量的进行使用的工具是"人"，而非量表时，不同的评量者可能打出不同的分数，分数误差变异的来源是评分者间的差异，若计算各得分的相关，即是评分者间信度（inter-rater reliability）。

评分者间信度所反映的是不同的评分者在测验过程当中进行观察、记录、评分等各方面的一致性。相关越高，表示测量的信度越高。如果评分者所评定的分数不是连续变量，而是等级（顺序尺度），不宜使用传统的 Pearson 相关系数，而应采用 Spearman 相关或 Kendall 和谐系数。评分者间信度的误差变异来源是评分者因素，也就是评分者抽样（rater sampling）问题，而非题目的内容抽样问题。

四、影响信度的因素

从前述的讨论可知，信度与误差之间具有密切的关系。误差变异越大，信度越低；误差变异越小，信度越高。探讨影响信度的因素，基本上就是在探讨误差的来源。使用者可以针对自己的需要以及研究设计的可行性，取用适当的信度指标。

基本上，造成测量误差的原因有很多，包括受试者因素（如受测者的身心健康状况、动机、注意力、持久性、作答态度等）、主试者因素（如非标准化的测验程序、主试者的偏颇与暗示、评分的主观性等）、测验情境因素（测验环境条件如通风、光线、声音、桌面、空间因素等皆有影响）、测验内容因素（试题抽样不当、内部一致性低、题数过少等），以及时间因素。

上述各项因素中，前三项属于测验执行过程中的干扰与误差，属于程序性因素，后者则属于源自工具本身的因素，有赖量表编制的严谨程序。很明显，要提高测量的可靠性，降低测量的误差，无法单从编制来着手，而需兼顾研究执行的过程与严谨的工具发展。

除了前述因素外，样本的异质性也会影响测验的信度。在影响信度的技术因素中，从前面的方差拆解公式当中我们可以得知信度是 1 减去误差分数的变异与测验得分总变异的比值。因此，在其他条件保持不变的情况下，如果接受测验的受测者的异质性越大，总分变异越大，得到的信度系数就会越高。换句话说，在估计一个测验的信度时，若采用异质性较高的样本，可以获得较理想的信度。例如，实施一个智力测验，从大学生身上得到的信度，会较从一个包含初中、高中与大学生不同层级学生的样本得到的信度更低。

在量表编制过程当中，运用于信效度评估的正式施测，样本规模通常不会太小，样本所涵盖的次团体也可能不止一个，因此在报告信度系数时，除了报告全体样本的总体信度，也应该报告各个次团体的信度系数，从这些系数当中，我们可以据以判断在哪一个次团体中，该测验的使用有最佳的稳定性，而在哪一个次团体中，测验的分数有较大的波动性。

第三节 效度

一、效度的意义

效度（validity）即测量的正确性，指测验或其他测量工具确实能够测得其所欲测量的构念的程度，亦即反映测验分数的意义为何。测量的效度越高，表示测量的结果越能显现其所欲测量内容的真正特征。效度是心理测验最重要的条件，一个测验若无效度，无论其具有其他任何要件，亦无法发挥其测量功能。因此，选用标准测验或自行设计编制测量工具，必须审慎评估其效度，详细说明效度的证据。同时，在考虑测量的效度时，必须顾及其测量目的与特殊功能，使测量所测得的结果能够符合该测量的初始目的。

在评估测量的效度时，必须先确定测量的目的、范围与对象，进而能够掌握测验的内容与测验目的相符合的程度。一般使用的效度评估方法，主要有判断法（informed judgment）与实征法（gathering of empirical evidence）两个策略，前者着重于测量特性与质性评估，通常需要研究者对数据进行主观判读；实征法则根据具体客观的量化指标来进行效度评估。事实上，这两种策略都很重要，一般皆以质性评估为先，实征检测在后，使测量的质量得以确保。

二、效度的类型与原理

效度的评估有内容效度、效标关联效度、构念效度三种主要形式，兹介绍如下。

（一）内容效度

内容效度（content validity）反映测量工具本身的内容范围与广度的适切程度。内容效度的评估需针对测量工具的目的和内容，以系统的逻辑方法来分析，又称逻辑效度（logical validity）。另一种与内容效度类似的效度概念为表面效度（face validity），指测量工具在外显形式上的有效程度，为一群评定者主观上对于测量工具表面上有效程度的评估。

内容效度强调测量内容的广度、涵盖性与丰富性，以作为外在推论的主要依据，表面效度则重视工具外显的有效性，两者具有相辅相成之效。在研究上，为了取得受试者的信任与合作，良好的表面效度具有相当的助益，可确保作答时的有效性，因此测量工具在编制与取材上必须顾及受试者的经验背景与能力水平，具有一定水平的内容效度和表面效度。不过这两种效度的共同点是都缺乏实证评估的指标，因此需以判断法来进行。

一般在能力测验或态度测量中，内容效度可以借由测验规格（test specification）的拟定来评估。所谓测验规格是将测验所欲测量的能力属性与测量内容范围列出一个清单，设定比重，量表编制者依照此一规格表来进行测验题目的编制，以符合最初研究者的需要。例如，某系转学考试的统计学考试，范围涵盖描述统计与推论统计，但是由于推论统计范围大，因此出题的比重较大，量表编制者可以罗列所欲评量的项目与比重，据以编制题目。另外，对于餐厅满意度的评量，包括服务品质、环境卫生、食材与价格等各面向，也可以列出测验规格来指导题目的编写。

在一些以人格特质为测量对象的非认知测验中，由于构念的测量内容与范围多无从得知，因此很少可以提出前述架构清晰完整的测验规格表来指导题目的编写。研究者所能做的是参考一些理论观点或是前导研究的发现，从不同的理论角度或面向来编写题目，尽力达成测量面向的完整涵盖。

（二）效标关联效度

效标关联效度（criterion-related validity）又称实证效度（empirical validity）或统计效度（statistical validity），是测验分数和特定效标之间的相关系数，表示测量工具有效性的高低。

效标关联效度最关键的问题在于效标（criterion）的选用。作为测量分数有效性与意义度的参照标准，效标必须能够作为反映测量分数内涵与特质的独立测量，同时也需为社会大众或一般研究者所能接受的具体反映某项特定内涵的指标。因此研究者除了利用理论文献的证据作为选用效标的基础，还需提出具有说服力的主张，来支持其效标关联效度检验的评估。

测量的效标，如果是在测量时可以获得的数据，则称同时效标，如果效标的数据需在测量完成之后再行收集，则为预测效标，由这两种类型的效标所建立的效标关联效度又被称为同时效度（concurrent validity）与预测效度（predictive validity）。在实务上，同时效度由测量分数与同时获得的效标数据之间的相关表示；预测效度则是由测量分数与未来的效标测量分数间的相关表示。

（三）构念效度

构念效度（construct validity）指测量工具能测得一个抽象概念或特质的程度。构念效度的检验必须建立在特定的理论基础之上，通过理论的澄清，引导出各项关于潜在特质或行为表现的基本假设，并以实证的方法，查核测量结果是否符合理论假设的内涵。最常提及的构念效度评量技术是由 Campbell 和 Fiske 于 1959 年所提出的多元特质多重方法矩阵法（multitrait-multimethod matrix，MTMM），以多种方法（如自评法、同侪评量法）来测量多种特质，据以检验聚敛效度（convergent validity）及区辨效度（discriminant validity）。

另一种与构念效度有直接关系的效度为因子效度（factorial validity），也就是一个测验或理论背后的因子结构的有效性。因子效度主要以因子分析技术来检测，近年来随着验证性因子分析（confirmatory factor analysis）的发展而更加受到重视。例如，某研究者认为工作动机应包括两种次向度，他所编制的量表测得的分数即应获得两个因子的结果，同时每一个题目应有其指定的因子。如果分析的结果支持此一因子模式，则其因子构念的假设即可获得支持。

三、其他效度议题

（一）增益效度

增益效度（incremental validity）是指某特定测验对于准确预测某一效标，在考量其他测量分数对于效标的影响后的贡献程度（Sechrest，1963）。对于某一个测验分数 A，效标为 Y 变量，增益效度是指 A 对于 Y 的解释是否优于另一个 B 变量对于 Y 变量的解释。如果 A 变量优于 B 变量，那么 A 变量对于 Y 变量的解释，在 B 变量被考虑的情况下，仍应具有解释力。例如，如果某项能力测验（A）确实反映了个体的认知能力，那么该能力测验应可以用以解释学生的学习成果（Y），而且在将努力因素（B）排除之后，能力测验仍然能够有效解释学习成果的话，即可说明能力测验具有相当程度的增益效度。

Cohen 与 Cohen（1983）以半净相关（semipartial correlation）作为增益效度的强弱指标。计算考虑 B 变量之下 A 变量对于 Y 变量的影响，如公式 13-8 所示。

$$r_A = \frac{r_{YA} - r_{YB}r_{AB}}{\sqrt{(1 - r_{AB}^2)}} \qquad (13\text{-}8)$$

此外，增益效度也可利用阶层回归分析，检验 A 变量对于效标的解释是否在 B 变量加入后仍然存在。首先将 B 变量纳入回归模型中，计算出对 Y 变量的解释力（R^2），第二步再将 A 变量纳入回归模型，此时模型中已有两个自变量，而第二步所纳入的变量可以计算解释力的增加量（R^2 change）并进行显著性检验，即代表增益效度。

由于增益效度反映了测验效标的关联情形，因此可以被视为一种效标关联效度的应用，但根据其操作原理，增益效度亦带有构念效度的区辨 / 聚敛效度的色彩（Bryant，2000），因其所检测的是某测验与另一个测量分数或数个变量的整合分数的关系，也就是检验在排除其他概念之后，某一个测验得分的预测力。但由于增益效度可以纳入其他多个 "B" 变量来检验某测验分数的解释力，在实务上，B 变量可以是各种不同性质的变量与影响来源，这些变量是否对测验分数具有抑制作用，可以利用统计方式进行估计并检验其显著性，是相当具有应用价值的一种效度衡量概念与技术。另一方面，增益效度对于特别重视效标的解释力的领域有其实务价值（如人事甄选与组织绩效的评量，重视工作满意度、离职意愿的效标关联效度），因此增益效度近年来获得实务领域相当程度的重视。

（二）区分效度

心理测验的分数除了反映测量特质的内容外，另一个重要的目标是能够鉴别个别差异。个别差异的鉴别除了可以从效标的回归分析来评估外（也就是效标关联效度），亦可以从测验分数对于不同行为作业或效标情境的表现差异来评估，这就是区分效度（differential validity）的概念（Anastasi & Urbina，1997）。

具体来说，心理测验的效标关联效度数据，若以相关系数来表示，那么在不同的效标上，相关系数应有所不同，以反映这些效标与测验得分间的理论差异性。区分效度所反映的是测验分数 X 与 A、B 两个不同效标具有不同的相关系数，如 r_{XA} 为 0.8，r_{XB} 为 0.0。区分效度的概念特别适用于具有分类的目的与功能的测验，如学生的职业性向分类，不同领域的性向得分必须能够在不同的职业表现效标上有所差异。相较于性向测验，智力测验就不是用来鉴别职业表现的理想测验，因为传统智力测验是在评量个体的一般性认知能力，对于不同职业的适应与表现，智力测验并不会有理想的区分效度。

在实际的分析策略上，区分效度可以直接比较两个相关系数的大小差异，如果测验分数为多向度的测验题组（test battery），也可以利用多元回归分析，计算不同效标的 R^2 来加以比较，甚至可以利用假设检验的形式，对于两个相关或回归系数进行差异检验。

（三）交叉验证

所谓交叉验证（cross-validation）是指测量的结果具有跨样本或跨情境的有效性。在测量领域，交叉验证概念很早就受到重视，早期是应用于回归分析的一种统计技术，用于检测回归系数的稳定性（Mosier，1951；Cattin，1980），但随着测量理论与统计技术的发展，凡是测量的结果在不同情境下的稳定性的检验，都可以视为交叉验证的一种做法。

交叉验证的概念反映了效度类化（validity generalization）的能力，即研究者从不同样本中重复获得证据，证明测量分数有效性的一个动态性、累积性的过程。在某一个交叉验证研究中，或许可以重复证明某一个模型是最佳模型，但是单一一次的交叉验证检验也不足以作为测量分数在不同样本或情境下的证据，需要多次反复验证，才能累积充分的证据，证明效度可以类化到不同的情形中。

四、效度衡鉴技术

虽然效度的分析方法会因效度的类型有所不同，同一种效度概念也可以利用不同的统计方法来获得，传统上用来评估测验效度的技术主要包括了相关分析、回归分析、因子分析、多重特质多重方法矩阵（MTMM）等。近年来，有越来越多学者运用结构方程模型来进行信效度的衡量。这些效度衡量技术分别如下所示：

（一）相关分析

效度系数最常用到的计量方法就是相关系数。测验分数与效标的相关系数反映了测验所测量的特质与另一个概念间的变动的一致性的程度，利用相关系数，可以很容易地将两个变量间的关系强度显示出来。例如，效标关联效度利用相关系数来反映测验的效度就是一个最直接的方式，因此长期以来，效标关联效度均使用相关系数。对于构念效度来说，使用相关系数的机会虽然也是相当多，但是相关的求取已非专指测验分数与效标的相关（也就是不一定涉及效标的概念），而是求取与其他类似心理构念的测量的一致性，或进行测验得分的潜在结构分析。

在效标关联效度的分析上，典型相关（canonical correlation）也是一种常用来检验测验分数与效标分数之间关联情形的统计技术。尤其是当测验包括不同分量表或子因子，且效标测量也涉及多向度、多因素的数据时，两组测量分数之间的关系涉及这两组测量分数之间的潜在结构，典型相关则是两个组合分数的相关，用来评估效标关联效度时，典型相关就是两组潜在结构之间的相关性。但是随着 SEM 的兴起，典型相关逐渐被验证性因子分析取代。

（二）多元回归

多元回归也是检验效度的普遍做法，尤其适用于效标关联效度的检测。如果一个测验具有多个分量表，而这些分量表亦具有相当程度的相关，利用多元回归可以将分量表间的相关通过统计控制的程序来加以排除，以获得测验分数对于效标的纯净解释力。

除了一般性的多元回归，先前所提及的增益效度则使用阶层回归来检验不同测验分数对于效标解释的增益效能的检验，此外，当效标是以二分变量的形式存在时（如录取与否、通过考试与否），则可应用 logistic 回归来进行效标关联效度的检验。

（三）因子分析

随着统计技术的发展，因子分析（factor analysis）已然成为量表发展过程当中不可或缺的工具。主要是因为心理测验多与抽象特质有关，因此如何从实际的测量题目的相关系数中了解题目背后的潜在构念成为心理测验检验构念效度的最主要议题，而因子分析法即是寻找变量间的相关结构的最有效的策略，因此受到测验学者的重用。

因子分析最大的功能在于协助研究者进行构念效度的验证。利用一组题目与抽象构念间关系的检验，研究者得以提出计量的证据，探讨潜在变量的因子结构与存在的形式，确立潜在变量的因子效度。传统上，因子分析在心理测验领域主要被用来寻找一组变量背后潜藏的因子结构与关系，称为探索性因子分析（exploratory factor analysis, EFA）。如果研究者在研究之初已提出某种特定的结构关系的假设，如某一个概念的测量问卷是由数个不同子量表所组成，此时因子分析可以被用来确认数据的模式是否为研究者所预期的形式，称验证性因子分析（confirmatory factor analysis，CFA）（Hayduk，1987；Long，1983；Jöreskog，1969），具有理论检验与确认的功能。在技术层次上，CFA 是结构方程模式的一种次模型，除了作为因子分析之用，还可以与其他次模型整合，成为完整的结构方程模型分析。有关 EFA 与 CFA 的原理与应用，将在本书的最后两章讨论。

（四）结构方程模式

心理测验所关心的是不可直接测量的抽象构念。结构方程模式（structural equation modeling，SEM）整合了传统的因子分析与路径分析的概念，大幅扩展了潜在变量的应用范围。结构方程模式的验证性因子分析部分可以用来提取构念，反映了构念效度或内容效度的问题，而路径模型部分则可以应用在效标预测的估计上。因此，SEM 模型对于效度的衡鉴具有重要的价值，有兴趣的读者可阅读本书作者所撰写的相关专著。

五、影响效度的因素

（一）测量过程因素

在前面有关信度的讨论中，有提及测量的过程是影响测验分数波动的主要因素之一。除了影响测量的稳定性，不良的测验实施程序更可能导致效度的丧失。例如，主试者不当地控制测验情境，有意图地引导作答方向，将影响测验结果的正确性。因此实施过程的标准化可以说是测验实施的重要原则，不遵照标准化的程序进行测量工作，必然使效度降低，失去客观测量的意义。

（二）样本性质

效度的评估与选用的样本具有密切的关系。首先，由同质性样本所得到的测量分数变异量较低，在信度估计时不至于影响内部一致性等指标的估计，但是可能因为测量变异量不足，导致与效标之间的相关降低，造成效度的低估。因此，为提高测量的效度，宜选用异质性高的样本。例如，以大学入学考试成绩来预测大学学业表现，可能会得到不甚理想的预测效度，因为大学生是一个同质性样本，能够成为大学生的人，在入学考试成绩上皆有一定的水平，若以大学生为样本，以大学学业成绩为效标，会面临效度低估的威胁。

其次，样本的代表性也可能影响效度的评估。效度评估所使用的样本必须能够代表某一测验所欲适用的全体对象。一般研究者在发展测量工具时，多以学生为样本，但是实际适用的范围则可能为全体青少年，此时以学生为样本代表性可能不足，对于学生有意义的测量，不一定对于其他非学生受试者有相同的意义。

（三）效标因素

测量效标的适切与否是实证效度的先决条件，不适当的效标选用可能造成效度无法显现或被低估的可能，其次，效标本身的测量质量，即信度与效度，或是效标数据在测量过程中的严谨程度也同时影响效度的评估。在统计上，测验本身的信度、效标的信度，以及测验与效标间的真正相关，是影响效度系数高低的决定因素。因此，一般均建议效标应采用客观数据或行为指标，避免采用构念性的测量，以避免效标与测验本身双重信效度混淆。

（四）干扰变量

构念效度的检测容易受到其他特质或干扰测量的影响，造成效度的混淆。受试者本身的角度，如受试者的智力、性别、兴趣、动机、情绪、态度和身心健康状况等，皆可能伴随着测量工具的标准刺激而反映在测验分数中，成为效度评估的干扰变量（confounding variable）。如果某些特质具有关键的影响，而研究者无力将其效果以统计控制或平行测量来进行分割，即可能受到影响，使得效度失去参考的价值。

例如，当研究者想要对特质性的焦虑倾向（long-term anxiety）进行测量时，测验的得分却与情境引发的状态焦虑（state anxiety）具有高度的相关（Spielberger, Gorsuch, & Lushene，1970），如果忽略了状态焦虑的存在，长期焦虑的效度即可能受到相当大的影响。

总而言之，测验效度受到多方因素的影响，较信度的影响层面更为广泛且深远。测验效度的增进除了依赖研究者丰富的实务操作经验外，必须落实量表编制与实施程序的标准化模式，留意受试者的行为反应与意见，方能建立符合测量目的与功能的效度。

第四节 信度与效度的关系

心理测验最大的挑战，除了确保测验分数的意义外（效度），就是测量误差的问题，也就是信度的问题。信度与效度是两项心理测验与评量的重要指标，两者在概念与内容上均有显著的不同，但是在测量实务上却无法切割。从定义来看，信度代表的是测量的稳定性与可靠性，效度则是测量分数的意义、价值与应用性。因此一般学者均将信度视为测量的先决条件，而将效度作为测验质量的充分条件。也就是说，一个没有信度的测量分数势必无法达成测量目的，提供有意义的数据，因此有效度的测验，必定有信度为基础，但是有信度的测验，不一定保证具有效度。

从实证的角度来看，信度系数的估计多有实证性的指标作为依据，同时研究者之间也有普遍接受的检验程序与评估标准，因此被广泛作为测量良莠的评定标准。相对之下，效度的评估牵涉广泛，从理论的界定到实施的方式，均有很大的变异，同时易受到干扰因素的影响，举证不易，论定一个测量缺乏效度亦难，因此效度高低的评估并无一套共识做法，而是由研究者个别性论述与证据来支持，间接造成了信度是前提、效度是辩证的现象。

一般而言，效度以量表与其他效标或其他测量分数之间的相关系数来表示，但是，当量表的信度不是 1 的时候，以相关系数作为效度证据会有低估（削弱）的现象。Nunnally（1978）以具体的数学模式说明了信度与效度的关系，当某一个测验（x）与效标（y）求得实际的效度系数为 r_{xy} 时，若两者的信度分别为 r_{xx}、r_{yy}，完美效度系数则以 $r_{xy\,max}$ 表示，为两个完美的测验所求得的预期相关。下列削弱相关校正（correction for attenuation）公式显示了四者的关系：

$$1.0 \geqslant \frac{r_{xy}}{\sqrt{r_{xx}r_{yy}}} \qquad (13\text{-}9)$$

依公式 13-9 可知，当两个测量本身均具相同的特质，或可以完全预测，此时 $r_{xy\,max}$ 可达 1，公式 13-9 变为：

$$\sqrt{r_{xx}r_{yy}} \geqslant r_{xy} \qquad (13\text{-}10)$$

或

$$r_{xy\,max} = \frac{r_{xy}}{\sqrt{r_{xx}r_{yy}}}$$ （13-11）

此时，若效标为无误差测量，如具体的行为频数变量，r_{yy} 可视为 1，此时实际效度的大小与信度具有下列特性：

实际效度（r_{xy}）≤ 信度（r_{xx}）的平方根

也就是说，信度的平方根是效度系数的上限。当信度越高，效度系数可能越大。此一关系虽然说明了信度与效度的假设性逻辑关系，但是两者彼此并非互为决定因素，要由信度来精确推导效度仍是不可能的任务。测量研究者仍需回归到信效度估计的原始目的，进行测量质量的判定，并掌握信度系数所具备的指标性意义与效度评估的辩证性价值，才能有效运用测量工具来达成研究的使命。

第十四章　项目分析与信度估计

在量表编制过程中，预试是检验测量题目是否适切的一个重要程序，其主要目的在于了解题目的基本特性，确认量表题目的可用程度，必要时可以对量表的内容进行修改增减，使得量表题目在最终正式题本定稿之前，有一个先期检验的机会。一旦量表题目经过各种检测，量表编制者就可以继续进行全量表的信效度检验，提供更进一步的技术指标，作为测验与量表良窳程度的具体证据。

预试中最重要的工作是项目分析，此外，为了掌握测量的稳定性，多数研究者在预试阶段会进行试探性的信度分析，以作为题目改善的依据，因此，本章对预试阶段所可能应用的数据分析程序进行讨论，有关效度检验最常使用的因子分析则在后续的章节中介绍。

第一节　项目分析的基本概念

题目的好坏如何鉴别，就好像要去判定一个人是不是好人，是一个困难而没有绝对标准的工作。除了通过各种量化的指标来检验项目的适切性，也必须从理论层次或研究者的需要来评估。以下介绍题目诊断的几个重要概念。

一、项目难度

项目难度（item difficulty）是指一个测验的试题对受测者的能力水平的反映能力，主要适用于能力测验或教育测验的项目评估，因为测验的题目用来判定能力的强弱，其计分通常是正确与否的两种答案。在一个对错二分的题型下，项目难度通常以所有受测者在该项目上正确答对的百分比来表示，也就是通过人数百分比（percentage passing），以 p 来表示。p 值越高，表示题目越简单，例如，$p = 0.8$ 代表有 80% 的受测者可以正确答对该题，$p = 0.2$ 代表只有 20% 的受测者可以正确答对该题。如果一个题目难度太低，每一个人都可以通过，或是难度太高，每一个人都无法通过，这些测验题目就失去了侦测受测者能力水平的能力。为了使测验题目反映受测者能力水平的侦测能力达到最大，一个测验题目的难度以 0.5 为宜，此时约有一半的受测者可以正确回答该题，有一半的受测者无法回答该题。

如果是人格与态度测量，多半是以多点尺度（如 Likert-type 量表）来评量受测者的个别差异，此时最适合作为难度指标的就是题目的平均数，当平均数过低或过高时，代表测验题目过于偏激或晦涩，导致全体受测者均回答类似的答案。

值得注意的是，个别的题目难度决定个别题目的通过率或平均数高低，一组题目的整体平均难度则决定了整个测验得分的落点。如果某一个测验的题目难度都很高，假设

整体的平均难度为 $p = 0.2$，那么全体受测者测得的分数会偏低，分数的分布会呈现正偏态；反之，如果平均难度为 $p = 0.8$，那么全体受测者测得的分数会偏高，分数的分布会呈现负偏态；当平均难度接近 0.5 时，全体受测者测得的分数居中，分配呈现正态。如图 14-1 所示，一般情形下，我们会希望测验的难度适中，如此可以得到受测者最大的个别差异，并且让得分呈现正态分布，有利于区辨所有的受测者。

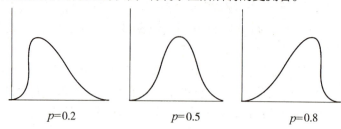

$p=0.2$ $p=0.5$ $p=0.8$

图 14-1　不同难度测验得分的分布情形

二、项目鉴别度

测验题目的特性除了反映在难度的差异上外，更重要的是测验项目是否能够精确、有效地侦测出心理特质的个别差异，也就是项目鉴别度的概念。项目鉴别度（item discrimination）反映了测验题目能够正确测得受测特质的内容的程度，以及鉴别个别差异的能力。一般除了利用鉴别指数（the index of discrimination），也常使用相关系数法来反映项目鉴别度。

（一）认知能力测验的项目鉴别度

在能力测验中，题目得分多为二分变量，此时可以将受测者依照总分高低排序后，找出高分群与低分群两个极端组，计算这两组人在各题目的通过人数（答对者）百分比，以 p_H 与 p_L 来表示，若将这两个百分比相减，可以得到一个差异值 D，可以用来反映一个题目的鉴别力。

鉴别度指数 D 值是一个介于 100 到 –100 的数值。对于某一题来说，$D = 100$ 代表高分组的受测者全部答对（$p_H = 1$），而低分组的受测者全部答错（$p_L = 0$）；$D = -100$ 代表高分组的受测者全部答错（$p_H = 0$），而低分组的受测者全部答对（$p_L = 1$）；如果高分组与低分组的受测者都有一半的受测者答对，D 值为 0。D 值为负值的题目，显示低分组的表现优于高分组，表示该题可能是一个反向计分的题目，或是一个有问题的题目。对个别的题目来说，D 值越高，鉴别度越高；对于整个量表来说，如果每一个题目的鉴别度都很高，全体的 D 值平均数越高，测验的整体信度也就越理想。

D 值的大小与项目的难度高低有关，当项目难度为中等（$p = 0.5$）时（高分组全部通过而低分组全部失败），可以获得最大的 D 值（100）；如果难度逐渐提高或降低，D 值便会降低，难度在适中水平时，会有最佳的鉴别度。

（二）非认知测验的项目鉴别度

在非认知测验中，每一个题目的计分通常是多点量尺，得到的反应是不同程度的权数（如 1 到 5 的强度评估），此时可以求取受测者在每一题的得分与效标变量的得分的共变情形（也就是相关系数）来表示项目的鉴别度。相关越高，代表受测者该题得分高，在效标得分也高，在测验题目上得分低，在效标得分也低；相对地，如果相关很低或是呈现负相关时，表示测验题目得分高低与效标得分高低没有一致的方向，也就表示项目没有鉴别度。

对于二分变量的题型，若效标为连续变量，项目与效标之间的相关可使用点二系列相关；如果测验项目与效标均为二分变量，项目与效标之间的相关需使用 φ 相关。

如果外在的效标不容易取得，此时项目鉴别度的检验也可以利用测验的总分高低来作为效标。如果一个题目有其效度，它应该跟总分有明显的正相关，如果一个题目不是很好的题目，无法鉴别特质的内容，那么它与总分的相关就会比较低，此时总分是一个来自测验内部的效标，各题目与总分之间的高相关反映了测验题目之间的一致性与同质性。另一种类似的做法，是将受测者的得分依照高低顺序排列，然后选出最高分（前27%）与最低分（后27%）的两群人，称效标组。然后比较每一个题目在这两个效标组的得分是否达到显著的差距，称极端组比较法（comparison of extreme groups）。

Anastasi 与 Urbina（1997）指出，使用不同的鉴别度指标去检测测验的题目所得到的差异性，远不及同一个测验实施于不同样本时用同一个方法得到的鉴别度数据的波动性。也就是说，重点并不在于使用何种指标，而是在于测验项目本身的好坏。

就认知与能力测验而言，测验项目的鉴别度除了与外在效标比较外，还可以利用实验设计的原理，比较有无接受特定训练指导的受测者在每一个项目上的得分状况，决定题目是否有效。接受训练处理的受测者，他们的答题状况应有显著的不同，此时，训练的有无即成为重要的效标。

第二节　项目分析的计量方法

项目分析是量表编制最为根本的一项工作，其主要目的在于针对预试题目进行适切性的评估。从计量的观点来看，项目分析因为涉及多种统计数据或指标的判别，因此在数据分析运作上占有相当重要的地位。在本章的实例中，将介绍几种常用的项目分析策略：缺失值检验、项目描述统计检验、极端组比较法、相关分析法与因子分析法。兹将各种方法的原理介绍于后。

一、缺失值判断法

首先，缺失值的数量评估法，其主要目的在于检验受测者是否抗拒或难以回答某一个题目，导致缺失情形的发生。过多的缺失情形表示该题目不宜采用。至于缺失人数达到多少就必须将该题删除，并没有绝对的标准，研究者必须从各题目的缺失状况来进行相对比较检视，如果某一题缺失人数显然比其他题目多，即有详加检视的必要。

缺失值判断法适合在设计量表之初使用，因为测验的题目尚未经过实际的施测，因此容易发现具有大量缺失的题目。在量表发展的中后期，题目已经经过修饰与调整，缺失现象应不至于大量发生，即使发生了，也应属于随机性缺失。

二、描述统计指数

描述统计评估法利用各题目的描述统计量来诊断题目的优劣。例如，题目平均数的评估法认为各题目的平均数应趋于中间值（亦即难度适中），过于极端的平均数代表过难、过易、偏态或不良。而题目方差的评估，则指出一个题目的变异量如果太小，表示受试者填答的情形趋于一致，题目的鉴别度低，属于不良的题目。此外还可以从题目的偏态与峰度来评估。

（一）平均值的偏离检验方法

一般而言，平均数的偏离有三种方法来判断。第一种方法是与量尺的中间数来比较，如果量尺是 1 到 5 的五点尺度，中间数是 3，那么项目的平均数若高于或低于 3 过多，即可能是一个不良的题目。第二种方法是将该题与全量表每一个题目加总后的总平均数相比较，项目的平均数若高于或低于总平均数过多，即可能是一个不良的题目。这两种方法中，平均数超过多少即可视为不理想题目，可以取两倍标准差作为标准，因为依照 t 检验原理，超过两个标准差的差异即具有统计显著性。第三种方法是利用偏态系数来协助判断，因为过低或过高的项目平均数势必伴随着正偏态或负偏态的问题，因此当我们发现一个平均数极高或极低的题目，可以同时检查偏态状况是否合理。

（二）方差的检验方法

题目方差过小表示题目的鉴别度不足，可以视其为不理想的题目而予以删除。删除的标准可以参考正态分布的概念，一个正态分布的全距通常不超过六个标准差（因为 Z 分数在正负 3 的概率即达 99.74%），因此一个题目如果是 6 点量表，全距大约为 6 时，标准差不宜低于 1，以此类推。

基本上，何谓过高或过低的平均数，以及何谓过小的方差（标准差），必须由研究者自行斟酌判断，而没有共同标准。但是，偏态与峰度则可利用 t 检验来决定偏态与峰度系数是否具有统计显著性（请参考第五章描述统计与图示技术章节的介绍）。

三、题目总分相关法

相关分析技术是项目分析最常使用的判断标准。最简单的相关分析法是计算每一个项目与总分的简单积差相关系数，一般要求在 0.3 以上，且达统计显著水平。SPSS 软件在信度分析功能中特别提供一项校正项目总分相关系数（corrected item-total correlation coefficient），是每一个题目与其他题目加总后的总分（不含该题目本身）的相关系数，使研究者得以清楚地辨别某一题目与其他题目的相对关联性。

SPSS 还提供一个另外类似的指标，也就是删除该题后的内部一致性系数（Cronbach's α），如果删除该题之后，整个量表的内部一致性系数相比原来增加，此题可被视为是内部一致性欠佳者；相对地，如果某个题目删除之后，整个量表的内部一致性系数相比原来降低，表示该题是内部一致性优异的题目，删除该题不但没有好处，还会造成内部一致性的降低，因此不宜删除。

特别值得注意的是，如果一个量表的因子结构在研究之初已经决定（基于特定理论或研究者的指定），那么不同因子的题目应该分开来执行此项检验，如果把不同因子的题目混合在一起执行项目总分相关，可能会造成相关低估的问题。因为总分的计算基础并不是将同一个构念的题目加总，而是将多个不同构念的总分加总，如此将会削弱相关系数。最谨慎的方法，是在进行项目总分相关分析之前，先进行探索性因子分析，大致了解题目的因子组成，如果量表的因子结构复杂，必须特别小心处理"总分"应该是哪些题目的加总的这个问题。

四、内部一致性效标法

第四种策略为内部一致性效标法（小样本分析），亦即极端组检验法，是将预试样本在该量表总分的高低，取极端的 27% 分为高低二组，然后计算个别的题目在两个极端组的得分平均数。具有鉴别度的题目，在两个极端组的得分应具有显著差异，t 检验达到显著水平（此时 t 值又称决断值或 CR 值，用于决定是否具有鉴别度）。

值得注意的是，在取极端组时，需取用全样本的百分之多少是一个难以决定的问题。虽然前面已经提及 27% 是多数研究者采用的标准，但是在不同的情况下，仍有变动的可能。例如，当我们的预试样本人数很少时，可能要放宽选取的百分比，以获得充分的高低组人数（各组人数不宜低于 30 人）；反之，当我们的预试样本人数很多时，即可能取更极端的百分比。但是如果人数多时，建议仍维持 27% 的比例，因为如果取用更极端的样本，会出现过度拒绝（over-rejection）的现象，t 检验值（CR 值）几乎不会不显著。

一般在进行 t 检验时，为了避免过度拒绝的问题发生，所使用的显著水平多采用 $\alpha = 0.01$，亦即 CR $\geq$ 2.58，表示具有良好鉴别度；或 $\alpha = 0.001$，亦即 CR $\geq$ 3.29，表示具有良好鉴别度。大约的标准可以设定在 CR 值 $\geq$ 3，会比 CR $\geq$ 1.96 严谨许多。

五、因子荷载判断法

最后，许多研究者运用探索性因子分析的因子荷载（factor loading）大小来进行项目的诊断。由于心理测验由一系列问题所组成，在这些项目的背后可能存在多个不同的因子，同时，不同的因子间亦可能存在某种程度的相关，因此以全部题目计算出的总分来作为个别项目的参考点并不恰当。此时研究者可使用因子分析来探索因子的结构，并使用因子荷载来判断个别项目与相对因子的关系。

对于因子个数的决定，如果一个量表只是在测量单一面向的构念，可以利用探索性因子分析（主轴提取法），将因子设定为 1，检验因子荷载的高低。但是如果研究者认为量表不是单一构面，此时建议研究者先利用探索性因子分析来确立因子结构，然后分别把各因子的题目分开执行因子分析（每一次的因子分析都指定因子数目为 1），来得到因子荷载的信息。例如，如果研究者的量表有 20 题，探索性因子分析得到 4 个因子，那么应就这 4 个因子的各个题目分开来执行因子分析。

如果研究者对因子结构采取某种理论观点，此时可直接使用验证性因子分析就研究者所主张的因子结构来估计因子荷载。不论是探索性或验证性因子分析，因子荷载的性质都代表了测量题目能够反映构念内容的程度，其数值高低建议达 0.70 以上，亦即题目解释变异量达 50%（详细内容请参考第十五章有关因子荷载数值的讨论）。

第三节　SPSS 的项目分析范例

本节所采用的范例为"组织创新气氛知觉量表"（邱皓政、陈燕祯、林碧芳，2009）的发展实例，该量表被用以测量组织环境对于创意行为的有利程度，以作为组织诊断与管理变革的依据。研究者首先以质性研究的方式，探讨组织创新的概念建构，确立创意组织气候所应涵盖的范畴与内容，并以通过访谈与自由反应问卷等方式所收集到的内容作为编写题目与发展题库的依据。

预试样本为 223 位来自制造业（包括高科技与一般制造业）、军公教以及服务业（包括一般服务业与金融服务业）的受访者，经过项目分析与因子分析，保留 31 题，完成正式题本的建立，共计抽取出"团队默契""组织理念""工作风格""领导能耐""学习成长"与"资源运用"等六因子，即为组织创新气氛的六项指标。更进一步的背景分析显示出量表的信效度颇佳，足可进行大样本的后续研究。

范例 14-1　缺失检验与描述统计检测

缺失检验的目的是针对量表试题发生缺失状况进行趋势分析。而描述统计检测则以各题的平均数、标准差、偏态与峰度等数据来判断。缺失检验与描述统计检验可以利用同一个指令来执行，如下所示。

【A. 操作程序】

> 步骤一：选取 分析 → 报表 → 观察值摘要 。
> 步骤二：进入对话框，选取欲分析的题目移至清单中。
> 步骤三：进入统计量对话框，选择平均数、标准差、偏态与峰度等描述统计选项，移至清单中。
> 步骤四：按 确定 执行。

【B. 步骤图示】

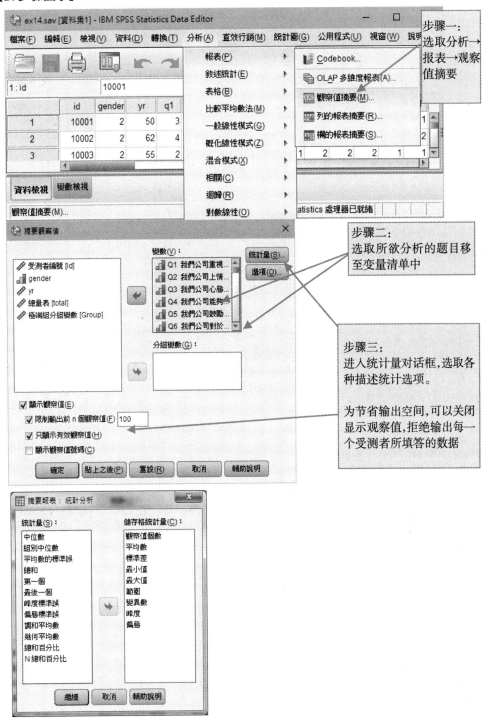

【C. 结果报表】

观察值处理摘要

	观察值					
	包括		排除		总和	
	个数	百分比	个数	百分比	个数	百分比
Q1 我们公司重视人力资产、鼓励创新思考。	218	97.8%	5	2.2%	223	100.0%
Q2 我们公司上情下达、意见交流沟通顺畅。	222	99.6%	1	.4%	223	100.0%
Q3 我们公司心态保守、开创性不足。	219	98.2%	4	1.8%	223	100.0%
Q4 我们公司能够提供诱因鼓励创新的构想。	216	96.9%	7	3.1%	223	100.0%
Q5 我们公司鼓励尝试与错中学习的任事精神。	219	98.2%	4	1.8%	223	100.0%
Q6 我们公司对于风险相当在意、忌讳犯错。	215	96.4%	8	3.6%	223	100.0%
Q7 我们公司崇尚自由开放与创新变革。	218	97.8%	5	2.2%	223	100.0%
Q8 当我有需要，我可以不受干扰地独立工作。	222	99.6%	1	.4%	223	100.0%
Q9 我的工作内容有我可以自由发挥与挥洒的空间。	221	99.1%	2	.9%	223	100.0%
Q10 我可以自由地设定我的工作目标与进度。	220	98.7%	3	1.3%	223	100.0%
Q11 我的工作多半是一成不变、例行性的工作事项。	223	100.0%	0	.0%	223	100.0%
Q12 我的工作十分具有挑战性。	220	98.7%	3	1.3%	223	100.0%
Q13 当我工作时，往往有许多杂事会干扰着我。	221	99.1%	2	.9%	223	100.0%
Q14 时间的压力是我无法有效工作的困扰因素。	222	99.6%	1	.4%	223	100.0%
Q15 我的工作荷载庞大、工作压力沉重。	222	99.6%	1	.4%	223	100.0%
Q16 我拥有足够的设备器材以进行我的工作。	217	97.3%	6	2.7%	223	100.0%
Q17 我可以获得充分的数据与信息以进行我的工作。	222	99.6%	1	.4%	223	100.0%
Q18 只要我有需要，我可以获得专业人员的有效协助。	219	98.2%	4	1.8%	223	100.0%
Q19 我经常获得其他机构或单位厂商的支援而有效推动工作。	209	93.7%	14	6.3%	223	100.0%
Q20 我的工作经常因为预算、财务或资金的问题而有所阻碍。	207	92.8%	16	7.2%	223	100.0%
Q21 我的工作经常因为各种法规、规定与规则限制而有所阻碍。	212	95.1%	11	4.9%	223	100.0%
Q22 对于我们工作上的需要，公司会尽量满足我们。	219	98.2%	4	1.8%	223	100.0%
Q23 我的工作伙伴与团队成员具有良好的共识。	218	97.8%	5	2.2%	223	100.0%
Q24 我的工作伙伴与团队成员具有一致的目标。	220	98.7%	3	1.3%	223	100.0%
Q25 我的工作伙伴与团队成员能够相互支持与协助。	220	99.1%	3	1.3%	223	100.0%
Q26 我的工作伙伴与团队成员能够多方讨论、交换心得。	221	98.7%	2	.9%	223	100.0%
Q27 我的工作伙伴与团队成员能以沟通协调来化解问题与冲突。	220	97.8%	3	1.3%	223	100.0%
Q28 我的工作伙伴与团队成员恶性竞争、批判性浓厚。	218	98.7%	5	2.2%	223	100.0%
Q29 我的工作伙伴与团队成员分工明确、责任清楚。	220	96.9%	3	1.3%	223	100.0%
Q30 我的主管能够尊重与支持我在工作上的创意。	216	97.3%	7	3.1%	223	100.0%
Q31 我的主管拥有良好的沟通协调能力。	217	98.7%	6	2.7%	223	100.0%
Q32 我的主管能够尊重不同的意见与异议。	220	98.7%	3	1.3%	223	100.0%
Q33 我的主管能够信任部属，给予适当的授权。	220	98.2%	3	1.3%	223	100.0%
Q34 我的主管以身作则，是一个良好的工作典范。	217	97.3%	6	2.7%	223	100.0%
Q35 我的主管固执己见、主观色彩浓厚。	214	96.0%	9	4.0%	223	100.0%
Q36 我的主管控制欲望强烈、作风专制武断。	219	98.2%	4	1.8%	223	100.0%
Q37 我的公司提供充分的进修机会、鼓励参与学习活动。	218	97.8%	5	2.2%	223	100.0%
Q38 人员的教育训练是我们公司的重要工作。	219	98.2%	4	1.8%	223	100.0%
Q39 我的公司重视信息收集与新知的获得与交流。	219	98.2%	4	1.8%	223	100.0%
Q40 我的公司重视客户的反应与相关厂商或单位的意见。	214	96.0%	9	4.0%	223	100.0%
Q41 要让公司引进新的技术设备或不同的工作理念十分困难。	209	93.7%	14	6.3%	223	100.0%
Q42 热衷进修与学习的同仁可以受到公司的支持与重用。	207	92.8%	16	7.2%	223	100.0%
Q43 公司经常办理研讨活动、鼓励观摩别人的作品与经验。	211	94.6%	12	5.4%	223	100.0%
Q44 我的工作空间气氛和谐良好、令人心情愉快。	222	99.6%	1	.4%	223	100.0%
Q45 我有一个舒适自由、令我感到满意的工作空间。	222	99.6%	1	.4%	223	100.0%
Q46 我的工作空间易受他人或噪音的侵扰。	218	97.8%	5	2.2%	223	100.0%
Q47 我的工作环境可以使我拥有创意的灵感与启发。	217	97.3%	6	2.7%	223	100.0%
Q48 我可以自由安排与布置我的工作环境。	220	98.7%	3	1.3%	223	100.0%
Q49 整体而言，我的工作环境同仁关系良好、人际交流丰富。	223	100.0%	0	.0%	223	100.0%
Q50 在我的工作环境中，经常可以获得来自他人的肯定与支持。	219	98.2%	4	1.8%	223	100.0%

高缺失题目

观察值摘要:项目描述统计

	平均数	标准差	偏态	峰度
Q1 我们公司重视人力资产、鼓励创新思考。	2.77	.93	−.215	−.859
Q2 我们公司上情下达、意见交流沟通顺畅。	2.86	.89	−.294	−.739
Q3 我们公司心态保守、开创性不足。	231	.96	.107	−.969
Q4 我们公司能够提供诱因鼓励创新的构想。	2.45	.90	.193	−.714
Q5 我们公司鼓励尝试与错中学习的任事精神。	2.59	.96	−.114	−.910
Q6 我们公司对于风险相当在意、忌讳犯错。	1.80	.85	.638	−.691
Q7 我们公司崇尚自由开放与创新变革。	2.58	.97	−.022	−.000
Q8 当我有需要,我可以不受干扰地独立工作。	2.53	.98	.099	
Q9 我的工作内容有我可以自由发挥与挥洒的空间。	2.69	.94	−.106	
Q10 我可以自由地设定我的工作目标与进度。	2.68	1.01	−.199	−1.00
Q11 我的工作多半是一成不变、例行性的工作事项。	2.09	.94	.345	−.921
Q12 我的工作十分具有挑战性。	2.60	.94	−.196	−.841
Q13 当我工作时,往往有许多杂事会干扰着我。	1.94	.86	.592	−.371
Q14 时间的压力是我无法有效工作的困扰因素。	2.39	.88	−.157	−.817
Q15 我的工作荷载庞大、工作压力沉重。	2.29	.89	.121	−.777
Q16 我拥有足够的设备器材以进行我的工作。	2.82	.89	−.242	−.753
Q17 我可以获得充分的数据与信息以进行我的工作。	2.87	.85	−.433	−.349
Q18 只要我有需要,我可以获得专业人员的有效协助。	2.83	.91	−.333	−.698
Q19 我经常获得其他机构或单位厂商的支援而有效推动工作。	2.32	.96	.241	−.870
Q20 我的工作经常因为预算、财务或资金的问题而有所阻碍。	2.70	.94	−.329	−.706
Q21 我的工作经常因为各种法规、规定与规则限制而有所阻碍。	2.23	.98	.241	
Q22 对于我们工作上的需要,公司会尽量满足我们。	2.79	.89	−.286	
Q23 我的工作伙伴与团队成员具有良好的共识。	2.98	.80	−.452	−.202
Q24 我的工作伙伴与团队成员具有一致的目标。	3.12	.78	−.736	.379
Q25 我的工作伙伴与团队成员能够相互支持与协助。	3.20	.79	−.768	.159
Q26 我的工作伙伴与团队成员能够多方讨论、交换心得。	3.15	.85	−.824	.082
Q27 我的工作伙伴与团队成员能以沟通协调来化解问题与冲突。	3.07	.82	−.728	.159
Q28 我的工作伙伴与团队成员恶性竞争、批判性浓厚。	2.91	.92	−.506	−.541
Q29 我的工作伙伴与团队成员分工明确、责任清楚。	2.91	.83	−.318	−.561
Q30 我的主管能够尊重与支持我在工作上的创意。	2.95	.83	−.557	−.101
Q31 我的主管拥有良好的沟通协调能力。	2.95	.78	−.332	−.371
Q32 我的主管能够尊重不同的意见与异议。	2.91	.84	−.435	−.352
Q33 我的主管能够信任部属,给予适当的授权。	2.95	.86	−.523	−.325
Q34 我的主管以身作则,是一个良好的工作典范。	2.98	.88	−.523	−.478
Q35 我的主管固执己见、主观色彩浓厚。	2.51	.92	−.114	−.819
Q36 我的主管控制欲望强烈、作风专制武断。	2.67	.94	−.358	−.722
Q37 我的公司提供充分的进修机会、鼓励参与学习活动。	2.70	.95	−.174	−.922
Q38 人员的教育训练是我们公司的重要工作。	2.80	.91	−.301	−.729
Q39 我的公司重视信息收集与新知的获得与交流。	2.79	.92	−.247	−.800
Q40 我的公司重视客户的反应与相关厂商或单位的意见。	3.12	.85	−.642	−.355
Q41 要让公司引进新的技术设备或不同的工作理念十分困难。	2.46	.86	−.002	−.634
Q42 热衷进修与学习的同仁可以受到公司的支持与重用。	2.91	.82	−.262	−.597
Q43 公司经常办理研讨活动、鼓励观摩别人的作品与经验。	2.59	.87	−.054	−.667
Q44 我的工作空间气氛和谐良好、令人心情愉快。	2.99	.86	−.540	−.362
Q45 我有一个舒适自由、令我感到满意的工作空间。	2.98	.84	−.659	.037
Q46 我的工作空间易受他人或噪音的侵扰。	2.50	.87	−.086	.646
Q47 我的工作环境可以使我拥有创意的灵感与启发。	2.55	.87	.052	
Q48 我可以自由安排与布置我的工作环境。	2.60	.99	−.140	
Q49 整体而言,我的工作环境同仁关系良好、人际交流丰富。	3.11	.80	−.844	.379
Q50 在我的工作环境中,经常可以获得来自他人的肯定与支持。	3.06	.72	−.468	.127

平均偏离

高偏态

低变异量

【D. 结果说明】

全部的 223 名受试者在 50 题共计 11150 次反应次数中，产生了 249 次的缺失，占 2.23%。其中有 5 题的缺失值超过 5%，分别为第 19、20、41、42、43 题。高于 3.5% 则有第 6、21、35、40 题。这些高缺失项目一般为优先删除的题目，但值得注意的是，高缺失的题目有集中的趋势，显示出填答者在遭遇填答困难时，前后题目的填答亦受到干扰影响，因此题目的删除还需合并其他指标的考量。描述统计检测以量表各项目的描述统计数据显示出题目的基本性质，过高与过低的平均数、较小的标准差与严重的偏态等三种倾向，代表测验项目可能存在鉴别度不足的问题。本范例题本的量尺为四点量表（不包含"无法作答"的中性选项），中间值为 2.5，各项目的平均数介于 1.8 至 3.2，标准差介于 0.72 至 1.01。

对于题目的选取，研究者可以自行订定标准，判定项目的优劣。以该研究为例，基于经验法则或研究的需要，作者提出几个检验标准：（1）项目平均数明显偏离（项目平均数超过全量表平均数的正负 1.5 个标准差，即高于 3.41 或低于 2.01），计有第 6、13 题偏低；（2）低鉴别度（标准差小于 0.75），计有第 50 题偏小；（3）偏态明显（偏态系数接近正负 1），计有第 24、25、26、27、49 题高于 0.7。这些低鉴别度指标同时发生于同一试题的仅有第 6 题，故应优先删除。其他较差者留待最后整体讨论。值得注意的是，这几个标准由该研究者提出，仅适用于该研究，并非通则性的做法。

范例 14-2　极端组比较

另一种项目鉴别度检验是极端组比较法，在所有受测者当中，依全量表总分高低两极端者予以归类分组，各题目平均数在这两极端受试者中，以 t 或 F 检验来检验应具有显著的差异，方能反映出题目的鉴别力（鉴别高低分者）。具体做法如下：

【A. 操作程序】

步骤一：选取 转换 → 计算变量 ，增加新变量 total，计算量表总分。

步骤二：选取 分析 → 叙述统计 → 频数分布表 ，选取量表总分至清单。

步骤三：点选统计量，进入统计量对话框，勾选百分位数，输入并新增 27 与 73，寻找前后 27% 受试者的切割点。

步骤四：进入结果视窗，寻找 27 与 73 百分位数（为 2.424 与 2.98）。

步骤五：选取 转换→ 重新编码成不同变量 ，点选旧变量（total），填入新变量（group），进行标签设定后，按 变更 。

步骤六：点选新值与旧值选项。勾选范围，输入 0 至 2.4284，并设定新值为数值 1（低分组），按新增后，再输入 2.9904 至 4，将值设定为 2（高分组），按新增，按继续与 确定 执行。

步骤七：查阅数据编辑视窗产生新变量 group。

步骤八：进行 t 检验。选取 分析 → 比较平均数法 → 独立样本 t 检验，将欲分析的题目移至清单，以 group 为分组变量，定义组别为 1 与 2。

步骤九：按 确定 执行。

【B. 步骤图示】

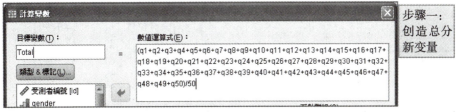

步骤一：创造总分新变量

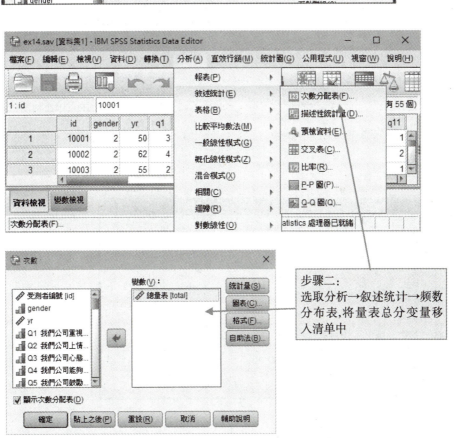

步骤二：选取分析→叙述统计→频数分布表，将量表总分变量移入清单中

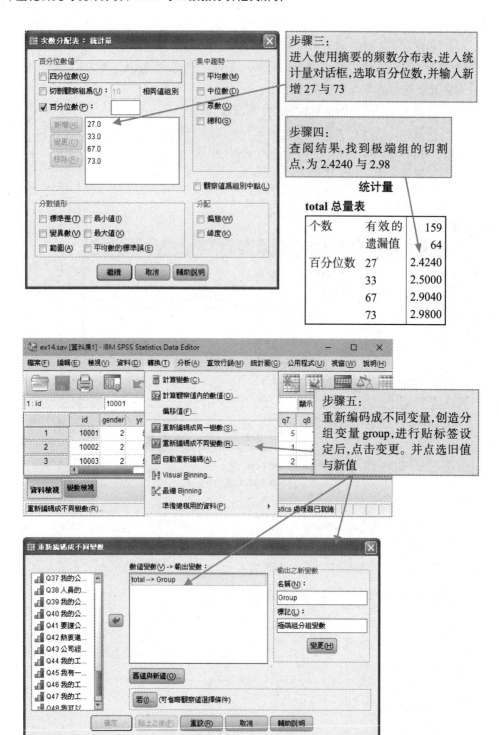

步骤三：
进入使用摘要的频数分布表，进入统计量对话框，选取百分位数，并输入新增 27 与 73

步骤四：
查阅结果，找到极端组的切割点，为 2.4240 与 2.98

统计量

total 总量表

个数	有效的	159
	遗漏值	64
百分位数	27	2.4240
	33	2.5000
	67	2.9040
	73	2.9800

步骤五：
重新编码成不同变量，创造分组变量 group，进行贴标签设定后，点击变更。并点选旧值与新值

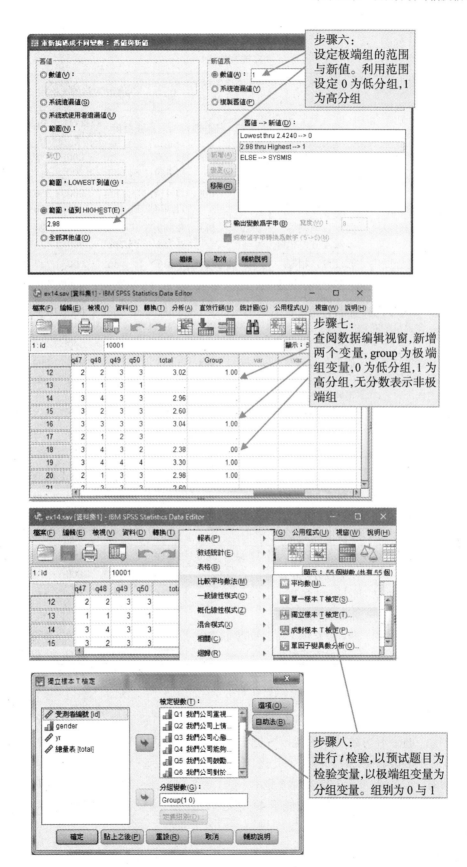

【C. 结果输出】

独立样本检验

		方差相等的 Levene 检定		平均数相等的 t 检定				
		F 检定	显著性	t	自由度	显著性（双尾）	平均差异	标准误差异
Q1 我们公司重视人力资产、鼓励创新思考。	假设方差相等	2.362	.128	11.397	86	.000	1.511	.133
	不假设方差相等			11.369	84.067	.000	1.511	.133
Q2 我们公司上情下达、意见交流沟通顺畅。	假设方差相等	1.685	.198	11.416	86	.000	1.556	.136
	不假设方差相等			11.374	82.455	.000	1.556	.137
Q3 我们公司心态保守、开创性不足。	假设方差相等	.320	.573	8.389	86	.000	1.423	.170
	不假设方差相等			8.388	85.762	.000	1.423	.170
Q4 我们公司能够提供诱因鼓励创新的构想。	假设方差相等	.309	.580	7.636	86	.000	1.227	.161
	不假设方差相等			7.646	85.985	.000	1.227	.161
Q18 只要我有需要，我可以获得专业人员的有效协助。	假设方差相等	.952	.332	8.481	86	.000	1.255	.148
	不假设方差相等			8.444	81.492	.000	1.255	.149
Q19 我经常获得其他机构或单位厂商的支援而有效推动工作。	假设方差相等	.000	.998	5.935	86	.000	1.099	.185
	不假设方差相等			5.943	85.978	.000	1.099	.185
Q20 我的工作经常因为预算、财务或资金的问题而有所阻碍。	假设方差相等	11.47	.001	1.820	86	.072	.355	.195
	不假设方差相等			1.807	75.935	.075	.355	.196
Q32 我的主管能够尊重不同的意见与建议。	假设方差相等	2.861	.094	8.676	86	.000	1.255	.148
	不假设方差相等			8.617	76.867	.000	1.255	.149
Q33 我的主管能够信任部属，给予适当的授权。	假设方差相等	3.353	.071	9.647	86	.000	1.099	.185
	不假设方差相等			9.581	76.942	.000	1.099	.185
Q34 我的主管以身作则是一个良好的工作典范。	假设方差相等	17.84	.000	9.418	86	.000	.355	.195
	不假设方差相等			9.293	62.283	.000	.355	.196
Q35 我的主管固执己见、主观色彩浓厚。	假设方差相等	1.391	.242	2.266	86	.026	.451	.199
	不假设方差相等			2.262	84.573	.026	.451	.199
Q36 我的主管控制欲望强烈、作风专制武断。	假设方差相等	4.426	.038	4.499	86	.000	.879	.195
	不假设方差相等			4.480	81.907	.000	.879	.196

【D. 结果说明】

在全体受测者 223 人当中，各取全量表总分最高与最低的各 27%（各约 60 人）为极端组，进行平均数差异检验，数据显示，t 检验未达 0.05 显著水平计有第 20 题（$t(86) = 1.820, p = 0.072$），显示此题明显无法鉴别高低分。未达 0.01 水平计有第 35（$t(86) = 2.266, p = 0.026$）、46 题（$t(86) = 2.651, p = 0.010$），显示这两题的鉴别度稍差。其他较差的题目（t 值低于 4）包括第 6、13、15、21、41 等题。

范例 14-3　题目总分相关分析

【A. 操作程序】

步骤一：求项目与总分相关。选取 分析 → 尺度 → 信度分析 。
步骤二：进入对话框，选取欲分析的题目移至清单中。点选 统计量 。
步骤三：进入统计量对话框，选择 删除题项后之量尺摘要 。
步骤四：按 确定 执行。

【B. 步骤图示】

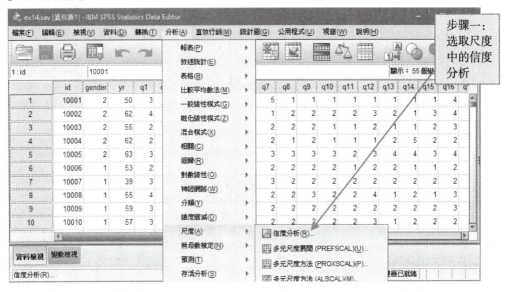

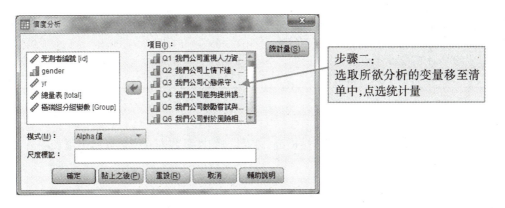

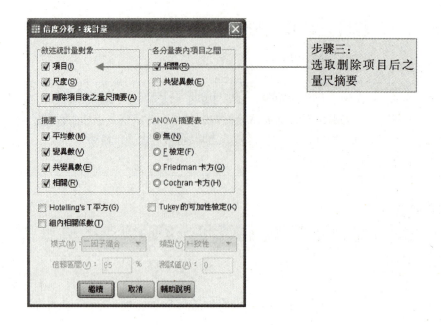

步骤三：
选取删除项目后之
量尺摘要

【C. 结果报表】

相关较低的题目列入删
除的可能名单中

项目整体统计量

	项目删除时的尺度平均数	项目删除时的尺度方差	修正的项目总相关	项目删除时的 Cronbach's Alpha 值
Q1 我们公司重视人力资产、鼓励创新思考。	132.91	483.359	.635	.942
Q2 我们公司上情下达、意见交流沟通顺畅。	132.82	484.391	.627	.943
Q3 我们公司心态保守、开创性不足。	133.42	484.092	.589	.943
Q4 我们公司能够提供诱因鼓励创新的构想。	133.25	486.503	.568	.943
Q5 我们公司鼓励尝试与错中学习的任事精神。	133.05	484.833	.564	.943
Q6 我们公司对于风险相当在意、忌讳犯错。	133.87	497.908	.291	.945
Q7 我们公司崇尚自由开放与创新变革。	133.14	483.386	.618	.943

【D. 结果说明】

分析结果发现，全量表的同质性极高，内部一致性系数为 0.95，显示出量表项目具有相当的同质性。

表 14-1 项目分析结果总表(列出 30 题)

题号	题目内容	遗漏检验	平均数	标准差	偏态	极端组 t 检验	相关[a]
1	我们公司重视人力资产、鼓励创新思考。	2.2%	2.77	0.93	−0.21	−14.7	0.64
2	我们公司上情下达、意见交流沟通顺畅。	0.4%	2.86	0.89	−0.29	−13.8	0.63
3	我们公司心态保守、开创性不足。	1.8%	2.31	0.96	0.11	−10.2	0.59
4	我们公司能够提供诱因鼓励创新的构想。	3.1%	2.45	0.90	0.19	−8.7	0.57
5	我们公司鼓励尝试与错中学习的任事精神。	1.8%	2.59	0.96	−0.11	−9.8	0.56
6	我们公司对于风险相当在意、忌讳犯错。	3.6%	1.80	0.85	0.64	−4.0	0.29
7	我们公司崇尚自由开放与创新变革。	2.2%	2.58	0.97	−0.02	−11.7	0.62
8	当我有需要,我可以不受干扰地独立工作。	0.4%	2.53	0.98	0.10	−10.8	0.60
9	我的工作内容有我可以自由发挥与挥洒的空间。	0.9%	2.69	0.94	−0.11	−12.0	0.66
10	我可以自由地设定我的工作目标与进度。	1.3%	2.68	1.01	−0.20	−9.5	0.55
11	我的工作多半是一成不变、例行性的工作事项。	0.0%	2.09	0.94	0.34	−5.4	0.28
12	我的工作十分具有挑战性。	1.3%	2.60	0.94	−0.20	−5.7	0.38
13	当我工作时,往往有许多杂事会干扰着我。	0.9%	1.94	0.86	0.59	−3.8	0.31
14	时间的压力是我无法有效工作的困扰因素。	0.4%	2.39	0.88	−0.16	−4.1	0.29
15	我的工作荷载庞大、工作压力沉重。	0.4%	2.29	0.89	0.12	−4.5	0.27
16	我拥有足够的设备器材以进行我的工作。	2.7%	2.82	0.89	−0.24	−8.8	0.50
17	我可以获得充分的数据与信息以进行我的工作。	0.4%	2.87	0.85	−0.43	−8.6	0.56
18	只要我有需要,我可以获得专业人员的有效协助。	1.8%	2.83	0.91	−0.33	−11.0	0.60
19	我经常获得其他机构或单位厂商的支援而有效推动工作。	6.3%	2.32	0.96	0.24	−6.5	0.46
20	我的工作经常因为预算、财务或资金的问题而有所阻碍。	7.2%	2.70	0.94	−0.33	−1.3	0.13
21	我的工作经常因为各种法规、规定与规则限制而有所阻碍。	4.9%	2.23	0.98	0.24	−4.2	0.30
22	对于我们工作上的需要,公司会尽量满足我们。	1.8%	2.79	0.89	−0.29	−8.1	0.50
23	我的工作伙伴与团队成员具有良好的共识。	2.2%	2.98	0.80	−0.45	−11.8	0.64
24	我的工作伙伴与团队成员具有一致的目标。	1.3%	3.12	0.78	−0.74	−10.2	0.59
25	我的工作伙伴与团队成员能够相互支持与协助。	1.3%	3.20	0.79	−0.77	−10.8	0.60
26	我的工作伙伴与团队成员能够多方讨论、交换心得。	0.9%	3.15	0.85	−0.82	−9.6	0.51
27	我的工作伙伴与团队成员能以沟通协调来化解问题与冲突。	1.3%	3.07	0.82	−0.73	−10.1	0.55
28	我的工作伙伴与团队成员恶性竞争、批判性浓厚。	2.2%	2.91	0.92	−0.51	−6.2	0.39
29	我的工作伙伴与团队成员分工明确、责任清楚。	1.3%	2.91	0.83	−0.32	−8.1	0.38
30	我的主管能够尊重与支持我在工作上的创意。	3.1%	2.95	0.83	−0.56	−10.3	0.56
全量表		2.2%	2.71	0.47	−0.10		

a. 信度分析所提供的校正后项目总分相关(Correlated Item-Total Correlation)系数。

■ **综合判断**

项目分析的决定，是根据上述各项指标的数据来加以整体判断的，各项目有一项指标不理想有第 19 题。各项指标中，有五项指标不理想有一题，为第 6 题"我们公司对于风险相当在意、忌讳犯错"，有三项不理想计有第 20、21、35、46 题，两项不理想计有第 11、13、14、15 题，这些项目可考虑删除。因此，经过项目分析之后，删除 9 题，保留 41 题，用以进行下一阶段的正式量表施测。整体而言，项目分析可以从多重角度来进行，如下表所示，在判断上并无公认的标准，研究者可从个人需求出发，自行运用各种策略，来确认量表题目的质量。

表 14-2　项目分析有问题的结果

题号	题目内容	缺失检验	平均数	标准差	偏态	极端检验	相关	累计数
6	我们公司对于风险相当在意、忌讳犯错。	*	*		*	*	*	5
11	我的工作多半是一成不变、例行性的工作事项。					*	*	2
13	当我工作时，往往有许多杂事会干扰着我。		*			*		2
14	时间的压力是我无法有效工作的困扰因素。					*	*	2
15	我的工作荷载庞大、工作压力沉重。					*	*	2
19	我经常获得其他机构或单位厂商的支援有效推动工作。	*						1
20	我的工作经常因为预算、财务或资金的问题而有所阻碍。	*				*	*	3
21	我的工作经常因为各种法规规定与规则限制而有所阻碍。	*				*	*	3
25	我的工作伙伴与团队成员能够相互支持与协助。				*			1
26	我的工作伙伴与团队成员能够多方讨论、交换心得。				*			1
27	我的工作伙伴与团队成员能以沟通协调化解问题与冲突。				*			1
35	我的主管固执己见、主观色彩浓厚。	*				*	*	3
40	我的公司重视客户的反应与相关厂商或单位的意见。	*						1
41	要让公司引进新的技术设备或不同的工作理念十分困难。	*				*		2
42	热衷进修与学习的同仁可以受到公司的支持与重用。	*						1
43	公司经常办理研讨活动、鼓励观摩别人的作品与经验。	*						1
46	我的工作空间易受他人或噪音的侵扰。					*	*	2
49	整体而言，我的工作环境同仁关系良好、人际交流丰富。				*			1
50	在我的工作环境中，经常可以获得来自他人的肯定支持。			*				1

第四节　SPSS 的信度估计范例

信度评估除了针对整份量表来进行检测外，还必须就不同的分量表来进行。示范如下：

范例 14-4　Cronbach's α 系数分析

以前述所提及的组织创新量表为例，共有"团队默契"等六个因素。整套量表与六个因素的信度估计步骤如下：

【A. 操作程序】

步骤一：选取 分析 → 量尺法 → 信度分析 。

步骤二：进入对话框，选取欲分析的题目移至清单中。

步骤三：点选所需的信度估计模式，包括 ALPHA、折半信度、GUTTMAN、平行模式与严密平行模式检验。

步骤四：点选统计量。进入统计量对话框，选择适当的 统计量 。

【B. 步骤图示】

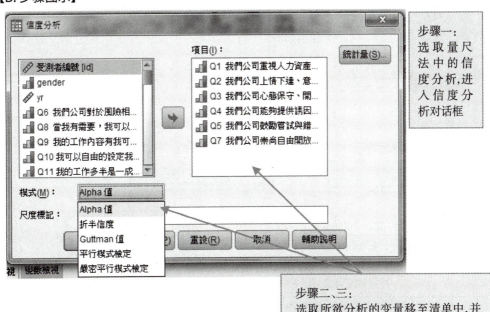

步骤一：
选取量尺法中的信度分析，进入信度分析对话框

步骤二、三：
选取所欲分析的变量移至清单中，并选择所需的信度估计模式

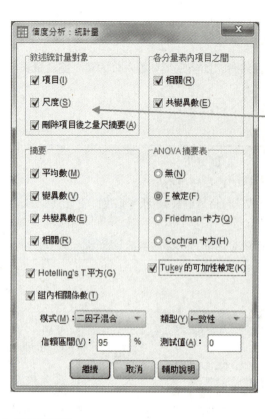

步骤四：
进入统计量对话框,选择适当的统
计量

【C. 结果报表】

观察值处理摘要

		个数	%
观察值	有效	209	93.7
	排除 a	14	6.3
	总数	223	100.0

a. 根据程序中的所有变量删除
全部缺失值

信度系数
Alpha 即 为 Cronbach's α,
0.867 属于高信度系数

标准化信度系数
标准化的 a 表示考虑各题
目方差不相等所造成的影
响,经校正后的系数

可靠性统计量

Cronbach's Alpha 值	以标准化项目为准的 Cronbach's Alpha 值	项目的个数
.867	.867	6

描述统计
列出量表的题目标识

列出各题的平均数、标准差与样本数

项目统计量

	平均数	标准离差	个数
Q1 我们公司重视人力资产、鼓励创新思考。	2.78	.926	209
Q2 我们公司上情下达、意见交流沟通顺畅。	2.86	.893	209
Q3 我们公司心态保守、开创性不足。	2.30	.961	209
Q4 我们公司能够提供诱因鼓励创新的构想。	2.46	.904	209
Q5 我们公司鼓励尝试与错中学习的任事精神。	2.59	.952	209
Q7 我们公司崇尚自由开放与创新变革。	2.58	.963	209

摘要项目统计量

	平均数	最小值	最大值	范围	最大值 / 最小值	方差	项目的 个数
项目平均数	2.593	2.301	2.856	.555	1.241	.041	6
项目方差	.871	.797	.928	.131	1.164	.003	6
项目间共方差	.454	.341	.578	.237	1.695	.004	6
项目间相关	.521	.373	.648	.275	1.738	.005	6

项目整体统计量

	项目删除 时的尺度 平均数	项目删除 时的尺度 方差	修正的 项目总 相关	复相关 平方	项目删除 时的 Alpha 值
Q1 我们公司重视人力资产、鼓励创新思考。	12.78	13.083	.730	.550	.832
Q2 我们公司上情下达、意见交流沟通顺畅。	12.70	13.796	.640	.420	.848
Q3 我们公司心态保守、开创性不足。	13.26	13.741	.585	.380	.858
Q4 我们公司能够提供诱因鼓励创新的构想。	13.10	13.552	.671	.494	.843
Q5 我们公司鼓励尝试与错中学习的任事精神。	12.97	13.605	.615	.414	.853
Q7 我们公司崇尚自由开放与创新变革。	12.98	12.788	.743	.561	.830

【D. 结果分析】

分析结果发现，以组织理念分量表为例的信度估计，Alpha 系数（0.87）较折半系数（0.85）高，主要原因在于折半系数的两个子量表各只有一半的长度，当长度减小，信度会下降，因此一般皆建议使用 Alpha 系数。

整体而言，全量表的同质性极高，内部一致性系数为 0.94，显示出量表项目具有相当的同质性。各因子所形成的分量表信度系数介于 0.75 至 0.87，显示出最后一个分量表（资源提供）的系数较低（因为题数较少），但是均在可接受的范围内。

范例 14-5　折半信度分析

折半系数（split-half）模式将量尺自动分成两部分，并检验两部分的相关。可从信度对话框中选取此一模式。下列结果仅列出与 Alpha 的不同之处。

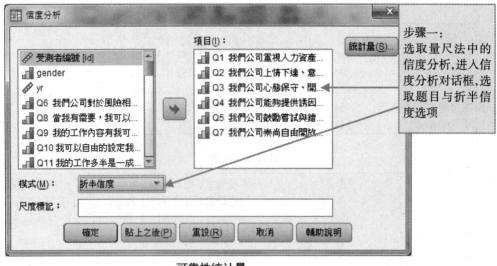

步骤一：
选取量尺法中的信度分析,进入信度分析对话框,选取题目与折半信度选项

可靠性统计量

Cronbach's Alpha 值	第 1 部分	数值	.764
		项目的个数	3[a]
	第 2 部分	数值	.794
		项目的个数	3[b]
	项目的总个数		6
形式间相关			.731
Spearman-Brown 系数	等长		.844
	不等长		.844
Guttman Split-Half 系数			.844

a. 项目为 \:Q1 我们公司重视人力资产、鼓励创新思考。Q2 我们公司上情下达、意见交流沟通顺畅。Q3 我们公司心态保守、开创性不足。

b. 项目为 \:Q4 我们公司能够提供诱因鼓励创新的构想。Q5 我们公司鼓励尝试与错中学习的任事精神。Q7 我们公司崇尚自由开放与创新变革。

折半信度分析摘要：
六个题目分成等长度的两个子量表。两个量表之间的相关系数为 0.731,折半系数等长度下的斯皮尔曼 - 布朗系数为 0.844,不等长的校正系数也为 0.844(因为本范例题数为偶数,校正结果无差异)。

第五节　R 的项目分析与信度分析范例

以 R 进行项目分析与信度分析,仅需使用本书先前所提及的一些包（如 psych）,进行描述统计与 t 检验以及基本的变量运算的应用,即可完成大多数的分析。比较特别的是，如果要计算信度或项目总分相关，则需依赖 psychometric 包，介绍如下。

```
> #Chapter14: Item analysis and reliability analysis
> # 讀取資料
> library(foreign)                              如果无法执行，需自行增加文件路径
> ex14.1 <- read.spss("ex14.sav", to.data.frame=TRUE) # 讀取 SPSS 資料檔
>
> # 項目分析
> missing1 <-apply(apply(ex14.1[,4:53], 2, is.na), 2, sum)        # 計算遺漏次數
> missing2 <-apply(apply(ex14.1[,4:53], 2, is.na), 2, sum)/223    # 計算遺漏比率
>
> library(psych)                         # 先安裝套件 install.packages("psych")
> des <- describe(ex14.1[,4:53])         # 描述統計
>
> library(psychometric)          # 先安裝套件 install.packages("psychometric")
> rtot <- item.exam(ex14.1[,4:53],discrim = TRUE)  # 計算題目與總分相關
>
> # 進行極端組分組
> ex14.1$tot=apply(ex14.1[,4:53], 1, mean)        # 計算總平均
> ex14.1$grp=NA                                   # 設定分組變數初始值為 NA
> ex14.1$grp[ex14.1$tot < 2.424]="L"              # 設定低分組
> ex14.1$grp[ex14.1$tot > 2.98]= "H"              # 設定高分組
> library(car)
> ttest<-sapply(ex14.1[,4:53],
+     function(x) t.test(x~ex14.1$grp)$statistic)  # 將所有題目皆進行 t-test
>
> # 製作整合性報表
> result<-as.data.frame(t(rbind(missing1, missing2, des$mean, des$sd,
+         des$skew, des$kurtosis, ttest, rtot$Item.Tot.woi)))
> names(result)<-c('遺漏數', '遺漏率', '平均數', '標準差', '偏態', '峰度',
+         '極端組分析','題目總分相關')
> round(result, 3)

                                          综合后的结果，与表 14-1 相同

      遺漏數  遺漏率  平均數  標準差    偏態    峰度    極端組分析    題目總分相關
  q1       5   0.022   2.766   0.928  -0.212  -0.887       11.811           0.635
  q2       1   0.004   2.856   0.891  -0.290  -0.770       10.918           0.627
  q3       4   0.018   2.311   0.955   0.106  -0.993        8.265           0.589
  q4       7   0.031   2.449   0.898   0.190  -0.746        7.661           0.568
  q5       4   0.018   2.589   0.955  -0.112  -0.935        8.996           0.564
  ...

>
> # 信度分析
> alpha(ex14.1[,4:53])
```

```
Reliability analysis
Call: alpha(x = ex14.1[, 4:53])
                                        Cronbach's α 系数
  raw_alpha std.alpha G6(smc) average_r S/N   ase mean   sd median_r
      0.95      0.95    0.97      0.27  18 0.005 2.7 0.47     0.27

 lower alpha upper      95% confidence boundaries
 0.94 0.95 0.96
                                     其他关于项目的各类信息
 Reliability if an item is dropped:
      raw_alpha std.alpha G6(smc) average_r S/N alpha    se var.r med.r
 q1       0.95      0.95    0.97      0.26  18 0.0052 0.023  0.27
 q2       0.95      0.95    0.97      0.26  18 0.0052 0.023  0.27
 q3       0.95      0.95    0.97      0.27  18 0.0051 0.023  0.27
```

第十五章　因子分析：探索取向

第一节　基本概念

什么是"爱情""社会疏离感""创造力"？爱情的内涵是什么？创造力又是由哪些成分所组成的？社会与行为科学研究研究者常会问到一些抽象的问题。这些问题看似简单，但是如何给予其一个操作化定义，如何精准地测量这些概念，并以具体的实证研究提供效度的证据，是测验学者的重大挑战。现以 Rosenberg（1965）的自尊量表为例：

X_1. 大体来说，我对我自己十分满意

X_2. 有时我会觉得自己一无是处

X_3. 我觉得自己有许多优点

X_4. 我自信我可以和别人表现得一样好

X_5. 我时常觉得自己没有什么好骄傲的

X_6. 有时候我的确感到自己没有什么用处

X_7. 我觉得自己和别人一样有价值

X_8. 我十分地看重自己

X_9. 我常会觉得自己是一个失败者

X_{10}. 我对我自己持积极的态度

这十个题目在测量 Rosenberg 所谓的自尊，一个高自尊的人，会在这十个题目上得到高分；反之，低自尊者会得低分。或许每个题目各有偏重，但是影响这些题目分数高低的共同原因，就是自尊这一个构念。为了要证实研究者所设计的测验的确在测量某一潜在特质，并厘清潜在特质的内在结构，能够将一群具有共同特性的测量分数抽离出背后构念的统计分析技术，便是因子分析（factor analysis，FA）。

值得注意的是，人们往往会把因子分析与主成分分析（principal component analysis，PCA）两者混为一谈。在现象上，PCA 与 FA 两者都是一种数据降维技术，可将一组变量计算出一组新的分数，但在测量理论的位阶上两者却有不同，PCA 试图以数目较少的一组线性整合分数（称为主成分）解释最大程度的测量变量的方差，FA 则在寻找一组最能解释测量变量之间共变关系的共同因子，并且能够估计每一个测量变量受到测量误差影响的程度。相对之下，PCA 仅致力于建立线性整合分数，而不考虑测量变量背后是否具有测量误差的影响。

基本上，会使用因子分析来进行研究的人，所关注的是为何测量数据之间具有相关，是否因为测量变量受到背后潜藏的抽象现象或特质所影响而产生关联。研究者的责

任并非仅在于进行数据降维，而是如何排除测量误差的干扰，估计测量变量背后所存在的因子结构，因此 FA 所得到的提取分数较符合潜在变量之所以被称为"潜在"的真意，相对之下，PCA 所得到的组合分数仅是一种变量变换后的结果，而不宜称之为潜在变量。更具体来说，虽然两种方法都是应用类似的线性转换的统计程序来进行数据降维，但 PCA 的数据降维所关心的是测量变量的方差如何被有效解释，而 FA 则是进行因子提取，排除测量误差以有效解释测量变量间的协方差。事实上，当研究者所从事的是试探性研究或先导研究时，兼采这两种技术并加以比较，可以得到更多的信息。

第二节 因子分析的基本原理

一、潜在变量模型与基本原则

因子分析之所以能够探讨抽象构念的存在，主要是其能通过一个假设的统计模型，利用一套统计程序来估计潜在变量以证明构念的存在。换言之，因子分析所得到的潜在变量（统计结果）就是社会科学研究者所谓的抽象构念（方法学现象）。因而因子模型又被称为潜在变量模型（latent variable model）。

在潜在变量模型中，最重要的工作是潜在变量的定义。若依照发生的时间关系来区分，潜在变量有先验性或事前（priori），与经验性或事后（posteriori）两种不同形式。研究者在尚未进行数据收集工作之前，就对于所欲观察或测量的潜在变量的概念与测量方式加以说明，即为先验性潜在变量，相对地，如果是在数据收集完成之后由实证数据所整理获得潜在变量，称经验性或事后的潜在变量。

不论是经验性或先验性潜在变量模型，潜在变量的一个重要统计原则是局部独立原则（principle of local independence）（Bollen，2002）。如果一组观察变量背后确实存在潜在变量，那么观察变量之间所具有的相关，会在潜在变量估计后消失，换言之，当统计模型中正确设定了潜在变量后，各观察变量即应不具有相关，而具有统计独立性，相对地，如果观察变量的剩余变异量中仍带有关联，那么局部独立性即不成立，此时因子分析得到的结果并不适切。

因子分析对于潜在变量的定义与估计，有一个重要的方法学原则，被称为简效原则（principle of parsimony）。在因子分析中，简效性有双重意涵：结构简效与模型简效，前者基于局部独立性原则，指观察变量与潜在变量之间的结构关系具有最简化的结构特性；后者则是基于未定性原则，对于因子模型的组成有多种不同方式，在能符合观察数据的前提下，最简单的模型应被视为最佳模型。测验得分背后的最佳化因子结构，被称为简化结构（simple structure），是因子分析最重要的基本原则（Mulaik，1972）。

二、因子与共变结构

基本上，因子分析所处理的是观察变量之间的共变，亦即利用数学原理来抽离一组观察变量之间的共同变异成分，然后利用这个共同变异成分来反推这些观察变量与此一共同部分的关系。

如果今天有一组观察变量，以 X 表示，第 i 与第 j 个观察变量间具有相关 ρ_{ij}，以因子模型的观点来看，ρ_{ij} 指两者的共同部分，此一共同部分可通过系数 λ_i 与 λ_j［因子荷载（factor loading）］来重制出 ρ_{ij}：

$$\rho_{ij} = \lambda_i \lambda_j \tag{15-1}$$

以三个观察变量（X_1、X_2、X_3）为例，两两之间具有相关的情况下，可以计算出三个相关系数（ρ_{12}、ρ_{23}、ρ_{13}），反映三个观察变量之间的关系强弱，如图 15-1 所示。

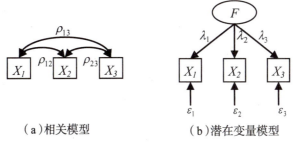

（a）相关模型　　　　　（b）潜在变量模型

图 15-1　三个观察变量的相关模型与潜在变量模型

对于这三个观察变量的共同变异部分，可以 F 表示，其与三个观察变量的关系可以图 15-1（b）表示，此时即为一个具有单因子的因子模型。三个相关系数可以利用 λ_1、λ_2、λ_3 重制得出，亦即 $\rho_{12}=\lambda_1\lambda_2$、$\rho_{13}=\lambda_1\lambda_3$、$\rho_{23}=\lambda_2\lambda_3$。在不同的数学算则与限定条件下，可以求得前述方程式中重制 ρ_{12}、ρ_{23}、ρ_{13} 的 λ_1、λ_2、λ_3 三个系数的最佳解，此即因子分析所得到的参数估计结果。估计得出的共同部分 F 则称因子（factor），此一因子模式建立后，研究者即可利用 F 的估计分数来代表这三个观察变量，达到数据简化的目的。或是将 F 这个影响观察变量变异的共同原因解释为潜藏在背后的抽象特质或心理构念。

三、因子分析方程式

根据前述的说明，ρ_{ij} 是观察到的已知数，因此 λ 系数可以通过统计算则进行求解，估计出潜在变量，方程式如下：

$$F = b_1 X_1 + b_2 X_2 + b_3 X_3 + \cdots + U \tag{15-2}$$

以自尊量表为例，用 X_1 到 X_{10} 十个观察变量来估计"自尊"这一个共同因子（common factor），U 则是自尊这个构念无法被十个题目估计到的独特（uniqueness）部分。从这十个题目估计出背后的抽象构念，主要的工作就是计算出构成共同因子的权数 b_1、b_2、$\cdots$、b_{10}，称因子分数系数（factor score coefficient）。反过来看，对于个别观察变量的得分，可以利用下列方程式来重制得出（或加以预测）：

$$X_j = \lambda_1 F_1 + \lambda_2 F_2 + \lambda_3 F_3 + \cdots + \lambda_m F_m = \Sigma \lambda_m F_m \qquad (15\text{-}3)$$

从个别题目来看，各因子对题目的解释力可计算出共同性（communality），亦即每一个测量变量变异被因子解释的比例，以 h^2 表示，又被称为共同变异（common variance）。

$$h^2 = \lambda_1^2 + \lambda_2^2 + \cdots + \lambda_m^2 = \Sigma \lambda_m^2 \qquad (15\text{-}4)$$

相对地，无法解释的部分则被称为独特性，又称独特变异（unique variance），以 u^2 表示。当提取出来的各因子能够解释观察变量变异的能力越强，共同性越高，独特性越低；反之，当提取出来的各因子能够解释观察变量变异的能力越弱，共同性越低。测量变量的方差（σ^2）为共同性与独特性的和：$\sigma^2 = h^2 + u^2$。

值得注意的是，当因子分析以相关矩阵进行分析时，各测量变量取标准分数来进行分析，因此各观察变量的方差为 1，共同性 h^2 与独特性 u^2 均为介于 0 到 1 的正数，两者和为 1，因此对其解释的方式可用百分比的概念。但是如果是以协方差矩阵进行分析，各测量变量的方差不一定为 1，反映各观察变量的变异强弱。一般而言，为了便于解释，去除各观察变量单位（量尺）差异的影响，因子分析均以相关系数作为分析矩阵，以确实掌握共同部分的内涵。研究者如果为了保持各观察变量的原始尺度，使因子或主成分的提取能够保留原始单位的概念，可以利用协方差矩阵来分析。

第三节　因子分析的程序

 一、因子分析的条件

（一）共变关系的检测

到底一组测量变量适不适合进行因子分析，测量变量背后是否具有潜在构念，除了从理论层次与题目内容两个角度来推导之外，更直接的方式是检视测量变量的相关情形。表 15-1 展示了自尊量表前 6 题的描述统计量与观察相关矩阵（observed correlation matrix），以 R 表示。该矩阵的各向量反映了各观察变量的两两相关。

第二种方法是利用净相关矩阵来判断变量之间是否具有高度关联，当测量变量的两两相关在控制其他观察变量所求得的净相关（partial correlation）矩阵（称为反映像矩阵），表示各题之间具有明显的共同因子，相对地，若净相关矩阵有多数系数偏高，表示变量间的关系不大，不容易找到有意义的因子。

反映像矩阵的对角线被称为抽样适切性量数（measures of sampling adequacy，MSA），为该测量变量有关的所有相关系数与净相关系数的比较值，该系数越大，表示相关情形良好，各测量变量的 MSA 系数取平均后即为 KMO 量数（Kaiser-Meyer-Olkin measure of sampling adequacy），执行因子分析的 KMO 大小判断标准见表 15-2（Kaiser，1974）。

表 15-1　自尊量表前 6 题的描述统计量与相关矩阵（**R**）（$N = 1000$）

		M	s	X_1	X_2	X_3	X_4	X_5	X_6
X_1	大体来说,我对我自己十分满意	3.535	1.123	1.00					
X_2	有时我会觉得自己一无是处	2.743	1.400	0.321	1.00				
X_3	我觉得自己有许多优点	3.401	1.039	0.494	0.396	1.00			
X_4	我自信我可以和别人表现得一样好	3.881	1.050	0.392	0.241	0.512	1.00		
X_5	我时常觉得自己没有什么好骄傲的	2.187	1.110	0.163	0.282	0.253	0.104	1.00	
X_6	有时候我的确感到自己没有什么用处	2.808	1.368	0.316	0.651	0.377	0.223	0.371	1.00

注:对角线下方的数值为皮尔逊相关系数。

表 15-2　KMO 统计量的判断原理

KMO 统计量	因子分析适合性
0.90 以上	极佳的（marvelous）
0.80 以上	良好的（meritorious）
0.70 以上	中度的（middling）
0.60 以上	平庸的（mediocre）
0.50 以上	可悲的（miserable）
0.50 以下	无法接受（unacceptable）

　　第三种方法是检查共同性。共同性为测量变量与各因子相关系数的平方和,表示该变量的变异量被因子解释的比例,其计算方式为在一变量上各因子荷载平方值的总和。变量的共同性越高,因子分析的结果就越理想。

　　（二）样本数问题

　　在因子分析当中,样本的选取与规模是一个重要的议题。如果样本太小,最直接的问题是样本欠缺代表性,得到不稳定的结果。从检验力的观点来看,因子分析的样本规模当然是越大越好,但是到底要多大,到底不能多小,学者们存在不同甚至对立的意见（参见MacCallum,Widaman,Zhang,& Hong,1999）。一般而言,对于样本数的判断,可以从绝对规模与相对规模两个角度来分析。

　　早期研究者所关注的主要是整个因子分析的样本规模,亦即绝对样本规模（absolute sample size）。综合过去的文献,多数学者主张 200 为是一个重要的下限,Comrey 与 Lee（1992）指出一个较为明确的标准是100为差（poor）,200 为还好（fair）,300 为佳（good）,500 以上是非常好（very good）,1000 以上则是优异（excellent）。

　　相对规模则是根据每个测量变量所需要的样本规模（cases-per-variable ratio; N/p）来判断,最常听到的原则是10∶1（Nunnally,1978）,也有学者建议 20∶1（Hair,Anderson,Tatham,& Grablowsky,1979）。一般而言,以越高的比例所进行的因子分析稳定度越高,但不论在哪一种因子分析模式下,每个因子至少要有三个测量变量是获得稳定结果的最起码标准。

　　近年来，研究者采用模拟研究发现，理想的样本规模并没有一个最小值，而是取决于几个参数条件的综合考量，包括共同性、荷载、每个因子的题数、因子的数目等。例如，de Winter、Dodou 和 Wieringa（2009）指出，在一般研究情境中，如果荷载与共同性偏低而因子数目偏多时，大规模的样本仍有必要，但是如果因子荷载很高，因子数目少，而且每一个因子的题目较多，在 50 以下的样本数仍可以获得稳定的因子结构。例如，在因子荷载达到 0.80，24 个题目只有一个因子的情况下，6 笔数据即可以得到理想的因子侦测。

　　当因子结构趋向复杂时，样本规模的需求也随之提高。其中一个比较容易发生的问题是因子间相关（interfactor correlation，IFC），当 IFC 越高，正确的因子侦测所需要的样本数也就提高。此外，研究者习惯以因子题数比例来检验因子分析所需要的样本数，de Winter、Dodou 和 Wieringa（2009）研究发现，p/f 比例本身并非重要的指标，而是这两个条件分别变动的影响。当此一比例固定时，题数与因子数目的变动所造成的样本量需求必须分开检视，例如，当因子荷载为 0.8、$p/f = 6$ 时，能够稳定侦测因子的最低样本数，在 12/2 时为 11，但在 48/8 时为 47。

二、因子的提取（factor extraction）

　　将一组测量变量进行简化的方法很多，但能够提取出共同因子、排除测量误差的方法才能被称为因子分析（如主轴因子法）。在一般统计软件中所提供的主成分分析法是利用变量的线性整合来化简变量成为几个主成分，并不适合用来进行构念估计。

　　主轴因子法与主成分分析法的不同，在于主轴因子法是试图解释测量变量间的协方差而非全体变异量。其计算方式与主成分分析的差异，是主轴因子法是将相关矩阵 R 以 $\tilde{R}$ 取代，以排除各测量变量的独特性。换言之，主轴因子法提取出具有共同变异的部分。第一个抽取出的因子解释了测量变量间共同变异的最大部分；第二个因子则试图解释第一个因子提取后所剩余的测量变量共同变异的最大部分；其余因子依序解释剩余的共同变异中的最大部分，直到共同变异无法被有效解释为止。

　　此法符合古典测量理论对于潜在构念估计的概念，亦即因子提取旨在针对变量间的共同变异，而非分析变量的总变异。若以测量变量的总变异进行因子估计，其中包含测量误差，混杂在因子估计的过程中，主轴因子提取法借由将共同性代入观察矩阵中，虽然减少了因子的总解释变异，但是有效排除了无关的变异的估计，在概念上符合理论的需求，因子的内容较易了解（Snock & Gorsuch，1989）。此外，主轴因子法的因子抽取以迭代程序来进行，能够产生最理想的重制矩阵，得到最理想的适配性以及较小的残差。但是，也正因为主轴因子法需估计观察矩阵的对角线数值，因此比主成分分析估计需要更多的参数，模式简效性较低。但一般在进行抽象构念的估计时，理论检验的目的性较强，而非单纯化简变量，因此宜采用主轴因子法，以获得更接近潜在构念的估计结果。

另一种也常被用来提取因子的技术是最大似然法（maximum likelihood method，ML），基于正态概率函数的假定来进行参数估计。由于因子分析最重要的目的是希望能够从样本数据中估算出一个最能代表总体的因子模式。因此，若个别的测量分数呈正态分布，一组测量变量的联合分布也为多元正态分布，基于此一统计分布的假定，我们可以针对不同的假设模型来适配观察数据，借以获得最可能的参数估计数，作为模型的参数解，并进而得以计算模式适配度（goodness-of-fit），检视理论模式与观察数据的适配程度。换言之，如果从样本估计得到的参数越理想，所得到的重制相关会越接近观察相关。由于样本的估计来自多元正态分布的总体，因此我们可以利用正态分布函数以迭代程序求出最具可能性的一组估计数作为因子荷载。重制相关与观察相关的差异通过损失函数（lose function）来估计，并可利用显著性检验（卡方检验）来进行检验，提供了评估因子结构的客观标准。可惜的是，ML 法比起各种因子分析策略而言不容易收敛获得数学解，需要较大的样本数来进行参数估计，同时亦比较可能得到偏误的估计结果，这是其不利因素。

另一个与最大似然法有类似程序的技术为最小二乘法（least squares method），两者主要差异在于损失函数的计算方法不同。最小二乘法在计算损失函数时，是利用最小差距原理，导出因子形态矩阵后，取原始相关矩阵与重制矩阵的残差的最小二乘值，称未加权最小二乘法（unweighted least squares method），表示所抽离的因子与原始相关模式最接近。若相关系数事先乘以变量的残差，使残差大的变量（可解释变异量少）比重降低，共同变异较大者被加权放大，进而得到原始相关系数 / 新因子荷载系数差异的最小二乘距离，此时为加权最小二乘法（weighted least squares method）。在计算损失函数时，只有非对角线上的数据被纳入分析，而共同性在分析完成之后才进行计算。

还有一种提取方法被称为映像因子提取（image factor extraction），其原理是取各测量变量的变异量为其他变量的投射。每一个变量的映像分数以多元回归的方法来计算，映像分数的共变矩阵以 PCA 进行对角化。此一方法虽类似 PCA 能够产生单一数学解，但以对角线替代，因此得以被视为因子分析的一种。但是值得注意的是，此法所得到的因子荷载不是相关系数，而是变量与因子的协方差。至于 SPSS 当中提供的 Alpha 法（alpha factoring），则是以因子信度最大化为目标，以提高因子结构的类化到不同测验情境的适应能力。

三、因子个数的决定

对于因子数目的决定，Kaiser（1960，1970）建议以特征值大于 1 为标准，也就是共同因子的方差至少要等于单一测量变量的标准化方差（亦即 1）。虽然 Kaiser 法则简单明确，普遍为统计软件预设的标准，但是确有诸多缺点。例如，此一方法并没有考虑到样本规模与样本特性的差异。此外，当测量变量越多，越少的共同变异可被视为一个因子。例如，有 10 个测量变量时，1 个单位的共同变异占了全体变异的 10%，但是有 20 个测量变量时，1 个单位的共同变异仅占了全体变异的 5%，仍可被视为一个有意义的因子。Cliff（1988）质疑此一原则会挑选出过多的无意义的因子而公开反对此一标准的使用。

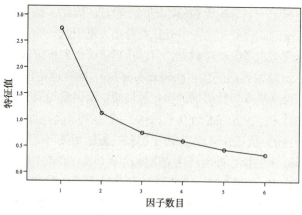

图 15-2　因子碎石图

另一种方法则是碎石检验（scree test）（Cattell，1966），如图 15-2 所示。其方法是将每一个因子依其特征值排列，特征值逐渐递减，当因子的特征值逐渐接近，没有变化时，代表特殊的因子已无法被抽离出来，当特征值急剧增加时，代表有重要因子出现，也就是特征值曲线变陡之时，即是决定因子个数之时。

如果前述的 Kaiser-Guttman 法则是一种特征值的绝对数量（大于 1）的比较，那么碎石图的使用就是一种相对数量的比较。当重要且显著的因子存在时，从测量变量所逐一抽取的共同变异量会有明显的递变，但是当没有重要且显著的因子存在时，共同变异的抽取只是一种随机的变动，在碎石图上展现出平坦的趋势线。碎石图的使用可以判断出重要的因子是否存在，但是由于何时可以被视为平坦趋势线并无客观的标准，因此碎石图多作为因子数目决定的参考（Gorsuch，1983）。

另外，Horn（1965）提出了平行分析（parallel analysis）来决定因子分析所提取的合理因子数目，具体做法是利用蒙地卡罗模拟技术（Monte Carlo；Montanelli & Humphreys，1976），从测量变量的真实分数中，另外创造一个随机分数矩阵，这个矩阵与真实矩阵数据具有一样的形态，但是数据却呈随机分布，据以进行因子分析。此时特征值的变动是一种抽样误差的影响，如果分数是完全随机的次序，所获得的相关矩阵应该是单位矩阵（identity matrix），特征值以 1 为平均数随机波动；反之，如果分数不是随机的次序，所获得的矩阵则是非等值矩阵，特征值则为一般碎石图所呈现的递减趋近 1 的函数模式。借由原始矩阵与随机矩阵所得到的两组特征值的比较，可决定哪几个因子应该提取，当原始观察矩阵得到的特征值大于随机矩阵的特征值时，因子显著，存在有其必要，但是当特征值小于随机矩阵的特征值时，表示因子的特征值小于期望的水平，该因子是随机效果的作用而不宜抽取。

平行分析当中，随机次序分数所形成的特征值，其波动幅度与样本数大小以及测量变量的多寡有关。当样本数越大或测量变量越少时，波动范围越小。基本上，平行分析可能产生过多的因子，因此一般多把平行分析所得到的因子数目作为因子提取数目的上限的参考信息。

四、特征矢量、特征值与提取变异

　　因子分析最关键的运算步骤是基于主成分分析技术，利用矩阵原理在特定的条件下对测量变量的相关矩阵（R）进行对角转换（diagonalized），使得测量变量的相关矩阵得以缩减成一组直交的对角线特征值矩阵（L），L矩阵对角线上的每一个矢量值被称为特征值（eigenvalue），代表各测量变量的线性整合分数的变异量，特征值越大，表示该线性整合分数［或称主轴（principal axis）］具有较大的变异量，又称提取变异（extracted variance）或解释变异量（explained variance）。经对角转换后的特征值矩阵与测量变量间的转换关系由一组特征矢量矩阵（V）表示，具有 L = V'RV 的转换关系。

　　传统上，以主成分分析技术进行对角转换（估计主轴）的过程，是利用各测量变量的方差加权，主轴的方向多由方差大的测量变量所主导，而解释力最大的主轴是最能解释测量变量总变异量的线性整合分数，研究者可以选择数个最能代表测量变量的几个主轴（称为主成分）加以保留，用来代表原来的测量变量，因此又称主成分分析。

　　相对地，Spearman 的因子分析模式注重的是测量变量间相关情形的解释与心理构念的推估，因此测量变量方差解释量的多寡并非主轴提取的主要焦点，测量变量方差不是潜在变量估计的主要内容，所以，对角化过程应将相关矩阵（R）的正对角线元素（1）改由估计的共同性或测量变量的多元相关平方（squared multiple correlation，SMC），称缩减相关矩阵（reduced correlation matrix，以 $\tilde{R}$ 表示），令主轴的方向以测量变量的共同变异为估计基础，而非测量变量的方差。当对角线元素改由共同性元素所取代后重新估计得到新的共同性值，可以再次代入矩阵，进行迭代估计，当共同性不再变动时所达成的收敛解，是为最后的因子模式，此一方法被称为主轴提取法（principal axis method）。

　　以前述 6 题自尊测量的相关矩阵 R 为例，6 个测量变量所形成的相关系数观察矩阵为 6×6 矩阵，因此矩阵运算最多能够产生与测量变量个数相等数量的特征值（6 个）。特征值的大小反映了线性整合后的变量变异量大小，因此，过小的特征值表示其能够解释各测量变量相关的能力太弱，没有存在的必要而加以忽略。主轴提取法的结果如表 15-3 所示。

表 15-3　因子分析的解释变异量

因子	初始特征值			平方和荷载提取			旋转平方和荷载		
	总数	方差 %	累积 %	总数	方差 %	累积 %	总数	方差 %	累积 %
1	2.742	45.705	45.705	2.307	38.451	38.451	1.555	25.911	25.911
2	1.126	18.768	64.473	0.671	11.182	49.633	1.417	23.612	49.523
3	0.756	12.605	77.078						
4	0.599	9.976	87.054						
5	0.438	7.295	94.348						
6	0.339	5.652	100.000						

提取法：主轴因子提取法。

从表 15-3 可以看出，以传统主成分技术针对相关系数矩阵 R 进行对角转换能得到 6 个特征值（列于初始特征值），前两个（2.742 与 1.126）能够解释较多的测量变量变异量，另外四个特征值太小则可加以忽略。但是如果以进行因子提取所得到的前两大特征值，亦即最能解释测量变量协方差的前两个因子的特征值分别为 2.307 与 0.671，两者的特征值数量均比主成分提取得到的特征值低，显示缩减相关矩阵扣除了共变以外的独特变异，使得估计得出的共同变异（因子）反映扣除测量误差（测量变量独特性）后的真实变异，作为构念的估计数。前述特征值的计算与测量变量关系的矩阵推导关系为 $L = V\tilde{R}V$：

$$L = \begin{bmatrix} 0.365 & 0.438 & 0.470 & 0.332 & 0.245 & 0.507 \\ 0.311 & -0.309 & 0.442 & 0.479 & -0.187 & -0.591 \end{bmatrix} [\tilde{R}] \begin{bmatrix} 0.365 & 0.311 \\ 0.438 & -0.309 \\ 0.470 & 0.442 \\ 0.332 & 0.479 \\ 0.245 & -0.187 \\ 0.507 & -0.591 \end{bmatrix} = \begin{bmatrix} 2.307 & 0.000 \\ 0.000 & 0.671 \end{bmatrix}$$

在因子分析的初始状况下，测量题目的总变异为各测量变量方差的总和，各因子提取得到的特征值占全体变异的百分比为提取比例。表 15-3 中的 6 个题目总变异为 6（每题方差为 1），两个因子各解释 2.307/6 = 38.45% 与 0.671/6 = 11.18% 的变异量，合计为 49.63% 提取变异量。

因子分析所追求的是以最少的特征值来解释最多的测量变量协方差，当提取因子越多，解释量越大，但是因子模型的简效性越低。研究者必须在因子数目与解释变异比例两者间找寻平衡点。因为如果研究者企图以精简的模式来解释测量数据，势必损失部分可解释变异来作为补偿，因而在 FA 中，研究者有相当部分的努力是在决定因子数目与提高因素的解释变异。

五、因子荷载与共同性

因子提取是由特征矢量对相关矩阵进行对角转换得出。因此，反映各提取因子（潜在变量）与测量变量之间关系的因子荷载矩阵（factor loading matrix，以 A 表示）可由矩阵转换原理从特征矢量矩阵求得，亦即 $A = V\sqrt{L}$。

$$\tilde{R} = VLV' = V\sqrt{L}\sqrt{L}V' = (V\sqrt{L})(\sqrt{L}V') = AA' \tag{15-5}$$

以 6 个自尊测量的主轴提取结果为例，因子荷载矩阵如下：

$$A = \begin{bmatrix} 0.365 & 0.311 \\ 0.438 & -0.309 \\ 0.470 & 0.442 \\ 0.332 & 0.479 \\ 0.245 & -0.187 \\ 0.507 & -0.591 \end{bmatrix} \begin{bmatrix} \sqrt{2.307} & 0 \\ 0 & \sqrt{0.671} \end{bmatrix} = \begin{bmatrix} 0.562 & 0.255 \\ 0.674 & -0.253 \\ 0.724 & 0.362 \\ 0.511 & 0.392 \\ 0.377 & -0.153 \\ 0.781 & -0.484 \end{bmatrix}$$

表 15-4 因子荷载、共同性与解释变异量的关系

测量变量	因子一	因子二	共同性
X_1	$(0.562)2$	$(0.255)2$	0.381
X_2	$(0.674)2$	$(-0.253)2$	0.518
X_3	$(0.724)2$	$(0.362)2$	0.655
X_4	$(0.511)2$	$(0.392)2$	0.415
X_5	$(0.377)2$	$(-0.153)2$	0.166
X_6	$(0.781)2$	$(-0.484)2$	0.843
因子荷载平方和	2.307	0.671	2.979
解释变异百分比	38.45%	11.18%	49.63%

因子荷载的性质类似于回归系数，其数值反映了各潜在变量对于测量变量的影响力，如本范例中的两个因子对第 1 题的荷载分别为 0.562 与 0.255，表示因子一对第 1 题的解释力较强。同样地，各因子对于第 2 题进行解释的荷载分别为 0.674 与 -0.253，表示因子一对第 2 题的解释力较强，第二个因子对第 2 题的解释力为负值，表示影响方向相反，亦即当第二个因子强度越强时，第 2 题的得分越低。

如果把荷载平方后相加，可得到解释变异量。对各题来说，两个因子对于各题解释变异量的总和反映了提取因子对于各题的总解释力，或是各测量变量对于整体因子结构所能够贡献的变异量的总和（亦即共同性）。此外，各因子在六个题目的解释变异量的总和，则反映了各因子从六个测量变量的 $\tilde{R}$ 矩阵所提取的变异量总和，即为先前提到的解释变异量。计算的过程见表 15-4。

至于因子荷载多高才算是理想，Tabachnica 与 Fidell（2007）认为当荷载大于 0.71，也就是该因子可以解释观察变量 50% 的变异量时，是非常理想的状况，若荷载小于 0.32，也就是该因子解释不到 10% 的观察变量变异量，是非常不理想的状况，通常这类题目虽然是形成某个因子的题项，但是贡献非常小，可以考虑删除（表 15-5）。

表 15-5 因子荷载的判断标准

λ	λ^2	判定状况
0.71	50%	优秀
0.63	40%	非常好
0.55	30%	好
0.45	20%	普通
0.32	10%	不好
0.32 以下		不及格

六、因子旋转（factor rotation）

将前一步骤所抽取的因子，经过数学转换，使因子或成分具有清楚的区隔，能够反映出特定的意义，是为旋转。旋转的目的在于厘清因子与因子之间的关系，以确立因子间最清晰的结构。

旋转即使用三角函数的概念，将因子之间的相对关系，通过旋转矩阵所计算出的因子荷载矩阵的参数，将原来的共变结构所抽离出来的项目系数进行数学转换，形成新的旋转后因子荷载矩阵（经直交旋转）或结构矩阵（经斜交旋转），使结果更易解释，从而进一步协助研究者进行因子的命名。

（一）直交旋转

因子的构成由测量变量所决定，而测量变量与因子间的关系则由因子荷载表示，因此，因子荷载可以说是用以判断因素内容与命名的重要参考。然而，经由初步提取得出因子结构的因子荷载并不容易。在执行上，因子分析提供多种旋转的方法，其中一种为直交旋转（orthogonal rotation）。所谓直交，是指在旋转过程当中，借由一组旋转矩阵（transformation matrix，Λ），使两因子平面坐标的 X 与 Y 轴进行夹角为 90 度的旋转，直到两因子之间的相关为 0，重新设定各测量变量在两因子上的坐标（亦即因子荷载）。转换公式为 $A\Lambda = A_{rotated}$。基于三角几何的原理，从原 X 轴进行特定角度（Ψ）的转换系数矩阵：

$$\Lambda = \begin{bmatrix} \cos\Psi & -\sin\Psi \\ \sin\Psi & \cos\Psi \end{bmatrix}$$

以自尊量表的 6 个题目为例，经过与原 X 轴 42.6 度直交旋转后的新坐标的因子荷载计算如下：

$$A_{rotated} = \begin{bmatrix} 0.562 & 0.255 \\ 0.674 & -0.253 \\ 0.724 & 0.362 \\ 0.511 & 0.392 \\ 0.377 & -0.153 \\ 0.781 & -0.484 \end{bmatrix} \begin{bmatrix} 0.737 & 0.676 \\ -0.676 & 0.737 \end{bmatrix} = \begin{bmatrix} 0.242 & 0.567 \\ 0.668 & 0.269 \\ 0.289 & 0.756 \\ 0.112 & 0.634 \\ 0.381 & 0.142 \\ 0.902 & 0.171 \end{bmatrix}$$

直交旋转有几种不同的形式，最大变异法（varimax）使荷载的方差在因子内最大，四方最大法（quartimax）使荷载的方差在变量内最大，均等变异法（equimax）综合前两者，使荷载的方差同时在因子内与变量内最大。这三种旋转法所形成的简化结构有所不同，可利用 Γ（gamma）指标表示简化的程度，$\Gamma = 1$ 表示因子在各变量间有最简化的结构，此时为最大变异法；$\Gamma = 0$ 表示变量在因子间有最清楚的结构，但是因子间的简化性最低，此时为四方变异法；最后，均等变异法下，$\Gamma = 0.5$，表示简化程度居中。

基本上，不论采用何种直交旋转，因子的结构与内在组成差异不大。在未旋转前，各因子的内部组成非常复杂，若要凭借因子荷载来进行因子的解释与命名十分困难，但是旋转后的因子荷载则扩大了各因子荷载的差异性与结构性。

由图 15-3 中的因子荷载我们可以清楚地看出，因子一当中，最重要的构成变量为第 6 题，荷载为 0.902，该题对于因子二的荷载仅有 0.171，其次是第 2 题的 0.668 与第 5 题的 0.381。这三个测量变量落在因子一的荷载均高于因子二，也就是因子一为这三个测量变量的目标因子（target factor）；相对地，第 1、3、4 题三个测量变量的目标因子则是因子二，荷载分别为 0.567、0.756、0.634，均高于对于因子一的荷载 0.242、0.289、0.112，如此一来，我们即可以区分出因子一与因子二的主要构成题项，适当地针对这两个因子加以解释与命名。确认因子的组成结构，使之具有最清楚明确的区分，这也是直交旋转最主要的功能。

值得注意的是，虽然每一个题目各有相对应的目标因子，但是对于非目标因子，各测量变量仍然具有一定的解释力，例如，第 5 题的目标因子是因子一，荷载为 0.381，但是这一题在因子二的荷载亦达 0.142，其他各题也多少会受到非目标因子的影响，因此，在对因子命名或解释时，除了针对测量变量与目标因子之间的对应关系进行解释，也应考虑到非目标因子的测量变量的影响。

另一个必须注意的地方，是经直交旋转后的各因子总解释变异量虽然维持不变，各测量变量的共同性也相同，但是各因子所能够解释的变异量则产生了明显的不同，显示直交旋转所影响的是各因子间的内部组成与相对关系，而非整体因子结构的提取能力。

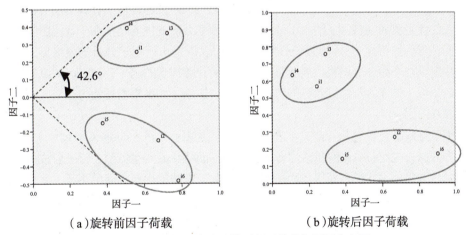

（a）旋转前因子荷载　　　　　　　　　　（b）旋转后因子荷载

图 15-3　旋转前与直交旋转后因子荷载与因子分布图

（二）斜交旋转

在旋转的过程当中，若容许因子与因子之间具有相关，则称斜交旋转（oblique rotation）。其中最小斜交法（oblimin roation）或直接斜交法（direct oblimin rotation）可使因子荷载的交乘积（cross-products）最小化；最大斜交法（oblimax rotation）、四方最小法（quartimin rotation）则可使型态矩阵中的荷载平方的交乘积最小化。promax 则先进行直交旋转，再进行将因子荷载交乘积最小化的斜交旋转；orthoblique 则使用 quartimax 算式将因子荷载重新量尺化（rescaled）以产生直交的结果，因此最后的结果保有斜交的性质。

斜交旋转针对因子荷载进行三角函数数学转换，并估计因子荷载的关系，因而会产生两种不同的因子荷载系数：型态系数（pattern coefficient）与结构系数（structure coefficient）。型态系数的性质与直交旋转得到的因子荷载性质相同，皆为回归系数的概念，以排除与其他因子之间相关的净相关系数，从而描述测量变量与因子间的关系。结构系数则为各测量变量与因子的积差相关系数，适合作为因子的命名与解释之用。如果是直交旋转，由于因子间没有相关，型态系数矩阵与结构系数矩阵相同，皆称因子荷载系数。

以直交旋转转换得到的参数估计数与因子间相互独立的简化原则相符，从数学原理来看，直交旋转中所有的测量变量在同一个因子或成分的荷载平方的变异量达到最大，如此最能够达到简单因子结构，且对于因子结构的解释较为容易，概念较为清晰，对于测验编制者，寻求明确的因子结构，以发展一套能够区别不同因子的量表，直交法是最佳的策略。但是，将因子之间进行最大的区隔，往往会扭曲了潜在特质在现实生活中的真实关系，容易造成偏误，因此一般在进行实证研究的验证时，除非研究者有其特定的理论作为支持或有强有力的实证证据，否则为了精确地估计变量与因子的关系，使用斜交旋转是较贴近真实的一种做法。

七、因子分数（factor score）

一旦因子数目与因子结构得以决定与命名之后，研究者即可以计算因子分数，借以描述或估计受测者在各因子的强弱高低。由于因子分析的主要功能在于找出影响测量变量的潜在导因（构念），因此因子分数的计算可以说是执行因子分析的最终目的。当研究者决定以几个潜在变量来代表测量变量后，所计算得到的因子分数就可被拿来进行进一步的分析（如作为预测某效标的解释变量）与运用（如用来描述病患在某些心理特质上的高低强弱）。

因子分数的计算有几种方式，最简单的方式是组合分数（composite score），以因子荷载为依据，决定各测量变量的目标因子为何，而将测量变量依照各因子自成一组，然后加总求取各题平均值来获得各因子的得分。此一方法的优点是简单明了，每一个因子各自拥有一组测量变量，求取平均后可使平均数的量尺对应原始的测量尺度（如 1 为非常不同意，5 为非常同意），有利于分数强弱高低的比较与解释。但是其缺点是忽视了各题对应因子各有权重高低的事实，对于潜在变量的估计不够精确。另一个缺点是未考量测量误差的影响，在估计因子间的相关强弱时，会有低估的现象。

另一种策略为线性组合法，即利用因子分析求出因子分数系数，将所有测量变量进行线性整合，得到各因子的最小二乘估计数。其算式是取因子荷载与相关系数反矩阵的乘积，亦即 $B = R^{-1}A$，而因子分数为各测量变量转换成 Z 分数后乘以因子分数系数，亦即 $F = ZB$。由于各测量变量先经过了标准化处理才进行线性整合，因此因子分数的性质也是平均数为 0、标准差为 1 的标准分数，且由于各因子的尺度没有实质的单位意义，因此因子分数仅适合作为比较与检验之用（如以 t 检验来比较性别差异），因子分数的数值没有实际量尺的意义，且因子相关会因旋转方式与提取方式的不同而变化，在解释因子分数与因子相关时需要特别小心。

　　由于因子分数经常作为后续研究的预测变量，各因子之间具有高度相关时会出现多元共线性问题，然而研究者可以利用不同的旋转与因子分数估计法来获得不同的因子分数，控制因子间的相关，以避免多元共线性问题，尤其是当因子分数是以直交旋转所获得的分数时，可确保直交旋转的因子分数为零相关，但如果采用斜交旋转，因子荷载分离出型态矩阵与结构矩阵两种形式，因子之间即可能出现不同的相关强度估计数。如果研究者想要保留因子分数共变矩阵的特征时，可采用主成分提取模式的一般线性回归策略来计算因子分数。

第四节　探索性因子分析范例

范例 15-1　SPSS 的探索性因子分析

　　Rosenberg 所发展出来的自尊量表是一个广为研究者采用以评量自尊的工具，现以台湾地区 1704 名高中生的施测结果（邱皓政，2003）来进行探索式因子分析，检验 10 题的自尊量表是否具有多重的因子结构。由于研究者并未预设自尊的特定因子结构，同时因子分析的目的在于寻找可能的因子结构，因此适合用主轴法，抽取 10 个题目的共同变异成分，并排除测量误差的影响。同时为建立因子间最简单的结构，采用直交旋转法寻求因子区隔的最大可能性，配合斜交旋转来了解因子间的关系。

【A. 操作程序】

　　步骤一：点选 分析 → 维度缩减 → 因子 ，进入因子分析对话框。

　　步骤二：点选量表的题目，移至变量清单中。

　　步骤三：点选描述统计量，进入描述统计量对话框。点选所需的统计量数，如单变量描述统计、未旋转统计量。点击 继续 。

　　步骤四：点选提取。进入提取对话框，决定因子抽取的方法、是否需要碎石图、特征值的标准等。点击 继续 。

　　步骤五：点选旋转法。进入旋转法对话框，决定旋转方式，以及图示法。点击 继续 。

　　步骤六：点选选项。进入选项对话框，决定 因子 荷载的排列方式。点击 继续 。

　　步骤七：按 确定 执行。

【B. 步骤图示】

步骤一：
进入因子分析对话框,选择变量并移入变量清单,此栏可提供档案切割功能,如分割成不同性别两个独立因子分析。选项中依序选择各种附加功能

步骤二：
进入描述统计量对话框,选择所需的统计量

如单变量描述性统计量可以得到各题的平均数标准差等

点选 KMO 与 Bartlett 检验以检验假设是否被违反

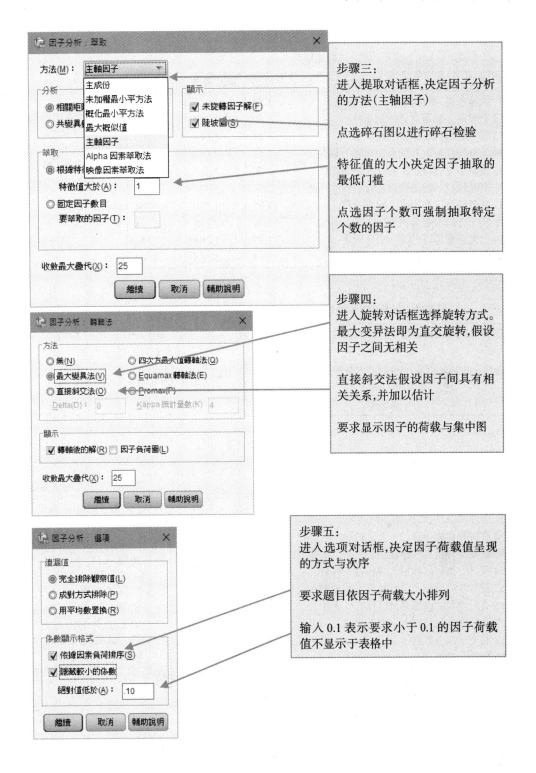

【C. 结果报表】

叙述统计

	平均数	标准离差	分析个数
i51 大体来说,我对我自己十分满意	3.50	1.117	1704
i52 有时我会觉得自己一无是处	2.69	1.381	1704
i53 我觉得自己有许多优点	3.28	1.066	1704
i54 我自信我可以和别人表现得一样好	3.83	1.066	1704
i55 我时常觉得自己没有什么好骄傲的	2.20	1.105	1704
i56 有时候我的确感到自己没有什么用处	2.76	1.337	1704
i57 我觉得自己和别人一样有价值	3.95	1.030	1704
i58 我十分地看重自己	3.71	1.068	1704
i59 我常会觉得自己是一个失败者	3.35	1.298	1704
i60 我对我自己持积极的态度	3.64	1.068	1704

描述统计量

显示各题目的
基本统计量

平均数、标准
差与个数

KMO 与 Bartlett 检验

Kaiser-Meyer-Olkin 抽样适切性量数。		.879
Bartlett 的球形检验	近似卡方分配	5569.703
	df	45
	显著性	.000

球形检验
KMO 抽样适切性检验
为 0.879,接近 1
球形检验卡方值为
5569.703,达到显著,表
示本范例适用于因子
分析

共同性

	初始	提取
i51 大体来说,我对我自己十分满意	.349	408
i52 有时我会觉得自己一无是处	.426	.514
i53 我觉得自己有许多优点	.403	456
i54 我自信我可以和别人表现得一样好	.366	.448
i55 我时常觉得自己没有什么好骄傲的	.151	.178
i56 有时候我的确感到自己没有什么用处	.512	.755
i57 我觉得自己和别人一样有价值	.473	.569
i58 我十分地看重自己	.456	536
i59 我常会觉得自己是一个失败者	.391	.440
i60 我对我自己抱持积极的态度	.281	.320

提取法:主轴因子提取法。

共同性

显示各题目的方差
被共同因子解释的
比例

共同性越高,表示该
变量与其他变量可
测量的共同特质越
多。也就是越有影
响力(以 i56 为最佳)

解说总变异量

因子	初始特征值			平方和荷载提取			旋转平方和荷载		
	总数	方差的 %	累积 %	总数	方差的 %	累积 %	总数	方差的 %	累积 %
1	4.175	41.749	41.749	3.670	36.696	36.696	2.734	27.338	27.338
2	1.449	14.490	56.239	.956	9.557	46.254	1.892	18.916	46.254
3	.773	7.733	63.972						
4	.693	6.931	70.903						
5	.598	5.980	76.883						
6	.555	5.546	82.429						
7	.550	5 500	87.928						
8	.468	4.675	92.603						
9	.392	3.916	96.520						
10	.348	3.480	100.000						

提取法:主轴因子提取法。

解释变异量
说明因子分析所抽取的因子能够解释全体变量方差的比例
以特征值等于 1 为提取标准,得到两个主要因子,分别可以解释 36.696% 与
9.557% 的变量变异量。合计占 46.254%
旋转后两个因子的相对位置不变,但是因子的完整性增加,可解释的比重改变
分别为 27.338% 与 18.916%

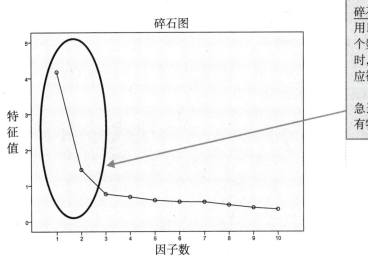

碎石图

碎石图
用以协助决定因子的
个数,当线形趋于平缓
时,表示无特殊因子值
应被抽取

急速上升的线形表示
有特殊因子存在

旋转后的因子矩阵 a

	因子	
	1	**2**
i57 我觉得自己和别人一样有价值	.732	.182
i58 我十分地看重自己	.703	.204
i54 我自信我可以和别人表现得一样好	.666	
i53 我觉得自己有许多优点	.618	.273
i51 大体来说，我对我自己十分满意	.602	.214
i60 我对我自己抱持积极的态度	.529	.199
i56 有时候我的确感到自己没有什么用处	.218	.841
i52 有时我会觉得自己一无是处	.235	.677
i59 我常会觉得自己是一个失败者	.359	.558
i55 我时常觉得自己没有什么好骄傲的		.418

提取方法：主轴因子。

旋转方法：旋转方法：含 Kaiser 正态化的 Varimax 法。

a. 旋转收敛于 3 个迭代。

> 旋转后成分矩阵
>
> 表示构成某一因子的题目内容与比重，显示经由直交旋转后的因子荷载
>
> 相似的题目构成某一特定的因子。因此因子的名称可以借由题目的内容来决定

因子转换矩阵

因子	1	2
1	.809	.587
2	−.587	.809

提取方法：主轴因子。

旋转方法：旋转方法：含 Kaiser 正态化的 Varimax 法。

> 因子转换矩阵
> 用以计算各项目荷载的参数
> 功能在于说明旋转的方向及角度大小

旋转后因子空间内的因子图

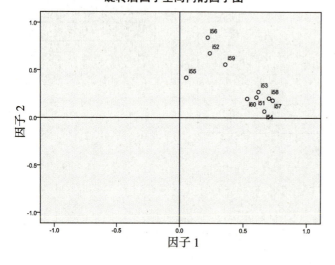

> 因子图
> 用以表示各因子的相对位置与组成变量的关系图

■ **斜交旋转结果**

斜交旋转的不同之处在于假设因子之间具有相关关系，除了旋转后所产生的矩阵与直交旋转有所不同外，其他量数并无差异。以下仅就样式矩阵（pattern matrix）与结构矩阵（structure matrix）的内容来说明。

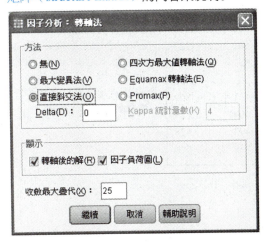

	因子	
	1	**2**
i57 我觉得自己和别人一样有价值	.763	
i58 我十分地看重自己	.725	
i54 我自信我可以和别人表现得一样好	.721	−.124
i53 我觉得自己有许多优点	.611	.116
i51 大体来说,我对我自己十分满意	.610	
i60 我对我自己持积极的态度	.533	
i56 有时候我的确感到自己没有什么用处		.864
i52 有时我会觉得自己一无是处		.678
i59 我常会觉得自己是一个失败者	.245	.509
i55 我时常觉得自己没有什么好骄傲的		.447

提取方法:主轴因子。

旋转方法:旋转方法:含 Kaiser 正态化的 Oblimin 法。

a. 旋转收敛于 4 个迭代。

样式矩阵
因子荷载值以偏回归系数求得,代表以成分去预测某一变量时,每一个因子的加权系数。

样式矩阵反映变量间的相对重要性。适合用于比较。如 i57 在因子"1"中有较重要的影响力

结构矩阵

	因子	
	1	2
i57 我觉得自己和别人一样有价值	.754	.354
i58 我十分地看重自己	.732	.368
i53 我觉得自己有许多优点	.668	.414
i54 我自信我可以和别人表现得一样好	.661	.227
i51 大体来说，我对我自己十分满意	.637	.354
i60 我对我自己持积极的态度	.563	.322
i56 有时候我的确感到自己没有什么用处	.431	.869
i52 有时我会觉得自己一无是处	.404	.714
i59 我常会觉得自己是一个失败者	.493	.628
i55 我时常觉得自己没有什么好骄傲的	.159	.418

> 结构矩阵
> 因子荷载值代表分与变量之间的相关系数
> 结构矩阵的功能在于反映因子与变量的关系，适合用于因子命名，不适合进行变量间比较，例如，第一因子可以命名为"正面肯定"，第二因子可以命名为"负面评价"

提取方法：主轴因子。

旋转方法：旋转方法：含 Kaiser 正态化的 Oblimin 法。

因子相关矩阵

因子	1	2
1	1.000	488
2	.488	1.000

> 因子相关矩阵
> 表示因子之间的相关。直接由旋转后的两个因子所计算得出
> 两个因子的相关为 0.488

提取方法：主轴因子。

旋转方法：旋转方法：含 Kaiser 正态化的 Oblimin 法。

【D. 结果说明】

自尊量表的因子分析发现，经由主轴提取法，10 个测量题目可以抽离出两个主要的因子，经过直交旋转后，前者可解释 27.3% 的变异量，后者可解释 18.9% 的变异量，合计为 56.2%。构成因子一的题目有 6 题，分别为第 51、53、54、57、58、60 题，构成因子二的题目有四题，分别为第 52、55、56、59 题，根据题目的特性，分别可命名为"正面肯定"与"负面评价"。

各项检验支持因子分析的基本假设均未被违反，所有的题项也具有相当程度的抽样适切性。经斜交旋转后，计算出两者之间具有 0.488 的相关，显示自尊的两个因子具有相当的关联性。详细的因子与其相对的题目请参考结构矩阵中的数据。

范例 15-2　R 的探索性因子分析

在 R 当中执行 EFA 可使用 psych 包，语法与结果如下：

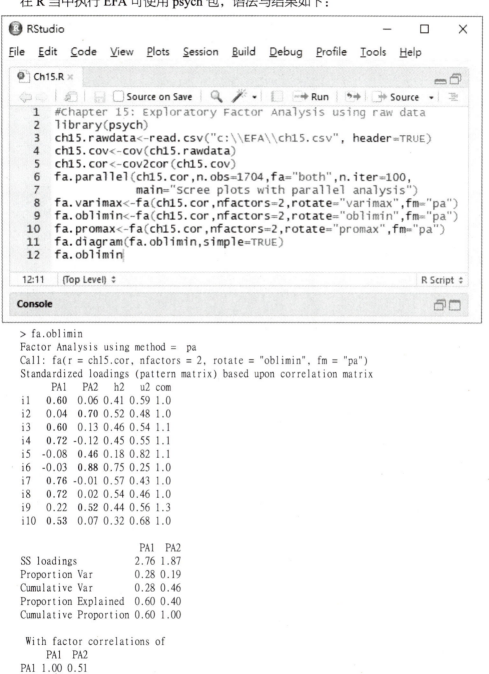

```
> fa.oblimin
Factor Analysis using method =  pa
Call: fa(r = ch15.cor, nfactors = 2, rotate = "oblimin", fm = "pa")
Standardized loadings (pattern matrix) based upon correlation matrix
       PA1    PA2   h2   u2 com
i1    0.60  0.06 0.41 0.59 1.0
i2    0.04  0.70 0.52 0.48 1.0
i3    0.60  0.13 0.46 0.54 1.1
i4    0.72 -0.12 0.45 0.55 1.1
i5   -0.08  0.46 0.18 0.82 1.1
i6   -0.03  0.88 0.75 0.25 1.0
i7    0.76 -0.01 0.57 0.43 1.0
i8    0.72  0.02 0.54 0.46 1.0
i9    0.22  0.52 0.44 0.56 1.3
i10   0.53  0.07 0.32 0.68 1.0

                       PA1  PA2
SS loadings           2.76 1.87
Proportion Var        0.28 0.19
Cumulative Var        0.28 0.46
Proportion Explained  0.60 0.40
Cumulative Proportion 0.60 1.00

 With factor correlations of
     PA1  PA2
PA1 1.00 0.51
PA2 0.51 1.00
```

```
Mean item complexity =  1.1
Test of the hypothesis that 2 factors are sufficient.

The degrees of freedom for the null model are  45  and the objective function was  3.28
The degrees of freedom for the model are 26  and the objective function was  0.06

The root mean square of the residuals (RMSR) is  0.02
The df corrected root mean square of the residuals is  0.03

Fit based upon off diagonal values = 1
Measures of factor score adequacy
                                                    PA1 PA2
Correlation of (regression) scores with factors    0.92 0.92
Multiple R square of scores with factors            0.85 0.84
Minimum correlation of possible factor scores       0.69 0.68
```

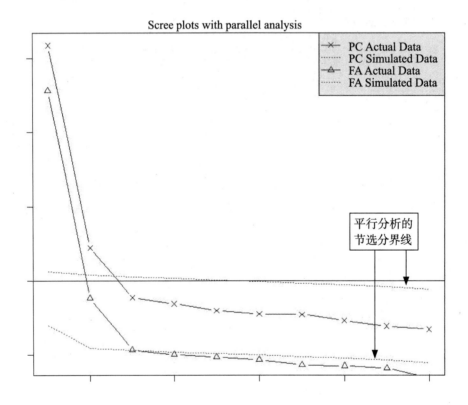

第五节　结语

　　因子分析可以说是当今社会科学领域最重要的多变量统计应用技术之一。虽然此一技术从1904年统计学家Spearman提出其基本概念至今已有百余年的历史，但直到今日，有关因子分析在方法学与原理上的议题仍不断被提出，对于因子分析的批评声从未间断，但是使用者仍是前仆后继，在某些期刊上，有接近三成的论文都与因子分析有关（Fabrigar et al., 1999）。因子分析法也普遍应用于心理与教育等社会科学领域（王嘉宁、翁俪祯，2002）。因此，将因子分析视为一门独立的学科，说其有历史脉络与典范传统、独特的数学原理、广泛的应用价值，以及众多待解的议题与未来发展的潜力，实不为过。

因子分析之所以在当今学术领域占有重要的地位，一方面是拜计算机科技的发展所赐，使得繁复的计算估计程序可以快速演算进行，便捷的软件包也使操作更为简便。但更重要的是，因子分析技术能满足研究者对于抽象构念探究的需求，如果不是为了探索智力、创造力、自尊等这类的心理构念，因子分析的发展不会有今日的光景，换言之，因子分析的独特价值，是因为抽象构念的测量问题而存在。

重要的心理计量学者 Nunnally（1978）认为，因子分析的主要贡献是得以对心理构念的效度进行客观的评估，因此是心理构念测量最重要的分析技术，数据简化只是因子分析的次要功能。Guilford 在六十年前，就已经认为因子分析所能够帮助研究者提出因子效度证据，这将是心理构念研究的重要方法学突破。他笃定地说，构念是否存在，一切 都 看 因 子（...the answer then should be in terms of factors）（Guilford，1946，p. 428）。但是，这些评论都是在数字革命之前所提出，20 世纪 70 年代之后，计算机普及且效能不断提升，信息科技不仅改变了人们的生活，同时也影响了学术研究的技术发展，验证性因子分析诞生，让因子分析的应用脱胎换骨，更让心理计量学迈入新的纪元。

第十六章　因子分析：验证取向

第一节　基本概念

　　传统上，研究者在进行因子分析之前，并未对数据的因子结构有任何预期与立场，而借由统计数据来判断因子的结构，此种因子分析策略带有浓厚的试错意味，因此被称为探索性因子分析（EFA）。然而，有时研究者在研究之初即已提出某种特定的结构关系的假设，例如，某一个概念的测量问卷是由数个不同子量表所组成，此时因子分析可以被用来确认数据的模式是否为研究者所预期的形式，此种因子分析被称为验证性因子分析（confirmatory factor analysis，CFA），具有理论检验与确认的功能。

　　探索性因子分析与验证性因子分析最大的不同，在于测量的理论架构（因子结构）在分析过程中所扮演的角色与检验时机。对 EFA 而言，测量变量的理论架构是因子分析的产物，因子结构是在一组独立的测量指标或题目间以数学程序与研究者主观判断所决定的一个具有计量合理性与理论适切性的结构，并以该结构代表所测量的概念内容，换句话说，理论架构的出现在 EFA 是一个事后（posterior）的概念；相比之下，CFA 的进行则必须有特定的理论观点或概念架构作为基础，然后借由数学程序来确认该理论观点所导出的计量模型是否确实、适当，换句话说，理论架构对于 CFA 的影响是于分析之前发生的，计量模型具有理论的先验性，其作用是一种事前（priori）的概念。

　　从统计方法学的角度来看，CFA 是 SEM 的子模型，其数学与统计原理都是 SEM 的一种特殊应用。由于 SEM 的模型界定能够处理潜在变量的估计与分析，具有高度的理论先验性，因此，如果研究者对于潜在变量的内容与性质在测量之初即非常明确、详细地加以推演，或有具体的理论基础，提出适当的测量变量组成测量模型，借由 SEM 即可以对潜在变量的结构或影响关系进行有效的分析。SEM 中对潜在变量的估计程序，即是在检验研究者先期提出的因子结构（测量模型）的适切性，一旦测量的基础确立了，潜在变量的因果关联就可以进一步地通过多元回归、路径分析的策略（结构模型）来加以探究。

第二节　验证性因子分析的特性

　　在 SEM 的术语中，测量模型的检验即是验证性因子分析。图 16-1 是一个典型的 CFA 测量模型。图 16-1 中有两个相关的潜在变量 F_1 与 F_2，F_1 由 V_1 至 V_3 三个指标来测量，F_2 由 V_4 至 V_6 三个指标来测量，E_1 至 E_6 分别代表六个测量变量的测量误差。从潜在变量指向测量变量的单箭头，代表研究者所假设的潜在变量对于测量变量的直接因果关系，经由统计过程对这些因果关系的估计数被称为因子荷载，有标准化与未标准化两种形式，性质类似于回归系数。

在整个模型当中，研究者所能具体测量的是六个测量变量，其背后受到某些共同的潜在变量的影响，因此测量变量可以说是内生变量，潜在变量与测量误差则为外生变量。从变异量的拆解原理来分析，每个测量变量的变异量可以被拆解成两部分：共同变异（common variance）与独特（或误差）变异（unique variance）。以 F_1 为例，V_1、V_2、V_3 是用来测量潜在特质 F_1 的指标或测量题目，其背后受到同一个潜在因子的影响，从数学关系来说即是三个变量共变的部分，而测量误差（E_1、E_2、E_3）的部分就是三个测量变量无法被该潜在变量解释的独特变异量或扰动项（disturbance），彼此相互独立。

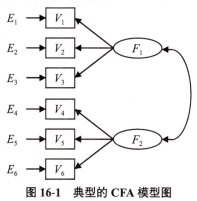

图 16-1　典型的 CFA 模型图

一、测量误差的估计

CFA 的优点之一是能够有效估计测量误差。基于潜在变量模型的概念，各观察变量的相关是因为背后存在一个（或多个）共同因子，当研究者用基于特定假设观点所建立的测量模型来指定测量变量与潜在的共同因子的对应关系后，即可对共同因子进行估计，同时也就能够对各观察变量独特的部分加以估计，使得 CFA 得以分离潜在变量与测量误差。

从测量变量所拆解得出的独特变异可能包含两种类型的测量误差，第一是随机误差（random error），也就是传统信度估计所估计的测量误差。造成原因包括测量过程、受试者个人因子、工具因子等，这些因子对于测量分数并无系统化的影响（如系统性的高估或低估），因此被称为随机性的误差来源。第二则是系统误差（systematic error），对于测量分数会有系统化的影响，使测量分数以特定的模式偏离实际的真分数。理论上，系统化误差可以从测量变量中的独特变异量中抽离出来，系统性误差之所以存在，是因为在潜在变量之外仍有其他的影响分数的变异来源。最明显的一个例子是方法效应（method effect），也就是研究过程中对于变量的测量基于某一种特殊的方法，如纸笔测验，造成测量分数的系统性变化，无法反映真分数的一种现象（Marsh，1988；Kenny & Kashy，1992）。

二、单维测量与多维测量

CFA 与 EFA 的主要不同点之一是测量变量与潜在因子之间的组合型态可以不受限于单一变量，只能被单一潜在变量影响，即单维测量（unidimensional measurement）模型，而可允许单一变量被多个潜在变量影响，即多维测量（multidimensional measurement）模型。以图 16-2 为例，每一个测量变量皆与一个特定的潜在变量相连接，但是 V_3 与 V_5 则另外尚有额外的连接（$V_3 \leftarrow F_2$、$V_5 \leftarrow F_1$），也就是说 V_3 与 V_5 同时与两个潜在变量有关。

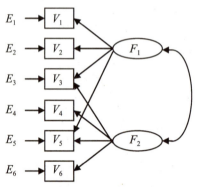

图 16-2　多维测量度的 CFA 测量模型图

CFA 测量模式除了允许测量变量与潜在变量可以具有多维关系之外，测量变量的误差项也可以与其他变量存在共变，也就是说，CFA 测量模式在技术上允许测量变量的误差项为多维测量。最普遍的一种现象是使用相关误差（correlated measurement error）的测量模型，亦即误差项存在相关，代表测量变量除了受到特定潜在特质的影响之外，尚有其他未知的影响来源（图 16-3）。

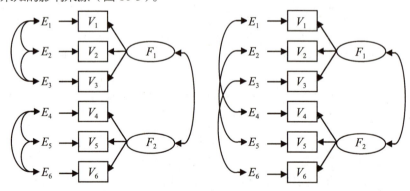

（a）因子内关联误差 CFA 模型　　　（b）因子内关联误差 CFA 模型

图 16-3　两种关联误差的 CFA 测量模型图

图 16-3（a）与（b）中，误差项之间具有假设存在的共变，图 16-3（a）的关联误差发生在同一个潜在因子内，称因子内关联误差模型，而图 16-3（b）的关联误差则跨越了不同因子，称因子间关联误差模型。

因子内关联误差模型最典型的例子即是前一节所提及的方法效应，也就是说测量变量都是由同一种测量工具所测量，例如，F_1 以三个 Likert-type 自陈量表题目 V_1、V_2、V_3 来测定，F_2 由另一种方法来测定，对于同一个因子（如 F_1），三个测量变量除了受到该潜在因子的影响外，还受到方法效应的影响，反映在误差项的相关上（$E_1 \leftrightarrow E_2$、$E_1 \leftrightarrow E_3$、$E_2 \leftrightarrow E_3$）。

因子间关联误差模型最典型的例子是再测信度的测量。假设 F_1 因子与 F_2 因子分别代表在两个时间点下对同一个潜在特质的两次测量，V_1、V_2、V_3 与 V_4、V_5、V_6 是同一组题目，即 $V_1 = V_4$、$V_2 = V_5$、$V_3 = V_6$，时间变动将造成测量分数的波动，三个题目在两次测量中的误差项的两两相关（$E_1 \leftrightarrow E_4$、$E_2 \leftrightarrow E_5$、$E_3 \leftrightarrow E_6$）反映了特定题目因为时间变动的波动情形。

三、初阶模型与高阶模型

一般而言，CFA 测量模型所处理的问题是测量变量与潜在变量的关系。利用一组测量变量实际测得的共变结构，抽离出适当的潜在因子，用以检测研究者所提出的假设模型是否合宜、适配，这些潜在因子直接由测量变量抽离得出，称为初阶因子（first-order factor）。如果一个测量模型有多个初阶潜在因子，因子之间的共变关系可以加以估计，计算出两两因子相关系数来反映潜在变量之间的关系强度。此时，潜在因子之间存在的是平行的相关关系，各个初阶因子并无特定的隶属结构关系，称为初阶验证性因子分析（first-order CFA）；如果研究者认为在这些初阶潜在因子之间，存在有共同的、更高阶的潜在因子，可以利用如图 16-4 的测量模型来进行检测，称为阶层验证性因子分析（hierarchical CFA，HCFA），那些假设存在的共同潜在因子被称为高阶因子（higher-order factor）。初阶因子之上的一层潜在因子被称为二阶因子（second-order factor）（图 16-4 的 F_3），第三层因子为三阶因子（third-order factor），以此类推。阶层化验证性因子分析使得研究者可以提出更多的测量模型来加以检验，提高了分析的灵活性，尤其在一些行为科学研究中，因子之间具有繁复的结构关系，SEM 的共变分析技术提供了检验的工具。

HCFA 对于因子的检验虽然较一般 CFA 更复杂，但是 HCFA 的设定原理与操作方法与一般的 CFA 并无太大不同，如果读者已经熟悉了前面两个 CFA 范例的操作，可以很轻松地学会如何操作 HCFA。然而也正是因为 HCFA 可以针对高阶因子进行检验，可以非常轻易地处理"潜在因子的因子分析"（factor analysis on latent factors），或更为复杂的理论模型的检验，此一特性使得 CFA 的用途更加广泛，现在在应用结构方程模型分析的研究中，已有许多应用了 HCFA 的概念。

总而言之，不论是在误差的处理、多维假设的应用，或是阶层化分析的技术等各方面上，CFA 测量模型分析都突破了过去路径分析与因子分析的限制与应用范围，使得假设存在的潜在变量得以进行多样化的实证检测。对于研究者而言，这不仅是工具与技术方面的提升，也是在理论建构与检验的策略的一大进步，值得广泛推广与运用。

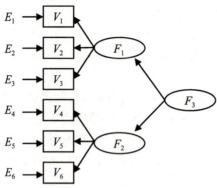

图 16-4　二阶的阶层验证性因子分析图示

第三节　验证性因子分析的执行

一、CFA 的执行步骤

验证性因子分析的执行可以分成几个步骤，第一个步骤是发展假设模型（hypothetic model），也就是针对测量的题目的潜在结构关系，基于特定的理论基础或是先期的假设，提出一个有待检验的因子结构模型，用结构方程模型的术语来说，就是建立一套假设的测量模型。

第二个步骤是进行模型辨识（model identification），也就是将研究者所欲检验的模型转换成统计模型，以便利用统计软件来进行分析。此一步骤的完成必须依靠非常谨慎的计算模型的辨识性，以避免 SEM 执行失败。除此之外，研究者必须熟悉 SEM 分析软件的程序语言或操作方式，将所欲检验的模型写入 SEM 分析软件的指令系统中。

第三个步骤是执行 SEM 分析，进行参数估计与模型检验。一般而言，SEM 所使用的数据形态可为原始数据（raw data），虽然方便，但是由于原始数据库往往包含有许多与 CFA 无关的变量，以及有许多缺失值存在，因此，如果要使用原始数据库，应先清理数据库。比较简单的方法则是直接取用测量变量的相关或共方差矩阵。

第四个步骤是进行模型评鉴（model evaluation）与参数报告分析，也就是判断 CFA 分析的报表结果，检验各项数据的正确性。基本上，CFA 可以用不同的估计方法来进行参数估计，而不同的方法所得到的结果也有所不同，因此，在 CFA 的研究报告中，应说明使用何种估计策略，并说明为配合该种策略有无进行特殊的处理（如样本规模的决定、变量经过正态校正等），使读者可以清楚了解 CFA 的各项参数在何种基础上得以估计出来。

一般而言，最常用的估计方法是最大似然法（ML 法），ML 法的优点在于小样本，或是变量有不太理想的峰度时，仍然可以获得理想的参数估计数，因此，对 CFA 分析不熟悉的使用者可以直接使用 ML 法来进行 CFA 分析。

最后一个步骤是对 CFA 分析进行最终报告，如果模型结果不甚理想，研究者可以进行模型修饰与调整，但由于此举可能有违当初研究者所提出的假设模型，因此文献上多不鼓励研究者在最后这个阶段因为结果不理想而进行过多的修正与调整。如果真有修饰模型的必要，也必须详加说明修正的正当性与合理性，必要时引述文献学理的说法，以强化立论根据。

在分析 CFA 报表时，应分别就两个层次的数据进行处理，第一是过程性的数据，也就是在完成最终结论之前，我们必须详细检阅 CFA 分析的各项数据，观察这些数据的状态，必要时加以记载，作为报告撰写之用；第二是终解（final solution）的报告，也就是 CFA 分析的最后结论的各种参数数据，以及模型适配度的最终数据。

二、模型适配评鉴

CFA 模型是否可被接受，关键在于研究者所设定的模型是否能够反映观测数据的共变结构，此为模型适配检验（test for goodness of fit）。模型适配指标的功能在于评估一个 CFA 模型是否与观测数据适配，适配有两种不同的意义，第一是绝对适配（absolute fit），第二是相对或增量适配（relative or incremental fit）。前者反映的是模型导出的共变矩阵与实际观测的共变矩阵之间的适配情形，适配度数值大小表示模型导出数与实际观测数差异的多寡。最常用的绝对适配统计量是 χ^2 值，χ^2 值的原理是计算自 CFA 模型所估计得到的参数所导出的协方差矩阵与观察协方差矩阵之间的差异程度的残差，残差越大（表示参数估计结果与观察数据有落差），χ^2 值越大；反之，残差越小（表示参数估计结果与观察数据相符），χ^2 值越小。

至于相对与增量适配，则是指某一个模型的适配度较另一个替代模型的适配度增加或减少了多少适配度。例如，一个模型假设潜在变量之间具有相关，替代模型则假设潜在变量之间没有相关（称虚无或独立模型），计算出两个模型的适配度差异量后，推知何者较能适配观测数据。

在这两种适配度的概念下，可以发展出不同的适配指标。一般学术报告均要求报告 χ^2 值以及与 χ^2 统计量的计算有关的信息（自由度、样本数、显著性），因为 χ^2 值反映了模型适配的原始状态，也因为许多适配指标是由 χ^2 值衍生而来。如果数据具有明显的非正态性性质，经过特殊校正，则可报告调整后的 χ^2（如 SB 量尺化卡方 Scaled χ^2；Satorra & Bentler，1994）与相对应调整后的模型适配指标（参见邱皓政，2010，关于 C1 至 C4 替代性卡方量数的介绍）。

GFI 指标可以说是绝对适配指标当中最常应用于 CFA 的指标，因为 GFI 指标反映了潜在变量的提取能力，性质类似于回归分析的 R^2，数值越大，表示实际观察的共变矩阵能够被假设模型解释的百分比越高，模型适配度越佳。至于增量适配，被 Hu 与 Bentler（1995）称为第二类型指标。如果样本量够大且使用最大似然估计法，NNFI（或称 TLI 指标，Tucker & Lewis's index）是较常用的指标，但是当样本量小时（如低于 150）则不建议使用，如可以改用 IFI 指标。如果研究者采用的是 GLS 估计方法，IFI 指标的表现会较为理想。

Hu 与 Bentler（1995）指出第三类型指标是以非中心卡方为基础发展的增量适配指标，较佳的选择是 CFI 指标（又称 BFI 指标，Bentler，1995；或 RNI 指标，McDonald & Marsh，1990）；RMSEA 指标则是近年来逐渐被普遍采用的指标，因为 RMSEA 是在第三类的非中心卡方指标当中不受样本分布影响的指标。Hu 与 Bentler（1999）主张 CFI 与 RMSEA 两个指标都需在论文中报告。当研究者想估计统计检验力时，RMSEA 是非常适合的指标。当研究者想要比较不同的模型，但是没有嵌套关系时，则可使用 ECVI、AIC 或 CAIC 指标。[1]

呈现数据时，如果模型很多，利用表格来整理呈现可以一目了然。在论文的文字叙述中，可以写为 $\chi^2(128, N = 284) = 506.23$，$p < 0.001$，NNFI = 0.89，CFI = 0.91 的形式。值得注意的是，在呈现 χ^2 数值时，应一并报告自由度与样本数据，然后再就数值内容与意义加以说明。

三、内在适配检验

CFA 模式是否理想除了从模型适配程度来看，还必须从模型的内在质量来衡量潜在变量的适切性，又称内部适配。换言之，当模型整体适配被接受之后，我们必须针对个别的因子质量进行检测。在本质上，模型适配检验是一种整体检验，个别因子的检验则是事后评估。Hair 等人（2006）认为，在 CFA 中，除了报告模型适配指标之外，还需进一步了解测量模式当中的个别参数是否理想（项目信效度），各潜在变量的组合情形是否稳定可靠（构念的信效度），如果某些参数不甚理想，可以借由模型修正来找出不良题项或增加参数以提高模式的内在适配。在具体做法上，比较为人们所采用的策略包括四项检验：项目质量、组合信度（ρ_c）、平均变异提取量（ρ_v）、构念区辨力。

（一）项目质量检验

Bollen（1989）指出，潜在变量的有效估计的前提是找到一组能够反映潜在构念意义的观察指标，换言之，构成潜在变量的题目必须具有相当的信效度，否则无法支撑一个潜在变量模型。就组成一个因子的个别题目来说，题项的测量误差越小，表示测量题目受到误差的影响越小，能够测到真分数的程度越高。Bagozzi 与 Yi（1988）认为测量模式当中的测量残差必须具有统计显著性，才能确立一个潜在变量是由一组带有测量误差的观察变量所形成的这个前提基础，相反，如果测量误差太微弱而未达统计显著性时（或因子荷载太高，超过 0.95 时），意味着该题足以完全反映该潜在构念的内容，测量模型的合理性即不复存在。除此之外，因子荷载的系数正负号也应符合理论预期，更不应出现超过正负 1 的数值，这些条件的维系，是为基本适配指标（preliminary fit criteria）（Bagozzi & Yi，1988）。

---

1 由于篇幅限制，关于适配指标的详细讨论请自行参考结构方程模型专书中的讨论（如余民宁，2006；邱皓政，2010；黄芳铭，2002）。

延续前述的讨论，因子荷载一方面除了反映测量误差的影响之外，也同时反映了个别题目能够用来反映潜在变量的程度，Hair 等人（2006）认为一个足够大的因子荷载代表题项具有良好的聚敛效度（convergent validity）。一般而言，当因子荷载大于 0.71 时，得以宣称项目具有理想质量，因为此时潜在变量能够解释观察变量将近 50% 的变异，这个 $\lambda \geq 0.71$ 指标可以说是基本适配指标当中最明确的一个标准（Bagozzi & Yi，1988；Hair et al.，2006）。

事实上，$\lambda \geq 0.71$ 原则其实来自传统因子分析当中共同性的估计，亦即个别题目能够反映潜在变量的能力指标。一般来说，社会科学研究者所编制的量表的因子荷载都不会太高，这可能是受限于测量本质的特性（如态度测量的范围太广不易聚焦、构念过于模糊不易界定）、外在干扰与测量误差的影响，甚至于构念本质具形成性或反映性等争议。此时，建议采用 Tabachnica 与 Fidell（2007）所建议的标准（如 $\lambda \geq 0.55$ 即可宣称良好），而不必坚守 $\lambda \geq 0.71$ 原则。

从决定系数的角度来看，研究者可以利用多元相关平方（squared multiple correlation，SMC）来反映个别测量变量受到潜在变量影响的程度，SMC 越高表示真分数所占的比重越高，相对地，SMC 越低表示真分数所占的比重越低，信度越低。

$$SMC_{\text{var}\,i} = \frac{\lambda_i^2}{\lambda_i^2 + \theta_{ii}} \qquad (16\text{-}1)$$

其中 λ_i 为个别测量变量的因子荷载，取平方后除以总变异量（解释变异量加误差变异量），即为个别题目的信度估计数。值得注意的是，SMC 的计算是以单维假设为基础的信度估计数，也就是一个测量变量仅受到单一一个潜在变量的影响（单一真分数变异来源）。如果一个测量变量受到两个或以上的潜在变量的影响，则不适用该公式。

（二）组合信度（ρ_c）

CFA 模式的信度估计基本上延续了古典测量理论的观点，将信度视为真实分数所占的比例，而测量误差的变异即为观察分数当中无法反映真实分数的残差变异量。对于个别测量题目来说，由于测量变量分数的变动受到潜在因子与测量误差的影响，而潜在因子所影响产生的变异即代表真实分数的存在，因此，信度可以以测量变量的变异量可以被潜在变量解释的百分比（proportion of variance of a measured variable）来表示。Fornell 与 Larker（1981）基于前述 SMC 的概念，提出了非常类似于内部一致性信度系数（Cronbach's α）的潜在变量的组合信度（composite reliability，ρ_c）：

$$\rho_c = \frac{(\sum \lambda_i)^2}{(\sum \lambda_i)^2 + \sum \theta_{ii}} \qquad (16\text{-}2)$$

上式中，$(\sum \lambda_i)^2$ 为因子荷载加总后取平方的数值，$\sum \theta_{ii}$ 为各观察变量残差方差的总和。当测量模型中带有残差相关时，残差变异量估计数会因为残差间的相关而降低，因此估计必须将残差相关纳入计算（Raykov，2004；Brown，2006），如公式 16-3 所示。

$$\rho_c = \frac{(\sum \lambda_i)^2}{(\sum \lambda_i)^2 + \sum \theta_{ii} + 2\sum \theta_{ij}} \qquad (16\text{-}3)$$

其中 $\sum \theta_{ii}$ 为第 i 与 j 题残差共变的总和，换言之，利用 SEM 来估计模型之余，尚可以进行测量工具的信度的估计，而且，除了整体量表的信度得以估计之外，也可以计算个别测量题目的信度。唯一的缺点是在计算整个因子（量表）的信度时，必须以人为的方式来计算，LISREL 尚无模块可以自动产生结果。

依据古典测量理论的观点，量表信度需达 0.7 才属于比较稳定的测量，SEM 的测量模型也多沿用此一标准，但此一标准的达成必须要各题的因子荷载平均达 0.7，社会科学领域的量表不易达到此一水平，因此 Bagozzi 与 Yi（1988）建议达 ρ_c 达 0.6 即可，Raine-Eudy（2001）的研究指出，组合信度达 0.5 时，测量工具在反映真分数上即可获得基本的稳定性。

（三）平均变异提取量（ρ_v）

先前已经提及，测量题目的因子荷载越高，题目能够反映潜在变量的能力越高，因子能够解释各观察变量的变异的程度越大，因而可以计算出一个平均变异提取量（average variance extracted，AVE 或 ρ_v），以反映一个潜在变量能被一组观察变量有效估计的聚敛程度指标（Fornell & Larker，1981）。公式如下：

$$\rho_v = \frac{\sum \lambda_i^2}{\sum \lambda_i^2 + \sum \theta_{ii}} \tag{16-4}$$

上式中，分母为各题的因子荷载平方加上误差变异，相加为 1。因此分母即为题数 n：

$$\rho_v = \frac{\sum \lambda_i^2}{n} \tag{16-5}$$

换言之，ρ_v 指标就是各因子的各题因子荷载平方的平均值，如果配合前述的 $\lambda \geq 0.71$ 原则，那么 ρ_v 的判准也即是 0.5（Anderson & Gerbing，1988；Hair et al.，2006）。当 ρ_v 大于 0.5，表示潜在变量的聚敛能力十分理想，具有良好的操作化定义（operationalization）。

从数学过程来看，ρ_v 的概念其实就是传统探索性因子分析当中的特征值（eigenvalue），亦即当各观察变量提供一个单位变异量时，各因子的解释变异量，也就是潜在变量变异量占总变异的百分比。换言之，验证性因子分析当中的每一个因子，就是执行一次单因子的探索性因子分析的结果，ρ_v 即为该单一因子的特征值。因此，ρ_v 的解释宜以概念本身来解释，而不宜解释成聚敛效度（Hair et al.，2006）。

（四）因子区辨力

Hair 等人（2006）除了引用 ρ_v 作为聚敛能力的指标，也指出了验证性因子分析估计结果所得到的潜在变量必须具有区辨效度（discriminant validity），亦即不同的构念之间必须能够有效分离。

在具体的 CFA 操作技术上，有三种方式可以用来检验潜在变量的区辨力，第一种是相关系数的区间估计法，如果两个潜在变量的相关系数的 95% 置信区间涵盖了 1，表示构念缺乏区辨力。

第二种方法是竞争模式比较法，利用两个 CFA 模型来进行竞争比较，一个 CFA 模型是令两个构念之间相关自由估计（效度模型），另一个CFA模型则是将相关设为1（完全相关模型，此模型也即等同于单一因子模型），完全相关模型由于少一个有待估计的参数，自由度多1，模型的适配度也会较低。如果效度模型没有显著优于完全相关模型，即代表两个构念间缺乏区辨力（Anderson & Gerbing，1988；Bagozzi & Phillip，1982）。

第三种方法是平均变异提取量比较法，亦即ρ_v的平方根必须大于相关系数，或是比较两个潜在变量的ρ_v平均值是否大于两个潜在变量的相关系数的平方（Fornell & Larker，1981）。

Hair等人（2006）将这些测量模型的内在质量的各种要求加以整理后，认为在这些检测都符合的情况下，测量的构念效度即可获得确保。但是此一说法应审慎为之，因为测量模型的内在适配理想上或许可以提供聚敛与区辨效度的证据，但非构念效度的充分条件。

值得注意的是，测量的效度并非可以从单一统计量数获得充分支持（Messick，1989）。以上述这些程序来检验所获得的证据，或许可以作为测量模型的质量评估部分的证据与参考，但是要作为测量工具能反映构念的效度的充分证据，还有一段距离。换言之，测量工具的构念效度无法借由待测量表本身来自我证实，而必须超越研究者所关心的测量工具本身，以其他测量相同特质的测量工具来求得合理的关系，或以实验手段来证实测量分数的有效性。

另外值得注意的是，Hair等人所谓的聚敛效度与传统的定义有所不同。Compbell与Fiske（1959）认为聚敛效度是指以"不同方法"来测量相同特质的相关要高于所有的相关，此时不同方法是指不同的量表或不同的测量方式（如自评与他评），而非一个分量表当中的不同题目（不同题目测量相同特质的相关或因子荷载，反映的是测量信度）。进一步地，区辨效度的达成在于以不同方法或相同方法测量不同特质的相关，要高于以不同方法测量相同特质的相关，此一观点也无法单纯从单一一个量表的检验中获得。

因此，本节虽然引述了Hair等人（2006）诸多的策略与观点，说明了个别题目质量、ρ_c、ρ_v、因子区辨力的做法，但是在此必须提醒读者，在论及测量的"构念效度"时，应采取更审慎保守的态度，尤其应避免将ρ_v视为聚敛效度的唯一证据。

一般现行的验证性因子分析或结构方程模型分析研究，均把因子荷载与测量误差当作测量稳定与一致性的指标，亦即信度的概念，而ρ_c与ρ_v也反映了潜在变量的整体稳定可靠性，也即信度的概念。至于通过验证性因子分析方法所获得的理想模型，多以测量工具具有因子效度（factorial validity）来相称（Byrne，1994；Bentler，1995），而因子效度仅是构念效度的一部分（Anastasi & Urbina，1997）。这就好像传统进行探索性因子分析时，我们所得到的因子结构只能作为量表因子效度的证据，至于构念效度，还需要以其他方式来从待检工具以外的途径来举证（如平行测量的相关）。

四、验证性因子分析的其他应用

CFA 虽然仅处理测量变量与潜在变量的关系的检验，但是在实际研究中，其可以应用在多种情况下：第一是应用在测量工具发展中，用以评估测量工具的因子结构是否恰当；第二是探讨潜在变量之间的关系，是否与特定的理论观点相符，为理论概念的检验；第三，CFA 可以应用于 MTMM 等构念效度的检验；第四，CFA 可应用于跨样本测量恒等性的检验。

（一）CFA 与 MTMM 研究

多重特质多重方法（multitrait-multimethod design，MTMM）是一种用来检验测量的聚敛效度、区辨效度与效度恒等性的技术。传统上，MTMM 是利用相关系数的比对来检验效度，随着 SEM 的普及，MTMM 逐渐改以 CFA 来进行，图 16-5 即为一典型的范例。

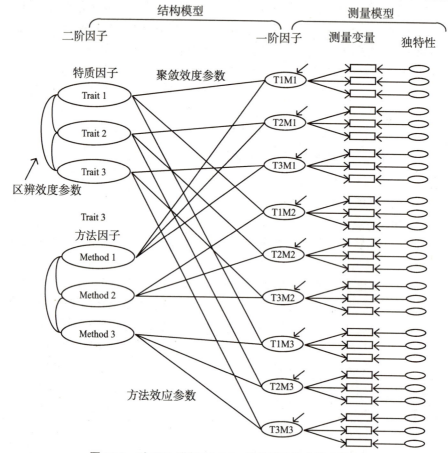

图 16-5　以 CFA 进行 MTMM 设计检验构念效度图示

CFA 的多重特质多重方法矩阵可针对多重方法效应问题进行统计检测（Chiou & Hocevar，1995；Chiou，1995；Lowe & Ryan-Wenger，1992；Marsh & Hocevar，1988）。在文献中，CFA 测量模型的分析对于系统误差的处理能力受到学者相当的重视，对于解决计量研究者长期以来的困扰有一定的贡献（见 Fisicaro，1988；Ilgen，Barnes-Farrell，

& McKellin，1993；Murphy，Jako，& Anhalt，1993；Podsakoff & Organ，1986）。CFA最大的贡献是将传统的 MTMM 设计所到的各种相关系数以统计的方法来进行验证，其次是可以通过对于方法因子（method factors）的估计（如 Marsh，1988），来排除方法效应的影响，大幅度提高测验的效用。

（二）测量恒等性检验

测量恒等性（measurement invariance）是指同一套测验施于不同的对象或于不同的时点上使用时，测验的分数应具有一定的恒等性（Reise，Widaman，& Pugh，1993）。也就是说，当研究者利用一组测验题目测得一个心理的概念（如焦虑或自尊）并应用于组间的比较时（如男女性别或不同年级），研究者必须假设测验分数背后的项目分数与尺度对不同的受试对象具有相同的意义。

在测验发展上，一个测验即使被证明有良好的信度，并不能说明这些测验题目与其所测得的潜在因子在不同的受试身上有相同的意义，此时，因子恒等性的检验可以提供研究者因子架构、个别因子荷载、误差估计在不同样本间的等同或歧异性。Byrne（1994）指出在测验发展过程中，因子恒等性检测应有下列五个方向：

1. 测验项目在不同的总体样本中是否有相同的意义？
2. 测验所获得的因子结构在不同的总体样本中是否等同？
3. 测验的因子结构中，某些特定的参数（如相关系数）在不同的总体样本中是否等同？
4. 测验测得某个心理特质的分数在不同的总体样本中是否等同？
5. 测验的因子结构在相同的总体的不同样本中是否可以复制？

上述诸项检验工作的进行皆可以通过 CFA 技术对于测量模型的检验来完成。由于 CFA 可以先期指定一个特定的因子结构，指出每一条路径参数的相对关系，并将此一模型配套于两个样本之上进行独立估计，若研究者同时设定多样本分析（multisample analysis），两个样本的因子结构模型将可合并在一个 SEM 中检验，进一步地依研究者的指示检查每一组参数配对的差异是否达到统计显著性，也就是检验相同的一个路径或参数在两个不同样本中的估计是否相同。

由于 CFA 所采用的原理是共变结构的分析，因此尽管不同样本产生不同的共变矩阵，CFA 仍可将其纳入同一个分析架构，如此一来，便解决了传统以 EFA 来进行恒等性检验的诸项问题，避免多次比较所带来的一型和二型错误威胁，对于复杂的参数估计得通过假设检验的方式来进行。

恒定性的检验涉及相当繁复的比较历程，主要是由于效度模型的组成除了代表效度与方法效应的参数，还包括其他不同的参数（如误差项、因子方差等）估计，因此恒等性的检验必须逐步地检查不同的参数的恒定性，最终方能得到效度恒等性的检验。例如，Marsh（1994）与 Cheung 和 Rensvold（2002）都曾提出恒等性阶层（invariance hierarchy），用以检验不同层次的测量恒定性。Cheung 与 Rensvold（2002）建议以八个步骤来检验下列各类恒等性：因子结构的形态恒等（configural invariance）、因子荷载的量尺恒等（metric invariance）（包括构念层次与题目层次）、代表平均数的截距恒等（intercept invariance）（包括观察变量与潜在变量截距）、测量残差恒等（residual variance invariance）、潜在变量变异数与协方差恒等（equivalence of variance/covariance）。同时 Cheung 与 Rensvold（2002）认为恒等性的检验不宜以卡方差异检验的显著与否来进行判定（因为 χ^2 受样本数的影响甚大），而建议以 CFI 的变动量少于 0.01 作为恒等性存在的判断标准。

第四节　验证性因子分析范例

CFA 是 SEM 中的测量模型。在一个 SEM 模型中，如果仅涉及测量模型的检验，而没有结构模型的概念，即是验证性因子分析。在此种模型中，SEM 所处理的仅是测量变量与潜在变量的关系。

本范例以组织创新气氛的测量为例，进行测量工具发展的验证性因子分析的操作示范。为了便于说明，本范例仅取用组织创新气氛量表（邱皓政，1999）的 18 题来进行操作示范。样本是 384 位来自台湾某家企业的员工。量表题目与描述统计量见表 16-1。

表 16-1　18 个组织创新气氛量表题目内容与描述统计量

	题目内容	M	SD
v1	我们公司重视人力资产、鼓励创新思考。	4.42	0.98
v2	我们公司下情上达、意见交流沟通顺畅。	4.31	1.02
v3	我们公司能够提供诱因鼓励创新的构想。	4.07	0.97
v4	当我有需要，我可以不受干扰地独立工作。	4.02	1.16
v5	我的工作内容有我可以自由发挥与挥洒的空间。	4.25	1.16
v6	我可以自由地设定我的工作目标与进度。	4.24	1.09
v7	我可以获得充分的数据与信息以进行我的工作。	4.37	0.98
v8	只要我有需要，我可以获得专业人员的有效协助。	4.34	1.03
v9	对于我们工作上的需要，公司会尽量满足我们。	4.31	1.05
v10	我的工作伙伴与团队成员具有良好的共识。	4.83	0.94
v11	我的工作伙伴与团队成员能够相互支持与协助。	4.95	0.84
v12	我的工作伙伴与团队成员能以沟通协调来化解问题与冲突。	4.83	0.91
v13	我的上司主管能够尊重与支持我在工作上的创意。	4.63	0.97
v14	我的上司主管拥有良好的沟通协调能力。	4.73	1.01
v15	我的上司主管能够信任部属，给予适当的授权。	4.70	0.98
v16	我的公司提供充分的进修机会、鼓励参与学习活动。	4.23	1.17
v17	人员的教育训练是我们公司的重要工作。	4.63	1.09
v18	我的公司重视信息收集与新知的获得与交流。	4.49	0.94

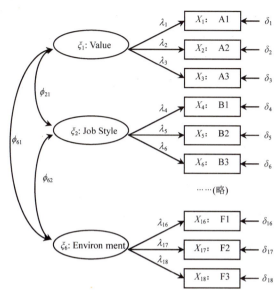

图 16-6　CFA 模型各参数路径图示

组织创新气氛量表为 Likert 式 6 点量尺自陈量表，用以测量组织成员对于组织创新气氛的知觉。该量表题目的编写是由研究者所执行的前导研究，发现影响组织创新气氛知觉的因子包括"组织价值""工作方式""团队运作""领导风格""学习成长""环境气氛"等 6 种，因此针对这些因子编写题目，发展出评定量表。在本范例中，每一个因子仅取出 3 个题目作为代表，因此共有 18 个题目（代号 A1 至 E3）。受测者在这些题目的得分越高，代表所感觉到的组织气氛越有利于组织成员进行创新的表现。由于部分成员在部分题目上表示无法填答，因此，实际应用于 SEM 分析的样本为完全作答的 350 位。这个 18 题的评定量表，基于研究者所提出的先期结构（6 因子测量模型），6 个因子与 18 个测量变量的关系可以利用图 16-6 的假设模型表示。

范例 16-1　验证性因子分析：LISREL 范例

在各种软件中，LISREL 是最早通行于学术界的分析工具，也是由 SEM 的发展者 Jöresgor 所发展。LISREL 提供两种语法：传统语法与简要语法 SIMPLIS，本范例的语法见下图。

```
Title ch16 CFA using SIMPLIS syntax
Observed Variables: A1 A2 A3 B1 B2 B3 C1–C3 D1–D3 E1–E3 F1–F3
Raw data from file ch16.dat
Sample Size = 313
Latent Variables: VALUE JOBSTYLE TEAMWORK LEADERSH LEARNING ENVIRONM
Relationships
A1–A3  = VALUE
B1–B3 = JOBSTYLE
C1–C3 = TEAMWORK
D1–D3 = LEADERSH
E1–E3 = LEARNING
F1–F3 = ENVIRONM
Set the Variance of VALUE–ENVIRONM equal 1
Path Diagram
LISREL Output SE TV RS MR FS SS SC MI
End of Program
```

以 LISREL 得到的结果如下：

Goodness-of-Fit Statistics

Degrees of Freedom for (C1)-(C2)	120
Maximum Likelihood Ratio Chi-Square (C1)	242.298 (P = 0.0000)
Browne's (1984) ADF Chi-Square (C2_NT)	230.062 (P = 0.0000)
Estimated Non-centrality Parameter (NCP)	122.298
90 Percent Confidence Interval for NCP	(81.721 ; 170.655)
Minimum Fit Function Value	0.774
Population Discrepancy Function Value (F0)	0.391
90 Percent Confidence Interval for F0	(0.261 ; 0.545)
Root Mean Square Error of Approximation (RMSEA)	0.0571
90 Percent Confidence Interval for RMSEA	(0.0466 ; 0.0674)
P-Value for Test of Close Fit (RMSEA < 0.05)	0.128
Expected Cross-Validation Index (ECVI)	1.100
90 Percent Confidence Interval for ECVI	(0.970 ; 1.254)
ECVI for Saturated Model	1.093
ECVI for Independence Model	9.196
Chi-Square for Independence Model (153 df)	2842.325
Normed Fit Index (NFI)	0.915
Non-Normed Fit Index (NNFI)	0.942
Parsimony Normed Fit Index (PNFI)	0.717
Comparative Fit Index (CFI)	0.955
Incremental Fit Index (IFI)	0.955
Relative Fit Index (RFI)	0.891
Critical N (CN)	205.676
Root Mean Square Residual (RMR)	0.0536
Standardized RMR	0.0518
Goodness of Fit Index (GFI)	0.924
Adjusted Goodness of Fit Index (AGFI)	0.892
Parsimony Goodness of Fit Index (PGFI)	0.649

　　LISREL 提供了多种模型适配指数，用以判断假设模型与实际观察值之间的拟合情形。自由度为 120，卡方值为 242.298，$p < 0.001$，RMSEA = 0.0571，90% 的置信区间为 (0.0466，0.0674)，涵盖了惯用的 RMSEA < 0.06 的标准，NFI（0.915）、NNFI（0.942）、CFI（0.955）均超过 0.95 的惯用值，表示模型适配理想。

```
Completely Standardized Solution
   LAMBDA-X
```

	VALUE	JOBSTYLE	TEAMWORK	LEADERSH	LEARNING	ENVIRONM
	--------	--------	--------	--------	--------	--------
A1	0.83	- -	- -	- -	- -	- -
A2	0.69	- -	- -	- -	- -	- -
A3	0.63	- -	- -	- -	- -	- -
B1	- -	0.68	- -	- -	- -	- -
B2	- -	0.83	- -	- -	- -	- -
B3	- -	0.79	- -	- -	- -	- -
C1	- -	- -	0.72	- -	- -	- -
C2	- -	- -	0.71	- -	- -	- -
C3	- -	- -	0.66	- -	- -	- -
D1	- -	- -	- -	0.87	- -	- -
D2	- -	- -	- -	0.89	- -	- -
D3	- -	- -	- -	0.72	- -	- -
E1	- -	- -	- -	- -	0.83	- -
E2	- -	- -	- -	- -	0.91	- -
E3	- -	- -	- -	- -	0.81	- -
F1	- -	- -	- -	- -	- -	0.55
F2	- -	- -	- -	- -	- -	0.76
F3	- -	- -	- -	- -	- -	0.84

```
   PHI
```

	VALUE	JOBSTYLE	TEAMWORK	LEADERSH	LEARNING	ENVIRONM
	--------	--------	--------	--------	--------	--------
VALUE	1.00					
JOBSTYLE	0.54	1.00				
TEAMWORK	0.49	0.70	1.00			
LEADERSH	0.42	0.45	0.52	1.00		
LEARNING	0.53	0.57	0.60	0.56	1.00	
ENVIRONM	0.70	0.39	0.60	0.32	0.44	1.00

　　前述各步骤完成了组织创新气氛量表的验证性因子分析，确立了 6 因子模式的适切性。下一步即是进行测量模式内在适配的评估。组合信度（ρ_c）与变异提取量（ρ_v）均能达到 ρ_c 大于 0.7、ρ_v 大于 0.50 的水平，显示各因子的内在适配良好。兹以第一个因子（组织理念）为例，列出 ρ_c 与 ρ_v 的计算过程如下（因子荷载见上）：

$$\rho_c = \frac{\left(\sum \lambda_i\right)^2}{\left(\sum \lambda_i\right)^2 + \sum \theta_{ii}} = \frac{(0.83 + 0.69 + 0.63)^2}{(0.83 + 0.69 + 0.63)^2 + (0.31 + 0.52 + 0.60)} = \frac{4.62}{6.05} = 0.76$$

$$\rho_v = \frac{\sum \lambda_i^2}{\sum \lambda_i^2 + \sum \theta_{ii}} = \frac{0.83^2 + 0.69^2 + 0.63^2}{(0.83^2 + 0.69^2 + 0.63^2) + (0.31 + 0.52 + 0.60)} = \frac{1.56}{3} = 0.52$$

　　在叙述上，ρ_c 可以解释为因子内各观察变量的一致性，其数值接近因子内各因子荷载的平均值。以组织理念因子为例，三个因子荷载的平均值为 0.72，与 ρ_c 的 0.76 相差不远。ρ_v 则反映了因子的解释力，0.52 的 ρ_v 表示因子能够解释观察变量 52% 的变异。

最后，因子区辨力可以相关系数的 95% 是否涵盖 1 来判断。由 LISREL 报表中我们可以获得各相关系数的标准误，利用区间估计的公式，可以计算出各相关系数的 95% 置信区间，如果这些区间没有涵盖 1，可视为构念间相关具有合理区辨力的证据之一。如表 16-2 所示，各因子之间的相关系数介于 0.32 至 0.7，以最大的相关 0.7（团队领导与工作方式间的相关系数）为例，其 95% 的置信区间（confidence interval, CI）为 0.6 至 0.8，$95\%CI = 0.7 \pm 1.96 (0.05) = 0.6\sim0.8$，未涵盖 1，可以解释成该相关系数显著不等于 1。

若采用 Fornell 与 Larker（1981）建议的 ρ_v 比较法，检验两个潜在变量的 ρ_v 平均值是否大于两个潜在变量的相关系数的平方。结果列于表 16-3 的第三列，所有因子两两 ρ_v 的平均值均大于相关系数的平方，亦显示各构念之间具有理想的区辨力。

表 16-2 各因子区辨力检验摘要表

因子		组织理念	工作方式	团队运作	领导效能	学习成长
工作方式	$r\,(r^2)\,95\%$ CI ave AVE	0.54（0.29） （0.44, 0.64） 0.56				
团队运作	$r\,(r^2)\,95\%$ CI ave AVE	0.49（0.24） （0.37, 0.61） 0.51	0.70（0.49） （0.60, 0.80） 0.54			
领导效能	$r\,(r^2)\,95\%$ CI ave AVE	0.42（0.18） （0.30, 0.54） 0.61	0.45（0.20） （0.33, 0.57） 0.64	0.52（0.27） （0.40, 0.64） 0.59		
学习成长	$r\,(r^2)\,95\%$ CI ave AVE	0.53（0.28） （0.43, 0.63） 0.62	0.57（0.32） （0.47, 0.67） 0.66	0.60（0.36） （0.50, 0.70） 0.61	0.56（0.31） （0.46, 0.66） 0.71	
环境气氛	$r\,(r^2)\,95\%$ CI ave AVE	0.70（0.49） （0.60, 0.80） 0.53	0.39（0.15） （0.27, 0.51） 0.56	0.60（0.36） （0.50, 0.70） 0.51	0.32（0.10） （0.20, 0.44） 0.61	0.44（0.19） （0.32, 0.56） 0.63

注：ave AVE 指两个因子的 AVE 平均值。

表 16-3 验证性因子分析结果摘要表

因子	题目	λ	残差	ρ_c	ρ_v
组织理念	1 我们公司重视人力资产、鼓励创新思考	0.83	0.31	0.76	0.52
	2 我们公司下情上达、意见交流沟通顺畅	0.69	0.52		
	3 我们公司能够提供诱因鼓励创新的构想	0.63	0.60		
工作方式	4 当我有需要，我可以不受干扰地独立工作	0.68	0.53	0.81	0.59
	5 我的工作内容有我可以自由发挥与挥洒的空间	0.83	0.31		
	6 我可以自由地设定我的工作目标与进度	0.79	0.38		

续表

因子	题目	λ	残差	ρ_c	ρ_v
团队运作	7 我的工作伙伴与团队成员具有良好的共识	0.72	0.49	0.74	0.49
	8 我的工作伙伴与团队成员能够相互支持与协助	0.71	0.49		
	9 伙伴与成员能以沟通协调来化解问题与冲突	0.66	0.56		
领导风格	10 我的主管能够尊重与支持我在工作上的创意	0.87	0.25	0.87	0.69
	11 我的主管拥有良好的沟通协调能力	0.89	0.22		
	12 我的主管能够信任部属，给予适当的授权	0.72	0.48		
学习成长	13 我的公司提供充分的进修机会与学习活动	0.83	0.31	0.89	0.72
	14 人员的教育训练是我们公司的重要工作	0.91	0.18		
	15 我的公司重视信息收集与新知的获得与交流	0.81	0.34		
环境气氛	16 我的工作空间气氛和谐良好、令人心情愉快	0.55	0.70	0.76	0.53
	17 我有一个舒适自由、令我感到满意的工作空间	0.76	0.43		
	18 我的工作环境可以使我拥有创意灵感与启发	0.84	0.30		

注：所有系数均达 0.05 统计水平。

经过前述的分析，量表的整体适配与内部质量均受到支持，因此研究者可以进行最后的整理。表 16-3 列出了 18 个题目的因子荷载（完全标准化解）、残差、ρ_c 与 ρ_v。表中所有的参数的显著性检验均达 0.05 显著水平，虽然部分因子荷载的数值未达 0.71 的理想水平，但除了第 16 题低于 0.6 以外，其他题目也都能保持在良好的水平之上，因此从个别题目来看，题目的质量良好。

LISREL 分析的优点是能够产生各种参数估计值，还可以将各项数据以路径图的方式呈现，免除人为制图的工作。因此，使用者可以将前面的标准化解结果条例整理后，佐以路径图示来强化研究结果的说明，有效地利用文字软件来协助报告的完成。

范例 16-2　验证性因子分析：Mplus 范例

Mplus 是以语法为主的分析工具。操作与呈现非常简化，使用者只需参考指导手册的范例，撰写适当的指令即可获得重要的数据。以下即以 Mplus(请参阅语法文件 ch16.inp) 来示范。

```
TITLE:      Ch16 Confirmatory Factor Analysis using MPLUS syntax
DATA:       FILE IS ch16.dat;
VARIABLE:   NAMES ARE a1-a3 b1-b3 c1-c3 d1-d3 e1-e3 f1-f3;
MODEL:
    VALUE    by a1*a2-a3;
    JOBSTYLE by b1*b2-b3;
    TEAMWORK by c1*c2-c3;
    LEADERSH by d1*d2-d3;
    LEARNING by e1*e2-e3;
    ENVIRONM by f1*f2-f3;
    VALUE@1;
    JOBSTYLE@1;
    TEAMWORK@1;
    LEADERSH@1;
    LEARNING@1;
    ENVIRONM@1;
OUTPUT:
    STANDARDIZED;
```

设定模型
VALUE by a1*a2–a3 是指 VALUE 因子有三个测量指标，为 λ 自由估计。若写作 VALUE by a1–a3 则 Mplus 自动设定第一条参数的 λ 为 1

设定因子方差为 1
由于因子当中的每一条 λ 都自由估计，因此必须设定各因子方差为 1

输出标准化估计数
预设报表仅输出原始估计数，若需要完全标准化解，则需下达此一指令

分析结果

```
TESTS OF MODEL FIT
Chi-Square Test of Model Fit
        Value                          241.755
        Degrees of Freedom                 120
        P-Value                         0.0000
Chi-Square Test of Model Fit for the Baseline Model
        Value                         2842.819
        Degrees of Freedom                 153
        P-Value                         0.0000
CFI/TLI
        CFI                              0.955
        TLI                              0.942
Loglikelihood
        H0 Value                     -6751.785
        H1 Value                     -6630.907
Information Criteria
        Number of Free Parameters           69
        Akaike (AIC)                 13641.569
        Bayesian (BIC)               13900.057
        Sample-Size Adjusted BIC     13681.211
            (n* = (n + 2) / 24)
```

```
RMSEA (Root Mean Square Error Of Approximation)
        Estimate                              0.057
        90 Percent C.I.                       0.047  0.067
        Probability RMSEA <= .05              0.132
SRMR (Standardized Root Mean Square Residual)
        Value                                 0.049
```

STDYX Standardization

	Estimate	S.E.	Est./S.E.	Two-Tailed P-Value
VALUE BY				
A1	0.830	0.032	26.314	0.000
A2	0.692	0.038	18.205	0.000
A3	0.634	0.041	15.518	0.000
JOBSTYLE BY				
B1	0.682	0.036	18.754	0.000
B2	0.833	0.027	30.700	0.000
B3	0.788	0.030	26.634	0.000
TEAMWORK BY				
C1	0.717	0.038	19.037	0.000
C2	0.715	0.038	18.935	0.000
C3	0.663	0.041	16.301	0.000
LEADERSH BY				
D1	0.867	0.021	40.729	0.000
D2	0.886	0.020	43.694	0.000
D3	0.720	0.032	22.644	0.000
LEARNING BY				
E1	0.830	0.023	36.901	0.000
E2	0.906	0.017	51.860	0.000
E3	0.811	0.023	34.623	0.000
ENVIRONM BY				
F1	0.550	0.046	11.828	0.000
F2	0.758	0.033	22.837	0.000
F3	0.837	0.030	27.683	0.000
JOBSTYLE WITH				
VALUE	0.542	0.055	9.802	0.000
TEAMWORK WITH				
VALUE	0.494	0.063	7.825	0.000
JOBSTYLE	0.697	0.047	14.824	0.000
LEADERSH WITH				
VALUE	0.417	0.059	7.068	0.000
JOBSTYLE	0.447	0.055	8.067	0.000
TEAMWORK	0.522	0.056	9.335	0.000

LEARNING WITH				
VALUE	0.526	0.054	9.677	0.000
JOBSTYLE	0.575	0.048	11.974	0.000
TEAMWORK	0.603	0.050	12.014	0.000
LEADERSH	0.557	0.047	11.851	0.000
ENVIRONM WITH				
VALUE	0.695	0.046	15.263	0.000
JOBSTYLE	0.391	0.061	6.394	0.000
TEAMWORK	0.600	0.056	10.743	0.000
LEADERSH	0.316	0.062	5.071	0.000
LEARNING	0.443	0.056	7.909	0.000

Mplus 的 CFA 分析结果适配程度颇为理想。各因子荷载参数除了 F1 以外，各题都达到 0.6 以上。Mplus 分析结果亦与 LISREL 的分析结果相仿，但报表整理的方式更为整齐易读。

范例 16-3　验证性因子分析：R 范例

在 R 中执行 CFA 需使用 lavaan 包，此外，semPlot 包则可进行绘图。以 RStudio 载入 lavaan 与 semPlot 包后，即可进行 CFA 分析。

（一）R 语法

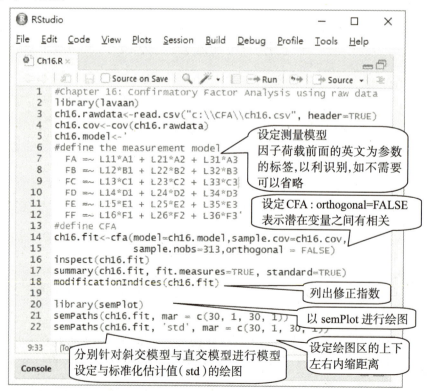

（二）R 分析结果

```
> inspect(ch16.fit)
```

检视模型设定情形：Ch16a 为斜交模型

```
$lambda
   FA FB FC FD FE FF
A1  0  0  0  0  0  0
A2  1  0  0  0  0  0
A3  2  0  0  0  0  0
B1  0  0  0  0  0  0
B2  0  3  0  0  0  0
B3  0  4  0  0  0  0
C1  0  0  0  0  0  0
C2  0  0  5  0  0  0
C3  0  0  6  0  0  0
D1  0  0  0  0  0  0
D2  0  0  0  7  0  0
D3  0  0  0  8  0  0
E1  0  0  0  0  0  0
E2  0  0  0  0  9  0
E3  0  0  0  0 10  0
F1  0  0  0  0  0  0
F2  0  0  0  0  0 11
F3  0  0  0  0  0 12
```

测量模型的模型设定状态，有 12 个估计参数

```
$theta
    A1 A2 A3 B1 B2 B3 C1 C2 C3 D1 D2 D3 E1 E2 E3 F1 F2 F3
A1  13
A2   0 14
A3   0  0 15
B1   0  0  0 16
B2   0  0  0  0 17
B3   0  0  0  0  0 18
C1   0  0  0  0  0  0 19
C2   0  0  0  0  0  0  0 20
C3   0  0  0  0  0  0  0  0 21
D1   0  0  0  0  0  0  0  0  0 22
D2   0  0  0  0  0  0  0  0  0  0 23
D3   0  0  0  0  0  0  0  0  0  0  0 24
E1   0  0  0  0  0  0  0  0  0  0  0  0 25
E2   0  0  0  0  0  0  0  0  0  0  0  0  0 26
E3   0  0  0  0  0  0  0  0  0  0  0  0  0  0 27
F1   0  0  0  0  0  0  0  0  0  0  0  0  0  0  0 28
F2   0  0  0  0  0  0  0  0  0  0  0  0  0  0  0  0 29
F3   0  0  0  0  0  0  0  0  0  0  0  0  0  0  0  0  0 30
```

测量残差的模型设定状态，有 18 个测量残差参数

测量残差之间没有相关参数

```
$psi
   FA FB FC FD FE FF
FA 31
FB 37 32
FC 38 42 33
FD 39 43 46 34
FE 40 44 47 49 35
FF 41 45 48 50 51 36
```

方差与协方差的模型设定状态，对角线上为方差，下三角部分为协方差

```
> summary(ch16.fit, fit.measures=TRUE, standard=TRUE)
lavaan (0.5-23.1097) converged normally after  52 iterations

  Number of observations                          313

  Estimator                                        ML
  Minimum Function Test Statistic             241.755
  Degrees of freedom                              120
  P-value (Chi-square)                          0.000

Model test baseline model:

  Minimum Function Test Statistic            2842.819
  Degrees of freedom                              153
  P-value                                       0.000

User model versus baseline model:

  Comparative Fit Index (CFI)                   0.955
  Tucker-Lewis Index (TLI)                      0.942

Loglikelihood and Information Criteria:

  Loglikelihood user model (H0)             -6751.785
  Loglikelihood unrestricted model (H1)     -6630.907

  Number of free parameters                        51
  Akaike (AIC)                              13605.569
  Bayesian (BIC)                            13796.626
  Sample-size adjusted Bayesian (BIC)       13634.870

Root Mean Square Error of Approximation:

  RMSEA                                         0.057
  90 Percent Confidence Interval       0.047   0.067
  P-value RMSEA <= 0.05                         0.132

Standardized Root Mean Square Residual:

  SRMR                                          0.052

Parameter Estimates:

Latent Variables:
                   Estimate  Std.Err  z-value  P(>|z|)  Std.lv  Std.all
  FA =~
    A1     (L11)      1.000                               0.815    0.830
    A2     (L21)      0.867    0.075   11.496    0.000    0.706    0.692
    A3     (L31)      0.753    0.071   10.564    0.000    0.614    0.634
  FB =~
    B1     (L12)      1.000                               0.789    0.682
    B2     (L22)      1.219    0.101   12.027    0.000    0.961    0.833
    B3     (L32)      1.084    0.093   11.686    0.000    0.856    0.788
  FC =~
    C1     (L13)      1.000                               0.699    0.717
    C2     (L23)      1.053    0.099   10.686    0.000    0.736    0.715
    C3     (L33)      0.995    0.099   10.061    0.000    0.696    0.663
  FD =~
    D1     (L14)      1.000                               0.810    0.867
    D2     (L24)      0.915    0.051   17.843    0.000    0.741    0.886
    D3     (L34)      0.809    0.057   14.218    0.000    0.655    0.720
```

样本数：313

适配指标：卡方值（241.755）与模型自由度（120）

其他适配指标

参数估计结果：因子荷载的估计与检验结果，最后一栏为完全标准化解

```
FE =~
    E1    (L15)   1.000                                 0.806   0.830
    E2    (L25)   1.132        0.061   18.637   0.000    0.912   0.906
    E3    (L35)   0.                                    0.791   0.811
FF =~                            各因子的第一个因子荷
    F1    (L16)   1            载设定为1,没有检验值        0.641   0.550
    F2    (L26)   1.292        0.144   0.948    0.000    0.828   0.758
    F3    (L36)   1.226        0.133   9.188    0.000    0.786   0.837
Covariances:
                 Estimate  Std.Err  z-value  P(>|z|)  Std.lv   Std.all        因子间的
FA ~~           因子间的                                                       相关系数
    FB           协方差      0.349    0.055    6.366    0.000    0.542   0.542
    FC                      0.282    0.048    5.858    0.000    0.494   0.494
    FD                      0.275    0.049    5.645    0.000    0.417   0.417
    FE                      0.345    0.051    6.772    0.000    0.526   0.526
    FF                      0.363    0.055    6.592    0.000    0.695   0.695
FB ~~
    FC                      0.385    0.055    6.982    0.000    0.697   0.697
    FD                      0.286    0.049    5.784    0.000    0.447   0.447
    FE                      0.365    0.054    6.819    0.000    0.575   0.575
    FF                      0.198    0.043    4.614    0.000    0.391   0.391
…(略)
 Variances:
                 Estimate  Std.Err  z-value  P(>|z|)  Std.lv   Std.all
   .A1            0.300    0.046    6.509    0.000    0.300   0.311
   .A2            0.544    0.055    9.980    0.000    0.544   0.522
   .A3            0.561    0.052   10.700    0.000    0.561   0.598
   .B1    残差方差  0.716    0.068   10.525    0.000    0.716   0.535
   .B2            0.408    0.057    7.211    0.000    0.408   0.306
   .B3            0.447    0.052    8.602    0.000    0.447   0.379
   .C1            0.461    0.050    9.305    0.000    0.461   0.485
…(略)
```

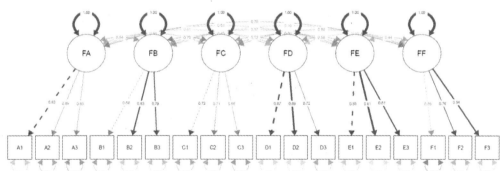

　　基本上，LISREL、Mplus、R 等不同软件所估计出来的参数数值几乎完全相同。三种软件在估计模型整体适配性时差异比较明显。LISREL 提供了两种最小适配函数 χ^2 与 NT/WLS χ^2 两者，其中 NT/WLS χ^2 数值较小，也因此导致 CFI、TLI、RMSEA 等各项指标比另外两个软件更理想。更进一步的比较在此省略，有兴趣的读者可以自行检视并比较三种软件的差异。

第五节　结语

　　CFA 在结构方程模型整体的发展过程中占有相当重要的地位，最初发展的先驱如 Jöreskog 等人长期以来都在积极地突破传统的因子分析的限制，扩大其应用范围，最后发展出了结构方程模型。在结构方程模型的分析架构中，CFA 所检验的是测量变量与潜在变量的假设关系，可以说是结构方程模型最基础的测量部分，它不但是结构方程模型中其他后续高等统计检验的基础，更可以独立地应用于信效度的检验与理论有效性的确认。

　　由于 CFA 使用的范围相当广泛，大大超越了传统 EFA 用来简化数据或抽取因子的单纯目的，CFA 可以用来检验抽象概念或潜在变量的存在与否、评估测验工具的项目效度与信效度，或检验特定理论假设下的因子结构，因此在 SEM 典范下，CFA 经常被独立使用。但在此要提醒的是，研究者必须清楚知道自己的研究目的与需要，因为 EFA 与 CFA 两者的目的不同，适用时机也不一样。EFA 与 CFA 各有所长也各有缺点，后起之秀的 CFA 欠缺 EFA 寻觅、探询复杂现象的弹性，EFA 则没有强而有力的理论作为后盾，两者皆无法取代对方，但两种技术的熟稔对于研究者探究科学命题具有相辅相成的功效，因此两者均要熟悉。

　　总而言之，如果不是为了探索智力、创造力、自尊等心理构念，因子分析的发展不会有今日的光景，反过来说，因子分析的独特价值，是因为抽象概念的测量问题而存在，但是究其根本，都回归到 Spearman 当初所关心的问题：为什么智力测验的测量分数之间会有高相关？是不是有一个智力的心理构念在背后起作用？在心理计量方法与信息科技的联手合作下，不论是探索性或验证性取向，因子分析都是研究者手中强而有力的工具，如果能够善用各种现代化的计量方法与科学工具，将能有助于厘清这些问题。

附录：R 的小世界——R 简介与操作说明

第一节　R 是什么

在数据科学与统计分析领域，经常听到一句话："你会用 R 吗？"如果你回答："我不仅会用 R，会写 R 脚本，也会编写 R 包！"那么你一定会被另眼相待。仿佛懂 R、用 R、写 R 成为我们这个领域的通关密语。那么，什么是 R 呢？简单来说，R 是一套免费的程序语言，主要用于统计分析与绘图，由 R 统计运算基金会（R Foundation for Statistical Computing）拥有，可在多种平台下运行，如 UNIX、Windows、MacOS。R 本身已经有很多基本的统计分析与数学运算功能，但如果遇到一些比较高阶的功能，可以另外下载包（package）来扩充功能，这些包多半是信息专家、使用者同行、业界高手或学者专家所编写，储存于 R CRAN（Comprehensive R Archive Network），免费提供给 R 使用者运用。网站除了提供 R 软件的安装包、原始码和说明文件，也收录各种包，全球有超过一百个 CRAN 镜像站，因此 R 不仅免费，更是一套功能强大、信息公开、扩展性极佳的开源软件，极受各界重视。

一、R 的起源

R 由新西兰奥克兰大学的 Ross Ihaka 与 Robert Gentleman 两位学者于 1992 年开发（因此被称为 R），1995 年首度发表，到了 2000 年左右趋于稳定。目前由 R 核心团队（R Development Core Team）负责软件的开发维护工作。R 的核心软件大约每隔几个月就会升级一次，截至 2019 年 3 月为止，最新版本是 3.5.2。

基本上，R 并非一套全新的程序语言，而是从 S 与 Theme 整合延伸而来。S 语言在 1976 年由诺基亚集团贝尔实验室（Bell labs）的 John Chambers 领衔开发，他目前还是 R 核心团队的主要负责人。Scheme 于 1975 年诞生于麻省理工学院 MIT 人工智能实验室，是一种由 LISP 衍生而来的函数式程序语言，主要应用在人工智能或是结构复杂、难以用传统语言处理的分析作业，擅长处理符号。

在 R 的官方网站中，会以"GNU S"一词来介绍 R，其中 GNU 是"GNU is Not Unix"的缩写，表示 R 不是 Unix 那一种 S 语言，而是自由自在的软件语言。GNU 是 1983 年由麻省理工学院的 Richard Matthew Stallman 发起的自由软件集体协作计划，又称革奴计划，目的是建立完全自由的作业系统，誓在"重现当年软件界合作互助的团结精神"，让世人可以自由地使用、复制、修改软件。

R 在全球拥有不计其数的爱好者，除了各式各样的社群、网站、协会组织，从 2004 年起每年轮流在欧美地区举办盛大的年会 useR! Conference，对于开发者也有 DSC 年会（Directions in Statistical Computing），这两个会议是 R 基金会主要支持的常年会议。除了会议以外，R 也有电子报 *R News*，从 2001 年发行到 2008 年，后来转型为期刊 *The R Journal*，于 2009 年创刊，每年出版两期，目前已经发行到第 10 卷第 2 期。

二、R 的运作方式

R 的运作主要是通过指令来进行，这些指令（语法）可以在 R 软件的操作视窗下以一条条算式或指令来操作，按确认键之后马上就得到结果（因此被称为互动式界面）。例如，在指令栏敲入 > 1+1，按确定之后就会得到结果：[1]2（附图 1），因此 R 甚至也是计算器。

另一种更常用的操作方式，是把一连串的指令写完后，储存在一个 R 的程序码文件或脚本（script）中（文件后缀名为 .R），执行时可以直接点选进入 R 软件，或从 R 的功能表中读入脚本文件，一次执行完所有指令。

附图 1 初始开启的 R 操作视窗与操作方式

除了 R 本身的操作界面，使用者也可以用一些辅助软件来整合指令、结果、数据信息甚至相关信息介绍等功能，以便使用者操作。目前最广泛使用的免费辅助软件是

RStudio，也是本书所使用的辅助工具。

　　RStudio 可以在 R3.0.1 以上的版本环境下运作，目前已经发展到 RStudio 1.1.463。开启 RStudio 后可以直接进入 R 的指令视窗 Console，以 R 指令来进行运作，如输入 1+1 得到 2，如附图 2 左下方的视窗所示。同样，RStudio 也可以读入 R 的指令文件（脚本）执行整批的 R 指令，一次就完成所有工作，如附图 2 左上方所读入的本书第 16 章的语法文件，按 RUN 执行完毕得到的结果放在右侧的数据文件清单（右上）与图表视窗（右下）中，使用上更加便捷。

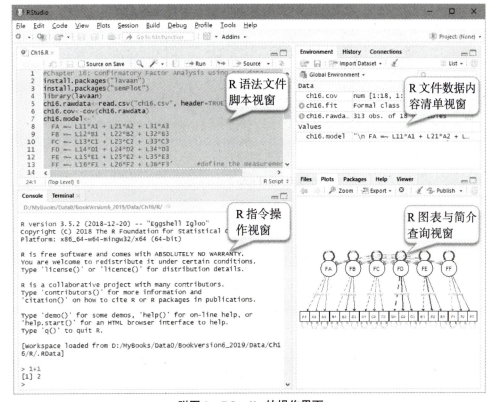

附图 2　RStudio 的操作界面

第二节　R 与包安装

一、基本安装

　　R 与 RStudio 的基本安装均十分简单，只需到这些软件的官方网站下载安装包，直接执行即可安装完成。在下载 RStudio 时，网站还会提醒使用者如果尚未安装 R，要先安装 R，并提供安装 R 的链接（https://www.rstudio.com/products/rstudio/

download/#download），如附图 3 所示。

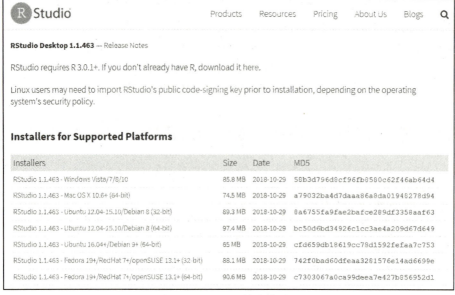

附图 3　RStudio 的安装网站

二、包安装与载入

R 与 RStudio 除了软件本身所提供的预设功能与程序包之外，还可通过其他外部包来进行各类分析。外部包的安装只需以 install.packages（"包名称"）语法执行一次即可，不必反复安装。但是执行这些包，每一次重新开启程序文件就要把包以 library（包名称）或 require（包名称）语法载入存储器。值得注意的是，包名字的大小写必须正确，否则无法安装与载入。

1. 安装包指令

```
> install.packages("car")                # 安裝 car 套件（用於各種統計分析）
> install.packages("lavaan")             # 安裝 lavaan 套件（用於結構方程模式）
> install.packages("lavaan",dep=TRUE)    # 安裝 lavaan 與其他有關的套件
> install.packages(c("car","lavaan"))    # 安裝 car 與 lavaan 套件
```

2. 载入包指令

```
> library(car)                # 載入 car 套件到記憶體
> library(lavaan)             # 載入 lavaan 套件到記憶體
> require(lavaan)             # 載入 lavaan 套件到記憶體
```

3. 查阅包信息

```
> help(package="lavaan")      # 查閱 lavaan 套件的資訊
> help("lavaan")              # 查閱 lavaan 函數的資訊
```

除了利用指令来安装包，也可以利用对话视窗来进行安装的工作。例如，在 R 当中，可通过 程序套件 → 安装程序套件 来安装，过程中必须选择下载的网站，建议找到镜像网站来下载比较省时。

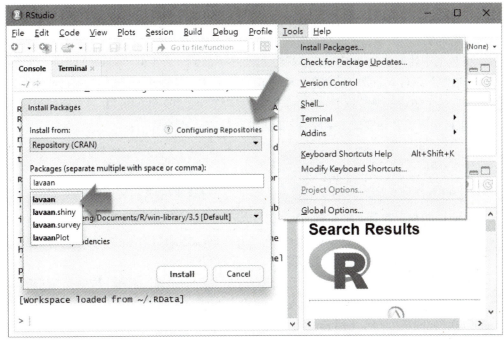

附图 4　从 RStudio 的功能表来安装包

在 RStudio 当中，则是从功能列当中的 Tools → Install packages 进入附图 5 的选单来进行包选择与安装，无需选择镜像站，操作上比较方便。此外，RStudio 还有包的更新检查功能，提醒使用者更新包版本，如附图 5 所示。

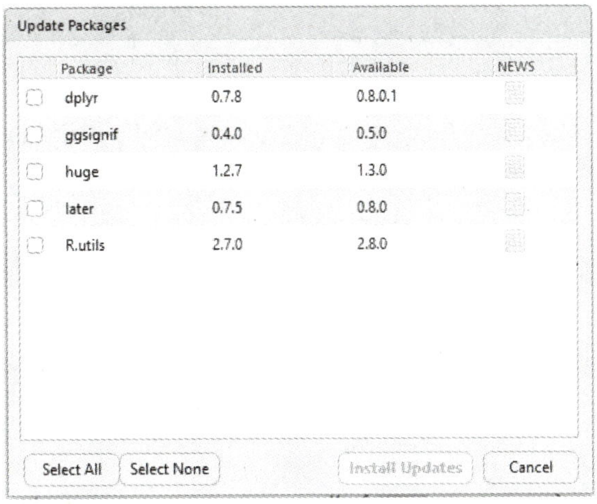

Package	Installed	Available	NEWS
dplyr	0.7.8	0.8.0.1	
ggsignif	0.4.0	0.5.0	
huge	1.2.7	1.3.0	
later	0.7.5	0.8.0	
R.utils	2.7.0	2.8.0	

附图 5　RStudio 的包更新查询与更新功能视窗

第三节　R 的数据与文件管理

一、R 的基本操作

在 R 当中处理数据非常直观，只要把作业内容丢到一个物件（object）当中，如 **1>** 令 X（物件）只有一个数值且数值为 5（作业），**2>** 令 Y（物件）有 5 笔数据且数值为 1，3，5，7，9（作业），**3>** 将 Z（物件）定义为字符串变量（性别），共有三男二女（作业），或是 **4>** 将 Z 转变成水平数为 2 的类别变量 ZZ，指令如下：

```
1> X<-5                            # 指定 X 變數的數值
2> Y<-c(1,3,5,7,9)                 # 指定 Y 變數的五個數值
3> Z<-c("男","女","男","男","女")   # 指定 Z 變數的五個文字
4> ZZ<-as.factor(Z)                # 將 Z 變數由文字轉變為類別變數 ZZ
```

从统计的角度来看，前述 X、Y、Z、ZZ 四个物件可以说是四个变量，指令当中 "c" 是指栏位（column）或矢量（vector），" <-" 的功能即为 " = "，两者可互换使用，但为了避免与数学表达式混淆，建议以 " <-" 来撰写指令。

在 R 视窗下，可直接下达统计指令进行分析与数学运算，例如，求取 Y 变量的平均数、标准差、方差的指令为 mean(Y)，sd(Y)，var(Y)，要求取小数点特定位数用函数 round（），删除某个物件可用 rm（），查看存储器当中有多少个物件可用 objects（）检视，查阅类别变量的水平数可用 levels（）语法，指令当中如果需要加上注解但无需进行任何动作，可利用 # 来标示，这些指令与结果列举如下：

```
5> mean(Y)                         # 求平均數

[1] 5

6> sd(Y)                           # 求標準差

[1] 3.162278

7> round(sd(Y),2)                  # 求標準差並且取小數點 2 位

[1] 3.16

8> var(Y)                          # 求變異數

[1] 10

9> rm(X)                           # 刪除物件
10> objects()                      # 查閱記憶體中有何物件

[1] "Y" "Z" "ZZ"

11> levels(ZZ)                     # 查閱類別變數的水準數

[1] "女" "男"

>
```

二、读取外部数据

虽然 R 可以直接在指令视窗中逐笔输入数据，但 R 并不擅长直接在指令栏建立一个完整的多变量、多笔观察值的数据文件，而是依赖记事本、Excel、SPSS 等其他软件来建立数据文件，然后把这些外部数据档读入 R 来进行数据分析。附表 1 列出了 R 常用的对接数据库的形态与包，其中最常用的是 foreign 包。

附表 1　读取外部数据库的 R 包

包	文件类型
foreign	SPSS, SAS, Stata, Systat, dBase, Minitab, S3, ARFF, DBF, REC, Octave
haven	SPSS, SAS, Stata
rio	Excel (.xlsx), SPSS, SAS, Stata, JSON, XML, Matlab, Weka
xlsx	Excel (.xlsx)
xlsReadWrite	Excel (.xls)
RODBC	MS Access, Oracle, MySQL server, ODBC databases
RMySQL	MySQLRJBC
RSQLite	SQLite

在外部建立数据时，最适合 R 读取的数据格式是 CSV（comma-separated values）文件，也就是以逗号作区隔的数据文件，如果是 Excel 数据文件，建议转换成 CSV 文件，就可以直接读入 R，无需另外安装包。

CSV 档案的第一行通常是变量名称，如附图 6 所示，因此在读入数据的同时，变量的名称也直接读入 R 的数据文件中，如附图 7 所示。另外，SPSS 的数据文件也非常适合搭配 R 来进行分析，因为 SPSS 的数据包有完整的变量标签功能，如附图 6（b）所示，读入 R 之后的数据如附图 7（b）所示。

以 foreign 包为例，读取人事薪资 CSV 文件 Employee data.csv（ 14> ）与 SPSS 文件 Employeedata.sav（ 16> ），并以 save（ ）把数据储存成 R 的数据格式（RData）（ 18> ），以 load（ ）读取 RData 文件（ 20> ）的指令如下：

```
12> library(foreign)
13> # 讀取 csv 資料檔放入 DA1 物件中
14> DA1<-read.csv("c:\\Rdata\\Employee data.csv", header=TRUE)
15> # 讀取 SPSS 資料檔放入 DA2 物件中
16> DA2<-read.spss("c:/Rdata/Employee data.sav", to.data.frame=TRUE)
17> # 將物件資料以 RData 資料檔形式存檔
18> save(DA1,file=("c:/Rdata/Employee data.RData")
19> # 取出 RData 資料檔
20> load("c:/Rdata/Employee data.RData")
```

值得注意的是，一般计算机作业系统在描述文件路径时是使用右斜线"＼"，如 c:＼Rdata＼……，但在 R 当中设定路径有双右斜或单左斜两种形式：c:＼＼Rdata＼＼…… 或 c:/Rdata/……，有别于一般的使用习惯。

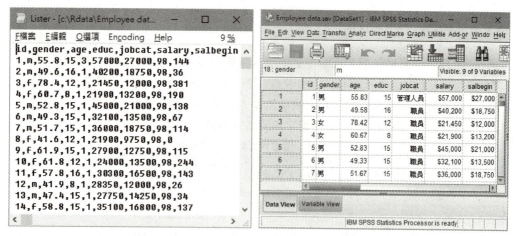

（a）csv 格式数据　　　　　　　（b）SPSS 格式数据

附图 6　以 csv 与 SPSS 储存的范例文件

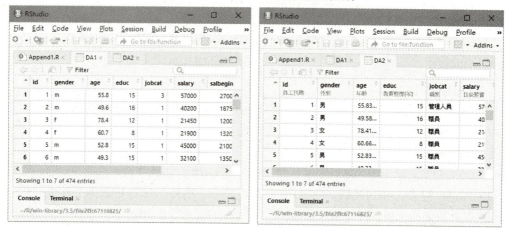

（a）csv 格式的读入数据　　　　　（b）SPSS 格式的读入数据

附图 7　读入 R 之后的 csv 与 SPSS 格式文件数据

三、矩阵式数据框架的管理与运用

依照附图 7 所读入的数据，不论是存放在 DA1 或 DA2 物件下，或是存放在 RData 中，都是一种矩阵式的结构化数据框架（也即是数据库）：纵栏是变量，横列则是观察值。以下我们将介绍基本的 R 数据框架管理与数据处理的指令功能。

（一）数据框架的整体信息

当利用 R 读取一个完整的数据框架成为数据库物件之后，可以利用一些基本指令来了解物件内容。例如，执行 21> class(DA1) 得知物件性质为数据框架 "data. frame"；执行 22> dim(DA1) 列出 DA1 数据文件中共有 474 横栏（样本数）与 9 纵列（变量数目）；执行 23> names(DA1) 列出 DA1 数据文件中的变量名称；利用 24> print(DA1) 可以列出 DA1 物件中所有的数据，25> head(DA1) 则列出 DA1 物件中前六项数据。

```
21> class(DA1)                          # 列出資料物件的性質

 [1] "data.frame"

22> dim(DA1)                            # 列出資料物件的維度

  [1] 474   9

23> names(DA1)                          # 列出資料物件的變數名稱

 [1] "id"        "gender"   "age"    "educ"      "jobcat"    "salary"
 [7] "salbegin"  "jobtime"  "prevexp"
```

```
24> print(DA1)                          # 列出資料物件的所有資料
25> head(DA1)                           # 列出資料物件的前六筆資料

    id gender  age educ jobcat salary salbegin jobtime prevexp
1    1      m 55.8   15      3  57000    27000      98     144
2    2      m 49.6   16      1  40200    18750      98      36
3    3      f 78.4   12      1  21450    12000      98     381
4    4      f 60.7    8      1  21900    13200      98     190
5    5      m 52.8   15      1  45000    21000      98     138
6    6      m 49.3   15      1  32100    13500      98      67

>
```

（二）特定数据的检视与运用

在 R 语法中，可利用"物件名称［横栏编号，纵列编号］"的指令来检视与运用物件中的个别数据。例如，若要列出 DA1 物件当中的第 2 个受测者第二个变量（gender）的数据，指令为 26> DA1［2,2］，得到结果为 m。如果要列出第 2 个受测者全部的数据，指令为 27> DA1［2,］。如果要列出每一个受测者在第 2 列的变量数据，指令为 28> DA1［,2］，此一指令是指要列出 gender 变量的数据，可以直接用 $gender 来下达列出指令，亦即 29> DA1$gender。同样，如果要针对变量（纵列）数据进行运算，如对第 4 栏受教育年数（educ）求平均，可以使用 30> mean(DA1[,4]) 或 31> mean(DA1$educ)。

```
26> DA1[2,2]

[1] m
Levels: f m

27> DA1[2,]

  id gender   age educ jobcat salary salbegin jobtime prevexp
2  2      m  49.6   16      1  40200    18750      98      36

28> DA1[,2]
29> DA1$gender

  [1] m m f f m m m f f f f m m f m m m m f f m f m f f f m m m m m m m m
 [34] m m f m m m f f m m m f f m m m m m m m m m m f m m m m m m m m
...
[463] f m m f f f f m m m f f
Levels: f m

30> mean(DA1[,4])                     # 求取第 4 個變數（educ）的平均數

[1] 13.49156

31> mean(DA1$educ)                    # 求取 educ（第 4 個變數）的平均數

[1] 13.49156
```

四、数据的筛选与过滤

如果想要从数据物件中筛选特定条件的数据，可以利用函数 subset() 配合逻辑指令来进行判断筛选。例如，我们想检视薪资不低于 100000 的数据，可以利用 32> 指令，筛选出五笔数据：

```
32> subset(DA1, DA1$salary>=100000)

     id gender   age educ jobcat salary salbegin jobtime prevexp
18   18      m  51.8   16      3 103750    27510      97      70
29   29      m  63.9   19      3 135000    79980      96     199
32   32      m  53.9   19      3 110625    45000      96     120
343 343      m  54.5   16      3 103500    60000      73     150
446 446      m  49.3   16      3 100000    44100      66     128
```

再如，若只想保留女性样本（gender 为 f）的数据，相关指令如下：

```
33> subset(DA1,DA1$gender=="f")                    #列出性别為 f 的所有變數資料
34> subset(DA1[,4:10],DA1$gender=="f")             #列出 f 的第 4 到 10 個變數資料
35> subset(DA1[,4],DA1$gender=="f")          #列出 f 的第 4 個變數資料
36> subset(DA1$educ,DA1$gender=="f")         #列出 f 的 educ 變數資料
37> #把性別為 f 的 educ 變數資料放入 fdata 物件
38> fdata<-subset(DA1$educ,DA1$gender=="f")
```

前述 33> 至 38> 指令有几个特点。第一，指定性别为女性的逻辑指令为 DA1$gender == "f"，其中逻辑条件为 " == " 而不是单一一个 " = "，这是 R 指令的特殊设计。其次，因为性别是一个字符串变量，因此 f 要加上双引号 "f"。第三，筛选出来的数据如果要保留在一个新的物件当中（如 fdata），必须在指令最前设定新物件名称。

如果要考虑多重筛选条件，可用 "&" 来取交集，或以 "|" 来取并集。例如，薪水不低于 100000 且教育年数大于 18 年的管理层级（jobcat 编码为 3），逻辑指令为 40> 当中的 salary >= 100000 & jobcat == 3 & educ > 18，执行结果仅得到两笔数据。如果是薪水不低于 100000 或教育年数大于 18 年，逻辑指令就成为 41> 当中的 salary >= 100000|educ > 18。

```
39> #包含多重篩選條件
40> subset(DA1, salary>=100000 & jobcat==3 & jobcat>18)

      id gender  age educ jobcat salary salbegin jobtime prevexp
29 29       m 63.9   19      3 135000    79980      96     199
32 32       m 53.9   19      3 110625    45000      96     120


41> subset(DA1, salary>=100000 | educ>18)

      id gender  age educ jobcat salary salbegin jobtime prevexp
18 18       m 51.8   16      3 103750    27510      97      70
27 27       m 53.8   19      3  60375    27480      96      96
29 29       m 63.9   19      3 135000    79980      96     199
32 32       m 53.9   19      3 110625    45000      96     120
34 34       m 58.8   19      3  92000    39990      96     175
...
```

如果混用 "&" 与 "|" 的多重逻辑条件，数据筛选就趋于复杂，使用上必须小心，如 43> 与 44> 两个指令所得到的结果就有所不同，读者可以自行尝试。

```
42> #包含三個篩選條件
43> subset(DA1, salary>=100000 | educ>18 & jobcat<3)
44> subset(DA1, salary>=100000 & jobcat<3 | educ>18)
```

五、数据数据的数学运算

在 R 的数据框架下进行变量的加减乘除等数学运算，可直接指定物件内的变量来进行运算。为了简化语法，可省略 "<-" 右侧的变量名称前面所必须标示的物件名称，做法是要先执行 attach（物件名称）指令，将某特定物件的变量先行移到指令视窗来备用。

例如，要计算年龄（age）的平方，可先设定 attach(DA1)，使得 DA1\$agesq <- DA1\$age^2 可以简化为 DA1\$agesq <-age^2。值得注意的是，以 attach 指令所简化的指令，仅限于该物件当中的既有变量，如果是新创变量，仍需加上数据物件名称（如 58> 新增变量 age12 指令中的 DA1\$age9 即为新增变量），其他的运算指令范例一并介绍于下：

```
45> # 變數運算
46> attach(DA1)
47> DA1$age1 <- round(age^2,1)          # 將 age 取平方後四捨五入到小數點一位
48> DA1$age2 <- trunc(age^2)            # 將 age 取平方後無條件捨去小數點
49> DA1$age3 <- sqrt(age^2)             # 將 age 取平方後開根號
50> DA1$age4 <- (age^2)^0.5             # 將 age 取平方後開根號
51> DA1$age5 <- round(log(age),2)       # 將 age 取自然對數後取小數點二位
52> DA1$age6 <- exp(log(age))           # 將 age 自然對數的指數值
53> DA1$age7 <- round(log10(age),2)     # 將 age 取 10 為底對數後取小數點二位
54> DA1$age8 <- 10^log10(age)           # 將 age 取 10 為底對數後求 10 的指數
55> DA1$age9 <- round(scale(age),2)     # 將 age 求 Z 分數後取小數點二位
56> DA1$age10<- -round(scale(age),2)    # 取負數
57> DA1$age11<- abs(round(scale(age),2))# 取絕對值
58> DA1$age12<- 10*scale(DA1$age9)+50)  # 將 Z 分數再求 T 分數
59> DA1[1:5,10:21]                      # 列出前五筆資料的第 10 至 21 個變數資料


    age1 age2 age3 age4 age5 age6 age7 age8  age9 age10 age11 age12
1 3113.6 3113 55.8 55.8 4.02 55.8 1.75 55.8  0.39 -0.39  0.39 53.93
2 2460.2 2460 49.6 49.6 3.90 49.6 1.70 49.6 -0.13  0.13  0.13 48.66
3 6146.6 6146 78.4 78.4 4.36 78.4 1.89 78.4  2.31 -2.31  2.31 73.13
4 3684.5 3684 60.7 60.7 4.11 60.7 1.78 60.7  0.81 -0.81  0.81 58.09
5 2787.8 2787 52.8 52.8 3.97 52.8 1.72 52.8  0.14 -0.14  0.14 51.38


60> write.csv(DA1,"c:/Rdata/NewDA1.csv",row.names = FALSE)   # 將所有的新舊資料全部寫入
新的 csv 檔案中
```

第四节　结语

研读完本附录，想必读者对于 R 的运用已经具备一定程度的基础概念，接下来就是利用本书当中的各章实例来进行演练（本书的每个 R 范例都有写好的脚本提供给读者演练），除能了解各种分析方法的原理之外，也能具体用 R 进行实际操作，如此才能达成统计实用的目标。

由于本书的主要目的是介绍量化研究与统计分析的概念与方法，并以 SPSS 的操作

为主，R 的应用为辅，因此仅以附录形式来介绍 R 的运作原理与基本操作指令，有兴趣深入钻研 R 各项操作与功能细节的读者可以参考关于 R 的专门书籍。

事实上，SPSS 与 R 甚至 Excel 都只是量化研究的工具，学习这些工具的背后都是在解决问题，一旦问题不同，解决方案也就不同，有时 SPSS 无法解决问题，或是比较没有效率时，R 就可以成为替代方案，如在处理中介与调节效果分析时，SPSS 的操作程序显得复杂，此时 R 所搭配的各种包就可以出手搭救。至于数据建档与整备转换工作，实非 R 的长项，此时若使用 SPSS，会让事情变得简单许多。研究者能熟练掌握这些工具，遇到问题时能左右逢源，让问题迎刃而解，这就是本书同时介绍两种工具的目的之一。

从实务与成本的角度来看，R 的免费与开源特性是其最大的优势，让越来越多的学者专家与实务工作者从 SPSS、SAS 等商用软件转而钻研 R 的应用，尤其是当学术与实务领域的研究课题不断推陈出新、日新月异之时，R 的庞大支持者族群能够集思广益，不断提出解决方案，使得 R 成为少数能与时俱进的分析工具之一。

但是 R 的优点也形成入门的门槛问题，初学者必须具备一定的程序语言先备知识，或是调整好心情不被繁琐的指令语法所惊吓，才能逐步进入 R 的世界，即使顺利跨越第一道门槛，如大观园般的 R 的世界还有无数的学习素材等着学习者去一一适应，有时候遇到枝节问题找不到解决方法，上网找也没有网络资源，也是常有的困境。相比之下，有商业支持的 SPSS 所设计的入门路径与应用策略就显得完备许多，这就是本书以 SPSS 为主，以 R 为辅的初衷。因为在校园当中先利用学校所提供的资源（多数高等院校都会购买 SPSS 提供教学使用），好好研习量化研究方法，同时也培养一些 R 的知识与能力，未来到了实务领域如果不再有 SPSS 付费软件之后，也可以改用 R 来面对各种挑战。

总之，在学问的世界里，学习永远不嫌多，只怕少。对于 R 的探索，能开启我们面向未来的另一扇窗。透过这扇窗，我们可以看到更多的风景，也能看到更多的希望。

参考文献

中文部分

王嘉宁、翁俪祯（2002）。"探索性因子分析国内应用之评估：1993 至 1999"。《中华心理学刊》，44，239-251。

余民宁（2006）。《潜在变项模式：SIMPLIS 的应用》。台北：高等教育。

林清山（1992）。《心理与教育统计学》。台北：东华书局。

邱皓政（1999）。《组织创新环境的概念建构与测量工具发展》。论文发表于技术创造力研讨会，台湾政治大学，台北。

邱皓政（2003）。"青少年自我概念向度与成份双维理论之效度检验与相关因素研究"。《教育与心理研究》，26(1)，85-131。

邱皓政（2008）。《潜在类别模式：原理与技术》。台北：五南图书公司。

邱皓政（2010）。《结构方程模式：LISREL/SIMPLIS 的原理、技术与应用》（第二版）。台北：双叶书廊。

邱皓政（2017）。《多层次模式与纵贯数据分析：Mplus8 解析应用》。台北：五南图书公司。

邱皓政（2018）。《量化研究法三：测验原理与量表发展技术》（第二版）。台北：双叶书廊图书公司。

邱皓政、陈燕祯、林碧芳（2009）。"组织创新气氛量表的发展与信效度衡鉴"。《测验学刊》，56(1)，69-97。

黄芳铭（2002）。《结构方程模式理论与应用》。台北：五南图书公司。

英文部分

Aiken, L. S., & West, S. G. (1991). *Multiple regression: Testing and interpreting interactions*. Newbury Park, CA: Sage.

American Psychological Association (1952). Publication manual of the American Psychological Association. *Psychological Bulletin*, 49, 389-449.

American Psychological Association (1994). *Publication manual of the American Psychological Association* (4th Ed.), Washington, DC: American Psychological Association.

American Psychological Association (2010). *Publication manual of the American Psychological Association* (6th Ed.). Washington, DC: American Psychological Association.

Anastasi, A., & Urbina, S. (1997). *Psychological testing*. Upper Saddle River, NJ: Prentice-Hall.

Anderson, J. C., & Gerbing, D. W. (1988). Structural equation modeling in practice: A review and recommended two-step approach. *Psychological Bulletin*, 103, 411-423.

Anderson, J. L. (1971). Covariance, invariance, and equivalence: A viewpoint. *General Relativity and Gravitation*, 2:161.

Arnoult, M. D. (1976). *Fundamentals of scientific method in psychology* (2 ed.). Dubuque, IN: William C. Brown.

Bagozzi, R. P. (1993). Assessing construct validity in personality research: Applications to measure of self-esteem. *Journal of Research in Personality*, 27, 49-87.

Bagozzi, R. P., & Phillips, L. W. (1992). Representing and testing organizational theories: A holistic construal. *Administrative Science Quarterly*, 27(3), 459-489.

Bagozzi, R. P., & Yi, Y. (1988). On the evaluation of structural equation models. *Journal of the Academy of Marketing Science*, 16(1), 74-94.

Baron, R. M., & Kenny, D. A. (1986). The moderator-mediator variable distinction in social psychological research: Conceptual, strategic, and statistical considerations. *Journal of Personality and Social Psychology*, 51, 1173-1182.

Belsley, D. A. (1991). *Conditioning diagnostics: Collinearity and weak data in regression*. New York: John Wiley.

Belsley, D. A., Kuh, E., & Welsch, R. E. (1980). *Regression diagnostics: Identifying influential data and sources of collinearity*. New York: John Wiley.

Bentler, P. M. (1995). *EQS structural equations program manual*. Encino, CA: Multivariate Software.

Berg, I. A. (1967). The deviation hypothesis: A broad statement of its assumptions and postulates. In I. A. Breg (Ed.), *Response set in personality assessment* (pp. 146-190). Chicago: Aldine.

Biesanz, J.C., Falk, C.F., & Savalei, V. (2010). Assessing mediational models: Testing and interval estimation for indirect effects. *Multivariate Behavioral Research*, 45, 661-701.

Block, J. (1965). *The challenge of response sets*. New York: Appleton-Century- Crofts.

Bobko, P., & Rieck, A. (1980). Large sample estimators for standard errors of functions of correlation coefficients. *Applied Psychological Measurement*, 4, 385-398.

Bohrnstedt, G. W., & Knoke, D. (1988). *Statistics for Social Data Analysis*. (2nd Ed.). Itasca, IL: F. E. Peacock.

Bollen, K. A. (1989). *Structural equation modeling with latent variables*. New York: John Wiley.

Bollen, K. A. (2002). Latent variables in psychology and the social sciences. *Annual Review of Psychology*, 53, 605-634.

Brown, T. A. (2006). *Confirmatory factor analysis for applied research*. New York: Guilford Press.

Bryant, F. B. (2000). Assessing the validity of measurement. In L. G. Grimm & P. R. Yarnold (Eds.) , *Reading and understanding more multivariate statistics*.(pp. 99-146). Washington, DC, US: American Psychological Association.

Byrne, B. M. (1994). *Structural equation modeling with EQS and EQS/Windows*. Newbury Park, CA: Sage.

Campbell, D. T., & Fiske, D. W. (1959). Convergent and discriminant validation by the multitrait-multimethod matrix. *Psychological Bulletin*, 56, 81-105.

Cattell, R. B. (1966). The scree test for the number of factors. *Multivariate Behavioral Research*, 1, 245-276.

Cattin, P. (1980). Note on the estimation of the squared cross-validated multiple correlation of a regression model. *Psychological Bulletin*, 87, 63-65.

Cheung, G. W., & Rensvold, R. B. (2002). Evaluating goodness-of-fit indexes for testing MI. *Structural Equation Modeling*, 9, 235-55.

Chiou, H.-J. (1995). *The estimation of reliability, validity, and method effects with invariance in the multipopulation-multitrait-multimethod design using hierarchical confirmatory factor analysis*. Unpublished Doctoral Dissertation, University of Southern California.

Chiou, H.-J., & Hocevar, D. (1995). *Examination of population-invariant construct validity in the Multipopulation-Multitrait-Multimethod design*. Paper presented at the 1995 Annual Convention of the American Psychological Association, New York, NY.

Cliff, N. (1988). The eigenvalues-greater-than-one rule and the reliability of components. *Psychological Bulletin*, 103(2), 276-279.

Cohen, B. H. (1996). *Explaining psychological statistics*. Pacific Grove, CA: Brooks/Cole Publishing.

Cohen, J. (1960). A coefficient of agreement for nominal scales. *Educational and Psychological Measurement*, 20(1), 37-46.

Cohen, J. (1988). *Statistical power analysis for the behavioral sciences* (2nd ed.). Hillsdale, NJ: Eribaum.

Cohen, J., & Cohen, P. (1983). *Applied regression/correlation analysis for the behavior sciences*. (2nd Ed.), Hillsdale, NJ: Lawrence Erlbaum Associates.

Cohen, J., Cohen, P., West, S. G., & Aiken, L. S. (2003). *Applied multiple regression/correlation analysis for the behavioral sciences* (3rd ed.). Mahwah, NJ: Erlbaum.

Comrey, A. L. (1973). *A first course in factor analysis*. New York: Academic Press.

Comrey, A. L., & Lee, H. B. (1992). *A first course in factor analysis*. Hillsdale, NJ: Lawrence Erlbaum Associates, Inc.

Cook, T. D., & Campbell, D. T. (1979). *Quasi-experimentation: Design & analysis issues for field settings*. Chicago: Rand McNally.

Cooper, H., & Findley, M. (1982). Expected effect sizes: Estimates for statistical power analysis in social psychology. *Personality and Social Psychology Bulletin*, 8, 168-173.

Crandall, V. C., Crandall, V. J., & Katkovsky, W. (1965). A children's social desirability questionnaire. *Journal of Consulting Psychology*, 29, 27-36.

Cronbach, L. J. (1946). Response sets and test validity. *Educational and Psychological Measurement*, 6, 475-494.

Cronbach, L. J. (1951). Coefficient alpha and internal structure of tests. *Psychometrika*, 16, 297-334.

Cronbach, L. J., & Suppes, P. (1969). *Research for tomorrow's schools: Disciplined inquiry for education*. New York: Macmillan.

Crowne, D. P., & Marlowe, D. (1964). *The approval motive*. New York: Wiley.

Darlington, R. B. (1990). *Regression and linear model*. New Work: McGraw Hill.

De Winter, J. C. F., Dodou, D., & Wieringa, P. A. (2009). Exploratory factor analysis with small sample size. *Multivariate Behavioral Research*, 44, 147-181.

DeVellis, R. F. (2003). *Scale development: Theory and applications* (2nd Ed.) . Newbury Park, CA: Sage.

Dewey, J. (1910). *How to think*. Boston: D. C. Heath.

Dicken, C. (1963). Good impression, social desirability, and acquiescence as suppressor variables. *Educational & Psychological Measurement*, 23, 699-720.

Dillehay, R. C., & Jernigan, L. R. (1970). The biased questionnaire as an instrument of opinion change.

Journal of Personality and Social Psychology, 15, 144-150.

Duncan, O. D. (1975). *Introduction to structural equation models*. New York: Academic Press.

Dunnett, C. W. (1980). Pairwise multiple comparisons in the unequal variance case. *Journal of the American Statistical Association*, 75, 796-800.

Edwards, A. L. (1953). The relationship between the judged desirability of trait and the probability that the trait will be endorsed. *Journal of Applied Psychology*, 37, 90-93.

Edwards, A. L. (1957). *The social desirability variable in personality assessment and research*. New York: Dryden Press.

Efron, B. & Tibshirani, R. J. (1993). *An introduction to the bootstrap*. New York: Chapman & Hall.

Fabrigar, L. R., Wegener, D. T., MacCallum, R. C., & Stranhan, E. J. (1999). Evaluating the use of exploratory factor analysis in psychological research. *Psychology Methods*, 4 (3), 272-299.

Falk, C. F., & Biesanz, J. C. (2015). Inference and interval estimation methods for indirect effects with latent variable models. *Structural Equation Modeling*, 22, 24-38.

Fisicaro, S. A. (1988). A reexamination of the relation between halo error and accuracy. *Journal of Applied Psychology*, 73, 239-244.

Fornell, C., & Larcker, D. F. (1981). Evaluating structural equation models with unobserved variables and measurement error. *Journal of Marketing Research*, 18, 39-50.

Freedman, L. S., & Schatzkin, A. (1992). Sample size for studying intermediate endpoints within intervention trials of observational studies. *American Journal of Epidemiology*, 136, 1148-1159.

Games, P. A., & Howell, J. F. (1976). Pairwise multiple comparison procedures with unequal N's and/or variances: A Monte Carlo study. *Journal of Educational Statistics*, 1, 113-125.

Ghiselli, E. E., Campbell, J. P., & Zedeck, S. (1981). *Measurement theory for the behavioral sciences*. San Francisco: Freeman.

Goldberg, D. P. (1972). *The detection of psychiatric illness by questionnaire*. London: Oxford University press.

Goodman, L.A., & Kruskal, W.H. (1954). Measures of association for cross classifications. Part I. *Journal of American Statistical Association*, 49, 732-764.

Gorsuch, R. L. (1983). *Factor analysis. Hillsdale*, NJ: Lawrence Erlbaum.

Gough, H. G. (1952). On making a good impression. *Journal of Educational Research*, 46, 33-42.

Guilford, J. P. (1946). New standards for test evaluation. *Educational and Psychological Measurement*, 6, 427-439.

Haberman, S. J. (1973). Log-linear models for grequency data: Sufficient statistics and likelihood equation. *Annals of Statistics*, 1, 617-632.

Hair, J. F., Anderson, R. E., Tatham, R. L., & Grablowsky, B. J. (1979). *Multivariate data analysis*.Tulsa, OK: Pipe Books.

Hair, J.F. Jr., Black, W.C., Babin, B. J., Anderson, R.E., & Tatham, R.L. (2006). *Multivariate data analysis* (6th ed.). Upper Saddle River, NJ: Prentice-Hall.

Hayduk, L. A. (1987). *Structural equation modeling with LISREL: Essentials and advances*. Baltimore, MD: John Hopkins University Press.

Hays, W. L. (1988). *Statistics* (4th Ed.). New York: Holt, Rinehart, & Winston.

Hayes, A. F. (2013). *An introduction to mediation, moderation, and conditional process analysis*. New York: The Guilford Press.

Hayes, A. F. (2017). *An introduction to mediation, moderation, and conditional process analysis: A Regression-Based Approach* (*2nd Ed.*). New York: The Guilford Press.

Helmstadter, G. C. (1970). *Research concepts in human behavior: Education, Psychology and Sociology*. NJ: Prentice-Hall.

Horn, J. L., & Engstrom, R. (1979). Cattell's scree test in relation to Bartlett's chi-square test and other observations on the number of factors problem. *Multivariate Behavioral Research*, 14, 283-300.

Horn, J. L. (1965). A rationale and test for the number of factors in factor analysis. *Psychometrika*, 30, 179-185.

Horn, J. L. (1969). On the internal consistency reliability of factors. *Multivariate Behavioral Research*, 4, 115-125.

Hoyle, R. H. (1995). *Structural equation modeling: Concepts, issues, and applications*. Newbury Park, CA: Sage.

Hu, L. T., & Bentler, P. M. (1995). Evaluating model fit. In R. H. Hoyle (Ed.), *Structural equation modeling* (pp. 76-99). Thousand Oaks, CA: Sage.

Hu, L. T., & Bentler, P. M. (1999). Cutoff criteria for fit indexes in covariance structure analysis: Conventional criteria versus new alternatives. *Structural Equation Modeling*, 6(1), 1-55.

Humphreys, L. G., & Montanelli, R. G.(1975). An investigation of the parallel analysis criterion for determining the number of common factors. *Multivariate Behavioral Research*, 10(2), 193-205.

Hunsley, J., & Meyer, G. J. (2003). The incremental validity of psychological testing and assessment: Conceptual, methodological, and statistical issues. *Psychological Assessment*, 15, 446-455.

Huynh, H., & Feldt, L. (1976). Estimation of the Box correction for degrees of freedom from sample data in the randomized block and split plot designs. *Journal of Educational Statistics*, 1, 69-82.

Ilgen, D. R., Barnes-Farrell, J. L., & McKellin, D. B. (1993). Performance appraisal process research in the 1980s: What has it contributed to appraisals in use? *Organizational Behavior and Human Decision Processes*, 54, 321-368.

Jackson, D. N., & Messick, S. (1958). Content and style in personality assessment. *Psychological Bulletin*, 55, 243-252.

Jackson, D. N., & Messick, S. (1962). Response styles and the assessment of psychopathology. In S. Messick & J. Ross (Eds.), *Measurement in personality and cognition* (pp. 129-155). New York: Wiley.

John, O., & Robins, R. (1994). Accuracy and bias in self-perception: Individual differences in self-enhancement and the role of narcissism. *Journal of Personality and Social Psychology*, 66, 206-219.

Jöreskog, K. G. (1969). A general approach to confirmatory maximum likelihood factor analysis. *Psychometrika*, 34, 183-202.

Jöreskog, K. G., & Sörbom, D. (1993). *LISREL8: Structural equation modeling with the SIMPLIS command language*. Hillsdale, NJ: Lawrence Erlbaum Associates.

Kaiser, H. F. (1960). The application of electronic computers to factor analysis. *Educational and Psychological Measurement*, 20, 141-151.

Kaiser, H. F. (1970). A second-generation little jiffy. *Psychometrika*, 35, 401-415.

Kaiser, H. F. (1974). An index of factorial simplicity. *Psychometrika*, 39, 31-36.

Kane, J. S., & Lawler, E. E., Ⅲ (1978). Methods of peer assessment. *Psychological Bulletin*, 85, 555-586.

Kenny, D. A., & Kashy, D. A. (1992).The analysis of the multitrait-multimethod matrix by Confirmatory factor analysis. *Psychological Bulletin*, 112, 165-172.

Kraemer, H. C., & Blasey, C. M. (2004). Centring in regression analyses: A strategy to prevent errors in statistical inference. *International Journal of Methods in Psychiatric Research*, 13(3), 141-151.

Kuder, G. F., & Richardson, M. W. (1937). The theory of estimation of test reliability. *Psychometrika.* 2, 151-160.

Kuhn, T. S. (1970). *The structure of scientific revolutions* (2nd ed.). Chicago: University of Chicago Press.

Lentz, T. F. (1938). Acquiescence as a factor in the measurement of personality. *Psychological Bulletin*, 35, 646-659.

Lomnicki, Z. A. (1967). On the distribution of products of random variables. *Journal of the Royal Statistical Society, Series B*, 29, 513-524.

Long, J. S. (1983). *Confirmatory factor analysis*. Newbury Park, CA: Sage.

Lord, F. M. (1980). *Applications of item response theory to testing problems*. Hillsdale, NJ: Erlbaum Associates.

Lowe, N. K., & Ryan-Wenger, N. M. (1992). Beyond Campbell and Fiske: Assessment of convergent and discriminant validity. *Research in Nursing and Health*, 15, 67-75.

MacCallum, R. C., Widaman, K. F., & Preacher, K. J. (2001). Sample size in factor analysis: The role of model error. *Multivariate Behavioral Research*, 36(4), 611-637.

MacCallum, R. C., Widaman, K. F., & Zhang, S. (1999). Sample size in factor analysis. *Psychological Methods*, 4(1), 84-99.

MacKinnon, D. P. (2008). *Introduction to statistical mediation analysis*. Mahwah, NJ: Erlbaum.

MacKinnon, D. P., Warsi, G., & Dwyer, J. H. (1995). A simulation study of mediated effect measures. *Multivariate Behavioral Research*, 30, 41-62.

Mandler, G., & Kessen, W. (1959). *The language of psychology.* New York: Wiley.

Marsh, H. W. (1988). Multitrait-multimethod analyses. In J. P. Keeves (Ed.), *Educational research methodology, measurement and evaluation: An international handbook*. Oxford, Pergamon.

Marsh, H. W. (1989). Confirmatory factor analyses of multitrait-multimethod data: Many problems and a few solutions. *Applied Psychological Measurement*, 13, 335-361.

Marsh, H. W. (1994). Confirmatory factor analysis models of factorial invariance: A multifaceted approach. *Structural Equation Modeling*, 1, 5-34.

Marsh, H. W., & Hocevar, D. (1988). A new, more powerful method of multitrait-multimethod analysis. *Journal of Applied Psychology*, 73, 107-117.

Mayer, J. M. (1978). Assessment of depression. In M. P. McReynolds (Ed.), *Advances in psychological assessment* (Vol. 4, pp. 358-425). San Francisco: Jossey-Bass.

McCare, R. R. (1982). Consensual validation of personality traits: Evidence from self-reports and ratings. *Journal of Personality and Social Psychology*, 43, 293-303.

McDonald, R. P., & Marsh, H. M. (1990). Choosing a multivariate model: Noncentrality and goodness-of-fit. *Psychological Bulletin*, 107, 247-255.

Meehl, P. E. (1959). Some rumination on the validation of clinical procedures. *Canadian Journal of Psychology*, 13, 102-128.

Meehl, P. E., & Hathaway, S. R. (1946). The K factor as a suppressor variable in the Minnesota Multiphasic Personality Inventory. *Journal of Applied Psychology*, 30, 525-564.

Messick, S. (1989). Validity. In R. L. Linn (Ed.), *Educational measurement* (pp. 13-103). Washington, DC: American Council on Education and National Council on Measurement in Education.

Miller, J. G. (1955). Toward a general theory for the behavioral sciences. *American Psychologist*, 10, 513.

Montanelli, R. G., & Humphreys, L. G. (1976). Latent roots of random data correlation matrices with squared multiple correlations on the diagonal: A Monte Carlo study. *Psychometrika*, 41(3), 341-348.

Mosier, C. I. (1951). Batteries and profiles. In E. F. Lindquist (Ed.), *Educational measurement* (pp.764-808). Washington, DC: American Council on Education.

Mulaik, S. A. (1972). *The foundations of factor analysis*. New York: McGraw-Hill.

Murphy, K. R., Jako, R. A., & Anhalt, R. L. (1993). Nature and consequences of halo error: A critical analysis. *Journal of Applied Psychology*, 78, 218-225.

Neuman, W. L. (1991). *Social Research Methods*. Boston, MA: Allyn & Bacom.

Nunnally, J. C. (1978). *Psychometric theory* (2nd ed.). New York: McGraw-Hill.

Noar, S. M. (2003). The role of structural equation modeling in scale development. *Structural Equation Modeling*, 10, 622-647.

Nunnally, J. C., & Bernstein, I. H. (1994). *Psychometric Theory* (3rd ed.). New York: McGraw-Hill.

Osgood, C. H., & Tannenbaum, P. H. (1955). The principle of congruity in prediction of attitude change. *Psychological Review* 62, 42-55.

Osgood, C. H., Suci, G. H., & Tannenbaum, P. H. (1957). *The measurement of meaning*. Urbana, IL: University of Illinois Press.

Paulbus, D. L. (1982). Individual differences, self-presentation, and cognitive dissonance: Their concurrent operation in forced compliance. *Journal of Personality and Social Psychology*, 43, 838-852.

Pedhazur, E. J. (1997). *Multiple regression in behavioral research: Explanation and prediction* (3rd ed.). New York: Holt, Rinehart & Winston.

Pedhazur, E. J., & Schmelkin, L. P. (1991). *Measurement, Design, and Analysis: An Integrated Approach*. Hillsdale, NJ: Lawrence Erlbaum Associates.

Podsakoff, P., & Organ, D. (1986). Self-reports in organizational research: Problems and prospects. *Journal of Management*, 12, 531-544.

Popper, K. R. (1983). Postscript: *Vol. 1. Realism and the aim of science*. Totowa, NJ: Rowman & Littlefield.

Raine-Eudy, R. (2000). Using structural equation modeling to test for differential reliability and validity: An empirical demonstration. *Structural Equation Modeling*, 7(1), 124-141.

Ray, J. J. (1983). Reviving the problem of acquiescent response bias. *Journal of Social Psychology*, 121, 81-96.

Raykov, T. (2004). Behavioral scale reliability and measurement invariance evaluation using latent variable modeling. *Behavior Therapy*, 35, 299-331.

Reise, S. P., Widaman, K. F., & Pugh, R. H. (1993). Confirmatory factor analysis and item response theory: Two approaches for exploring measurement invariance. *Psychological Bulletin*, 114, 552- 566.

Rosenberg, M. (1965). *Society and the adolescent self-image*. Princeton, NJ: Princeton University Press.

Sampson, C. B., & Breunig, H. L. (1971). Some statistical aspects of pharmaceutical content uniformity. *Journal of Quality Technology*, 3, 170-178.

Satorra. A., & Bentler, P. M. (1994). Corrections to test statistics and standard errors on covariance structure analysis. In A. von Eye & C. C. Clogg (Eds.), *Latent variables analysis* (pp. 399-419). Thousand Oaks, CA: Sage.

Sechrest, L. (1963). Incremental validity: A recommendation. *Educational and Psychological Measurement*, 23, 153-158.

Snock, S. C., & Gorsuch, R. L. (1989). Component analysis versus common factor analysis: A Monte Carlo study. *Psychological Bulletin*, 106 (1), 148-154.

Sobel, M. E. (1982). Asymptotic confidence intervals for indirect effects in structural equation models. *Sociological Methodology*, 13. 290-312.

Sokal, R. R., Rohlf, J. F. (1994). *Biometry: The Principles and Practice of Statistics in Biological Research* (3rd ed). WH Freeman & Co., New York.

Spielberger, C. D., Gorsuch, R. L., & Lushene, R. D. (1970). *Test manual for the State-Trait Anxiety Inventory*. Palo Alto, CA: Consulting Psychologists Press.

Springer, M. D., & Thompson, W. E. (1966). The distribution of products of independent random variables. *SIAM Journal on Applied Mathematics*, 14, 511-526.

Stevens, S. S. (1951). Mathematics, Measurement, and Psychophysics. In S. S. Stevens (Ed.), *Handbook of Experimental Psychology*. New York: Wiley.

Sudman, S., & Bradburn, N. M. (1974). *Response effects in surveys*. Chicago: Aldine.

Tabachnick, B. G., & Fidell, L. S. (2007). *Using Multivariate Statistics* (5th Ed.). Needham Heights, MA: Allyn and Bacon.

Thompson, B. (2004). *Exploratory and confirmatory factor analysis*. Washington, DC American Psychological Association.

Thurstone, L. L. (1947). *Multiple factor analysis*. Chicago: University of Chicago Press.

Tukey, J. W. (1953). *The problem of multiple comparison*. Princeton, NJ: Princeton University, mimeographed monograph.

Tukey, J. W. (1977). *Exploratory data analysis*. Reading, MA: Addison-Wesley.

Underwood, B. J. (1957). *Psychological research*. New York: Appletion-Century- Crofts.

Waller, N. G., & Meelh, P. E. (2002). Risky Tests, Verisimilitude, and Path Analysis. *Psychological Methods*, 7(3), 323-337.

Wang, L., & Preacher, K. J. (2015). Moderated mediation analysis using Bayesian methods. *Structural Equation Modeling*, 22, 249-263.

Waternaux, C. M. (1976). Asymptotic distribution of the sample roots for a nonnormal population. *Biometrika,* 63, 639-645.

Wiggins, J. S. (1962). Strategic, method, and stylistic variance in the MMPI. *Psychological Bulletin*, 59, 224-242.

Wiggins, J. S. (1964). Convergences among stylistic response measures from objective personality tests. *Educational and Psychological Measurement*, 24, 551-562.

Wiggins, J. S. (1973). *Personality and prediction: Principles of personality assessment*. Reading, MA: Addison-Wesley.

Wilcox, R. R. (2003). *Applying contemporary statistical techniques*. Los Angeles: Academic Press.

Wilcox, R. R., Charlin, V., & Thompson, K. L. (1986). New Monte Carlo results on the robustness of the ANOVA F, W, and F* statistics. *Communications in Statistics-Simulation and Computation*, 15, 933-944.

Wiles, D. K. (1972). *Changing perpectives in educational research*. Warthington, Ohio: Jones.

Wright, S. (1960). Path coefficients and path regressions: Alternative or complementary concepts? *Biometrics*, 16, 189-202.